PAUL SIGNAC

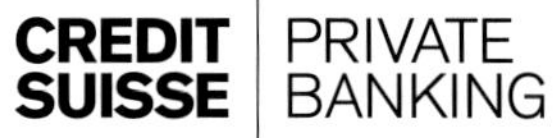
CREDIT SUISSE
PRIVATE BANKING

Fondation Pierre Gianadda
Martigny Suisse

P. Signac

Commissaires de l'exposition:
Françoise Cachin
Marina Ferretti-Bocquillon

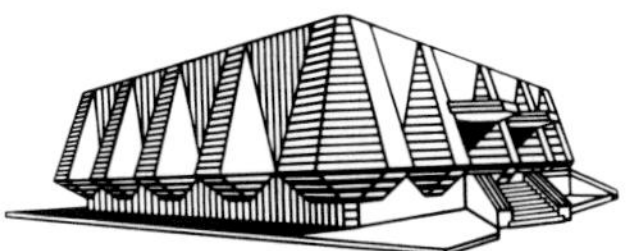

18 juin au 23 novembre 2003
Tous les jours de 9 h à 19 h

Cette exposition est placée sous le haut patronage de

Monsieur Jacques Chirac
Président de la République française

En 1978 était inaugurée la Fondation Pierre Gianadda, que j'ai créée pour perpétuer le souvenir de mon frère Pierre, décédé tragiquement en voulant porter secours à ses camarades.

Léonard Gianadda

C'était il y a vingt-cinq ans.

Un quart de siècle plus tard

Lors du vernissage de notre exposition Van Gogh, le 21 juin 2000, j'avais eu l'honneur et le plaisir d'accueillir Mme Françoise Cachin, directeur des Musées de France. Au cours de la soirée, il y eut un moment particulièrement émouvant lorsque Mme Cachin lut une lettre que son grand-père, Paul Signac, avait reçue de Vincent van Gogh peu de temps avant sa mort. Mme Cramer-Van Gogh, la petite-nièce de Vincent et petite-fille de Théo, était également présente parmi nous. Voir et entendre Françoise Cachin lire la lettre reçue de Vincent par son grand-père Paul avait donné une dimension irréelle et magique à ces instants de communion.

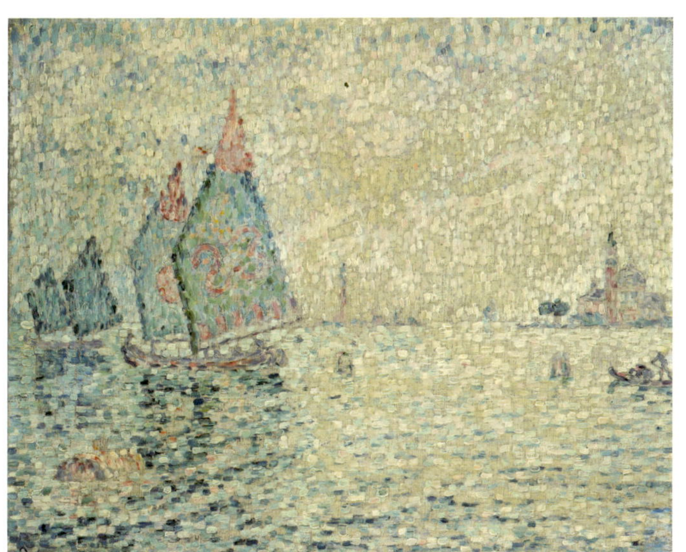

Les Iles de la lagune (Venise), 1905 (p. 105).
Collection Fondation Pierre Gianadda, Martigny.

Il me revient un propos que j'avais tenu à cette occasion, lorsque Mme Cachin m'annonça qu'une rétrospective Signac était prévue au Grand Palais. Je me rappelle lui avoir dit:

– Je regrette que cette exposition ait lieu à Paris.

– Mais pourquoi donc?

– Parce que j'ai toujours souhaité présenter une exposition Paul Signac à Martigny. J'ai d'ailleurs acquis une belle œuvre de votre grand-père il y a une vingtaine d'années.

– Mais, répondit-elle, je peux faire cette exposition chez vous...

Depuis de nombreuses années, nous avions programmé une exposition Alberto Giacometti pour l'été 2003. En novembre de l'année dernière, j'appris brutalement que ce projet devait être reporté, pour diverses raisons. Complètement désemparé, je téléphonai à Mme Cachin pour lui demander si elle accepterait d'organiser l'exposition Signac... Quelques mois seulement pour la mise sur pied d'une telle manifestation est un délai bien court, trop court, et la proximité de la grande exposition de Paris ne simplifiait pas les choses. Aussi demanda-t-elle quelques jours de réflexion.

Pourtant, le lendemain déjà, consciente du désarroi dans lequel je me trouvais, elle m'appelait pour me confirmer son accord, avec l'aide de Mme Marina Ferretti-Bocquillon, coauteur du catalogue raisonné de Signac. Aujourd'hui, je ne saurais assez leur témoigner ma profonde gratitude à toutes deux.

Rapidement, les demandes de prêts sont parties tous azimuts, mais il est évident que le petit mot personnel de la main de Françoise Cachin adressé à ses amis, directeurs de musées et collectionneurs, a grandement facilité le rassemblement d'œuvres essentielles. Les deux commissaires de l'exposition souhaitaient que cette rétrospective fût différente de celle de Paris, ce qui est le cas. De plus, à l'occasion des recherches menées pour la préparation de cette exposition, de nombreuses œuvres «perdues» ont pu être localisées et sont présentées à nos visiteurs pour la première fois depuis la mort de Paul Signac.

Aujourd'hui, je suis heureux que la Fondation Pierre Gianadda puisse célébrer son vingt-cinquième anniversaire en présentant une exposition de cette qualité, la première rétrospective Signac jamais organisée en Suisse.

Une fois de plus, M. Jacques Chirac, Président de la République française, a accepté que cette exposition soit placée sous son haut patronage et je lui exprime ma profonde gratitude. Mes remerciements s'adressent évidemment à tous les prêteurs qui nous ont honorés de leur confiance en consentant à se séparer de leurs chefs-d'œuvre pour une longue période: qu'ils en soient chaleureusement remerciés. Ma reconnaissance va tout particulièrement à la famille Cachin, à M. Dan Mayer ainsi qu'à M. et Mme James et Helen Dyke. Que souhaiter encore, sinon que tous nos visiteurs, qui participeront à cette fête colorée et gaie marquant notre quart de siècle d'existence, puissent éprouver un bonheur et une joie pareils aux nôtres.

Léonard Gianadda
Président de la
Fondation Pierre Gianadda
Membre de l'Institut

Remerciements

La Fondation Pierre Gianadda et les organisateurs de l'exposition tiennent à exprimer leur vive reconnaissance aux musées, institutions, fondations, galeries et collectionneurs privés qui, par leur générosité, en ont permis la réalisation:

Allemagne

Cologne
Wallraf-Richartz-Museum
Mme Barbara Schaefer, Registrar

Wuppertal
Von der Heydt Museum
Dr. Sabine Fehlemann, Directeur

Belgique

Gooreind
Triton Foundation
Mme Sandra Bos

Loverval
Société Diane S.A.
Mme Gaël Ballery

Etats-Unis

Arkansas
The Arkansas Art Center
Mme Ellen A. Plummer, Executive Director
M. Thom Hall, Registrar

Boston
Museum of Fine Arts Boston
M. George T. M. Shackelford, Directeur

Chicago
The Art Institute of Chicago
M. James Wood, Directeur

New York
The Metropolitan Museum of Art
M. Philippe de Montebello, Directeur
M. Laurence B. Kanter, Curator
The Robert Lehman Collection

France

Chamonix
Musée Alpin
Mme Catherine Poletti, Conservateur

Grenoble
Musée de Grenoble
M. Guy Tosatto, Directeur

Marseille
Musée des Beaux-Arts – Musée Cantini
Mme Danièle Giraudy, Conservateur
Mme Marie-Paule Vial, Conservateur

Paris
Musée Carnavalet
M. Jean-Marc Léri, Directeur

Musée d'Orsay
M. Serge Lemoine, Directeur
Mme Caroline Mathieu, Conservateur en chef

Galerie de la Présidence
Mme Françoise Chibret

Pontoise
Musées de Pontoise
M. Christophe Duvivier, Directeur

Saint-Denis
Musée d'Art et d'Histoire
Mme Sylvie Gonzales, Conservateur

Saint-Tropez
Musée de l'Annonciade
M. Jean-Paul Monery, Conservateur en chef

Toulouse
Fondation Bemberg
M. Philippe Cros, Directeur

Pays-Bas
Otterlo
Kröller-Müller Museum
M. Evert J. Straaten, Directeur

Russie
Moscou
Musée d'Etat des Beaux-Arts Pouchkine
Mme Irina Antonova, Directrice

Suisse
Genève
Galerie Jan Krugier, Ditesheim & Cie
MM. Jan Krugier et François Ditesheim

ainsi qu'à tous les collectionneurs qui ont souhaité garder l'anonymat.

Nos remerciements s'adressent également à:

Son Excellence
Monsieur l'Ambassadeur Jacques Rummelhardt,
Ambassade de France à Berne

M. Jacques de la Béraudière
Mme Pilar de la Béraudière
Mme Henri Cachin
Mme Charlotte Cachin Liébert
Mme Danielle Catera
M. Philippe Cazeau
Mme Catherine Christen
Mme Pina Comar
M. et Mme Gérard J. Corboud
M. Vincent David
Mme Lizabeth Dion
M. Alain Disch
M. James T. Dyke
Mme Patricia Foujols
Mme Anne Fourcroy
Mme Christine Fournié
M. Christian Garoscio
M. Jean-Claude Givel
Mme Catherine Goupil
Mme Nelly Hofmann
M. Waring Hopkins
M. Guy Jennings
Mme Maria Kostaki
M. et Mme Pierre et Carmela Lagonico
M. Daniel Marchesseau
Mme Laure de Margerie
Mme Géraldine Martin
M. Dan Mayer
M. Alain Michet
M. David Nahmad
Mme Monique Nonne
M. Paul Pfister
Mme Adélaïde Pilloud
M. et Mme Lionel Pissarro
Mme Tatyana Potapova
M. Jean-Louis Prat
M. Gérard Régnier
Mme Maria Reinshagen
Mme Dominik Rimbault
Mme Marie-Pierre Salé
M. Karl Salzgeber
M. Alain Sauval
M. Patrice Schmit
Mme Nadja Scribante
Mme Ekaterina L. Selezneva
M. Thomas Seydoux
Mme Susan Stein
Mme Mahrukh Tarapor
M. Roger Veluzat

Qui était Paul Signac?

par Françoise Cachin

Qui était Paul Signac? Ces quelques confidences vous diront pourquoi la question m'a été posée, et pourquoi j'ai du mal à y répondre! En effet, je suis la petite-fille de Paul Signac, mais je ne l'ai jamais connu, il est mort avant ma naissance. Pourtant, il m'a sans doute marquée, dès l'enfance, à travers la présence de ses œuvres chez ma mère, sa fille unique, et par les propos rapportés par ma grand-mère ou mes parents, généralement péremptoires ou drôles, voire les deux à la fois; ou, lorsque je rechignais devant un exemple qu'on voulait me faire suivre: «Tu es comme ton grand-père, qui disait: "Je n'aime pas qu'on me montre!"», ou encore, ce qui, alors, me paraissait énigmatique: «Heureusement qu'il est parti avant la guerre, il en serait mort de chagrin», allusion à ses convictions pacifistes, libertaires et dreyfusardes. Tout cela peut certes éveiller la curiosité d'un enfant, mais c'est surtout plus tard, par l'histoire de l'art, que je l'ai, en réalité, découvert, m'étant spécialisée, ce n'est sans doute pas un hasard, dans la peinture et la critique d'art en France de 1880 à 1914. Et voici venir ma vraie confidence: «mon» Signac est un jeune homme, bien plus jeune que je ne le suis aujourd'hui, presque un petit-fils à l'envers! Je l'imagine crayonnant dans les faubourgs à 18 ans, chahutant à Montmartre au *Chat noir* à 20, tout en militant pour un Salon des Indépendants, contre les officiels, et peignant près de Seurat dans le nouveau style divisionniste ou néo-impressionniste qu'il va défendre sa vie durant; ou encore, à 28 ans, quittant Paris après la mort de Seurat, pour découvrir, sur son bateau l'*Olympia* (encore deux choses que je lui dois peut-être, puisque nous en sommes aux confidences: l'amour de Manet et celui de la voile!), un petit port alors inconnu, Saint-Tropez. Tout cela, et bien d'autres choses, est détaillé plus loin dans la biographie de Signac établie par Marina Ferretti-Bocquillon, également l'excellent auteur de ce catalogue.

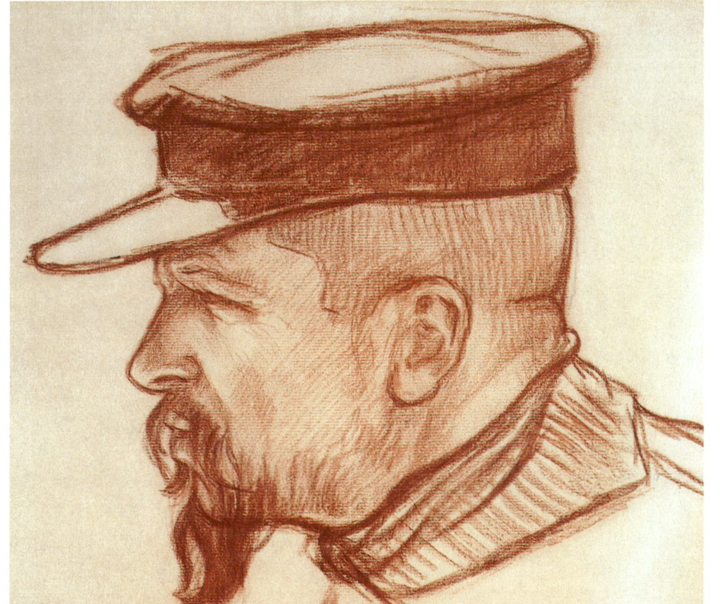

Théo Van Rysselberghe, *Etude pour le portrait de Paul Signac à la barre*, 1896, sanguine, collection particulière.

Cette sympathie particulière pour le jeune Signac ne me fait pas pour autant atténuer l'importance de l'homme mûr qu'il est devenu ensuite, peintre accompli et merveilleux aquarelliste[1], fidèle défenseur du néo-impressionnisme dans un livre paru à la fin du XIXe siècle qui aura une grande influence dans toute l'Europe sur les jeunes peintres du début du XXe, en particulier les Fauves[2]. Et comment ne pas apprécier l'anarchiste doux et le pacifiste colérique qu'il fut toute sa vie, l'autoritaire président d'un Salon des Indépendants devenu plus officiel

[1] Voir Marina Ferretti-Bocquillon, *Signac aquarelliste*, Paris, Adam Biro, 2001.

[2] Paul Signac, *D'Eugène Delacroix au néo-impressionnisme*, 1898, réédité aujourd'hui aux Editions Hermann avec une préface et des notes de F. Cachin. Sur son influence sur les jeunes peintres, lire les essais d'Eric de Chassey, d'Erich Franz et de Pascal Rousseau dans le catalogue de l'exposition *Signac et la libération de la couleur*, Münster, Grenoble, Weimar, 1997.

avec le temps, mais où il soutint des générations de jeunes artistes[3], le passionné de littérature, symboliste et naturaliste dans sa jeunesse, puis membre du «Stendhal-Club», et l'un des premiers défenseurs de Conrad.

Comment présenter cet artiste moins simple qu'il n'y paraît, souvent même contradictoire? Homme de convictions, il croyait au progrès social et aux innovations scientifiques: en étaient pour lui la division de la couleur, destinée à la rendre plus vibrante, et l'harmonie abstraite imposée par la technique néo-impressionniste. D'une grande fidélité, dans ses amitiés comme dans ses idées, sa défense jusqu'au bout de la technique de son ami Seurat en est la preuve, même lorsqu'il en éprouvait les contraintes et, aussi attaché à la rigueur qu'à la liberté, cherchait à les aménager. On verra par exemple au cours de notre exposition, installée de façon chronologique, sa touche évoluer, s'agrandir, se colorer plus intensément. A d'autres moments, des études plus spontanées, comme ses panneaux préparatoires pour *Au temps d'Harmonie* de 1894 (cat. n°s 25 et 26) ou sa série d'*Antibes* de 1919 (cat. n°s 54-59) et, bien sûr, ses aquarelles, paraissent se libérer des austères lois picturales des tableaux, où il faisait toujours coexister sa propre fougue et ses exigences de «divisionniste».

Mais laissons parler les vrais témoins, ses amis. Francis Jourdain: «Signac était passionné et raisonnable. [...] Enclin à systématiser, Signac ne prêchait pas. Il réfléchissait. En dépit d'un évident désir de prosélytisme, il entendait moins subjuguer que consolider ses propres convictions; très attaché à ses idées, il apportait, sinon à les modifier, du moins à les approfondir, une obstination à laquelle il devait sa réputation de sectaire. [...] Tête froide, cœur chaud. Tel j'ai toujours connu Signac. Le peintre, Signac le militant; et je me rappelle aussi Signac le marin. Il aimait la mer démontée et le vent rageur. [...] Il chérissait Stendhal qui veut "être sec, imposer silence à son cœur" mais qui sait qu'"avec les passions, on ne s'ennuie jamais; sans elles, on est stupide".»[4] Lucie Cousturier, qui publia sa première biographie[5]: «Sur la personnalité littéraire et artistique de Signac, se réunissent les épithètes convergentes de claire, saillante, originale, tandis qu'on applique souvent à son caractère les épithètes contradictoires en apparence de généreux, défiant, dur, violent, tendre et cruel. [...] Nous tous, ses amis, qu'il convie si volontiers à partager son intimité familiale, nous savons quelle émotion donne chaque minute de présence de ce rude ami.» Mais la gaieté, la gourmandise et le franc-parler n'étaient jamais loin, comme en témoignent ces propos de table: «On ne doit pas s'emmerder. C'est déjà assez que les autres nous emmerdent! [...] le physique a grande influence sur le moral. C'est un grand principe stendhalien. Il y a un moment où une bouteille de champagne vaut mieux que tous les livres de philosophie ou d'esthétique.»[6]

Mais revenons aux choses sérieuses! Cette exposition est la première rétrospective Signac en Suisse, et la seconde en Europe, après Paris et Amsterdam[7]. Nous avons voulu qu'elle soit différente, tout en étant représentative de chaque étape de son travail, et en insistant sur des aspects peu connus: la majorité des œuvres montrées ici ne l'ont pas été depuis fort longtemps, et proviennent pour la plupart de collections particulières de véritables amateurs de l'artiste, qui nous ont généreusement ouvert leur porte pour la première fois. Quelques points forts, en dehors de tableaux célèbres prêtés par le Metropolitan Museum de New York, le Musée d'Orsay à Paris, ou le Musée Pouchkine de Moscou: une belle série grandement inédite de dessins de jeunesse, au crayon Conté; un ensemble important de vingt-cinq œuvres exécutées à Saint-Tropez,

[3] Voir à ce sujet l'excellent essai d'Anne Distel, «Portrait de M. Paul Signac, yachtman pratiquant, homme de lettres, indépendant et révolutionnaire» *in*: catalogue de l'exposition *Signac, 1863-1935*, Paris, 2001.

[4] Francis Jourdain, *Sans remords ni rancune*, Paris, Corréa, 1953, pp. 279 et 280.

[5] Lucie Cousturier, *Paul Signac*, Paris, Crès, 1922.

[6] Gabriel Fournier, *Cors de chasse, 1912-1954*, Genève, Pierre Cailler, 1957, p. 188.

[7] Paris, Amsterdam, New York, *Signac, 1863-1935*, catalogue d'exposition par Susan Alyson Stein, Anne Distel, Marina Ferretti-Bocquillon, John Leighton, 2001.

sur le port ou dans les paysages de la presqu'île; une grande décoration presque jamais exposée, restaurée pour l'occasion; enfin, un exceptionnel ensemble d'aquarelles provenant de deux amateurs passionnés par cet aspect de l'œuvre, l'un vivant en Suisse, l'autre aux Etats-Unis.

Nous avons par ailleurs, dans la mesure du possible, voulu montrer l'attrait de Signac pour les usines, les banlieues, les ponts de métal, les grues ou les remorqueurs, et pour le monde, ou plutôt les lieux de travail, mais curieusement désaffectés, vides, d'où les acteurs sont absents, les ouvriers, marins, pêcheurs, grutiers et autres cheminots. Sans doute pour éviter la scène de genre, et tout folklore ou sentimentalisme social (toujours Stendhal, corrigeant Bakounine!), mais pour montrer la poésie et la noblesse des paysages industriels.

Il a voulu chanter la beauté des fumées d'usine dans le ciel, celles des trains qui passent sur un pont métallique, des remorqueurs au-dessous. Quant à la plupart de ses splendides voiliers peints et aquarellés, ils étaient surtout les instruments d'un très dur labeur en mer; la voile est associée aujourd'hui à la plaisance, aux régates, au bonheur des vacances, et l'on a tout à fait oublié son usage historique. Ainsi le *Trois-mâts à Saint-Malo* (cat. nº 62) déploie-t-il ses belles voiles jaunes, avant tout pour les faire sécher au retour d'une rude expédition à Terre-Neuve.

Tout cela n'empêche pas l'artiste attentif au décor des activités humaines de l'être aussi, et avec quelle passion, au seul spectacle de la mer et de la lumière, des rivages, des montagnes, de la nature en général. Quelques exemples éloquents ici: le *Saint-Briac* du Musée Pouchkine (cat. nº 19), un simple talus de sable devant la mer, image lumineuse de sérénité, relevée par le piquant – dans tous les sens du terme – d'un chardon au premier plan, presque humoristique. Ou encore: *Les Diablerets* (cat. nº 41), un des rares tableaux alpins de Signac, peint près d'ici, et dont le dépouillement égale le lyrisme. Il faut aussi évoquer les ports dont il a chanté la splendeur, comme Constantinople ou Marseille (cat. nºˢ 50 et 51). Le bel ensemble des tableaux tropéziens traduit aussi l'enchantement du peintre quittant Paris et ses banlieues, la Bretagne et son crachin, pour privilégier pendant une quinzaine d'années la lumière méditerranéenne. «J'ai là de quoi travailler pendant mon existence. C'est le bonheur que je viens de découvrir!» s'était-il écrié alors à son arrivée.[8]

Comment ne pas souhaiter que cette découverte du bonheur – qui, pour lui, se poursuivra plus tard aussi au Nord entre les deux guerres, en particulier dans ses aquarelles des 100 ports de France – soit également ici celle du visiteur devant son œuvre?

F. C.

[8] Dans une lettre à sa mère (Archives Signac) publiée *in*: Françoise Cachin, *L'arrivée de Signac à Saint-Tropez*, catalogue de l'exposition *Signac et Saint-Tropez*, Saint-Tropez, Reims, 1992, p. 15.

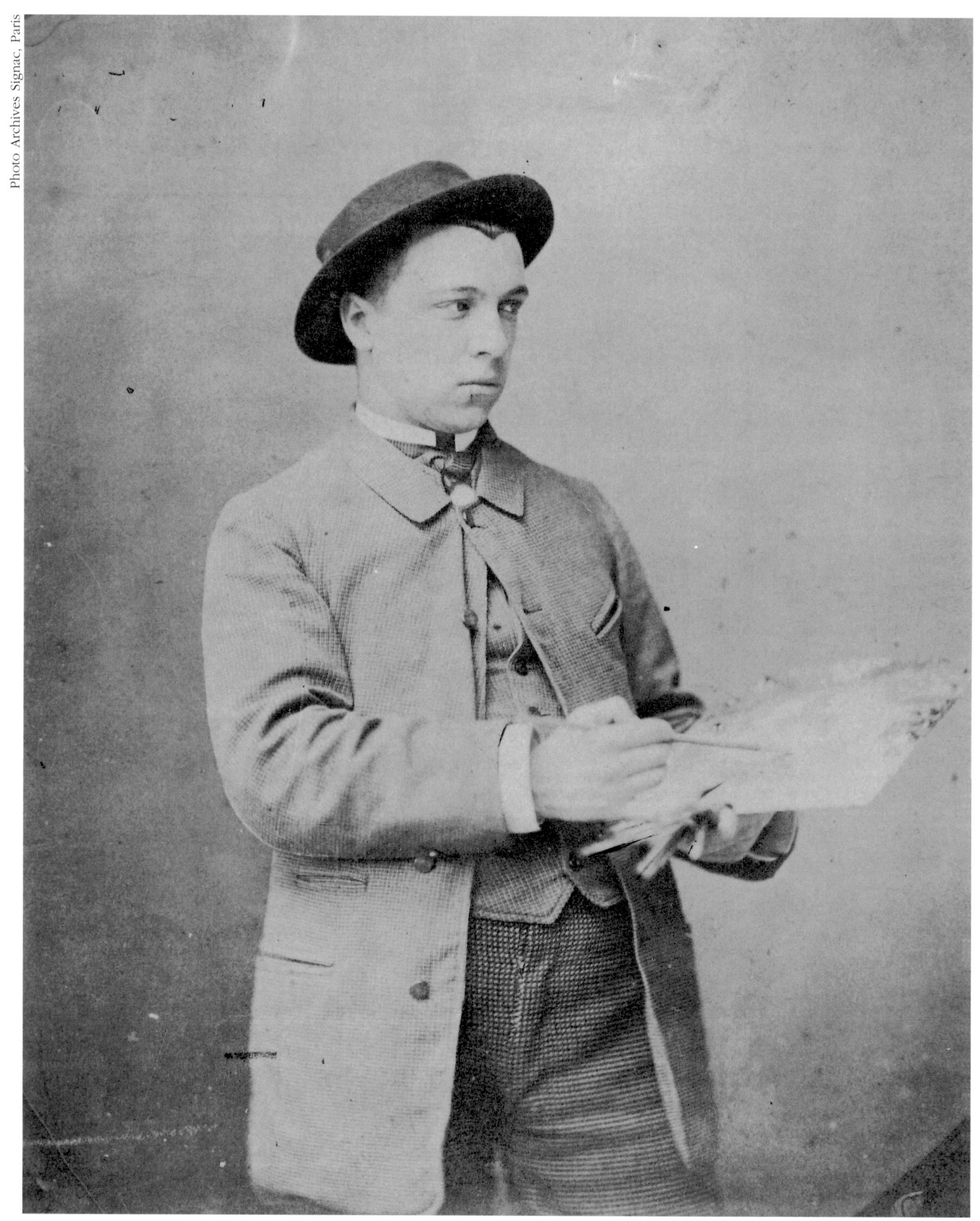

Paul Signac
vers 1881.

Peintures

par Marina Ferretti-Bocquillon

«C'est cet amour de la belle teinte qui nous fait peindre ainsi et non le goût du point.»

C'est une toile pleine de promesses, *Route de Gennevilliers*, qui ouvre notre exposition (cat. nº 1). Elle a été peinte au printemps 1883 par un jeune autodidacte de 18 ans. L'année précédente, après avoir hésité entre l'écriture et la peinture, Paul Signac a opté pour cette dernière, par admiration pour les peintres impressionnistes en général, et pour Monet en particulier. Il rencontre Armand Guillaumin (1841-1927) en 1884, puis Camille Pissarro (1830-1903) l'année suivante, et la première partie de son œuvre se place résolument sous leur bannière. Nous le voyons s'essayer à la nature morte et au paysage, avec des vues de Montmartre ou d'Asnières et, déjà, un talent réel pour les marines. Ce jeune homme entreprenant se fait rapidement connaître et fréquente les milieux littéraires. A la Brasserie Gambrinus, il rencontre Félix Fénéon (1861-1944), Paul Alexis (1847-1901), Joris-Karl Huysmans (1848-1907), Georges Lecomte (1867-1958), Paul Adam (1862-1920)... Ses amis, écrivains symbolistes et naturalistes, seront ses premiers critiques. Comme eux, il s'inspire de thèmes de la vie moderne, avec une prédilection pour les banlieues. Avec eux, il anime à Montmartre les soirées du cabaret *Le Chat noir* et assiste aux premières du Théâtre-Libre d'Antoine. Il les emmène aussi naviguer sur la Seine, sur son cat-boat le *Tub* ou la norvégienne la *Walküre*. Quand, l'été, il navigue en mer, il prend la barre d'un «sloop à tape-cul», *Le Mage*. Ces bateaux succèdent au premier, baptisé *Manet-Zola-Wagner* par un adolescent non-conformiste. Ils en précèdent beaucoup d'autres car, tout au long de son existence, «une flottille est au service de sa peinture», comme l'indique Félix Fénéon. En 1884, Signac participe à la création du Salon des Artistes indépendants, «sans jury ni récompenses» pour s'opposer au Salon officiel et à son lot de refusés ou de médaillés. Il fait à cette occasion la rencontre déterminante de Georges Seurat (1859-1891), qui expose *Une baignade à Asnières* (1883-1884, Londres, National Gallery). Signac remarque d'emblée cette toile où l'artiste traite d'un sujet moderne dans une vaste composition à la Puvis de Chavannes, statique et idéalisée. Elève des Beaux-Arts, Seurat est un homme solitaire et exigeant, en quête d'absolu artistique. Il se lie avec l'exubérant Signac, qui lui communique sa passion pour la couleur. Les jeunes gens trouvent dans les traités d'Eugène Chevreul (1786-1889), de Charles Blanc (1813-1882) et d'Ogden Rood (1831-1902), ainsi que dans les théories de Charles Henry (1859-1926), un écho à leur désir de placer l'art sous le signe de la modernité et de la science. Au cours de l'hiver 1885-1886, Seurat remanie la toile en cours depuis 1884, *Un dimanche à la Grande Jatte* (1884-1886, Chicago, The Art Institute), et «divise» à petites touches de couleur l'ensemble de la surface. Camille Pissarro, rencontré l'année précédente, adopte lui aussi cette nouvelle technique, et Signac, définitivement convaincu, reprend à son tour *Les Modistes* (1885-1886, Zurich, Fondation E. G. Bührle). En mai 1886, leurs œuvres sont réunies dans la dernière salle de la huitième exposition impressionniste autour du tableau de Seurat, *Un dimanche à la Grande Jatte*, qui devient le manifeste de la nouvelle école. Au mois d'août, Albert Dubois-Pillet (1846-1890) et Charles Angrand (1854-1926) exposent à leurs côtés à l'occasion du deuxième Salon de la Société des artistes indépendants.

En septembre 1886, Fénéon cite pour la première fois le terme «néo-impressionniste» dans une critique de *L'Art moderne*: «La vérité est que la méthode néo-impressionniste exige une exceptionnelle délicatesse d'œil.»[1] Rappelons ici que le terme de «pointillisme» est impropre, peu aimé des néo-impressionnistes parce que trop réducteur: le point n'est qu'un des aspects – le plus superficiel – d'une théorie plus globale. Signac le rappellera dès les premières lignes de son traité publié en 1899: «Le néo-impressionniste ne pointille pas, mais divise.»[2] L'objectif de la «division» de la couleur, c'est-à-dire de la juxtaposition de touches de couleur pure, est de remplacer le mélange des pigments sur la palette de l'artiste par le mélange rétinien, opération qu'accom-

[1] Félix Fénéon, «L'Impressionnisme aux Tuileries» *in*: *L'Art moderne*, 19 septembre 1886, pp. 300-302.

[2] Paul Signac, *D'Eugène Delacroix au néo-impressionnisme*, 1899, édition de 1978, avec une introduction de Françoise Cachin, Hermann, Paris, p. 35.

plirait naturellement l'œil du spectateur en s'éloignant suffisamment de la toile: «Un recul de deux pas et toutes ces versicolores gouttes se fondent en ondulantes masses lumineuses; la facture, on peut dire, s'évanouit.»[3] Dans le but de s'assurer «tous les bénéfices de la luminosité, de la coloration et de l'harmonie», le peintre étudie attentivement la couleur et ses modifications en fonction de la lumière et de sa juxtaposition (contraste selon lequel les valeurs contraires s'exaltent mutuellement).[4] La forme des objets se simplifie et, réduite à une surface de touches colorées, prend des allures géométriques. Le premier effet de cette division de la couleur ne sera pas nécessairement de lui donner plus de force – les toiles de Seurat ont souvent une tonalité délicatement grisée et Signac s'en apercevra vite –, mais d'uniformiser la surface de la toile qui devient un tapis vibrant de touches lumineuses. Ce traitement réduit l'illusion de volume ou de profondeur, supprime toute différenciation des matières et donne ainsi au tableau une unité très affirmée. C'est, avec l'intérêt passionné pour la couleur pure, un des aspects qui annoncent le plus directement les recherches picturales d'un XXe siècle soucieux d'affirmer la toile peinte comme une surface à deux dimensions. La peinture néo-impressionniste est un art distancié et réfléchi; elle entend porter sur le monde un regard détaché qui serait celui de l'observateur scientifique. Seurat incarne l'artiste en quête d'absolu, qui soumet tous les éléments du tableau à un idéal d'harmonie rigoureux. Signac se concentre surtout sur le travail des harmonies chromatiques, car cet aspect de la complexe théorie néo correspond profondément à son tempérament. Et c'est cet apport du néo-impressionnisme – beaucoup plus que son improbable valeur scientifique – qu'il mettra en évidence dans son traité *D'Eugène Delacroix au néo-impressionnisme*, publié en 1899. C'est, enfin, le pouvoir «libéré» de la couleur qui sera retenu par la plupart des peintres qui, à son contact, au début du XXe siècle, s'essayeront parfois brièvement à la technique divisionniste.

Quand la huitième exposition impressionniste ouvre ses portes à la Maison Doré en mai 1886, Vincent Van Gogh (1853-1890), un inconnu débarqué à Paris deux mois plus tôt, visite très vraisemblablement cette manifestation. Son frère Théo s'intéresse à la peinture impressionniste: il a déjà vendu pour la Galerie Boussod, Valadon & Cie quatre toiles de Sisley, Pissarro, Monet et Renoir. La nouveauté des toiles «néo» qui, réunies en fin de parcours, apparaissent déjà comme un développement logique de l'impressionnisme a forcément frappé le Hollandais, qui découvre à cette occasion les tendances les plus radicales de la jeune peinture parisienne. C'est chez un marchand de couleurs, le père Tanguy, que Van Gogh fait la connaissance de Signac. Les deux hommes éprouvent une sympathie réciproque. Si le caractère de Vincent ne le dispose pas à une obédience stricte aux règles, néo-impressionnistes ou autres, une passion commune pour la couleur a rapproché les deux peintres aux personnalités si opposées. Le très prosélyte Signac – justement surnommé le «saint Paul du néo-impressionnisme» – est sûrement ravi de la compagnie de ce nouveau camarade au tempérament original, avide de modernité et d'échanges artistiques. Van Gogh s'essaie alors à la division qu'il interprète très librement et, au cours du printemps et de l'été 1887, il peint beaucoup à Asnières. Les habitués des expositions de la Fondation Pierre Gianadda se souviennent d'avoir vu en 2000 plusieurs exemples de ces toiles où Vincent décrit les rives et les ponts d'Asnières et de Clichy.[5] Au fil de ces œuvres, l'art de Van Gogh évolue radicalement; il éclaircit sa palette, divise les couleurs et adopte parfois le point, comme dans *Route aux confins de Paris* (1887, collection particulière), où nous reconnaissons la route qui suit la voie ferrée à Asnières[6]. Les influences

[3] Félix Fénéon, «Signac» *in*: *Les Hommes d'aujourd'hui*, nº 373, s.d. [1890], s.p.

[4] Paul Signac, *op. cit.*, p. 35.

[5] Ronald Pickvance, *Van Gogh*, Fondation Pierre Gianadda, Martigny, 21 juin - 26 novembre 2000.

[6] Nº 40 du catalogue de l'exposition précédemment citée; pour les relations de Signac et de Van Gogh, voir aussi Susan Alyson Stein,

et les rencontres sont multiples au cours de cette période où Van Gogh découvre la peinture moderne; celle du néo-impressionnisme n'est certainement pas la moindre. Signac l'accompagne lors de certaines de ses expéditions en banlieue et il en gardera un souvenir très vivace: «Je le rencontrais d'autres fois à Asnières et à Saint-Ouen; on peignait sur les berges; on déjeunait à la guinguette et on revenait à pied à Paris, par les avenues de Saint-Ouen et de Clichy. Van Gogh, vêtu d'une cotte bleue de zingueur, avait peint sur les manches des points de couleur. Collé tout près de moi, il criait, il gesticulait, brandissait sa grande toile de 30 toute fraîche: et il polychromait lui-même et les passants.»[7]
Au cours de ces longues marches, les discussions de ces deux jeunes gens fous de peinture portaient certainement, au premier chef, sur la couleur. Les toiles de Vincent sont alors momentanément associées à celles de la nouvelle école, comme en témoigne une critique de l'exposition du Salon des Indépendants de 1888[8]. L'auteur, Toussaint Martel, y place les néo-impressionnistes et Van Gogh sous la même bannière: «Entrons maintenant dans le sanctuaire où le pointillé rouge, bleu, jaune, violet, vibre à vous aveugler», note-t-il avant de citer les œuvres de Dubois-Pillet, de remarquer «des marines blondes et transparentes» de Signac, d'évoquer Luce, Seurat, et enfin Van Gogh qui «lui procède par hachures». Mais, à cette époque, Vincent a quitté Paris pour Arles et ses essais néo-impressionnistes le portent au-delà de la stricte division, sur la voie d'un expressionnisme coloré qui s'éloigne radicalement des œuvres de Seurat ou de Signac.

En revanche, la peinture de ce dernier témoigne alors d'une haute qualité de détachement et d'abstraction. Signac pratique un art très pur, où la réalité est soumise aux lois de l'harmonie. A cette époque, il travaille en collaboration avec Charles Henry, auteur en 1885 d'une *Introduction à une esthétique scientifique* qui a marqué les esprits des futurs néo-impressionnistes. Ce jeune savant aux talents multiples et aux idées peu conventionnelles a déjà publié le «cercle chromatique», un instrument commode qui permet aux artistes et aux artisans, mais aussi aux peintres, de ne pas commettre d'erreur en harmonisant les couleurs. Signac accompagne ensuite les recherches de Charles Henry pour la mise au point d'un «rapporteur esthétique», nouvel outil susceptible de mesurer le degré d'harmonie d'un angle. Comme le dit, non sans humour, Félix Fénéon, l'aide de Signac a été l'analyse «[...] du profil (anses déployées) des vases de Cnide, de Thasos et de Rhodes et leur définition par indicateurs d'écart, de dynamogénie, d'inhibition, de contraste, d'acuité, de diversité, de variété et de complication sont un type très pur de critique scientifique».[9] Cette recherche de lois qui conditionneraient la beauté les passionne l'un et l'autre, mais Signac est conscient des limites de cette approche. Il sait très bien «qu'une œuvre d'art est inextricable»[10]. Les toiles désincarnées, quasi abstraites, peintes à cette époque par Signac sont qualifiées par Fénéon d'«exemplaires spécimens d'un art à grand développement décoratif, qui sacrifie l'anecdote à l'arabesque, la nomenclature à la synthèse, le fugace au permanent»[11]. Les correspondances avec la composition musicale y sont nombreuses, et l'artiste joue alors de ses gammes chromatiques avec une subtilité rare. Il organise aussi ses séries de marines comme les différents mouvements d'un développement musical, du scherzo à l'adagio. Et l'ensemble de son œuvre est lui-même largement orchestré, selon les thèmes et les harmonies traités en contrepoint. Pour la présentation de ses tableaux, il oppose les figures aux paysages et, parmi ceux-ci, il

Un artiste parmi les artistes: Signac au-delà du cercle des néo-impressionnistes; *Signac*, Paris, Galeries nationales du Grand Palais, Amsterdam, Van Gogh Museum, et New York, The Metropolitan Museum of Art, 2001, pp. 83-84.

[7] Signac, cité *in*: Gustave Coquiot, *Vincent Van Gogh*, 1923, Paris, p. 194.

[8] Toussaint Martel, «Aux Indépendants» *in*: *Montmartre-La Chapelle*, 15 avril 1888, cité par R. Pickvance *in*: catalogue *Van Gogh*, Fondation Pierre Gianadda, Martigny, 21 juin - 26 novembre 2000, p. 126.

[9] Félix Fénéon, «Signac», *op. cit.*

[10] Félix Fénéon, *Paul Signac*, La Plume, 1891, réédité *in*: J. U. Halperin, *Félix Fénéon. Œuvres plus que complètes*, 1970, pp. 198-199.

[11] Félix Fénéon, «Signac», *op. cit.*

équilibre les marines peintes dans les Côtes-du-Nord (Portrieux) et dans le Midi (Cassis) aux Indépendants de 1890, le fleuve (Herblay) et la mer (Saint-Briac) à l'exposition de 1891. C'est aussi à cette époque que Signac attribue à chacune de ses œuvres un numéro d'opus. Ce chiffre se réfère au «cahier d'opus» entrepris en 1887, où l'artiste fait le compte de ses œuvres peintes. Félix Fénéon a pu suggérer, ou en tout cas encourager, cette idée et remarque que «M. Signac renonce à mettre de la littérature sous ses tableaux. Il les numérote. Signature, millésime et numéro sont harmonisés aux fonds – harmonies semblables pour un fond clair, de contraires pour un fond sombre».[12] La première toile où figure un numéro d'opus, au même titre que la signature et la date, est *La Salle à manger (Opus 152)* (1887, Otterlo, Musée Kröller-Müller). Le choix d'un terme latin aux résonances érudites, qui désigne habituellement des œuvres musicales, est symptomatique de cette fin de siècle. Comme Charles Henry, et tant d'autres artistes contemporains, Signac s'est montré sensible aux correspondances entre la musique et la peinture. Il s'est aussi souvenu de son cher Delacroix: «L'art du coloriste tient évidemment par certains côtés aux mathématiques et à la musique.»[13] A partir de 1889, Signac se détache des thèmes naturalistes et élargit son horizon: la banlieue est remplacée par la mer, et les esquifs de plaisance par des gréements traditionnels, notamment les thoniers et les sardiniers. A l'humour grinçant qui avait présidé à l'élaboration d'*Un dimanche* (cat. nº 16), description acide de l'enfermement d'un mariage bourgeois, succède la tendresse du jeune homme amoureux peignant *Femme se coiffant (Opus 227)* (cat. nº 22). L'été, Signac est fidèle à ses villégiatures sur les côtes normande et bretonne où il s'adonne à ses occupations favorites, la peinture et la navigation. En 1887, il a découvert le Midi à Collioure, puis il a séjourné à Cassis en 1889. Il peint sur le motif des panneaux rapidement esquissés, qui précèdent une mise en place très mesurée de la composition finale.

Au printemps 1891, alors que l'accrochage du Salon des Artistes indépendants est en cours, la mort inattendue de Seurat ébranle le jeune groupe néo-impressionniste. Avec Fénéon et Luce, Signac s'occupe de la succession compliquée de son ami et mentor. Il a déjà organisé l'exposition posthume de Dubois-Pillet pour les Indépendants de 1890 et celle de son ami Vincent Van Gogh l'année suivante. Il s'occupera aussi des manifestations qui se tiendront en hommage à Seurat au Salon des XX à Bruxelles en février 1892, puis au Salon des Indépendants à Paris. Peintres et critiques s'empressent d'annoncer la mort du mouvement tout entier. Mais c'est méconnaître le tempérament combatif de Signac qui prend les rênes de l'école néo-impressionniste. A l'évidence, l'adversité le stimule, à condition qu'il puisse prendre le large. Ce qu'il fait en quittant Paris pour passer l'été 1891 à Concarneau avec Berthe, sa compagne, et Georges Lecomte. Signac y navigue sur son nouveau bateau, *Olympia*. En dépit des circonstances, les amis se disent «éperdus de bonheur» dans la correspondance qu'ils adressent à Fénéon. Et la première période néo-impressionniste culmine pour Signac dans la série magistrale des marines peintes à Concarneau. Celles-ci expriment une parfaite maîtrise, une sérénité et une plénitude rares (cat. nº 20). L'artiste a 27 ans et, très manifestement, il est confiant dans son avenir.

En 1892, Signac a momentanément épuisé les charmes des côtes normande et bretonne. Il a besoin aussi de trouver un port d'attache, un lieu pour travailler à l'abri de l'agitation et des tracasseries parisiennes. Quand il s'enquiert des conseils de son ami Henri Edmond Cross (1856-1910), tout récemment converti au néo-impressionnisme et installé à Cabasson près de Cavalaire, dans le Var, il lui confie: «Combien j'envie votre existence, digne, simple, élevée, loin de Paris et de sa merde soi-disant intellectuelle. [...] j'ai un peu soupé de la Bretagne, il y pleut trop. Décrivez-moi les charmes de vos contrées et je suis disposé à y mener ma glorieuse *Olympia* [...] Quel port me conseillez-vous pour y peindre beaucoup et naviguer

[12] Félix Fénéon, «Signac», *op. cit.*

[13] Eugène Delacroix, cité par Baudelaire *in: L'Art romantique*, Paris, 1885, p. 11, et repris par Signac *in: D'Eugène Delacroix au néo-impressionnisme*, *op. cit.*, p. 54.

un peu?»[14] Le choix s'arrête sur Saint-Tropez et, en mars 1892, Signac descend dans le Finistère y chercher le cotre *Olympia* pour entreprendre son odyssée vers la Méditerranée. En compagnie de Théo Van Rysselberghe (1862-1926), il descend le canal du Midi, de Bordeaux à Sète, et relatera ce parcours avec toute la précision du marin dans *Le Yacht*[15]. Enfin, entre le 6 et le 10 mai, *Olympia* aborde à Saint-Tropez, et c'est un véritable éblouissement, pour l'homme comme pour le peintre. Signac passe désormais plusieurs mois de l'année à Saint-Tropez et réserve la saison d'hiver à Paris qu'il quitte dès que l'organisation du Salon des Indépendants le lui permet. Son art évolue rapidement vers une expression de plus en plus libre et colorée. Il découvre les joies de l'aquarelle dont il surmonte rapidement les difficultés. Pour ses œuvres peintes à l'huile, il adapte les exigences de la méthode néo-impressionniste à son tempérament, infléchissant plus librement ses lois. Premier indice de cet abandon d'une rigueur trop contraignante, le numéro d'opus cesse de figurer sur les toiles exposées. Le dernier tableau où il apparaît est le portrait de Berthe Signac qu'il vient d'épouser, *Femme à l'ombrelle (Opus 243)* (1893, Paris, Musée d'Orsay). Si Signac se détache progressivement des contraintes de la théorie néo-impressionniste, c'est qu'elle a cessé pour lui d'être un objectif; elle est devenue un outil, un moyen commode pour exprimer ses sensations colorées. Signac note ainsi le 22 août 1894 dans son journal: «La toile de 25 d'après nature me semble de plus en plus du temps perdu. Le travail doit consister en 1° documents pris rapidement d'après nature, au fur et à mesure des besoins ou des sensations, 2° création de l'œuvre d'après ces documents… Cette toile de 30 complètement faite d'après nature est une perte de temps. Laissons-la aux "Impressionnistes" qui en ont fait du reste de merveilleuses… Et dire que ces peintres parce qu'ils se sont condamnés à ne travailler que d'après nature se croient des "naturalistes"… Mais non, Monsieur Monet, vous n'êtes pas naturaliste… Bastien Lepage est beaucoup plus près de la nature que vous! Les arbres dans la nature ne sont pas bleus, les gens ne sont pas violets… et votre grand mérite est justement de les avoir peints ainsi, comme vous le sentiez par amour de la belle couleur, et non tels qu'ils sont… Il y a quelques années je m'efforçais aussi de prouver aux autres, par des expériences scientifiques, que ces bleus, ces jaunes, ces verts, se trouvaient dans la nature… Maintenant je me contente de dire: Je peins ainsi parce que c'est la technique qui me semble la plus apte à me donner le résultat le plus harmonieux, le plus lumineux et le plus coloré… et que cela me plaît ainsi…»[16] Dans ses tableaux, la nature est donc librement interprétée. Elle est consultée comme un aimable dictionnaire où Signac puise les motifs d'une œuvre de plus en plus indépendante du sujet. Mais il ne se privera pas du contenu poétique de sa thématique d'élection: les ciels, les ports, les ponts, les bateaux, l'eau et ses reflets. L'art de Signac évolue aussi vers une expression plus large et plus colorée, qui correspond à son caractère expansif et impatient. La couleur devient éclatante dès les premières toiles tropéziennes où la touche est encore menue. En 1895, le point est définitivement abandonné pour un pinceau plus large, et de petits rectangles de couleur donnent aux tableaux de cette période l'aspect d'une mosaïque. Cette évolution n'échappe pas au poète et ami Emile Verhaeren: «Le faire s'est élargi, la spontanéité a cassé les trop strictes formules, l'éclat et la gaîté et le quasi-mouvement des couleurs impriment une illusion de nette et précise réalité dont le peintre est parvenu à dégager la chanson de lumière et la douceur de la vie ensoleillée du Midi.»[17] Et Signac résumera lui-même ses objectifs et les moyens

[14] Lettre de Signac à Cross, s.d. [mi-novembre 1891], Archives Signac, citée *in*: Françoise Cachin, «L'Arrivée de Signac à Saint-Tropez», *Signac & Saint-Tropez*, Saint-Tropez, Musée de l'Annonciade, 20 juin - 6 octobre 1992, et Reims, Musée des Beaux-Arts, 6 novembre - 13 décembre 1992, p. 13.

[15] Paul Signac, *Le Yacht*, 17 septembre 1892, pp. 343-344, et 24 septembre, pp. 351-352.

[16] Paul Signac, «Journal», Archives Signac, publié par John Rewald *in*: *La Gazette des Beaux-Arts*, juillet-septembre 1949, p. 101.

[17] Emile Verhaeren, «Le Salon de la Libre Esthétique» *in*: *L'Art moderne*, 8 mars 1896, p. 73.

qu'il préconise dans son traité *D'Eugène Delacroix au néo-impressionnisme*: «Pour arriver à cet éclat lumineux et coloré, les néo-impressionnistes n'usent que de couleurs pures se rapprochant, autant que la matière peut se rapprocher de la lumière, des couleurs du prisme. [...] se gardant bien de les souiller en les mélangeant sur la palette (sauf évidemment avec du blanc et entre voisines, pour toutes les teintes du prisme et tous leurs tons).»[18]

Toujours préoccupé de la qualité décorative de son œuvre qui doit apporter la lumière dans des intérieurs sombres, Signac entreprend alors un grand projet, *Au temps d'Harmonie* (1894-1895, mairie de Montreuil). L'artiste tente d'y concilier ses convictions esthétiques et politiques, car, pour lui, «Justice en sociologie, harmonie en art: même chose»[19]. En dépit d'un échec relatif – l'architecte belge Victor Horta a négligé l'offre de Signac qui voulait donner sa toile à la Maison du Peuple de Bruxelles –, Signac ne renonce pas à l'ambition de peindre de grands décors, publics de préférence. En 1900, il participe au concours pour la mairie d'Asnières et peint un ensemble d'esquisses qui ne sera pas retenu par le jury (cat. nº 37). Ce décor promettait pourtant de réunir toutes les qualités de son art au tournant du siècle: la délicatesse des formes qui perdent leur simplicité radicale, la finesse des tons qui s'organisent en orchestrations savantes où l'œil se perd avec un véritable plaisir, et la subtilité d'une thématique sans prétentions. Car, dans ses esquisses, Signac oppose la rive d'Asnières, lieu de loisirs nautiques, à celle de Clichy, résolument industrielle. Si nous percevons l'écho d'un message politique dans cette mise en relation du travail et des loisirs, rappelons cependant que ce décor souligne tout simplement les deux pôles de la vie de la plupart d'entre nous. Le travail n'a rien d'une épreuve douloureuse et moins encore d'une punition biblique pour l'artiste auquel il procure surtout des joies. Pour Signac, une vie harmonieuse équilibre moments de loisir et travail. Rien de vraiment révolutionnaire dans cette vision d'une existence qui ne sera heureuse que si elle est productive. Le peintre de l'anarchiste *Démolisseur* (1897-1899, Nancy, Musée des Beaux-Arts, FC nº 336), sapant d'un grand coup de pioche les bases de la société, désirait poursuivre son programme décoratif par des panneaux consacrés aux *Haleurs*, qui font évoluer la pensée, et aux *Constructeurs*[20]. Ces deux panneaux n'ont jamais été réalisés, mais l'ensemble de l'œuvre de Signac peut être placé sous le signe d'une plus discrète célébration du travail ou, pour être plus précise, des œuvres humaines. Qu'importe la mer aux yeux du peintre si elle n'est pas encadrée de jetées, de quais et de phares, traversée par ces bâtiments aux architectures ingénieuses que sont les thoniers, les tartanes ou les terre-neuvas! Le fleuve aussi, sans ponts, sans écluses et sans péniches, perdrait beaucoup de son intérêt aux yeux de l'artiste. Navals ou civils, les monuments sont nombreux dans l'œuvre de Signac. Et le choix de Venise, où il séjourne à deux reprises en 1904 et 1908, est emblématique à ce propos. La Cité des Doges défie les lois de la nature, elle est le fruit d'un invraisemblable projet, issu de l'ingéniosité et de l'effort humains. Dans les tableaux de notre artiste, la nature est rarement sauvage, et la lumière y fait chanter les couleurs d'un paysage dessiné par le génie des hommes.

A cette époque, Signac a recommencé à voyager. C'est d'abord en Hollande qu'il cherche une alternative aux paysages ensoleillés de Saint-Tropez, et deux belles toiles de la série des *Flessingue* illustrent ici ce dépaysement salutaire (cat. nºs 30 et 31). Si Signac aime les ports et la mer, il n'a pas non plus été indifférent au charme des cîmes. Nous le trouvons en Suisse, aux Diablerets, en 1903 (cat. nº 41), et encore en 1919 à Sallanches où il est venu peindre le mont Blanc (cat. nºs 111 et 112). Les visiteurs qui ont vu à Marti-

[18] Paul Signac, *D'Eugène Delacroix au néo-impressionnisme*, *op. cit.*, p. 37.

[19] Robert L. et Eugenia W. Herbert, «Artists and Anarchism: unpublished letters of Pissarro, Signac and others» *in*: *The Burlington Magazine*, novembre et décembre 1960, pp. 472-482.

[20] Marina Ferretti-Bocquillon, «*Au temps d'Harmonie*: une œuvre engagée» *in*: *La Revue du musée d'Orsay*, printemps 2001, pp. 84-89.

gny l'exposition des œuvres de Turner dans les Alpes ne manqueront pas d'apprécier la coïncidence qui les met en présence, trois ans plus tard, d'œuvres inspirées par celles du grand romantique anglais.[21] Et ils seront sensibles au lyrisme que déploie à cette occasion notre artiste qui est également un grand admirateur de Delacroix. C'est vraisemblablement aussi à Turner que Signac doit l'envie de peindre des cycles de tableaux qui se développeraient comme d'amples parcours le long des côtes et des fleuves européens. Nous le voyons en effet, dès le tournant du siècle, peindre des toiles de grandes dimensions dédiées aux ports: Saint-Tropez, Gênes, Venise, Marseille, Rotterdam, jusqu'à Constantinople. Il songera aussi à la Seine et à ses ponts. Son engouement pour la peinture de Turner s'était confirmé lors d'un voyage à Londres en 1898: «Ce ne sont plus des tableaux mais des polychromies, des pierreries, la peinture, dans le plus beau sens du mot», s'enthousiasme-t-il à la suite de sa visite de la National Gallery et, comme l'a remarqué John Leighton, la peinture de Signac évolue alors vers un style «riche, sensuel et luxuriant»[22]. Quand Signac voyage, il est certainement en quête de motifs pour ses tableaux, mais – les destinations qu'il choisit, la Belgique, la Hollande, l'Italie, le prouvent – il est aussi en quête de musées. En théoricien, il poursuit ainsi sa réflexion sur la situation du mouvement néo-impressionniste dans l'histoire de la peinture.

Dans les premières années du siècle, Signac s'impose comme une figure de la scène artistique internationale, et il est nécessaire de rappeler l'ampleur du rayonnement de son œuvre à cette époque. En 1899, l'exposition présentée à la Galerie Durand-Ruel a confirmé le succès naissant des néo-impressionnistes et, peu après, les premières expositions personnelles de Signac se tiennent à Paris: à la Galerie Bing en 1902, chez Druet en 1904 et à la Galerie Bernheim-Jeune en 1907. Sur le plan international aussi, l'influence de Signac s'accroît. Il est reconnu depuis longtemps en Belgique, où il expose dès 1887 au Salon des XX, puis à celui de la Libre Esthétique. Signac y compte de nombreux amis, peintres et littérateurs, et, parmi eux, celui qui sera un des principaux promoteurs du mouvement néo en Allemagne, Henry Van de Velde (1863-1917). Architecte et décorateur, ce dernier a pratiqué la technique néo-impressionniste avant d'abandonner la peinture et de devenir un des plus brillants représentants de l'Art nouveau en Belgique. En 1900, il s'installe en Allemagne, d'abord à Berlin, où il s'occupe notamment de l'installation des *Poseuses* de Seurat dans l'appartement du comte Harry Kessler, puis en 1902 à Weimar. L'Allemagne compte alors des conservateurs aussi brillants que curieux de peinture française, comme Hugo von Tschudi, qui fait entrer d'exceptionnels Manet et Matisse au musée de Munich. Elle produit des historiens et critiques d'art curieux des nouvelles tendances, comme Julius Meier-Graefe, et des marchands dynamiques qui n'hésitent pas à exposer les néos. Citons les galeries Keller und Reiner à Berlin, Cassirer à Berlin et Hambourg, Arnold à Dresde. Des revues d'art comme *Pan* maintiennent ce climat d'effervescence artistique, soutenu par des personnalités aussi audacieuses que le comte Harry Kessler. L'Allemagne réserve un accueil enthousiaste au «néo» et, quand l'exposition du Sonderbund à Cologne désigne en 1912 les pères fondateurs de l'art du XXe siècle, ce sont Van Gogh, Munch, Cézanne, Gauguin, Picasso et les néo-impressionnistes – représentés par Signac et Cross – qui sont à l'honneur. Dès 1903, Meier-Graefe percevait très justement dans l'œuvre de Signac «une dématérialisation de la figuration aux effets envoûtants» et, en effet, le rôle joué par Signac dans la naissance de l'art du XXe siècle n'est pas négligeable.[23] Son traité

[21] *Turner et les Alpes 1802*, Fondation Pierre Gianadda, Martigny, 5 mars - 6 juin 1999.

[22] Lettre de Signac à Angrand, 18 avril 1898, copie conservée aux Archives Signac, et John Leighton, «Paul Signac 1863-1935. Présentation» *in*: *Signac*, *op. cit.*, 2001, p. 33.

[23] Julius Meier-Graefe, *Der Moderne Impressionismus* (L'Impressionnisme moderne), Berlin, 1903, cité par Erich Franz *in*: «Paul Signac et la libération de la couleur – de Matisse à Mondrian», *Signac et la libération de la couleur*, Westfälisches Landesmuseum für Kunst und Kulturgeschichte, Münster, 1er décembre 1996 - 16 février 1997, Musée de Grenoble, 9 mars - 25 mai 1997, et Kunstsammlungen zu Weimar, 15 juin - 31 août 1997, p. 37.

D'Eugène Delacroix au néo-impressionnisme apparaît à la fois comme le manifeste tardif du néo-impressionnisme et comme sa mise en perspective historique. Souvent réédité, traduit en allemand, cet opuscule sera consulté par la plupart des jeunes peintres curieux de théorie des couleurs autour de 1900. S'il est aux premières loges pour mesurer ce que sa peinture doit aux grands ancêtres, Turner, Delacroix, Jongkind, les impressionnistes, Signac est bien placé aussi pour comprendre ce que les jeunes générations ont retenu du néo-impressionnisme. Le «père des Indépendants» – société dont il devient le président en 1908 – est tout naturellement au fait des innovations picturales, et sa curiosité le porte vers la nouveauté et l'audace. Lucie Cousturier le soulignera en 1922: «Tandis que les jurys trient encore, jetant au rebut la graine mystérieuse qui doit assurer le renouvellement de l'art, il applaudit aux "Fauves", aux "Cubistes", aux "Constructeurs", qui apportent, sinon toujours d'heureuses réalisations, du moins l'excitation fécondante.»[24] L'été, à Saint-Tropez, l'atelier de la villa qu'il a baptisée La Hune devient l'annexe privilégiée de la jeune peinture. Lieu de travail, mais aussi de rencontre des peintres curieux de théorie des couleurs, l'accueillant atelier inondé de lumière devient un vivant instrument de diffusion du divisionnisme. On y voit les toiles en cours, les études, si libres, ainsi que les dessins et les aquarelles. On y débat aussi. Les amis néo-impressionnistes, Luce, Van Rysselberghe et Cross, s'y retrouvent. Mais Maurice Denis, Bonnard, Vuillard, Roussel le connaissent également. Sans oublier Camoin, Manguin, Marquet, Valtat et Matisse qui sont, eux aussi, des habitués. L'épisode de la rencontre de Signac et de Matisse est bien connu. Au cours de l'été 1904, les deux peintres, l'un et l'autre épris de couleur, d'hédonisme et de rigueur théorique, ont partagé à Saint-Tropez une proximité artistique et intellectuelle certaine. Matisse s'est essayé à la touche néo-impressionniste et Signac, ravi de cette recrue de choix, sera particulièrement dépité quand il y renoncera pour de larges aplats de couleur pure. L'été 1905, qui précède l'exposition fondatrice du Salon d'Automne, la plupart des futurs «fauves», Camoin, Manguin et Marquet, se retrouvent à Saint-Tropez. A cette époque, les toiles de Signac atteignent elles-mêmes un surprenant paroxysme coloré, et la réunion aux cimaises de l'exposition d'œuvres comme *L'Arc-en-ciel (Venise)*, *La Tartane. Saint-Tropez* ou encore *Saint-Tropez. Le Rayon vert* (cat. n°s 43, 44 et 46) en témoigne amplement. Les aquarelles de l'artiste atteignent alors, elles aussi, une liberté d'expression et une furia colorée à laquelle les futurs «fauves» n'ont pu rester indifférents.[25] Comme l'a dit très justement Françoise Cachin, la lecture du traité de Signac *D'Eugène Delacroix au néo-impressionnisme* – réédité en allemand en 1903, puis en 1910 et en 1911 en France – «n'a converti définitivement aucun grand peintre. Mais il a pu par sa religion de la couleur jouer un rôle auprès des "fauves"; par son ascétisme auprès des cubistes; par son effort d'analyse rationnelle, auprès de Matisse; par sa volonté de style, son détachement de la nature et son obsession de la peinture pure et de la couleur auprès de Delaunay, Klee, Kandinsky, pères de l'abstraction.»[26] L'influence exercée par Signac à cette époque, tout particulièrement en Allemagne, a encore été analysée à l'occasion de l'exposition *Signac et la libération de la couleur*.[27]

En 1910, l'œuvre de Signac, qui approche alors de la cinquantaine, connaît une rupture. Il peint très peu au cours des années 1910 et 1911, et consacre de plus en plus de temps à l'aquarelle. Il cesse aussi de tenir le cahier d'opus sur lequel il consignait toujours ses

[24] Lucie Cousturier, *P. Signac*, Paris, Crès et Cie, 1922, p. 10.

[25] Marina Ferretti-Bocquillon, *Signac aquarelliste*, Paris, Adam Biro, 2001, pp. 47 à 57.

[26] Françoise Cachin, «Introduction» *in*: Paul Signac, *D'Eugène Delacroix au néo-impressionnisme*, *op. cit.*, p. 26.

[27] *Signac et la libération de la couleur*, exposition organisée par Erich Franz, Westfälisches Landesmuseum für Kunst und Kulturgeschichte, Münster, 1er décembre 1996 - 16 février 1997, Musée de Grenoble, 9 mars - 25 mai 1997, et Kunstsammlungen zu Weimar, 15 juin - 31 août 1997. Voir à ce propos au catalogue les essais d'Erich Franz, «Paul Signac et la libération de la couleur – de Matisse à Mondrian», d'Eric de Chassey, «Signac et les fauves», et de Marina Ferretti-Bocquillon, «Paul Signac au temps d'harmonie, 1892-1913».

œuvres. La maladie et la mort de son ami Henri Edmond Cross ont certainement joué un rôle dans cette chute de la production de l'artiste, qui passe deux jours par semaine à son chevet quand il se trouve dans le Midi. Et, le 16 mai 1910, c'est avec une infinie tristesse qu'il devient le dernier peintre néo-impressionniste de sa génération. Seurat et Cross sont morts; Van de Velde et Finch ont abandonné la peinture; Angrand dessine; Luce et Van Rysselberghe ont renoncé à la division. Signac a, quant à lui, rempli la mission qu'il s'était donnée à la mort de Seurat. Il a organisé les expositions du groupe et celles du Salon des Indépendants. Il a rédigé le manifeste théorique du néo-impressionnisme; pris la parole et la plume chaque fois que cela lui a paru nécessaire; défendu ses principes esthétiques avec un acharnement et une combativité inépuisables. Il a assisté à la naissance du fauvisme et il est conscient du rôle joué par sa technique dans cette libération définitive de la couleur en peinture. Le néo-impressionnisme est entré dans l'histoire, ce qui signifie qu'il appartient déjà au passé. En outre, une autre rupture, d'ordre sentimental, se prépare. Vers 1909, Signac s'est lié intimement avec une de ses élèves, Jeanne Selmersheim-Desgrange (1877-1958). En 1913, il quitte sa première femme et lui laisse La Hune. Il vit d'abord à Antibes avec sa compagne et leur petite fille Ginette. C'est là qu'il passe les années de guerre, peignant peu et trouvant une consolation dans l'étude de son cher Stendhal. Après la guerre, Signac ne retrouvera pas de port d'attache. Pour la saison d'été, il se fixe momentanément à Saint-Paul-de-Vence, puis à Lézardrieux et enfin à Barfleur. Chaque année, le président des Indépendants expose quelques toiles néo-impressionnistes. Fidèle à ses convictions esthétiques, il fait toujours chanter les couleurs qu'il orchestre avec une impeccable maîtrise. Mais, ensuite, il quitte Paris, et c'est le pinceau d'aquarelliste à la main qu'il sillonne les routes et les côtes de France.

M. F.-B.

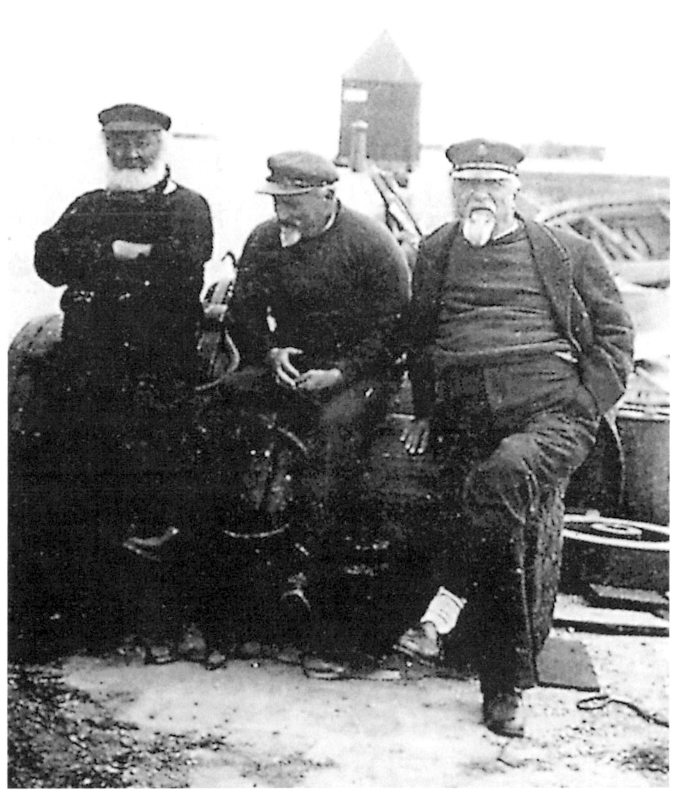

Paul Signac et ses amis pêcheurs sur le port de Barfleur, vers 1932.

C'est un jeune artiste de 18 ans qui a peint cette toile lumineuse. Veuve, la mère du peintre, Héloïse Signac, s'est installée en 1880 à Asnières, banlieue résidentielle qui se développe au nord de Paris, sur les rives de la Seine. Non loin, la plaine de Gennevilliers vient d'être bonifiée par le déversement des égouts de Paris qui fertilisent les terres. Ici, l'artiste a choisi un site à l'écart du quartier résidentiel d'Asnières et des bords de Seine, le faubourg d'un faubourg, et il peint cette zone intermédiaire où la campagne devient banlieue. Comme l'indiquent les arbres maigres, le croisement vient d'être aménagé, à l'angle de la route départementale et de la rue de Gennevilliers, aujourd'hui rue Louis-Melotte. Au premier plan, pas de signe de passage dans ce lieu sans charme particulier. Au-delà, le mur du cimetière puis l'horizon rythmé par les toits de tuiles des bâtiments industriels et quelques cheminées d'usines. Cette évocation laconique de la périphérie urbaine trouvera un écho très direct en 1886 dans le poème de l'écrivain naturaliste Jean Ajalbert, ami de Signac, intitulé *Gennevilliers*: «De la fumée opaque au faîte des fabriques, [...] Sur les maisons des toits de tuiles "vermillon" [...] C'est la campagne, mais sans chaume et sans chaumière. Sans la moindre alouette ou le moindre grillon [...] Chaque arbre a l'air d'un long balai, debout, dans l'air.» Pourtant, rien de nostalgique dans la toile de notre jeune peintre: simplement un paysage neuf qui prend forme. Aux yeux de Signac, il s'agit d'un site moderne, dont il exprime la beauté inédite en rendant hommage aux maîtres qu'il s'est donnés, les impressionnistes. La touche décidée, le sens de l'espace, la traduction de la lumière, la fraîcheur des couleurs et les ombres bleues... Il y a du Monet, du Sisley et même du Cézanne dans cette toile peinte par un débutant doué. Quant à son propre tempérament, il s'affirme déjà dans le choix des couleurs primaires – vert et rouge, bleu et jaune – ainsi que dans la composition rigoureuse où les horizontales et les verticales s'affirment, animées par une puissante oblique... Déjà, Signac privilégie l'organisation méditée de ses toiles et ne laisse pas de place à l'improvisation.

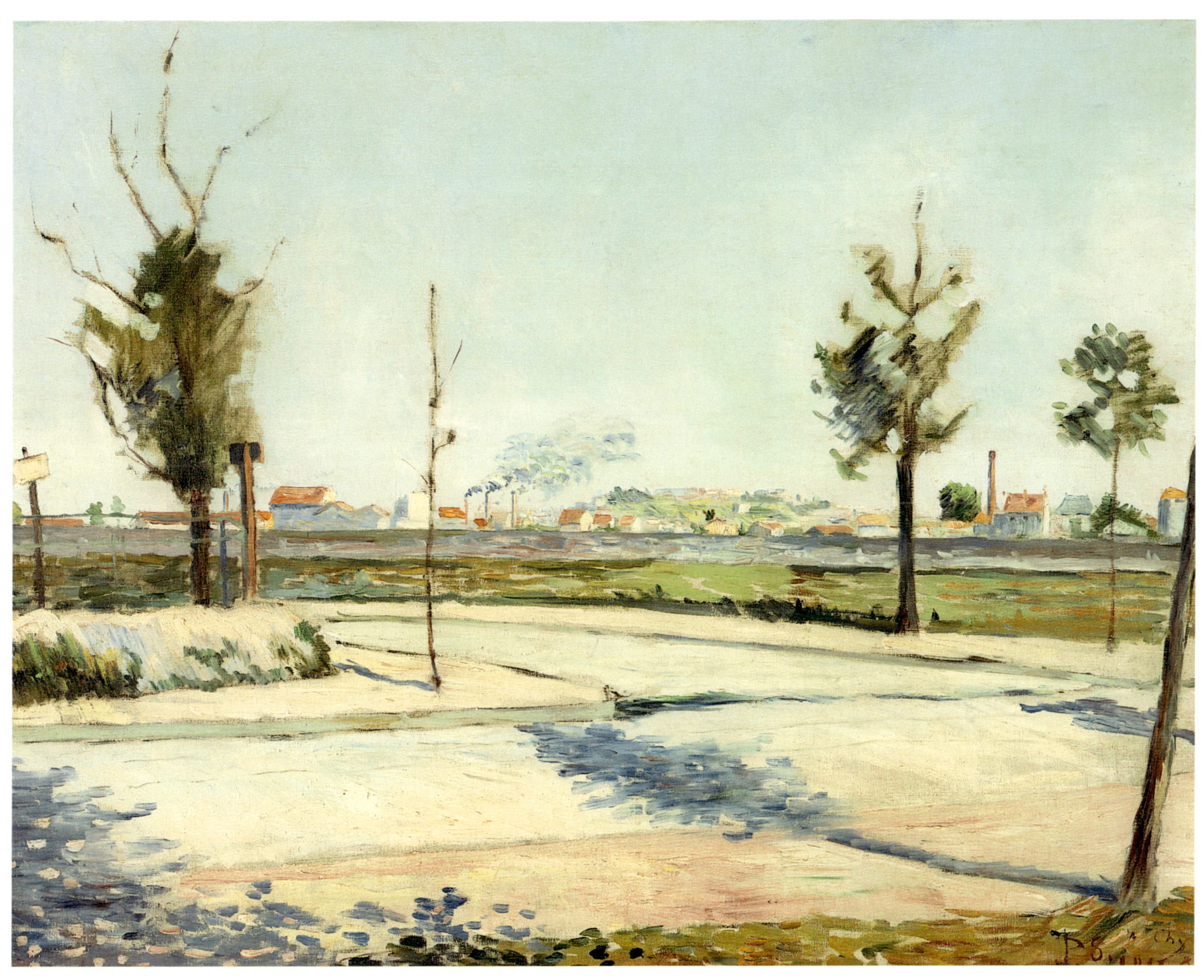

1
Route de Gennevilliers
1883
Huile sur toile
73×91 cm
Signé, daté et dédicacé en bas à droite
Musée d'Orsay, Paris
FC nº 48

En 1883, Signac s'essaie pour la première fois au thème de la nature morte composée. Il peint *Nature morte. Poêlon* (collection particulière, FC n° 51) où il dispose plusieurs accessoires de cuisine sur une table. Puis, pour prolonger l'exercice, il peint notre tableau, *Nature morte. Livre rose, pompon*, en reprenant la même disposition générale: quelques objets groupés sur une table et se détachant sur un fond relativement neutre. Les objets qu'il met en scène – un pompon, c'est-à-dire une houppe à poudre, une tasse, un pichet de terre cuite, un verre avec un bouquet de violettes, quelques fruits, un éventail et un livre – sont cette fois d'un ordre différent. Moins rustiques que dans la toile précédente, ils forment surtout un ensemble plus disparate. La houppe à poudre, l'éventail, le petit bouquet et le livre à la couverture rose évoquent un univers féminin plus raffiné que dans la toile précédente. Mais c'est surtout leur couleur qui semble avoir guidé le choix du peintre. Il répartit sur une nappe claire le pompon et le livre d'un rose violacé, le pichet de terre vernissée vert, le bouquet bleu, le citron, les oranges, l'éventail rouge et vert… Il choisit en fait d'assembler sur la toile les couleurs primaires et leurs dérivées immédiates: rouge, jaune, bleu, vert, orange et violet. Le jeu des couleurs et celui des matières sont aussi variés que possible; les touches allongées multiplient aussi les directions. Le livre et l'éventail jouent ici le rôle traditionnellement donné au couteau dans une nature morte: creuser la perspective en donnant de la profondeur à la toile. Maladroitement, l'autodidacte Signac a aussi tenté de rendre un espace suggéré par deux lignes verticales qui coupent le mur du fond. Mais la table s'insère mal dans cet espace trop réduit. De la même manière, divers points de vue ont été adoptés selon les objets représentés. Le pichet et le verre sont figurés frontalement et leur silhouette se découpe de profil; les autres objets sont en revanche observés d'un point de vue plus élevé. L'unité de la toile est sauvée par le réseau de lignes horizontales et verticales qui cadrent énergiquement la nature morte.

Comme l'indique le cahier d'opus où Signac consignait ses œuvres, le tableau se trouvait dans le bureau du pavillon d'Asnières. Le jeune homme avait donc vraisemblablement offert cette toile au charme primesautier à sa mère, Héloïse Signac. C'est dans ce bureau que Vincent Van Gogh, arrivé à Paris en 1886, a dû la voir, ainsi qu'une seconde version plus réussie, *Nature morte. Livre, oranges* (1885, Berlin, Nationalgalerie, FC n° 83), qui se trouvait dans l'atelier de l'artiste. Au cours de l'année 1887, Van Gogh peint à son tour plusieurs natures mortes de livres. Parmi elles, les belles compositions centrées sur les romans parisiens, où il s'approprie avec vigueur les principes néo-impressionnistes de la division et du contraste.

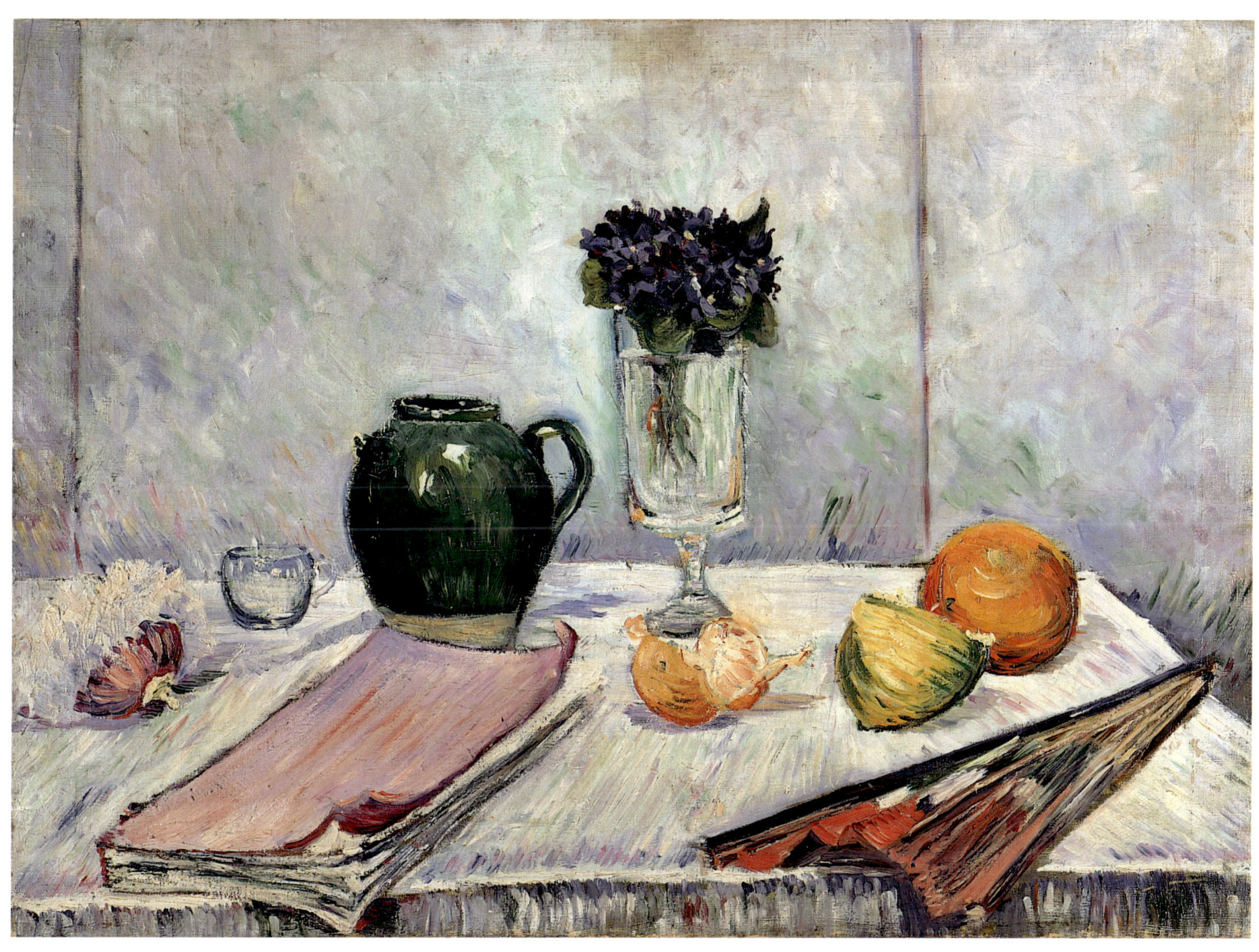

2
Nature morte. Livre rose, pompon
1883
Huile sur toile
50×68 cm
Collection particulière
FC nº 53

En 1884, Signac séjourne pour la troisième fois consécutive à Port-en-Bessin. Pour ses séjours balnéaires, il s'écarte des stations mondaines comme Trouville ou Deauville et choisit un terrain dont les ressources picturales ont été moins exploitées par les peintres impressionnistes. Cette année-là, il peint successivement la jetée d'amont, la nouvelle halle aux poissons, la Vieille Tour, les quais, la plage, le cimetière, la corderie… Pour peindre *Port-en-Bessin. Le Catel*, une vue des façades qui font face à la mer, il s'est placé sur le quai, peu après le départ de la jetée. L'alignement des façades basses traditionnelles est rompu par la présence d'une villa moderne qui prouve qu'à Port-en-Bessin aussi le tourisme balnéaire se développe. Aucun bateau en vue, les pêcheurs sont en mer. Le ciel bleu très pur, l'enroulement dynamique des nuages et le clapotis des vaguelettes contre le quai nous indiquent que le temps est favorable à la navigation. La fuite des nuages prolonge l'effet de perspective du quai et emporte le regard vers le large. Les couleurs vives disent la luminosité de l'air, et c'est d'un pinceau assuré que Signac multiplie les touches longues ou brèves. Il se plaît aussi à opposer les tons violets, rouges et ocre des façades au vert vif des falaises et aux bleus du ciel et de la mer. Satisfait de cette étude, Signac l'a exposée au premier Salon de la Société des artistes indépendants en 1884, où elle a été remarquée. Jean Le Fustec notait déjà: «Il y a là-dedans du coloris et de l'observation. Avec cela la fougue qui ose; et j'ajouterai qui réussit.» En revanche, Fox s'est montré moins enthousiaste: «Le soleil sur le Catel de M. Signac. Pouah!» Mais cette étude allait trouver un amateur, le cordonnier Vassal: «Cette toile, je l'avais échangée contre une paire de chaussures… il y a cinquante ans de cela… Un cordonnier de la rue Lepic, auquel j'avais commandé des souliers, me les apporte un beau matin. En entrant dans mon atelier, il s'arrête devant une de mes toiles et m'offre ses souliers en échange. "Je vous en ferai d'autres pour le même prix", ajouta-t-il. Si bien que pendant deux ans j'ai échangé des tableaux contre des souliers. Ces tableaux, le brave homme les a gardés jusqu'à sa mort.» Quand la toile passe en vente publique en 1935, Signac la rachète. Une lettre de Lucien Pissarro à son père Camille nous indique qu'il a lui aussi essayé de procéder à un échange, mais avec moins de succès: «Nous avons été voir le cordonnier, il n'est pas disposé à faire une affaire pour le moment, mais il ne dit pas qu'à un moment donné il n'en fera pas une. C'est en allant chez Signac qu'il s'est décidé tout d'un coup en voyant une chose qui lui a plu.»

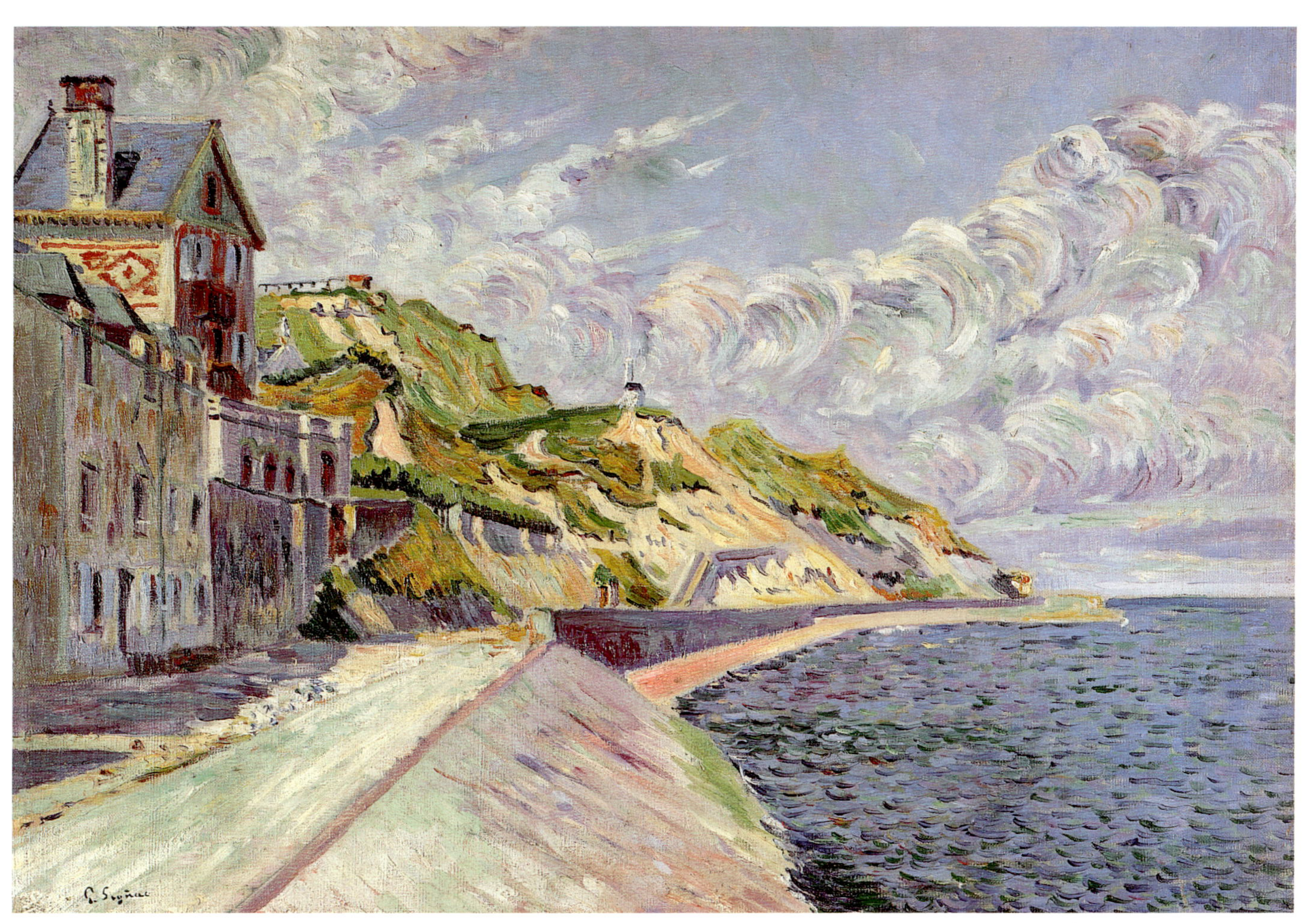

3
Port-en-Bessin. Le Catel
1884
Huile sur toile
45×64 cm
Cachet de l'atelier en bas à gauche
Collection particulière
FC nº 65

Signac aimait ce tableau qu'il a choisi parmi ses œuvres de jeunesse pour figurer à l'exposition rétrospective présentée au Petit Palais en 1934. Ici encore, son choix s'est fixé sur un paysage en devenir. Montmartre perd alors ses allures de village, comme l'indiquent les constructions haussmanniennes éparpillées parmi les jardins en friche bordés de palissades. Un peu incongrus, les réverbères tout neufs prouvent eux aussi que la Butte est en cours d'urbanisation. Signac, qui occupe un atelier rue d'Orchampt, à quelques pas de là, connaît bien le quartier. Il s'est placé à l'angle de la rue Caulaincourt et de l'actuelle rue Joseph-de-Maistre qui longe le cimetière. A gauche, le regard embrasse ainsi la perspective qui nous entraîne vers les boulevards extérieurs. Au centre, c'est la montée de la rue Caulaincourt vers le sommet de la Butte. Une silhouette isolée à l'allure un peu gauche s'y engage. A l'évidence, le jeune autodidacte maîtrise difficilement cet effet de perspective. En revanche, l'admirateur de Monet a réussi un bel effet de neige, un camaïeu de blanc réchauffé par de subtiles nuances de couleur rose, bleue et verte. Les touches longues, un peu heurtées, retiendront l'attention de Van Gogh. A la fin de l'hiver 1886-1887, celui-ci peint des paysages montmartrois comme *La Terrasse du Moulin du Blute-fin à Montmartre* (Chicago, The Art Institute), qui présentent plus d'un point commun avec notre tableau, notamment les longs coups de pinceau qui épousent les formes des objets représentés, la présence des réverbères brinquebalants et l'intégration maladroite des figures dans l'espace.

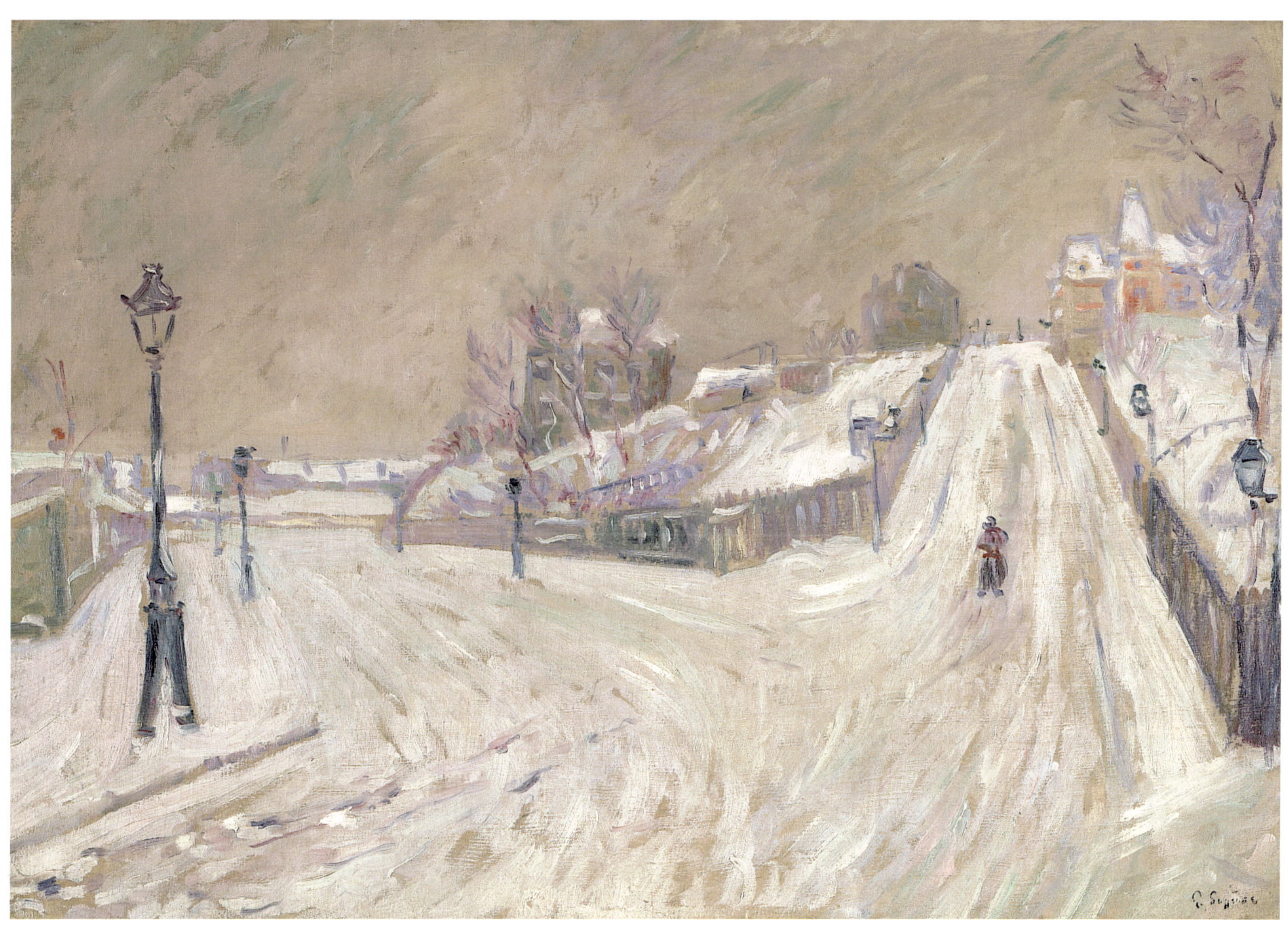

4
Rue Caulaincourt (temps de neige)
1884
Huile sur toile
46×65 cm
Collection particulière
FC nº 78

Cette toile appartient à la série d'études peintes par Signac au cours de son premier séjour à Saint-Briac sur la Côte d'Emeraude en Bretagne. La Ville Hue, un des hameaux qui constituaient la commune de Saint-Briac, a été peinte à la même époque par Henri Rivière, ami d'enfance de Signac. Le guide Lemoine, *De Saint-Malo au cap Fréhel* (1884), nous informe que dès janvier, protégés du froid et du vent, les jardins de la Ville Hue «se couvrent de fleurs et de fruits». Ce ne sont pas les jardins fleuris que Signac a choisis comme motif, mais les façades traditionnelles, la cour non aménagée avec ses herbes envahissantes et ses tas de goémon, destinés à les engraisser. A l'arrière, une villa neuve, la «Villa Berthe», dresse sa silhouette caractéristique de l'architecture Napoléon III. Les ombres allongées, la lumière chaude indiquent que nous sommes à la fin du jour. Ce tableau, un des derniers peints par l'artiste dans la veine impressionniste, a figuré en 1886 à l'exposition organisée par Paul Durand-Ruel à l'American Art Galleries de New York, *Works in Oil and Pastel by the Impressionists of Paris*. Signac ne vendit aucune toile à cette occasion et ses relations avec Durand-Ruel, qui ne le suivit pas dans l'aventure néo-impressionniste, cessèrent pour longtemps.

Les carnets de l'artiste nous informent que, comme *Port-en-Bessin. Le Catel*, cette toile a fait l'objet d'un échange entre l'artiste et le cordonnier Vassal. Mais elle a dû être rapidement récupérée par Signac et offerte à l'épouse de Paul Alexis, comme l'indique la dédicace. L'écrivain naturaliste Paul Alexis (1847-1901) est un des premiers et des plus fidèles défenseurs de l'impressionnisme et du néo-impressionnisme. Ami de Zola, il signe ses chroniques artistiques rédigées en argot montmartrois dans *Le Cri du peuple* du nom de «Trublot», un des personnages de *Pot-Bouille* pour lequel le romancier s'était inspiré de lui. Signac se souviendra avec plaisir de Paul Alexis en 1935: «Il était un tantinet paresseux, et souvent j'écrivais son "Trublot" quand il s'agissait d'art. Nous mangions la soupe ensemble soit chez lui, rue Girardon, soit chez moi. Souvent, nous allions ensemble aux "premières". J'étais avec lui à celle de *Germinal* au Châtelet. Presque chaque soir nous allions aux répétitions du Théâtre-Libre, rue Blanche.» Paresseux ou pas, c'est au travail que Seurat a dessiné le portrait de Paul Alexis en 1888, la plume à la main, le nez chaussé de lunettes, penché sur un manuscrit. Paul Alexis a aussi compté dans sa collection un paysage parisien de la même année, *La Grue «L'Union»* (1885, collection particulière), que Signac lui a dédicacé «A mon ami Paul Alexis» (FC nº 82).

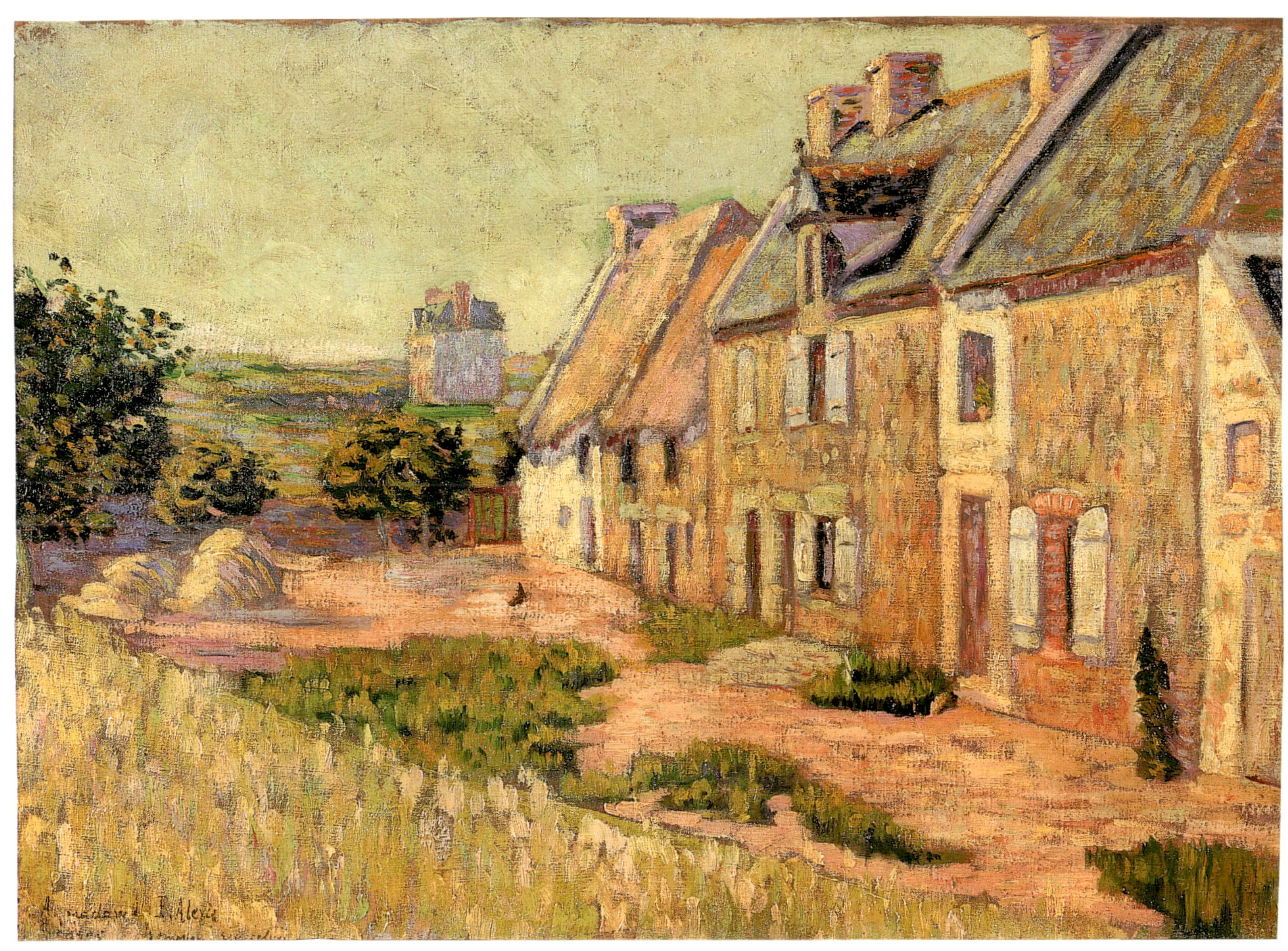

5
Saint-Briac. Cour à la Ville Hue
1885
Huile sur toile
33×46 cm
Signé et dédicacé en bas à gauche:
A Madame P. Alexis Hommages respectueux P. Signac
Collection particulière
FC nº 101

Les Andelys. Côte d'aval appartiennent à la première série de paysages néo-impressionnistes peints par Signac. L'été 1886, l'artiste fait partie de la commission de placement du deuxième Salon de la Société des artistes indépendants qui doit ouvrir le 21 août, et il n'a pas voulu s'éloigner de Paris. Il renonce à son habituelle villégiature estivale des bords de mer et s'installe aux Andelys au début du mois de juin. A une centaine de kilomètres de la capitale, le site se trouve au creux d'une boucle de la Seine, non loin de Giverny. Il est particulièrement attrayant et Signac y peint une série de dix toiles. Ici, l'artiste a adopté un point de vue qui englobe la Seine et son île boisée, l'ensemble des maisons qui bordent les quais et les collines cultivées. La composition, radicalement synthétique, est très mesurée. Au premier plan, l'angle formé par la Seine permet de réduire le paysage à deux triangles, jaune et bleu, qui s'interpénètrent. Le volume oblique de la péniche souligne ce parti pris tandis que son mât rabattu reprend l'horizontale de la ligne de faîte de la colline. L'artiste s'est plu à traiter le spectacle des champs comme un damier de couleur à dominante verte et rouge, dont la géométrie se répète dans les maisons du village, réduites elles aussi à quelques formes abstraites. La puissante simplicité des lignes directrices et des harmonies colorées, le raffinement des détails comme celui de l'ombre bleue qui dessine un élégant entrelacs au premier plan de la toile ou la légèreté graphique de l'ancre fichée dans le calcaire de la berge font de ce tableau au format inhabituellement allongé un inoubliable chef-d'œuvre. L'artiste fait ici la séduisante synthèse des apports du japonisme et de la rigueur de la technique néo-impressionniste. Exposée au Théâtre-Libre d'Antoine, cette œuvre a appartenu au sculpteur Alexandre Charpentier (1856-1909). Les deux hommes se fréquentent régulièrement vers 1891, date à laquelle Charpentier réalise une série de portraits des personnalités liées au Théâtre-Libre. Il sculpte alors un médaillon d'après Signac et un autre d'après Berthe Roblès, sa compagne. Très vraisemblablement, c'est pour le remercier de ces deux portraits que le peintre a donné cette toile au sculpteur.

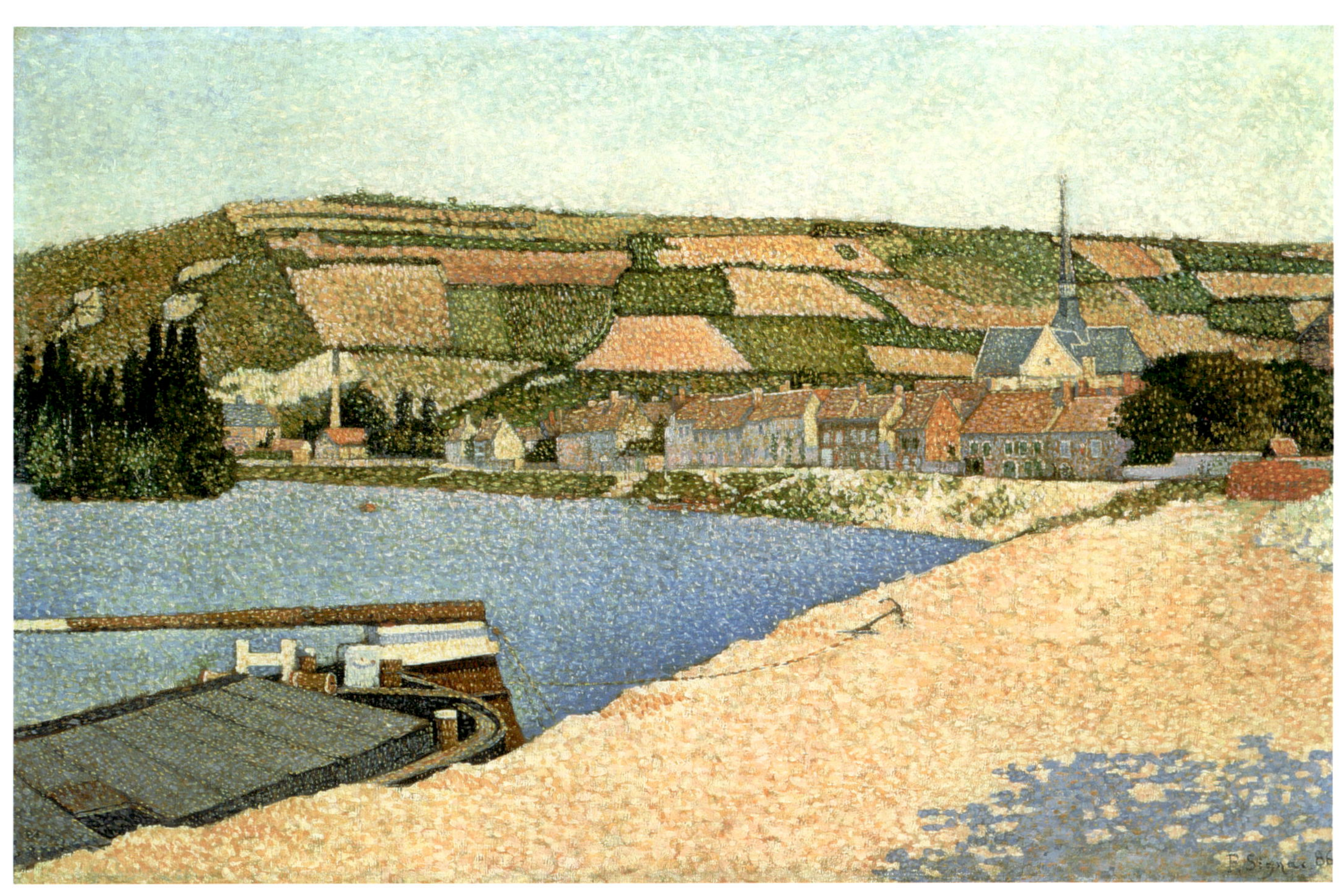

6
Les Andelys. Côte d'aval
septembre 1886
Huile sur toile
64×95 cm
Signé et daté en bas à droite
The Art Institute, Chicago,
through prior gift of William Wood Prince
FC nº 125

Ici, l'artiste nous propose une géométrie très différente de celle de la toile précédente. Il a adopté un point de vue opposé, et s'est placé en aval du village, de manière à voir les maisons du Petit-Andely dominées par les ruines du Château-Gaillard. Au premier plan, la Seine occupe l'essentiel de la composition. Elle reflète le ciel, la berge et les arbres de l'île boisée. Immobile, un homme est assis sur un ponton. Une barque amarrée au premier plan imprime une direction diagonale, opposée à celle de la toile précédente. Le réseau serré des petites touches de couleur pure, la géométrie orthogonale des façades tempérée par les lignes obliques qui zigzaguent à travers la composition, l'équilibre mesuré des couleurs claires et sombres – bleu, ocre, rouge et vert – ainsi que l'immobilité du ciel qui se reflète sur une eau lisse font de cette toile un chef-d'œuvre emblématique de la première période néo-impressionniste. Signac a adopté le divisionnisme de Seurat, mais il exprime à travers cette exigeante technique un tempérament très différent de celui de son ami. Cela n'échappe pas à Gustave Kahn, séduit par cette toile exposée avec trois autres paysages des Andelys au Salon des Artistes indépendants de 1887: «Signac tente perpétuellement des coudes de rivières qui se peuplent d'îles boisées, des arbres se répercutent, les maisons se serrent, des paysannes lavent, des damiers de terrains de culture étincellent. C'est l'éblouissement du soleil de midi qui se fige en ces paysages, de ceux que nous connaissons les plus pénétrés de la joie des choses et illustrés de féeries de lumière.»

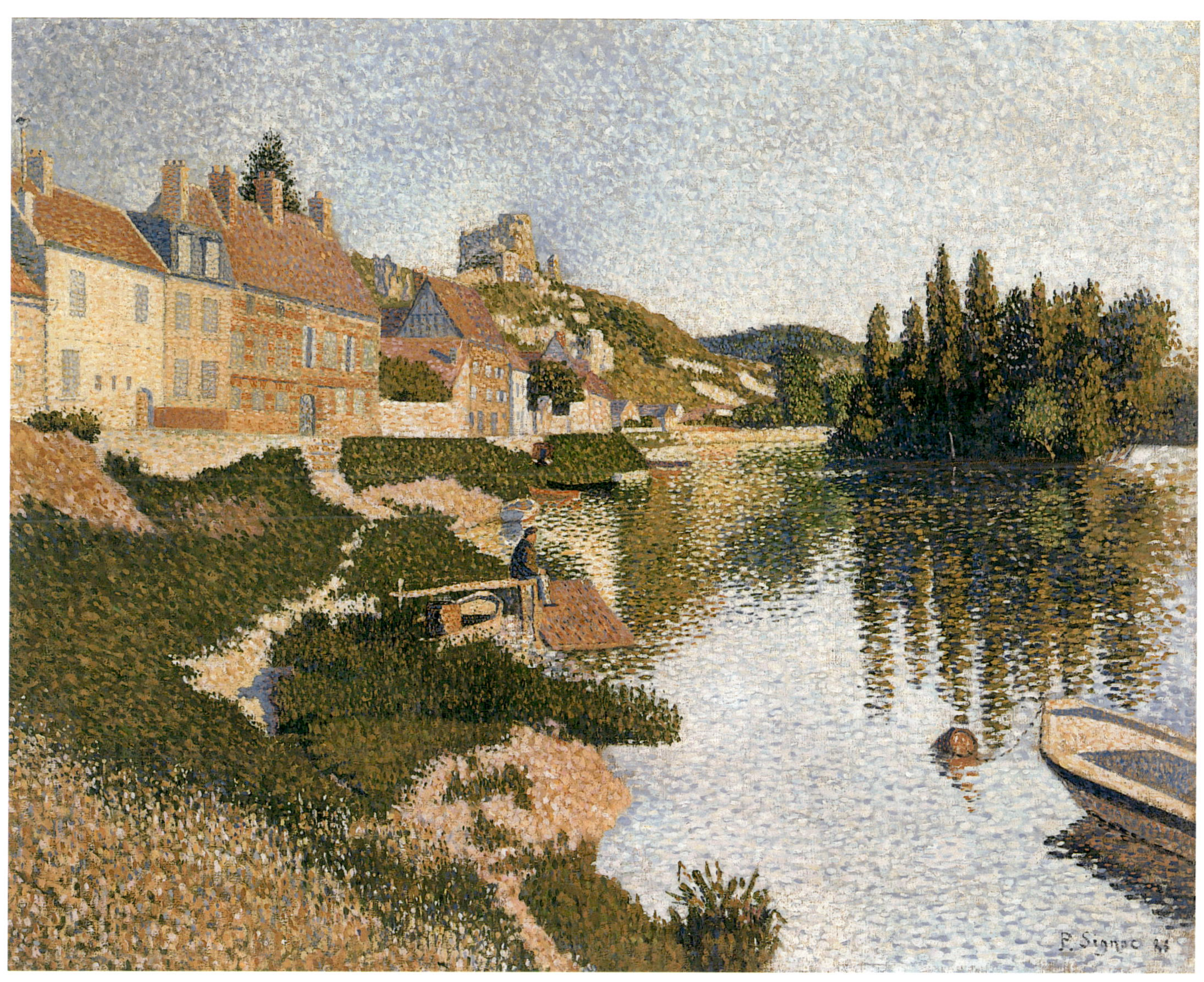

7
Les Andelys. La Berge
août 1886
Huile sur toile
65×81 cm
Signé et daté en bas à droite
Musée d'Orsay, Paris
FC nº 128

Proche d'Etretat, la plage de Fécamp est encadrée par deux falaises crayeuses. Ici, la falaise nord, couronnée par la chapelle Notre-Dame-du-Salut, domine le port dont l'entrée est masquée par un tas de sable ou de galets au premier plan. Nous apercevons la digue, la jetée et le phare à gauche. Au centre, quelques maisons de pêcheurs sont blotties sur les quais. La masse de la falaise bloque la perspective et domine l'ensemble. Deux poteaux indicateurs, un mât et le phare rythment cette forte composition où les masses colorées s'organisent en blocs puissants et dont les détails sont absents. Vraisemblablement, Signac ne considérait pas cette œuvre comme terminée, car il ne l'expose pas au Salon des Artistes indépendants de 1887 où figure une autre vue du petit port normand, *Fécamp. Temps gris* (1886, collection particulière, FC n° 132). Cette lumineuse esquisse est restée dans l'atelier de l'artiste jusqu'aux années vingt, et elle a été signée tardivement, quand le marchand de tableaux Goldschmidt, sensible à son éclat et à sa fraîcheur, l'a acquise. Si Signac a hésité à exposer une toile qui n'était pas encore finie, à nos yeux cet inachèvement ne manque ni de charme ni d'intérêt. L'artiste s'est arrêté juste avant que le travail d'unification des petites touches colorées ne vienne synthétiser l'organisation générale des formes et des couleurs. Cette œuvre témoigne d'une sensibilité à la lumière et au plein air qui est restée toute impressionniste.

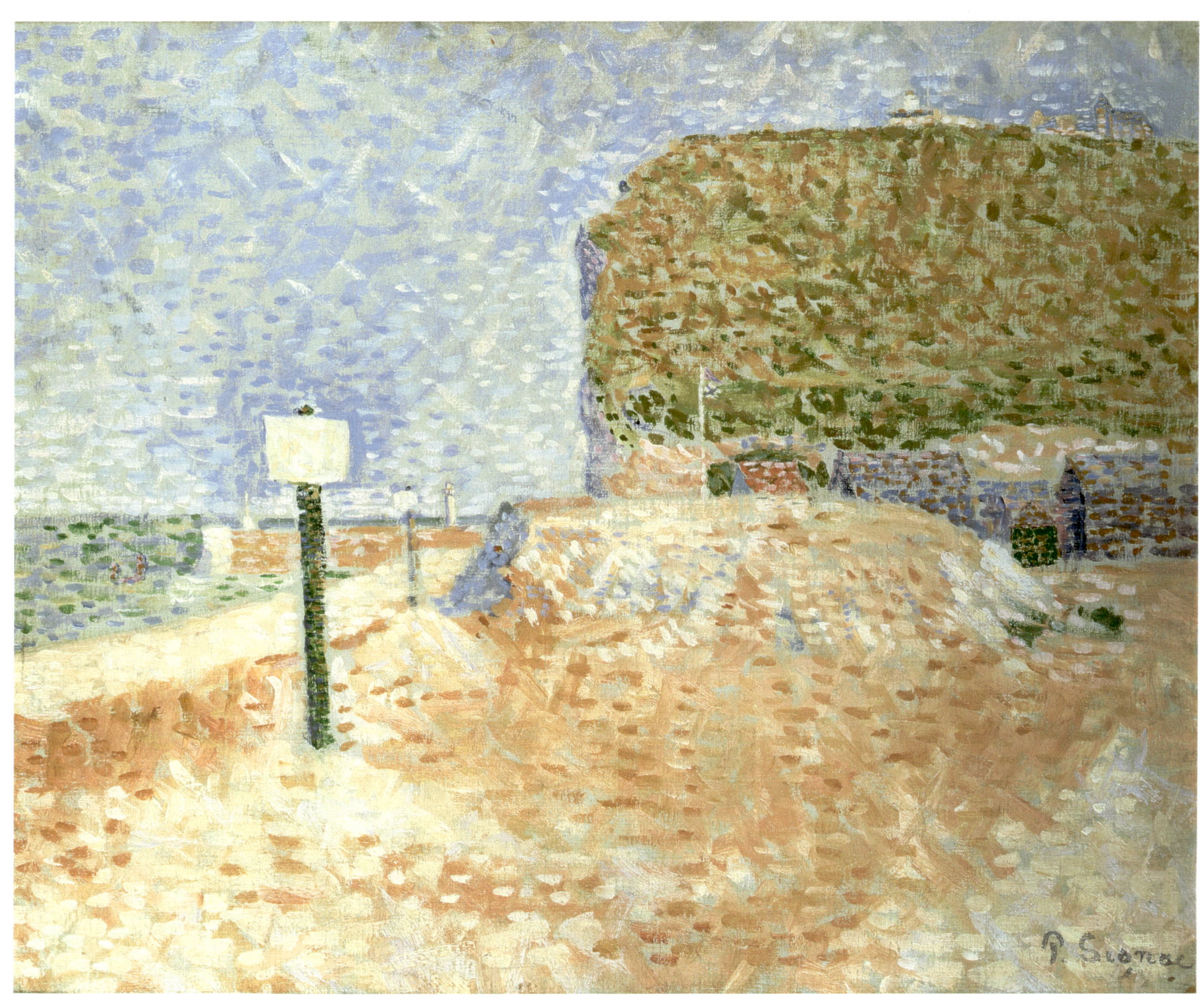

8
Fécamp. Soleil
1886
Huile sur toile
46×55 cm
Signé en bas à droite
Galerie Jan Krugier, Ditesheim & Cie, Genève
FC n° 131

En dépit de ses dimensions modestes, ce panneau n'est pas une œuvre préparatoire, mais un tableau abouti. Sa puissante concentration, sa géométrie, son immobilité ainsi que la précision des contours sont en effet tout à fait inhabituelles chez l'artiste qui traite ses panneaux plus largement. Car Signac ne manifeste pas l'exigence de Seurat pour lequel la moindre étude se présente comme une œuvre aboutie. Plus impatient, il privilégie une mise en place rapide des formes et des harmonies colorées. Nous ne connaissons dans la production de Signac qu'un seul exemple comparable, *La Neige à Montmartre* (Etats-Unis, collection particulière, FC n° 135), un panneau peint à touches menues, daté lui aussi janvier 1887, et exposé au Salon des Indépendants l'année suivante. C'est donc bien une œuvre définitive que Signac a voulu laisser quand il a entrepris de décrire ce profil. Nous pensons, en dépit de l'allure un peu compacte du modèle dont les traits synthétisés sont géométrisés à l'extrême, qu'il pourrait s'agir de sa compagne, Berthe Roblès. La simplicité de la composition, le nombre réduit des couleurs n'empêchent pas la traduction efficace d'un effet de lumière artificielle. La géométrie de la lampe répond à celle du profil qu'elle éclaire. Les petites touches se diffusent dans l'espace comme des éclats de lumière, bleus et blancs sur le visage ou le journal, plus chauds sur le buste, sur la table et dans le fond du tableau. Cette interprétation détachée de la figure vue comme un assemblage de formes abstraites annonce très directement *La Salle à manger (Opus 152)* (1886-1887, Otterlo, Musée Kröller-Müller, FC n° 136).

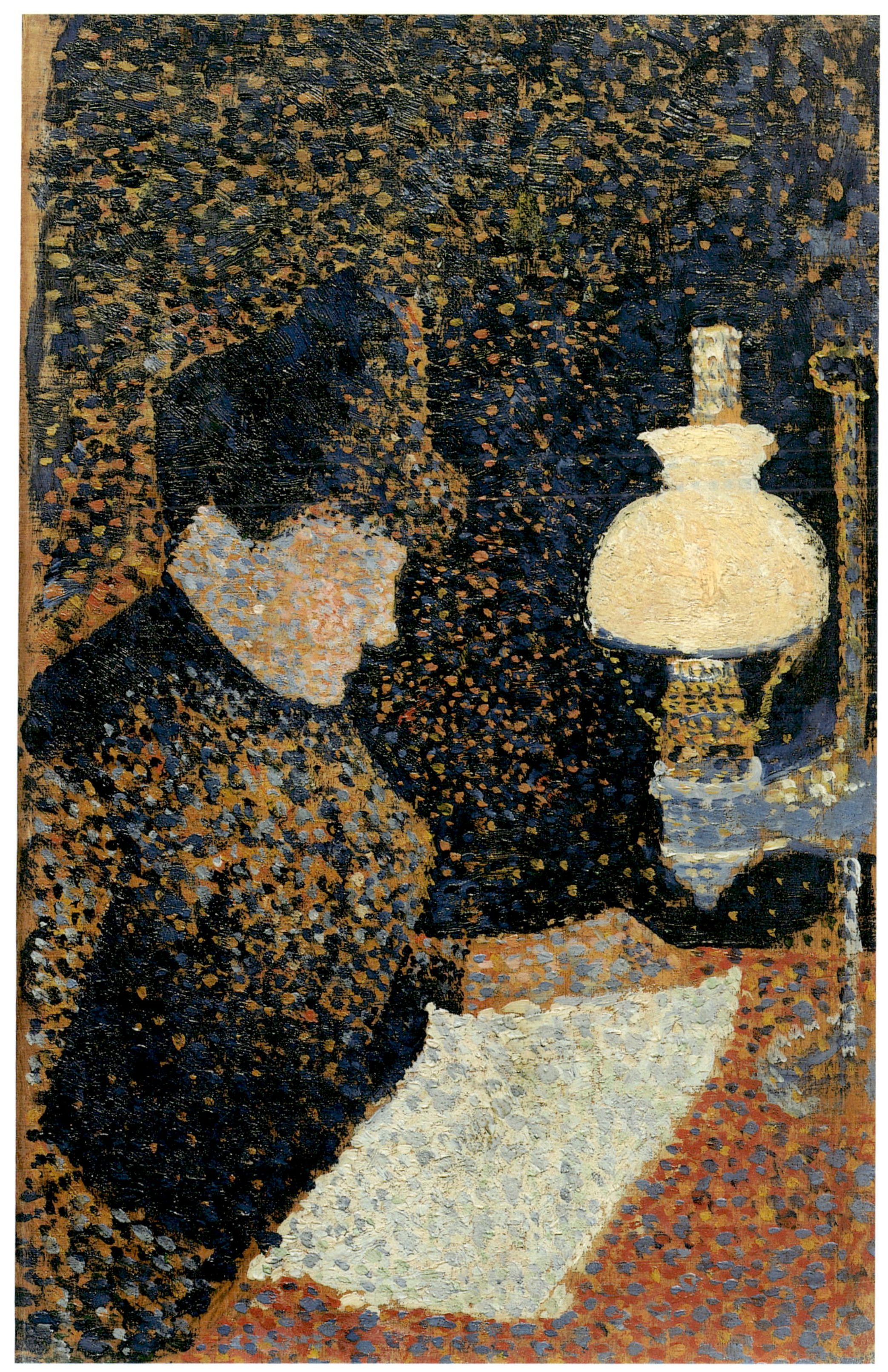

9
Femme lisant
1887
Huile sur bois
26,5×17,4 cm
Musée d'Orsay, Paris
Donation de
Mme Ginette Signac, 1976
FC n° 133

C'est à Collioure, dans les Pyrénées-Orientales, non loin de la frontière espagnole, que Signac s'installe l'été 1887 pour sa première villégiature méditerranéenne. Il y peint plusieurs études qui lui inspireront quatre toiles, décrites par l'artiste lui-même lorsqu'elles sont exposées au Salon des XX à Bruxelles l'année suivante: «Quatre marines de Collioure, un Midi aux ombres blondes tout pétillant de couleurs tendres.» Ce panneau, un des plus aboutis parmi les études de Collioure, nous permet d'étudier le travail de l'artiste sur le motif, quand il peint d'après nature. D'emblée, il met en place les grandes lignes de la composition et cherche à établir les principales zones colorées. D'un pinceau assuré, il divise sans pointiller et note rapidement l'essentiel des éléments qui lui serviront à l'atelier pour la mise en place de la composition définive. *Collioure. Le Petit Port (étude)* prépare le beau tableau du musée d'Otterlo, *Collioure. Le Clocher (Opus 164)* (août 1887, Otterlo, Musée Kröller-Müller, FC n° 151), où l'artiste adopte le même point de vue, avec au centre la silhouette de l'église dont le clocher se découpe sur le ciel. Mais si l'étude a été peinte à marée haute, la toile définitive nous montre le port à marée basse, avec l'ample courbe de la plage au premier plan. Les barques de pêcheurs que nous apercevons ici sont toujours présentes sur la toile d'Otterlo. Mais, échouées sur la plage, elles projettent des ombres bleues sur le sable, et l'artiste a mis en valeur le graphisme de leur proue. Elles sont en effet, comme l'ensemble du paysage, soumises au travail de stylisation des formes qui s'opère à l'atelier. Signac a renoncé à utiliser le motif des voiles qu'il avait exploré sans succès sur l'étude où nous le voyons hésiter entre deux solutions.

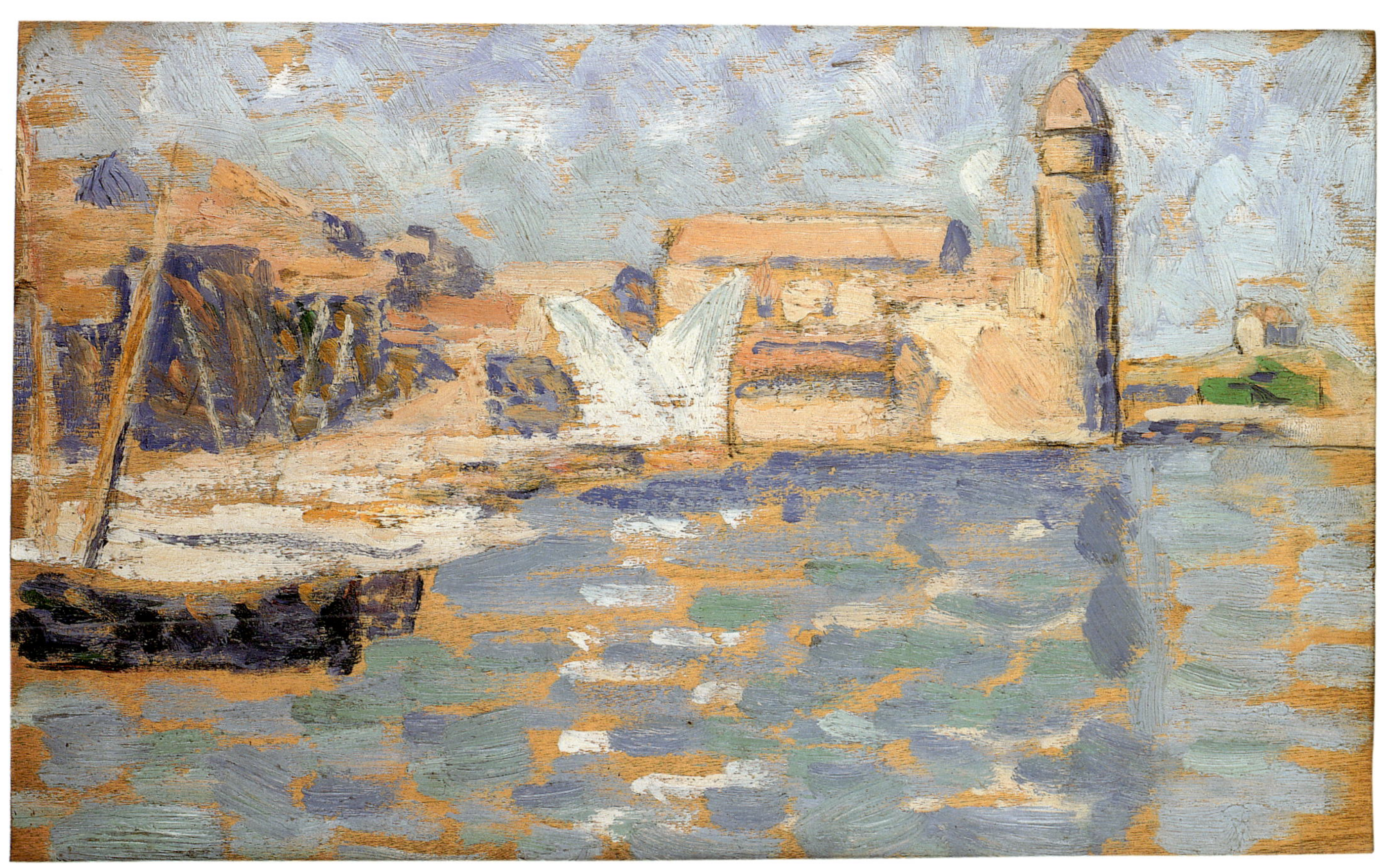

10
Collioure. Le Petit Port (étude)
1887
Huile sur bois
16×24 cm
Collection particulière
FC nº 152

Avec *Arrière du Tub (Opus 175)* et *Avant du Tub (Opus 176)* (cat. nº 12), Signac peint pour la dernière fois Asnières en riverain. L'année suivante, en effet, Héloïse Signac quitte la banlieue pour le 17e arrondissement et l'artiste s'installe dans son nouvel atelier du 20, avenue de Clichy. Les allées et venues de Paris à Asnières ont moins de raison d'être et le *Tub*, cat-boat sur lequel le peintre emmène ses amis naviguer sur la Seine, trouvera d'autres mouillages avant de sombrer à Herblay en 1890. Ce n'est qu'en 1900, à l'occasion de sa dernière grande entreprise décorative, le projet pour la décoration de la mairie d'Asnières, que Signac reviendra explorer le site où il avait fait ses premières armes de peintre et de navigateur.

Avant de quitter Asnières, Signac choisit ici un motif qui ne peut pas lui être indifférent. Seurat avait peint non loin de là sa première grande composition, *Une baignade, Asnières* (1883-1884, Londres, National Gallery), toile ambitieuse qui marquait dans son évolution artistique un tournant décisif. C'est précisément à l'occasion de l'exposition de ce tableau devenu historique au Salon de la Société des artistes indépendants de 1884 que Signac avait fait la rencontre de Seurat, déterminante pour sa vie et son œuvre. En 1887, Vincent Van Gogh (*Les Ponts d'Asnières*, Zurich, Fondation E. G. Bührle) et Emile Bernard (*Les Chiffonniers: ponts de fer à Asnières*, New York, Museum of Modern Art) avaient eux aussi choisi de peindre, peut-être pour une amicale confrontation, le même paysage, vu depuis la berge, un peu en amont du pont du chemin de fer. Il n'est pas impossible que Signac ait voulu ajouter à ces précédentes versions sa propre interprétation néo-impressionniste. Ici, l'artiste s'est placé à mi-chemin du lieu choisi par Seurat et de celui adopté par Van Gogh et Bernard. Il a surtout opté pour un point de vue très différent, celui du navigateur. C'est en effet depuis le *Tub* qu'il décrit la berge, les ponts et aussi les grues de l'usine à gaz dont les piliers métalliques apparaissent à l'horizon. Ce nouvel angle de vue tend à éloigner la rive industrielle de Clichy, et les ponts métalliques, graciles constructions suspendues entre l'eau et le ciel, perdent la modernité agressive qu'avaient soulignée Van Gogh et Bernard. Au premier plan, la succession des canots rythmant la perspective nous rappelle que cette rive est un lieu de loisirs. Et cette perspective imprime à la composition un mouvement montant de gauche à droite qui exprime la joie. Cet effet est renforcé par les couleurs chaudes des coques des canots et le rouge de la locomotive qui s'engage sur le pont. Au premier plan, la tache claire du *Tub* illumine l'ensemble de la toile dont l'unité tient aux petites touches de jaune et de blanc qui se diffusent dans le bleu du ciel et de l'eau. Ainsi, Signac démontre à travers cette toile l'efficacité des principes néo-impressionnistes de l'expression des lignes et des couleurs. Et cela n'échappera pas à André Chastel qui remarque que, dans cette toile, les lignes «acquièrent une autorité de diagramme».

Comme beaucoup d'œuvres significatives peintes au cours de cette première période néo-impressionniste offertes à des proches, cette toile a été donnée par l'artiste à Paul Adam, critique favorable au néo-impressionnisme.

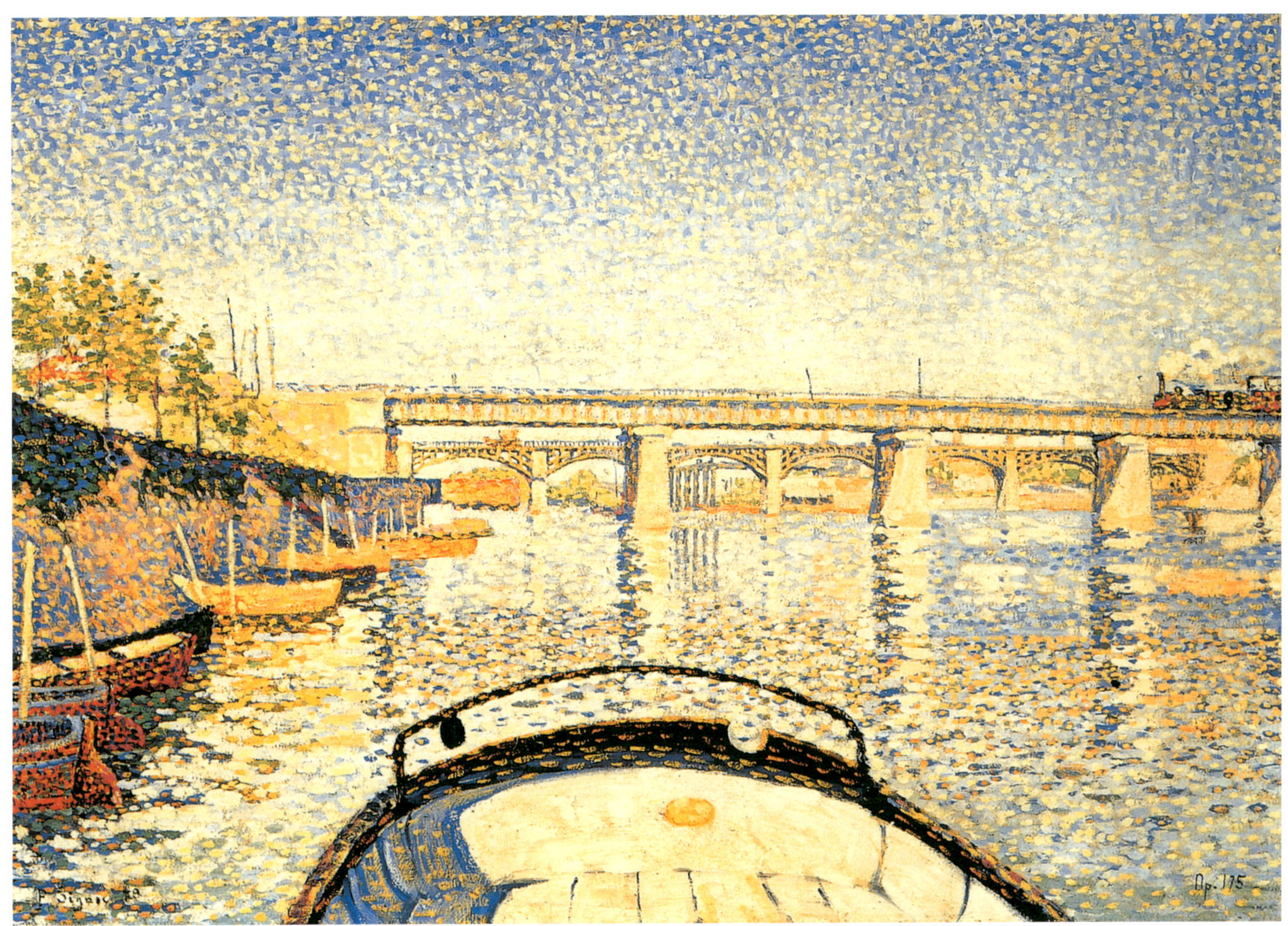

11
Arrière du Tub (Opus 175)
1888
Huile sur toile
46×65 cm
Signé et daté en bas à gauche,
annoté *Op. 175* en bas à droite
Collection particulière
FC nº 161

Pour la première fois depuis qu'ils ont été peints en 1888, l'*Arrière du Tub* et l'*Avant du Tub* sont réunis, ce qui nous offre l'occasion de suivre l'ensemble de la démonstration de l'artiste. Car, à travers ces tableaux, le peintre se livre à un exercice qui lui est cher: peindre deux interprétations d'un même site et, par l'effet des directions comme par celui des couleurs dominantes, changer radicalement leur pouvoir d'expression. Après avoir peint l'*Arrière du Tub*, Signac change de point de vue. Il tourne le dos à Clichy et à ses usines pour regarder en direction de l'île de la Grande Jatte que nous voyons dans l'axe de la proue du *Tub*. Cette fois, aucun équipement à caractère industriel n'interfère dans cette évocation d'un lieu voué à la plaisance et aux loisirs. L'*Avant du Tub* signale ainsi un nouveau cap dans l'œuvre de Signac, qui renonce momentanément à peindre la banlieue parisienne au profit du fleuve et de la mer. Ici, nous voyons le prolongement de la berge, toujours scandée par les canots amarrés. Vue sous cet angle, elle imprime à la composition une direction de gauche à droite, contraire à la ligne «dynamogène» indiquée dans le précédent tableau. En outre, le premier plan de la composition, plus encombré et d'une lecture moins évidente, tend à arrêter le regard. A droite, un ponton repose sur une modeste embarcation à laquelle sont arrimés deux flotteurs. Au centre, la poupe curieusement relevée d'un canot attaché à l'avant du cat-boat bloque la perspective. Nous distinguons les silhouettes de quelques promeneurs sur la berge ainsi que celle d'un plaisancier qui hisse ou qui amène la voile de son bateau. Quelques figures occupent encore le bac qui traverse le fleuve. Mais, en dépit de cette animation, la toile est moins souriante que la précédente. Car, pour un peintre en général et pour un «néo» en particulier, les qualités expressives d'un tableau ne dépendent guère du sujet. Ce sont les directions des lignes et les harmonies de couleurs qui rendent une toile gaie ou triste, «dynamogène» ou «inhibitoire». Ici, Signac a peint Asnières par ciel gris et l'harmonie colorée de cette œuvre, plus froide que celle de la précédente, est maintenue dans une délicate tonalité gris-bleu-vert, mise en valeur par l'éclat orangé d'un toit de tuiles. Ainsi, à travers une subtile composition où l'arrangement plus complexe des lignes s'allie aux tons sourds, le peintre nous donne la version mélancolique du site dont il nous avait d'abord proposé une vision plus optimiste. Et c'est au très subtil critique Félix Fénéon, celui qui, le premier, a introduit le terme «néo-impressionniste» dans un article où il exposait les principes de la nouvelle technique, que Signac offre cette toile en février 1889. Mieux que personne, l'ami Félix pouvait décrypter le sens de cette séduisante démonstration.

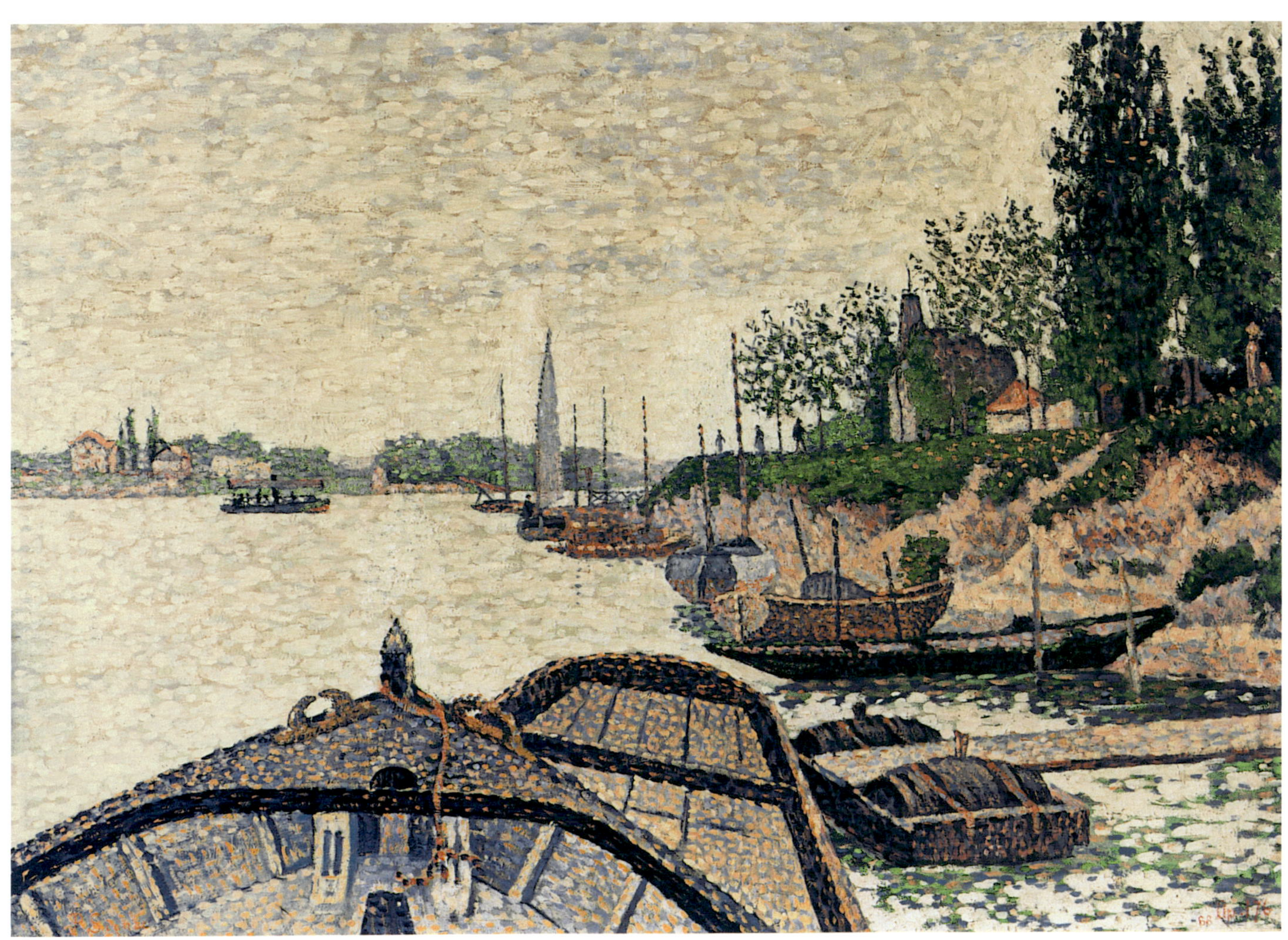

12
Avant du Tub (Opus 176)
1888
Huile sur toile
45×65 cm
Signé en bas à gauche,
daté et annoté *Op. 176* en bas à droite
Collection particulière, Suisse
FC nº 162

Sur cette étude aussi vive qu'énergique, Signac a mis en place une composition qui n'a jamais servi à l'élaboration d'un tableau. Nous reconnaissons ici un de ses thèmes de prédilection, les rives de la Seine en aval du pont d'Asnières, avec l'établissement des bains et les grues de l'usine à gaz. Signac a déjà exploré les ressources de ce site à plusieurs reprises et la composition est très proche d'un tableau de la période impressionniste, *Asnières. Ponton et grues* (1885, collection particulière, FC n° 89). Toutefois, sur notre panneau, l'artiste utilise déjà la touche divisée, ce qui indique qu'il a été peint postérieurement. Il s'agit donc bien du «panneau de la *Félicité*» mentionné dans les carnets de l'artiste à l'année 1888. La *Félicité* était un petit bateau à vapeur qui circulait sur la Seine dans les environs d'Asnières et de la Grande Jatte. Seurat l'a peint dans une toile de 1886-1887, *Temps gris à la Grande Jatte* (The Honorable Walter H. Annenberg), et c'est le même bateau qui apparaît ici esquissé à la droite du panneau. Signac avait déjà peint en 1886 *Le Ponton de la Félicité. Asnières* (FC n° 129) où la *Félicité* avait l'habitude de faire escale (cat. n° 72).

Cette petite étude décidée a gardé toute sa fraîcheur. D'un pinceau ferme, l'artiste a mis en place l'essentiel d'une composition aux lignes synthétiques. Il a aussi décidé de l'harmonie des tons à dominante bleue, réveillée au premier plan par le rappel du contraste rouge et vert.

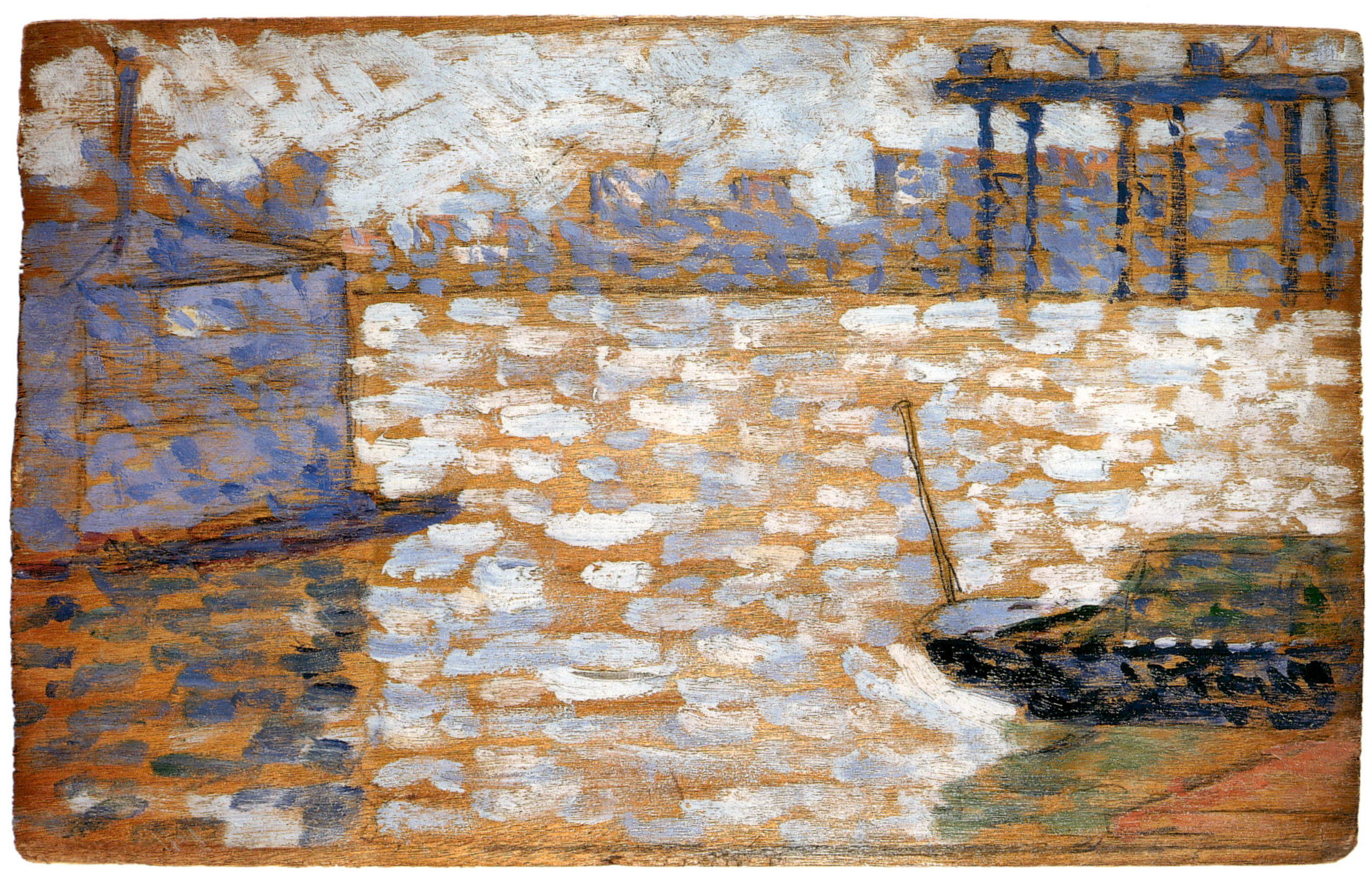

13
La Félicité
1888
Huile sur bois
15,7 × 25 cm
Collection particulière
FC n° 163

En 1888, Seurat passe l'été dans le petit port normand de Port-en-Bessin. Signac, qui a déjà exploité les motifs de ce site à plusieurs reprises, se rend quant à lui dans le nord de la Bretagne, à Portrieux. Cette station balnéaire des Côtes-d'Armor, aujourd'hui englobée dans la commune de Saint-Quay-Portrieux, lui inspire une série de neuf toiles qui évoquent la variété de ses aspects. Signac décrira lui-même les toiles consacrées à Portrieux dans un article signé des initiales S. P. publié dans *Art et Critique* en 1890, à l'occasion de leur exposition au Salon des XX à Bruxelles: «Jetées, sloops, amers, yawls, sémaphores, phares et balises: synthèse d'un petit port breton.» Parmi ces motifs, l'artiste a manifesté une prédilection particulière pour la jetée qu'il a peinte à quatre reprises, par beau temps et par temps gris, et d'un point de vue plus ou moins rapproché. *Portrieux. La Jetée, temps gris* peut être considéré comme le pendant de *Portrieux. Les Mâts* (1888, collection particulière, FC n° 166), peint par beau temps et qui nous montre l'autre versant de la jetée. Le climat et les tonalités varient d'une toile à l'autre, ainsi que les lignes dominant la composition. Les deux compositions sont marquées par l'oblique insistante de la jetée, mais elle est tempérée par des directions différentes. Dans notre tableau, ce sont les horizontales qui dominent: la bande de terre à l'horizon et les rochers qui affleurent communiquent une impression de calme et d'immobilité. Dans la version ensoleillée, ce sont, à l'inverse, les verticales des mâts des voiliers à l'ancre qui rythment joyeusement la perspective. Signac poursuit ainsi ses variations sur le thème des couleurs et des lignes. A travers des compositions comparables, il expérimente l'effet produit par des modifications purement formelles et oppose harmonies de tons et lignes contraires.

Signac a choisi deux toiles de la série des *Portrieux* pour l'exposition des Indépendants de 1889: *Portrieux. La Jetée, temps gris* et *Portrieux. Les Cabines* (1888, collection particulière, FC n° 169). Jules Christophe les a alors comparées à celles inspirées à Seurat par Port-en-Bessin la même année: «Pareils effets de sérénité sont atteints par M. P. Signac dans ses deux vues de Portrieux (Côtes-du-Nord), qui présentent à peu près le même décor en une région de même génie, à des heures, à une saison identiques, et semblent avoir été peintes à la même date dans un fraternel courant d'idées.»

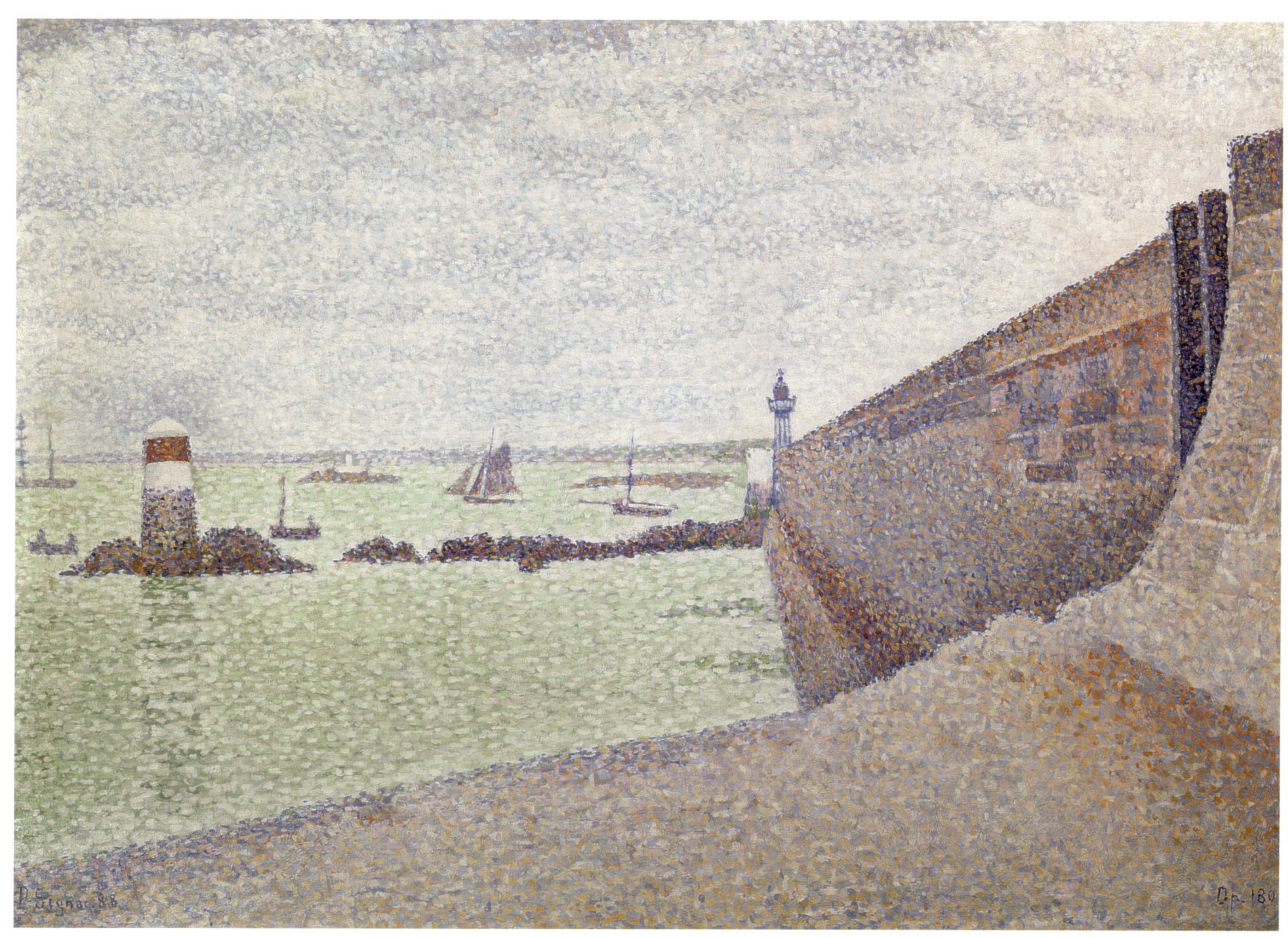

14
Portrieux. La Jetée, temps gris (Opus 180)
août 1888
Huile sur toile
45×65 cm
Signé et daté en bas à gauche,
annoté *Op. 180* en bas à droite
Collection Kröller-Müller Museum, Otterlo, Pays-Bas
FC n° 164

Signac passe les mois d'avril, mai et juin 1889 à Cassis. Il s'arrête à Arles pour rendre visite à son ami Vincent Van Gogh, interné après sa première crise, puis il se rend dans le petit port des Bouches-du-Rhône, près de Marseille. Il est en quête d'une lumière et d'un motif différents de ceux de Portrieux où il avait peint l'année précédente, d'un contrepoint méditerranéen à ses œuvres bretonnes. A son arrivée, il écrit à Van Gogh son enthousiasme: «Du blanc, du bleu, de l'orange harmonieusement dispersés dans des jolis mouvements de terrain. Tout autour, des montagnes aux courbes rythmiques.» Il peint cinq toiles à Cassis, toutes consacrées à la mer. *Cassis. La Jetée (Opus 198)* est exposé l'année même au Salon des Artistes indépendants, qui se tient exceptionnellement en automne, et Félix Fénéon remarque à cette occasion: «Devant cette œuvre séduisante, on songe une minute, par sympathie indécise, à ces majoliques, les péquariennes, je crois, où gisent si purs le jaune et le bleu dans un émail stannifère qui laisse sauteler au clapotis de ses nacrures le vert, le rouge et l'or.» Quant à Signac, il écrira dans son journal en 1891: «Je crois que je n'ai jamais fait de tableaux aussi "objectivement exacts" que ceux de Cassis. Il n'y a dans ce pays que du blanc. La lumière reflétée partout mange les couleurs locales et grise les ombres… Les tableaux de Van Gogh faits à Arles sont merveilleux de furie et d'intensité, mais ne rendent pas du tout la "luminosité" du Midi. Sous prétexte qu'ils sont dans le Midi, les gens s'attendent à voir du rouge, du bleu, du vert, du jaune… Or, au contraire, c'est le Nord – la Hollande, par exemple – qui est "coloré" (couleurs locales), tandis que le Midi est "lumineux".» Cette opinion, il l'avait déjà émise dans une lettre adressée à Camille Pissarro, de Collioure, en septembre 1887: «Le Midi ressemble à Asnières, mêmes routes poussiéreuses, mêmes toits rouges, même ciel légèrement grisé… Ce n'est pas subjectif, c'est bien objectif… En somme le Midi, sauf certaines couleurs locales, ne diffère pas trop de nos paysages habituels, et ceux qui font du noir au Nord et qui font du bleu dans le Midi sont des farceurs. Je verrai le Midi tout le contraire de Monet. Il y a moins d'écart entre les tons. L'ombre y est plus chaude, on y sent davantage la lumière dans l'ombre, ô Seurat!» Notons aussi qu'en ces premières années néo-impressionnistes, l'art de Signac se nourrit autant de son admiration pour les estampes japonaises que des théories de Charles Henry. La puissante oblique qui domine la composition tout en triangles, le premier plan laissé vide et le motif principal décentré de ce paysage immobile en témoignent. La vision du site est quasi abstraite et les lignes s'y organisent à la façon d'un diagramme, comme la courbe du chemin sur la colline qui prolonge harmonieusement celle de la jetée.

Cette toile a appartenu au comte Antoine de La Rochefoucauld (1861-1940), qui fut l'éphémère mécène du mouvement néo-impressionniste, avant de se tourner vers le symbolisme et de devenir un des fondateurs du mouvement Rose+Croix.

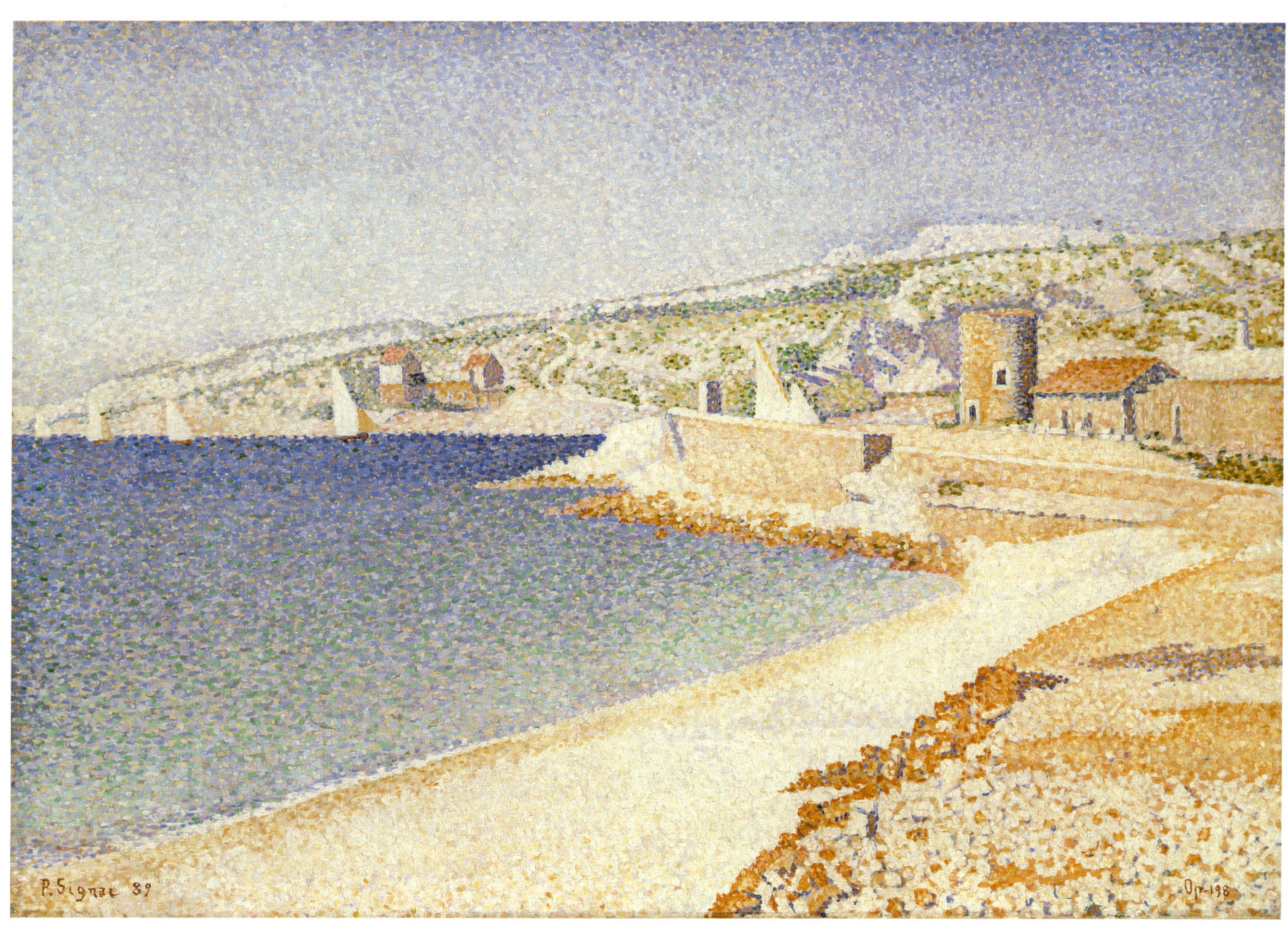

15
Cassis. La Jetée (Opus 198)
1889
Huile sur toile
50×65 cm
Signé et daté en bas à gauche,
annoté *Op. 198* en bas à droite
The Metropolitan Museum of Art, New York,
legs Joan Whitney Payson
FC n° 184

«Un dimanche à Paris, l'an dernier, intérieur bourgeois, jeune monsieur insignifiant, tisonnant d'un air ennuyé, au fond, vue de dos, une femme regardant à travers la fenêtre fermée, harmonisé en bleu calme.» Cette description laconique du critique Jules Christophe résume assez bien la scène où Signac va à l'encontre de sa réputation de peintre de marines triomphantes. Ce *Dimanche* parisien, aussi bourgeois qu'étouffant, est peut-être un clin d'œil adressé au *Dimanche* ensoleillé et banlieusard de son ami Seurat. Car, avec cet impitoyable huis clos dominical, l'artiste a surtout eu l'ambition de mettre en œuvre une grande scène de figures dans un intérieur, comme il l'avait déjà fait avec *Les Modistes (Apprêteuse et Garnisseuse [Modes])* (1885-1886, Zurich, Fondation E. G. Bührle, FC nº 111) et *La Salle à manger* (1886-1887, Otterlo, Musée Kröller-Müller). L'élaboration du tableau a été cette fois particulièrement longue: d'octobre 1888 au 13 mars 1890, l'artiste a multiplié les études peintes et les dessins.

Le thème, celui de l'ennui conjugal, est un sujet cher à la littérature naturaliste contemporaine. En peinture, il avait déjà été traité à la manière impressionniste par Caillebotte avec *Intérieur, femme à la fenêtre* (1880, collection particulière). Comme Caillebotte, l'anarchiste Signac a choisi de situer la scène dans un appartement clos, de type haussmannien, et encombré d'objets évocateurs d'une aisance moyenne bourgeoise. Mais il nous donne sa propre version néo-impressionniste du sujet, plus radicale et plus abstraite. Ici, les lignes descendantes et «inhibitoires» dominent, ainsi que les couleurs froides et sombres. Dos à dos, les principaux protagonistes s'ignorent. Les trois figures – l'homme, la femme et le chat – sont géométrisées à l'extrême et littéralement happées par leur environnement auquel elles font écho. En effet, par un jeu formel qui associe étroitement figures et objets, l'artiste s'est plu à répéter les formes du décor. La manche droite de l'homme, par un curieux jeu de plis, reprend le motif du montant de la cheminée de marbre, ce qui accroît la pesanteur de cette figure rigide. La femme, avec sa jupe aux plis raides, symétriques aux chevrons du parquet, est réduite à une silhouette sans épaisseur. Seuls signes de vie, le mouvement figé de la main qui écarte le rideau et quelques mèches échappées à l'ordonnance stricte du chignon. Ils reprennent sur le mode mineur le grouillement des feuilles stylisées de la plante d'appartement, tendues vers le jour. La silhouette du chat qui se hérisse prolonge, quant à elle, très habilement l'arabesque décorative du tapis. Enfin, sur le dossier de la chaise Henri II, l'artiste a peint une broderie où deux oiseaux face à face s'abreuvent à une fontaine. Non sans humour, l'anarchiste Signac a placé ce motif traditionnellement associé à l'amour et au mariage au centre de sa composition.

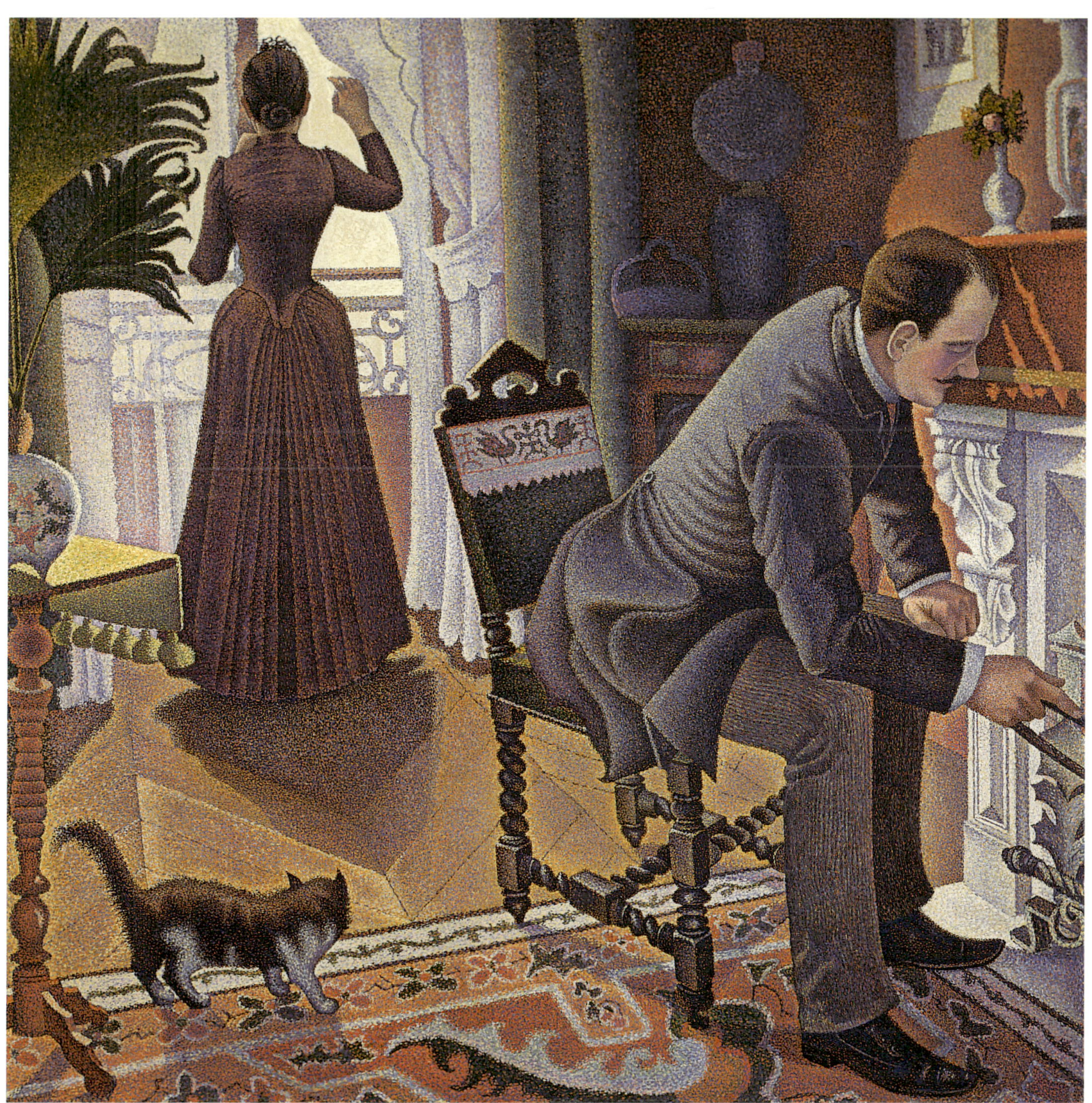

16
Un dimanche
1890
Huile sur toile
150×150 cm
Collection Françoise Cachin
FC nº 197

D'août à septembre 1889, Signac s'installe à Herblay où il séjourne en compagnie de Maximilien Luce. Les deux amis naviguent et peignent ce bourg rural, situé au bord de la Seine sur la route de Pontoise. Signac y peint six toiles et trois études (FC n°s 188 à 196), toutes inspirées du fleuve. Pour peindre *Herblay. Brouillard (Opus 208)*, Signac s'est placé en aval du bourg. Un bateau à vapeur apparaît à l'horizon, seul élément mouvant dans une composition radicalement simple et statique. De part et d'autre du fleuve, les deux triangles de la colline et des frondaisons de l'île se font face. L'horizon se trouve à la mi-hauteur de la toile et y introduit une symétrie rigoureuse. La partie inférieure, miroir d'eau à peine animé par le courant, reflète le ciel et le paysage. Cette immobilité silencieuse exprime l'atmosphère très particulière d'un jour de brouillard. La gamme restreinte et froide des couleurs est émaillée de touches de jaune et de blanc légèrement teinté.
Les tons atténués amplifient l'effet de calme et de solitude.

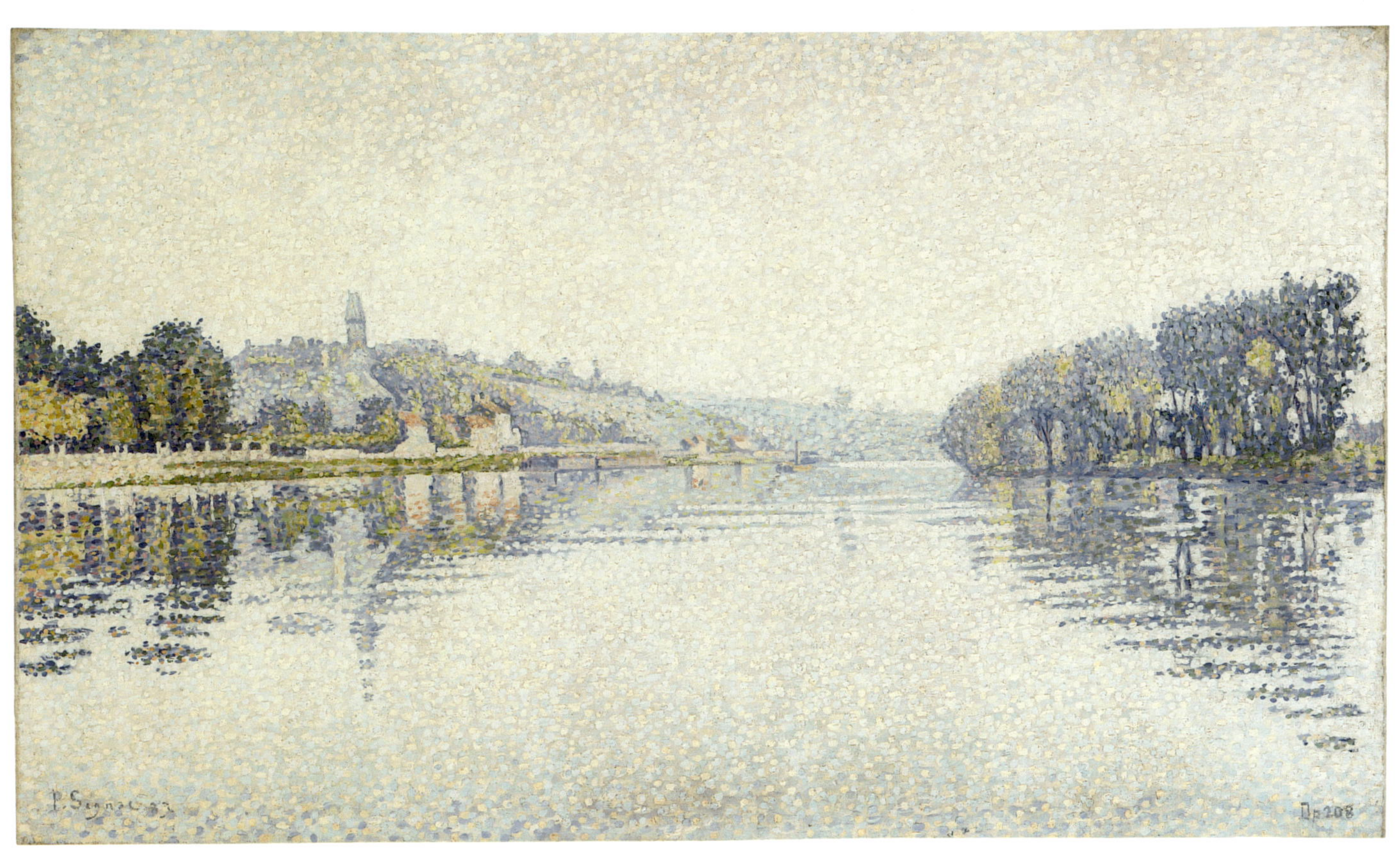

17
Herblay. Brouillard (Opus 208)
septembre 1889
Huile sur toile
33×55 cm
Signé et daté en bas à gauche,
annoté *Op. 208* en bas à droite
Musée d'Orsay, Paris, acquis avec la participation de
Ginette Signac et d'un donateur anonyme
FC nº 196

A la fin du mois d'avril 1890, Signac arrive à Saint-Briac où il séjourne jusqu'en août. L'artiste connaît bien la petite ville bretonne où il a déjà peint des toiles impressionnistes (cat. nº 5), mais il lui consacre pour la première fois une série d'œuvres «néo». Au cours de cet été 1890, il peint quatre tableaux remarquablement synthétiques: *Saint-Cast (Opus 209), Saint-Briac. Les Balises (Opus 210)* (New York, collection Mr. et Mrs. Donald B. Marron, FC nº 206), *Saint-Briac. La Garde Guérin (Opus 211)* (Zurich, Fondation Rau pour le Tiers Monde) et *Saint-Briac. Le Port Hue* (cat. nº 19). Ces quatre peintures où, comme l'a dit justement Françoise Cachin, «compte surtout pour lui la beauté abstraite des proportions, [l'artiste] voulant donner par le seul jeu du contraste des couleurs et des oppositions d'horizontales et de verticales une impression de paix et d'équilibre. Le sujet n'est plus qu'un prétexte à la vibration de la couleur et à la symbolique des lignes.» En effet, l'exubérant Signac exprime ici une sérénité et un détachement qui rapprochent son art de celui de Seurat. Le peintre et graveur Henri Rivière, ami d'enfance de Signac, est lui aussi un habitué des lieux. Il réalise en 1891 une gravure sur bois tout aussi dépouillée, inspirée du même site. Peut-être est-il venu, comme Signac, rendre visite à leur ami commun, Eugène Torquet (1860-1918), qui sera, en 1903, lauréat du premier Prix Goncourt sous le pseudonyme de John Antoine Nau.

Signac a choisi de représenter le site de la baie de la Fresnaye dont il a aussi dessiné au crayon Conté une remarquable feuille quasi abstraite (cat. nº 77). La plage du Châtelet au premier plan est encadrée, à gauche, par le fort La Latte et, à droite, par la pointe du Châtelet. Comme toujours à cette époque, Signac a été remarquablement fidèle à la topographie du site. Il a scrupuleusement respecté les proportions du lieu, ainsi que la silhouette accidentée de la pointe rocheuse ou le dessin du chemin qui mène à son sommet. La couleur est, elle aussi, très observée, bien que simplifiée à l'extrême. Elle est surtout remarquablement orchestrée selon les lois du contraste qui correspondent tout naturellement au site: remarquons la blondeur du sable, la surface immobile de la mer qui reflète un ciel sans nuages, l'orangé des roches humides qui fait écho aux coques des voiliers à l'ancre, l'herbe jaunie et les ombres violettes. Nous retrouvons dans cette toile raffinée l'écho des préoccupations scientifiques de Charles Henry. Elle est imprégnée également du souvenir des paysages d'Hiroshige contemplés à l'occasion de la grande exposition d'estampes japonaises présentée à l'Ecole des Beaux-Arts quelques jours avant le départ de Signac pour la Bretagne.

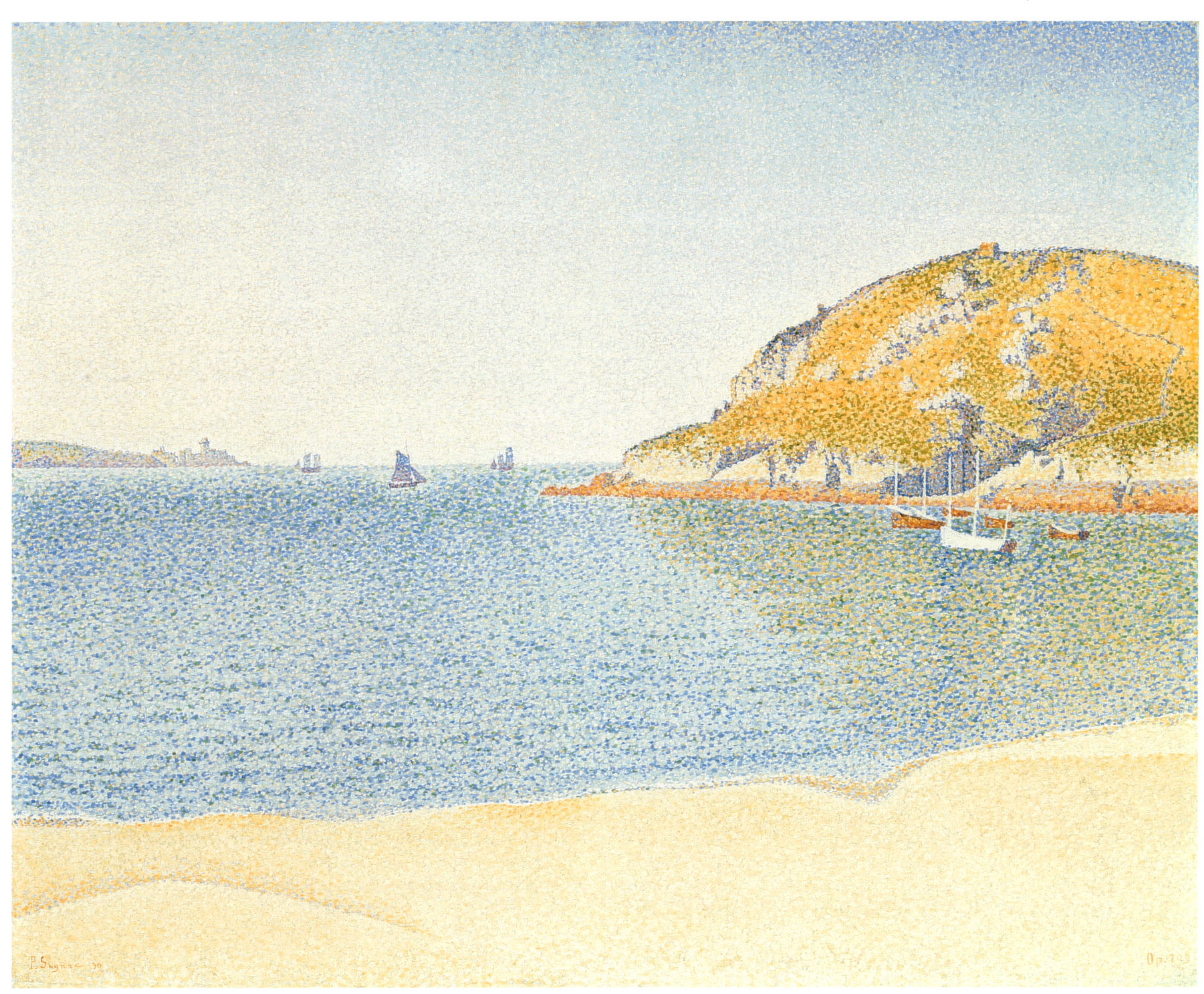

18
Saint-Cast (Opus 209)
1890
Huile sur toile
66×82 cm
Signé et daté en bas à gauche,
annoté *Op. 209* en bas à droite
The Museum of Fine Arts, Boston,
The William A. Coolidge Collection
FC n° 205

Le Port Hue, qui dépend de la commune de Saint-Briac, se trouve à quelques pas de la Ville Hue que nous avons vue apparaître dans les premières œuvres impressionnistes de Signac en 1885 (cat. nº 5). A cette époque, l'artiste avait peint aussi *Saint-Briac. Le Port Hue* (1885, Rotterdam, Boijmans Van Beuningen Museum, FC nº 98), toile d'obédience impressionniste où il exprimait tout l'emportement et le dynamisme de son tempérament. Quand il peint *Saint-Briac. Le Port Hue* cinq ans plus tard, il choisit un point de vue opposé à celui adopté la première fois. Il use surtout d'un style radicalement différent. A cette époque, les toiles de Signac sont très proches de celles de Seurat, et celle-ci a été comparée à *La Grève du Bas-Butin, Honfleur* (1886, Tournai, Musée des Beaux-Arts). Signac peint ici une de ses compositions les plus mesurées. Les plans s'étagent franchement, sans recherche d'illusionnisme. A l'horizon, sur une même ligne, la pointe rocheuse, la plage, les modestes établissements du port et le sémaphore. Une dune de sable occupe le premier plan. Des détails précis nous indiquent que l'artiste a attentivement observé le paysage: des traces de pas, des galets, les courbes gracieuses des oyats, et surtout un chardon qui projette sur le sol son ombre précise. Cet élément au graphisme accusé donne du piquant à une composition d'une grande douceur. Françoise Cachin le décrit comme un «détail purement "signacien": le chardon et son ombre qui accentue de bizarrerie pré-Art Nouveau la blondeur poudreuse du tableau». L'équilibre harmonieux des lignes dont les intersections sont réglées en fonction du nombre d'or, l'arabesque calme de la dune à laquelle répond la direction donnée aux nuages étirés, créent un réseau subtil de correspondances où formes et couleurs s'équilibrent. Cette œuvre, imprégnée de l'influence des théories de Charles Henry et de japonisme, est peinte en parfaite harmonie avec les autres toiles de la série, comme en témoigne la comparaison avec le numéro précédent. Signac se livre en effet à de délicates variations sur un même thème, et les quatre tableaux seront exposés en 1891, d'abord au Salon des XX à Bruxelles, puis à Paris aux Indépendants, sous le titre général *La Mer*. En 1964, à l'occasion de son exposition au Musée du Louvre, Georges Charensol remarque dans *La Revue des Deux Mondes*: «C'est une œuvre magistrale dont la rigueur n'exclut pas la sensibilité. La finesse de la couleur n'est en rien inférieure aux meilleures réussites de Seurat. C'est une des perles du musée Pouchkine.» Pourtant, la concurrence est rude dans ce musée qui abrite aujourd'hui une importante partie de la collection de Serge Chtchoukine (1854-1936), auquel a appartenu *Saint-Briac. Le Port Hue*. Le collectionneur russe avait en effet réuni une éblouissante collection de peintures impressionnistes et post-impressionnistes, ainsi que d'incomparables Matisse et Picasso. Un choix où le chatoiement raffiné de cette œuvre ne devait certainement pas déparer.

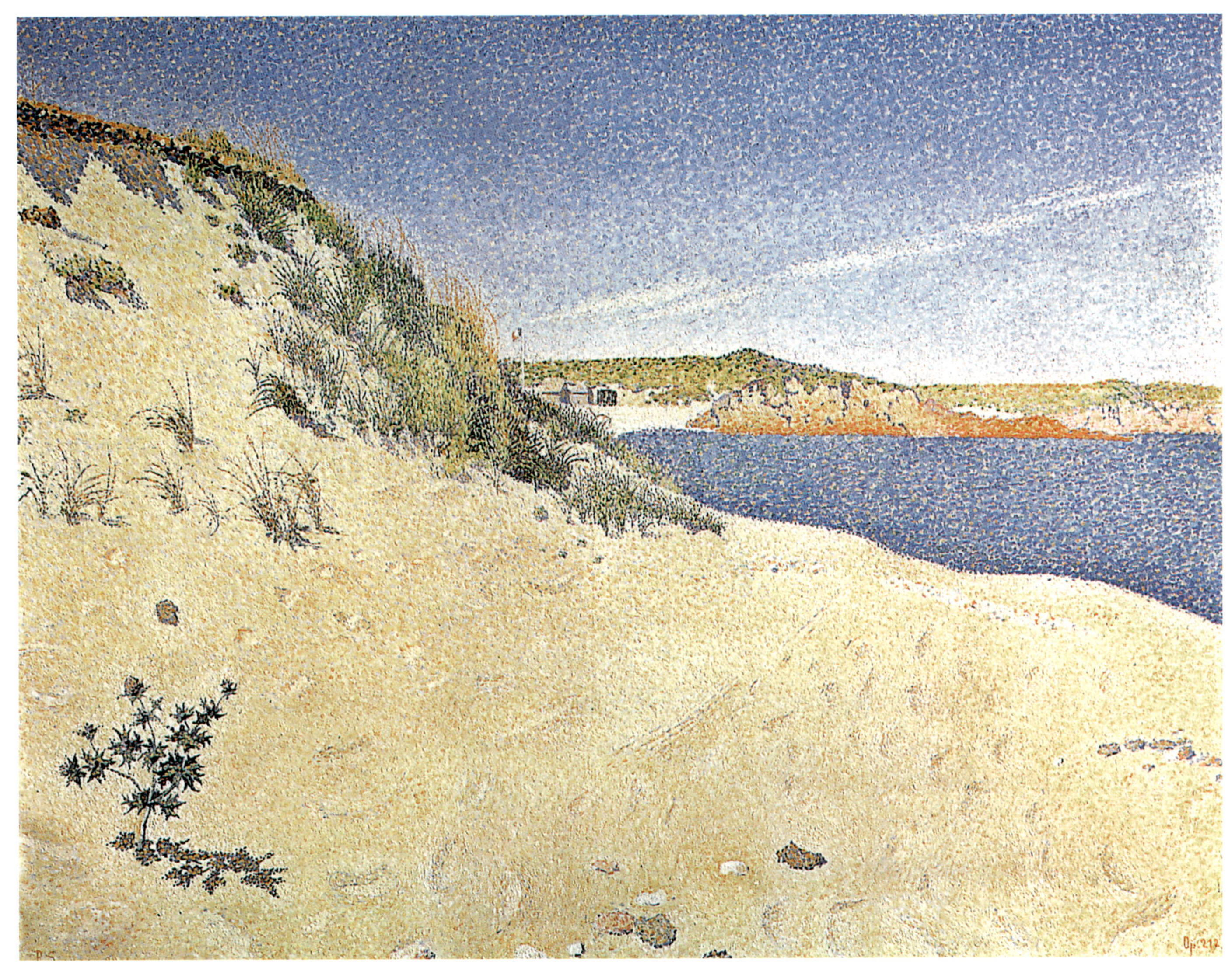

19
Saint-Briac. Le Port Hue (Opus 212)
1890
Huile sur toile
65×81 cm
Signé et daté en bas à gauche,
annoté *Op. 212* en bas à droite
Musée d'Etat des Beaux-Arts Pouchkine, Moscou
FC nº 208

En septembre 1890, Signac passe à nouveau quelques semaines à Herblay où il navigue avec ses amis sur ses bateaux le *Tub* et la *Walküre*. L'écrivain Georges Lecomte rapporte que «dimanche dernier, entre Val d'Herblay et Andrésy, les bateaux de M. Signac promenaient Luce et un lot de littérateurs de la faction symboliste (Fénéon, Edmond Cousturier). MM. P. Signac en peau de phoque et G.[eorges] L.[ecomte] en molleton aurore ornaient le cat-boat le *Tub* qui courait des bordées pour remonter vent debout la Seine aux belles îles. [...] Le *Tub*, aux prises avec une rafale et un remorqueur, a sombré. M. Lecomte, précipité dans la Seine, a pu enfin se hisser sur un porteur: il rapportait même un album qu'on avait à bord des *Figures de différents caractères* gravés par Boucher d'après Watteau.» C'est ainsi que Signac perd le *Tub*, qui l'accompagnait dans ses expéditions fluviales depuis la période d'Asnières. L'artiste rapportera de ces semaines de villégiature animée deux éventails peints, *Herblay. Brouillard* et *Herblay. Coucher de soleil* (collection particulière, FC n° 210), l'un et l'autre inspirés des toiles éponymes peintes l'année précédente (cat. n° 17, Glasgow Art Gallery and Museum, FC n° 192). Quand Signac peint, comme Camille Pissarro et tant d'autres artistes contemporains, des éventails, il sacrifie à la mode du japonisme, et ces œuvres gracieuses sont destinées à être offertes. *Herblay. Coucher de soleil* a été donné à Héloïse Signac, la mère de l'artiste. *Herblay. Brouillard* a, quant à lui, appartenu à Maria Van Rysselberghe, née Monnom, qui publiera ses souvenirs, concernant notamment André Gide, sous le titre *Souvenirs de la Petite Dame*. Elle a épousé Théo l'année précédente et, au printemps 1889, les «novi» avaient reçu à Florence Signac et sa mère qui voyageaient en Italie.

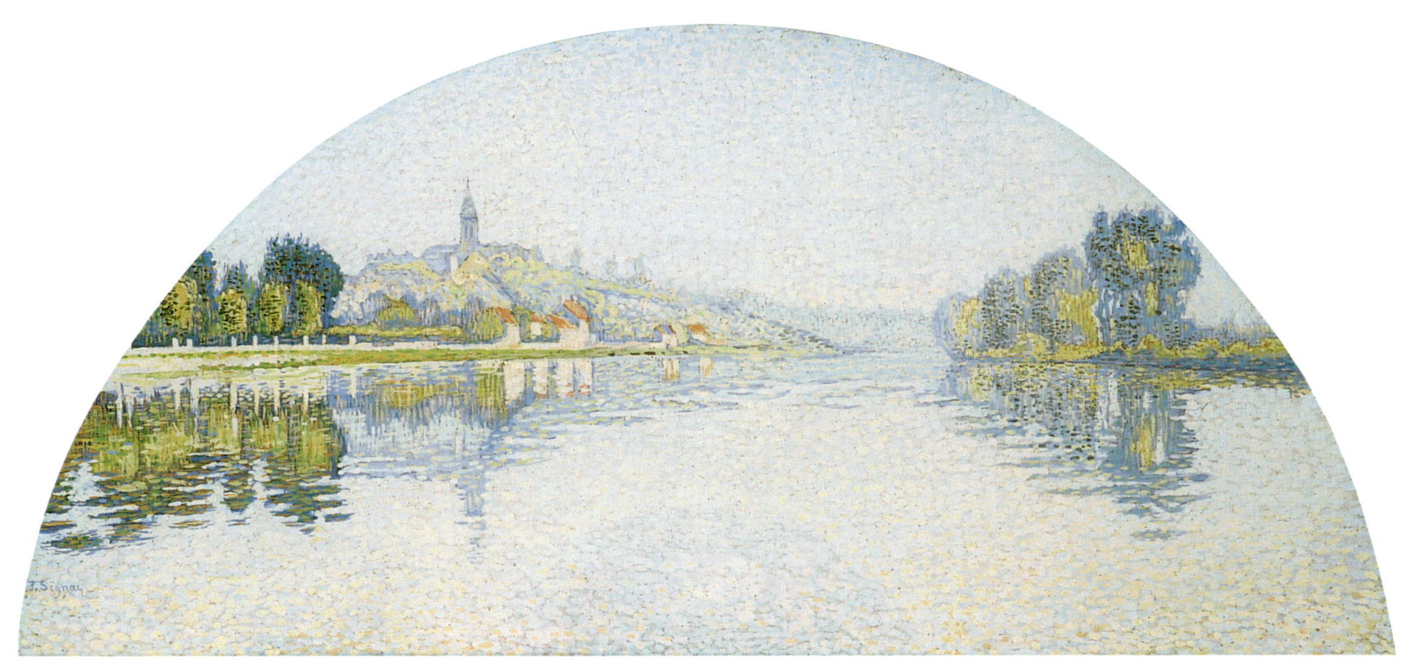

20
Herblay. Brouillard (Eventail)
1890
Huile sur soie
31×68 cm
Signé en bas à gauche
Musées de Pontoise
FC nº 209

Au cours de l'été 1891, Signac peint à Concarneau une série de cinq toiles qui sont un des sommets de son art. Quand il expose ces tableaux au Salon des XX à Bruxelles, en février 1892, il les dote d'un titre générique, *La Mer: les barques (Concarneau, 1891)*, et de sous-titres évoquant les mouvements d'une partition musicale, *Allegro maestoso* pour *Concarneau. Calme du soir.* L'artiste, qui avait déjà l'habitude de chiffrer ses toiles en leur attribuant un numéro d'opus, se rapproche ici de Charles Henry, sensible lui aussi aux analogies entre la peinture et la musique. Et il y a en effet, dans cette somptueuse série de toiles aux allures immatérielles, aux touches fines et variées qui modulent avec raffinement les harmonies chromatiques chères au peintre, une poésie abstraite qui rejoint celle d'une partition. Pour l'exposition du Salon des Indépendants à Paris, deux mois après leur première présentation, Signac choisit des titres évocateurs des «heures et des jours», *Calme du soir* pour celui de la collection Lehman. Et c'est ainsi que les décrira Fénéon: «Les heures et les saisons sur la mer, Paul Signac les symbolise en une suite de cinq toiles, *Barques.*» Edmond Cousturier reprend à cette occasion la métaphore musicale: «M. Signac avec les récentes pages de sa symphonie *La Mer* continue à napper ses toiles des harmonies les plus fastueuses.» *Concarneau. Calme du soir (Opus 220)* évoque la rentrée des bateaux de pêche au coucher du soleil. Au premier plan, les rochers et l'herbe du talus prennent des teintes violettes. Un thonier rentre au port, et déploie majestueusement ses lignes de traîne et ses voiles colorées. C'est lui qui impose à la toile sa tonalité dominante, *Allegro maestoso.* Il est suivi d'une flottille de barques qui se multiplient à l'horizon, comme autant de notes bleues dans la lumière dorée. Comme *Cassis. La Jetée (Opus 198)* (cat. n° 15), ce tableau a appartenu à Antoine de La Rochefoucauld.

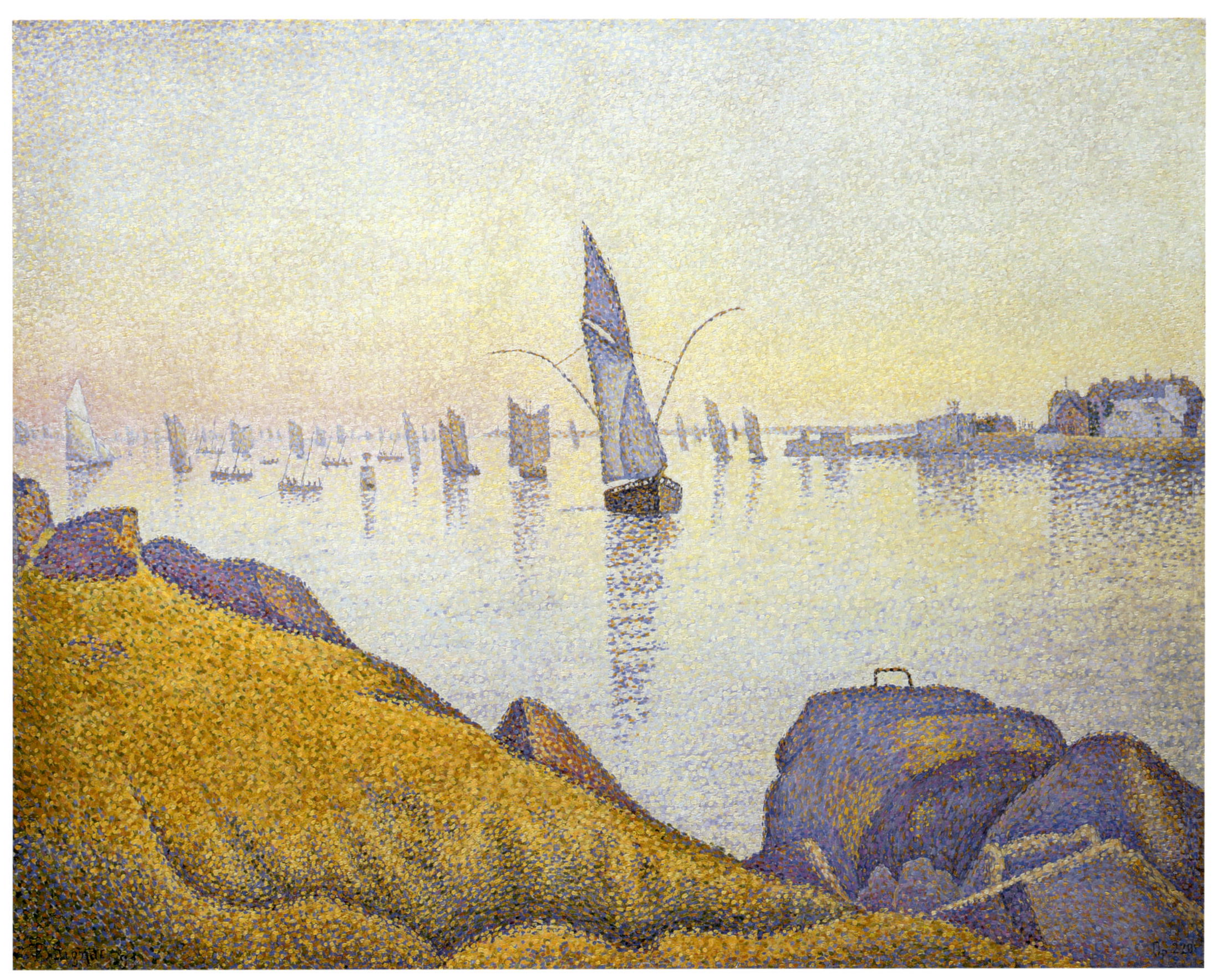

21
Concarneau. Calme du soir (Opus 220)
1891
Huile sur toile
65×81 cm
Signé et daté en bas à gauche,
annoté *Op. 220* en bas à droite
The Metropolitan Museum of Art, New York,
The Robert Lehman Collection
FC nº 217

Signac était fier de cette œuvre qu'il a exposée à plusieurs reprises, au Salon des Indépendants de 1892, puis l'année suivante au Salon des XX de Bruxelles et à l'exposition de l'Association pour l'Art à Anvers, toujours sous le même titre: *Arabesques pour une salle de toilette (Peinture à l'encaustique).* L'artiste insiste ainsi à la fois sur le caractère délibérément décoratif du tableau et sur l'originalité de la technique utilisée. Car, inquiet de voir évoluer les couleurs des toiles de Seurat, Signac s'intéresse alors à un procédé ancien, celui de la peinture à l'encaustique. Charles Henry s'était penché sur la question en 1884 et avait été avec Henri Cros l'auteur d'un traité sur le sujet. Frappé par la vivacité intacte des tons des portraits funéraires du Fayoum peints à la cire, il avait souligné les avantages de cette technique. D'une grande subtilité de tons, la peinture à l'encaustique ne s'écaille pas, elle protège le support de l'humidité et des vers, attire peu la poussière et, surtout, ses couleurs sont immuables. Ainsi, Signac annonce dès décembre 1890 à son ami Henri Edmond Cross: «Dégoûté des couleurs à l'huile trop changeantes, je vais essayer de peindre à l'encaustique à chaud.» Cette technique exigeante est aussi très lente, car il faut chauffer chaque touche de couleur avant de la poser sur la toile, et cette difficulté s'ajoute aux lenteurs inhérentes à la technique néo-impressionniste. Ce tableau sera donc la seule œuvre peinte par l'artiste en ce début d'année 1892, qui précède son départ pour Saint-Tropez.

Comme Seurat qui avait peint sa maîtresse, Madeleine Kolblock, sous le titre de *Jeune femme se poudrant* (1889-1890, Londres, Courtauld Institute Galleries), Signac nous donne ici une discrète effigie de sa compagne, Berthe Roblès. Mais si la toile du premier mettait en valeur avec une certaine cruauté la «plénitude boursouflée» de Madeleine, Signac peint une toile pleine de tendresse. Par discrétion, les traits de la jeune femme vue de dos sont à peine identifiables dans le reflet de la glace. Ce n'est qu'après l'avoir officiellement épousée quelques mois plus tard que Signac entreprendra un véritable portrait de Berthe (*Femme à l'ombrelle [Opus 243]*, 1893, Paris, Musée d'Orsay). Peut-être s'agit-il ici d'un «portrait de fiançailles», peint pour sceller une promesse. Car l'artiste crée sur la toile un réseau d'associations visuelles où les éléments se répondent deux à deux. C'est une double image de Berthe qu'il nous propose, vue de dos et de face. Et chaque détail introduit dans cette œuvre aux ambitions décoratives y trouve son écho. Les doigts de Berthe répondent aux rubans de sa chemise, le chignon en spirale se retrouve curieusement relevé dans le reflet, tout comme les éventails japonais, les objets de faïence et les flacons qui vont par paires. Figure et objets sont soumis à une stylisation appuyée et les préoccupations décoratives de Signac trouvent ici une de leurs expressions les plus harmonieuses. Quant aux coloris délicats du tableau, ils donnent raison à Charles Henry sur les charmes inaltérables de la peinture à l'encaustique.

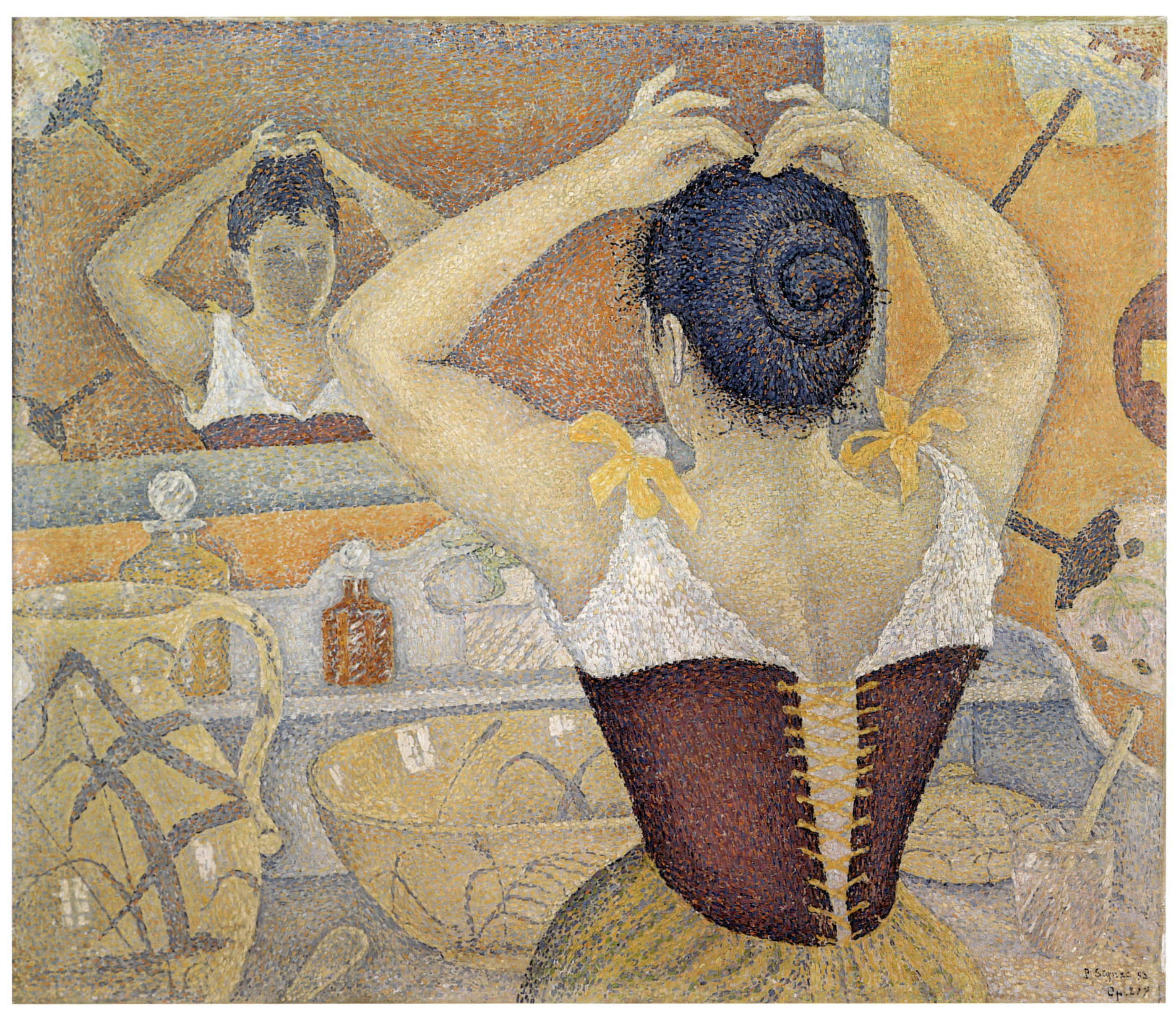

22
Femme se coiffant (Opus 227)
(arabesques pour une salle de toilette)
1892
Encaustique sur toile marouflée
59×70 cm
Signé, daté et annoté *Op. 227* en bas à droite
Collection Françoise Cachin
FC nº 222

De 1892 à 1895, Signac consacre exclusivement ses pinceaux à l'exploration des ressources picturales de Saint-Tropez. *Tartanes pavoisées (Opus 240)* exprime le bonheur qu'il éprouve à varier les vues du petit port, un de ses motifs de prédilection. Signac s'est placé de biais par rapport au quai Jean-Jaurès, afin que les façades des maisons, les voiles et les mâtures caractéristiques des tartanes se prêtent à une composition fondée sur le triangle. Les lignes montant de gauche à droite, «dynamogènes», rythment la surface du tableau. Les couleurs claires s'unissent en un bel accord ensoleillé, bleu et jaune, auquel les pavois bleu, blanc, rouge ajoutent leurs accents toniques. L'artiste se livre à une étude de reflets où les plages colorées se décomposent en touches de couleur pure. Cette palette claire trouve un écho dans le traitement subtil de la lumière qui se diffuse dans le ciel. Aussi harmonieuse que dynamique, cette petite toile exprime une véritable jubilation, un vibrato lumineux qui répond à l'émotion de l'artiste. Il s'agit d'une démonstration supplémentaire de la valeur des principes néo-impressionnistes. Particulièrement convaincante, elle exprime sans contrainte un moment de bonheur et d'équilibre.

La destinée du tableau sera à la hauteur de cette réussite. Il est exposé aux cimaises de la toute nouvelle «boutique néo» de la rue Laffitte en 1893, avant de figurer l'année suivante au premier Salon de la Libre Esthétique à Bruxelles, puis aux Indépendants en 1895. L'année suivante, l'artiste le cède à l'éditeur et critique Rodolphe Darzens – en échange d'une bicyclette! Son histoire se poursuit en Allemagne où, acquis en 1910 par le Von der Heydt Museum de Wuppertal, *Tartanes pavoisées (Opus 240)* est la première toile de l'artiste à entrer dans un musée.

23
Tartanes pavoisées (Opus 240)
1893
Huile sur toile
56×46 cm
Signé et daté en bas à droite,
annoté *Op. 240* en bas à gauche
Von der Heydt Museum, Wuppertal
FC n° 242

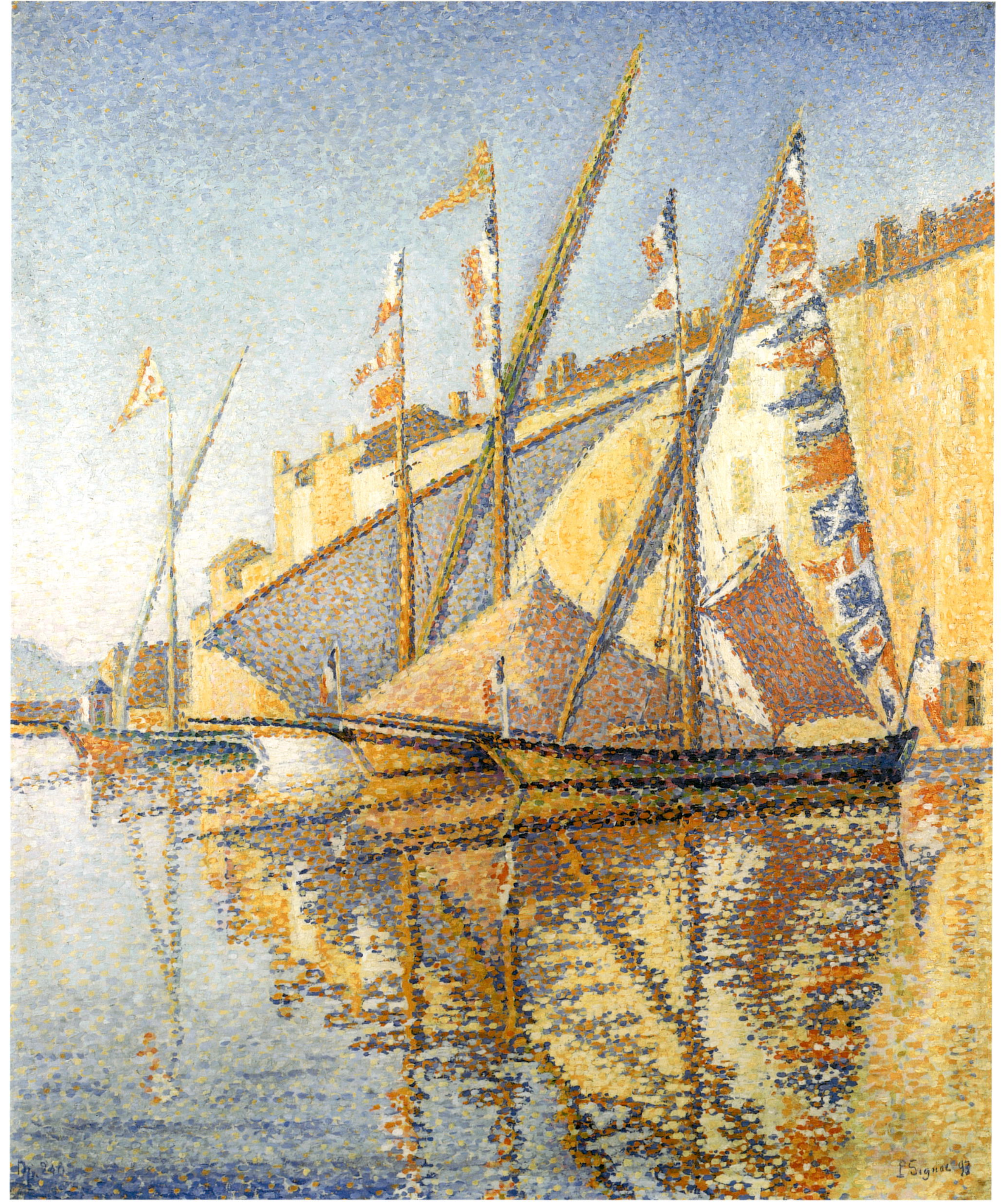

En 1893, Signac s'inspire à plusieurs reprises de la végétation méditerranéenne. Il peint *Le Pin de Bonaventure* (1893, Houston, The Museum of Fine Arts, FC nº 240), *Les Platanes* (1893, Pittsburgh, Museum of Fine Arts Carnegie Institute, FC nº 248) et *Les Deux Cyprès (Opus 241) (mistral)*. L'année précédente, il avait déjà mis le bois de pins à l'honneur, et le motif des arbres reviendra très régulièrement dans son œuvre. Le choix des cyprès fait penser à Van Gogh auquel Signac avait rendu visite lors de son internement à Arles en 1889. Il avait eu alors l'occasion de voir ses toiles arlésiennes, notamment *Allée de cyprès* (localisation actuelle inconnue). Mais les cyprès peints par Signac n'ont rien de dramatique ni de tourmenté. Leur raideur les rend même un peu comiques. Comme deux sentinelles surprises par le vent, ils encadrent un portail qui pourrait bien être celui de La Hune. A cette époque, Signac louait un modeste cabanon, La Ramade, sur la plage des Graniers, et il n'habitait pas encore la villa. Mais sa situation dominant l'ensemble du paysage avait vraisemblablement déjà retenu son attention. La vue sur les collines des Maures correspond à celle qu'offrait le site avant la multiplication des maisons et le développement de la végétation des jardins. Aujourd'hui, un seul cyprès subsiste, le mur a été rehaussé et modifié à l'occasion de l'aménagement d'un garage. Mais l'allure générale du portail n'a pas changé, avec son léger décalage dans l'alignement des deux montants.

Comme le précise le titre sous lequel cette toile figure au Salon des Indépendants en 1895, *Les Cyprès. Mistral. Saint-Tropez*, Signac a choisi de traduire l'atmosphère d'un jour de mistral, avec sa lumière transparente et ses nuages étirés qui indiquent le sens du vent.

Cette composition séduit par sa franchise et sa simplicité: un bel accord jaune et bleu rehaussé par la verdure des cyprès, quelques lignes nettes, des formes simplifiées. Nous connaissons trois études préalables (FC nº 247, recto et verso) où nous voyons l'artiste évoluer vers un parti de plus en plus synthétique. A la fin de la saison, Signac écrit à Cross: «Je suis un peu plus content des cyprès que des autres toiles. De cette saison en tout cas, je sortirai mieux armé pour tenter la grande toile. La simplification des éléments vous mène fatalement à plus de couleur» (Archives Signac). En 1913, quand Henry Van de Velde participe à la création de la collection Kröller-Müller, il conseille l'achat d'une dizaine d'œuvres de Signac, notamment *Portrieux. La Jetée, temps gris* exposé ici (cat. nº 14). La plupart d'entre elles présentent la même simplicité radicale du traitement de la forme et de la couleur qui leur confère une modernité affirmée. Cette collection exceptionnelle d'œuvres de Signac et de ses contemporains figure depuis 1935 aux cimaises du Musée Kröller-Müller, dont Henry Van de Velde a lui-même dessiné les plans.

24
Les Deux Cyprès (Opus 241) (mistral)
1893
Huile sur toile
80×64 cm
Signé et daté en bas à droite,
annoté *Op. 241* en bas à gauche
Collection Kröller-Müller Museum, Otterlo, Pays-Bas
FC nº 246

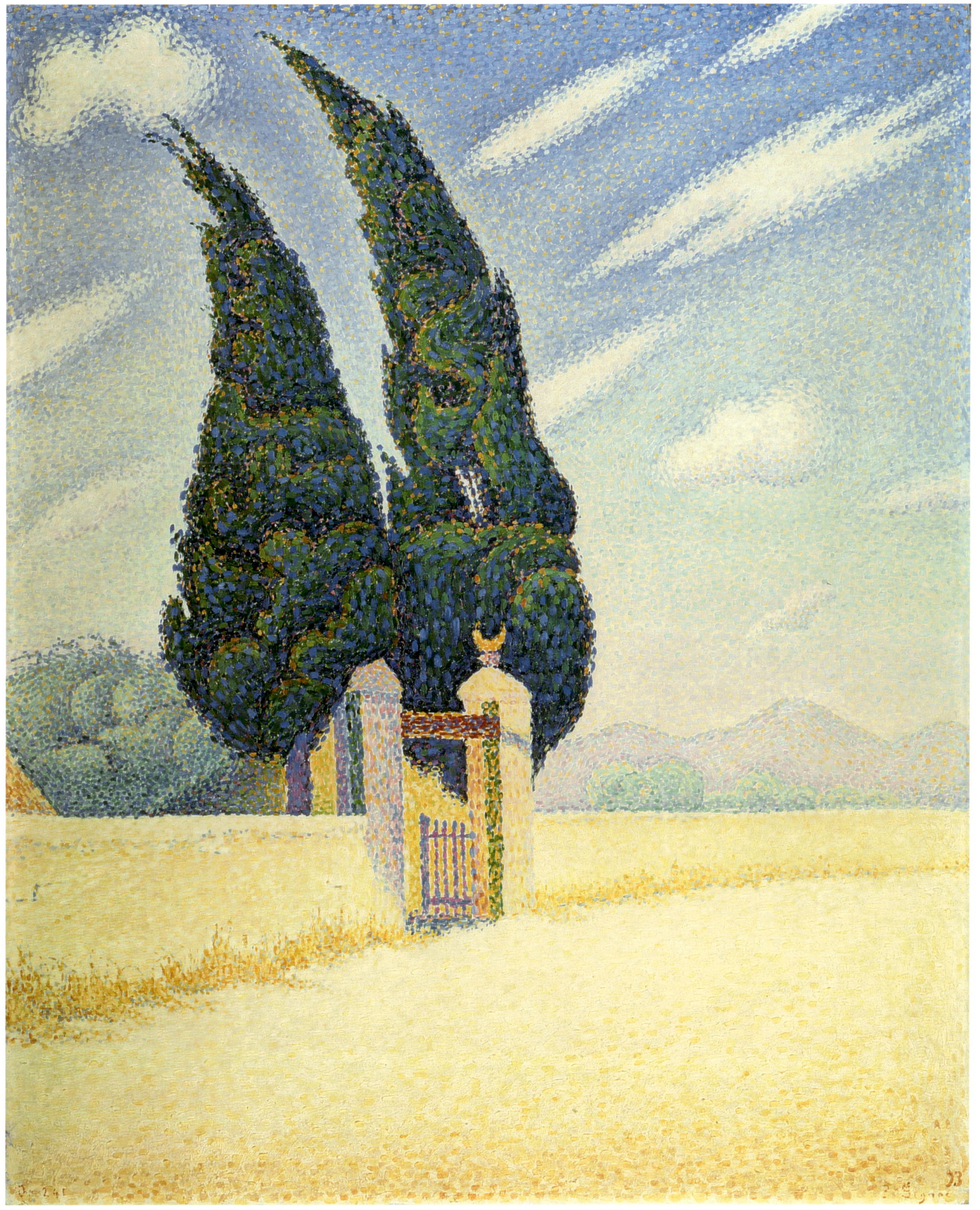

En 1893, Signac décide de mettre en œuvre une grande toile décorative chargée d'intentions esthétiques, sociales et politiques qu'il destinera à la Maison du Peuple de Bruxelles, *Au temps d'Harmonie (l'âge d'or n'est pas dans le passé, il est dans l'avenir)* (1894-1895, mairie de Montreuil, h.s.t., 300 × 400 cm, FC n° 253). Cette œuvre aura une destinée difficile car Signac, peintre autodidacte, peine à la mettre en place. Elle sera reçue avec réticence par la critique, et l'offre que Signac en fera à la Maison du Peuple sera négligée par l'architecte belge Victor Horta. La toile restera longtemps dans l'atelier de l'artiste avant d'aboutir, après la mort de ce dernier, à la mairie de Montreuil.

La mise en place particulièrement laborieuse de cette œuvre donne lieu à de nombreux dessins, études et esquisses. Signac multiplie alors les «notations à l'huile» faites d'après nature, documents sur lesquels il s'appuyera à l'atelier pour élaborer une composition plus ambitieuse. Jusqu'alors, ces notations étaient pour Signac un moyen d'étude efficace, un outil de travail rapide et commode qu'il traitait sans grand souci. Mais, au cours de l'entreprise d'*Au temps d'Harmonie*, Signac prend véritablement goût à ces études de couleurs prises sur le motif. Agréable alternative à l'exigeant travail fait en atelier, elles cessent alors d'être un simple document vivement enlevé, et ces panneaux synthétiques témoignent de qualités nouvelles. Comme les aquarelles, ils deviennent pour l'artiste un véritable espace de liberté où il pratique un divisionnisme plus libre et exprime un tempérament impatient. Libéré d'un néo-impressionnisme trop strict, il suffit alors à Signac de quelques touches décidées, carrées, nettes, pour s'emparer d'une figure, d'un paysage ou d'un détail qui seront ensuite introduits dans une composition de plus grande ampleur. Chaque panneau témoigne d'un intérêt artistique et esthétique dépassant largement la qualité de simple «document». *Etude pour* Au temps d'Harmonie *(le panier de déjeuner)* atteste cette exigence nouvelle de l'artiste qui traite ses études préparatoires comme des œuvres en soi. Les règles du contraste y sont tout naturellement respectées, mises en valeur par le blanc de la préparation du panneau qui apparaît sur une large portion de ce dernier. Quelques touches de couleur y mettent en place le panier de pique-nique, le torchon de cuisine, le pain et la bouteille de vin.

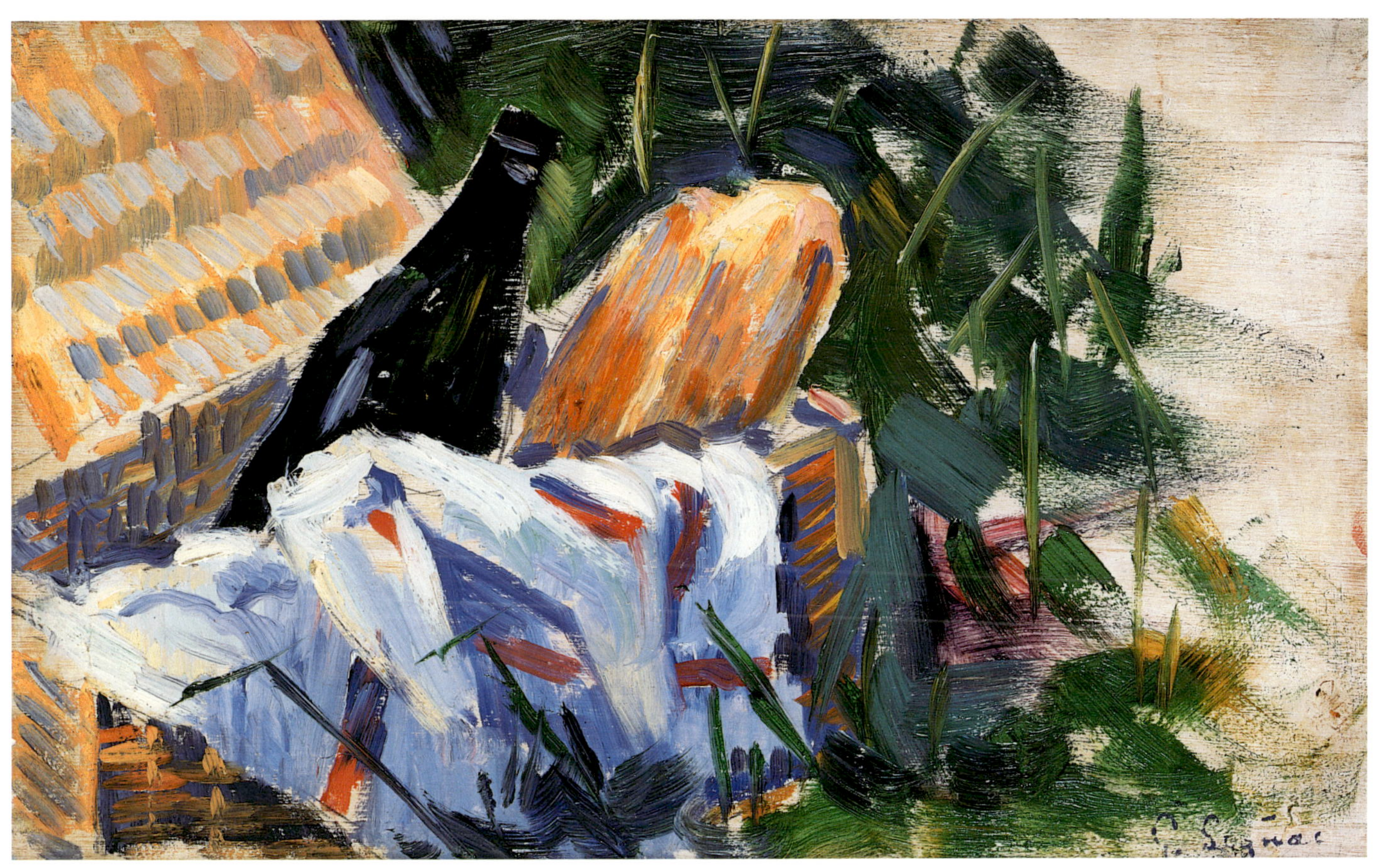

25
Etude pour *Au temps d'Harmonie* (le panier de déjeuner)
1894
Huile sur bois
15,5×24,7 cm
Cachet de l'atelier en bas à droite
Collection particulière
FC n° 265

Avec *Etude pour* Au temps d'Harmonie *(les coquelicots)* (1894, collection particulière, FC nº 266), ce panneau est un des plus synthétiques parmi les nombreuses études peintes pour *Au temps d'Harmonie*. Nous pensons donc qu'il s'agit aussi d'un des derniers, car ces «notations à l'huile» témoignent d'une assurance grandissante au cours de l'élaboration du tableau. Pleinement maîtrisée, cette étude exprime la décision de l'artiste face à un motif qu'il connaît bien. C'est sur la plage des Graniers que Signac s'est installé, en 1892, dès son arrivée à Saint-Tropez à bord de l'*Olympia*. Et c'est elle qu'il évoque peu après dans une lettre enthousiaste adressée à sa mère: «Devant les rives dorées du golfe, les flots bleus venant mourir sur une petite plage, ma plage et un bon mouillage pour *Olympia* [...] Dans le fond les silhouettes bleues des Maures et de l'Esterel – j'ai là de quoi travailler pendant toute mon existence – c'est le bonheur que je viens de découvrir» (Archives Signac). C'est tout naturellement la même plage qu'il décrit dans *Au temps d'Harmonie*, synthèse idéale de son Eden méditerranéen. Et quand Signac acquerra en 1897 la villa qu'il baptisera La Hune, il y dominera toujours la plage des Graniers. Ici, le peintre s'est placé sur la colline de la Citadelle, à mi-hauteur, de manière à mettre en évidence l'anse harmonieuse de la plage et la calanque. En face, les collines de l'Esterel et la pointe de Saint-Pierre. L'artiste réduit ce paysage familier à quatre bandes de couleurs qui s'étagent de la plus foncée à la plus claire et reprend un de ses accords favoris, le bleu et le jaune, couleurs de la Méditerranée. Le premier plan d'ombre violette met en valeur la luminosité de cette étude, et la couleur du panneau de bois sans préparation contribue à réchauffer l'harmonie générale.

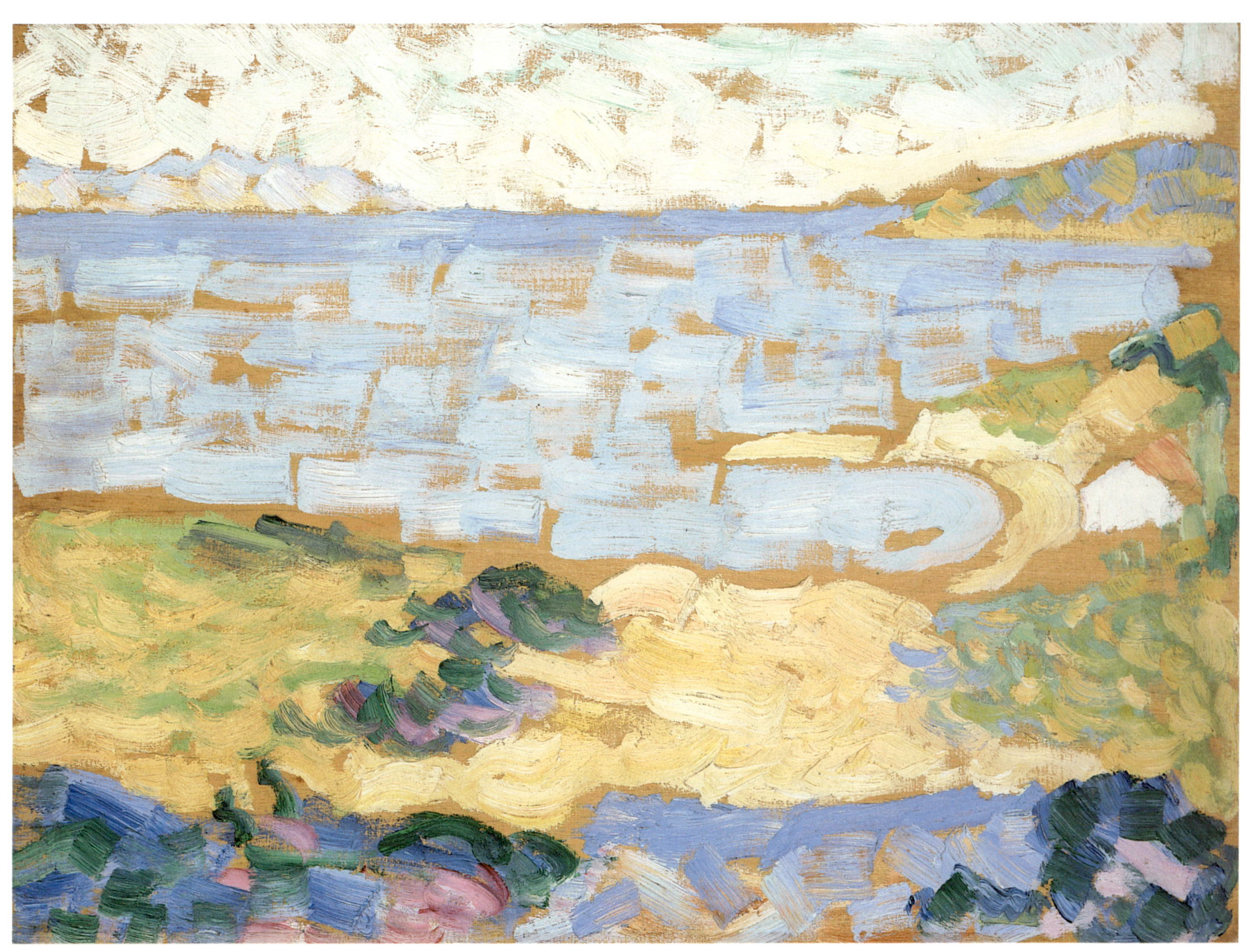

26
Saint-Tropez. Plage de Granier
(étude pour *Au temps d'Harmonie*)
1894
Huile sur bois
26,5×35 cm
Collection particulière
FC n° 268

Nous ne connaissons aucun tableau peint d'après cette étude qui figure dans le précatalogue de l'artiste sous le titre *Saint-Tropez. Calme.* Elle y suit *Saint-Tropez. Coup de vent d'est* ainsi que *La Mer à Saint-Tropez* et précède un autre panneau peint la même année, *Saint-Tropez (coup de vent d'est).* Signac manifeste ainsi, une fois de plus, son goût pour le travail d'observation d'après nature, à l'huile ou à l'aquarelle. C'est le peintre mais aussi le marin qui scrute ainsi les variations de la couleur de la mer. Le vent d'est, il l'a souvent noté, donne à l'eau une couleur verte et opaque, mise en valeur par l'écume blanche des vagues quand il est violent. Par temps calme, la mer retrouve le bleu caractéristique de la Méditerranée. L'eau est quasi immobile et le ciel parfaitement serein.

Ce panneau a été signé tardivement par l'artiste, à l'occasion de sa vente au marchand allemand Goldschmidt au début des années vingt. Celui-ci s'est très tôt montré sensible aux tableaux de jeunesse ainsi qu'aux panneaux peints sur bois par Signac. Ils relèvent d'une sensibilité impressionniste qui s'exprime avec persistance tout au long de sa carrière.

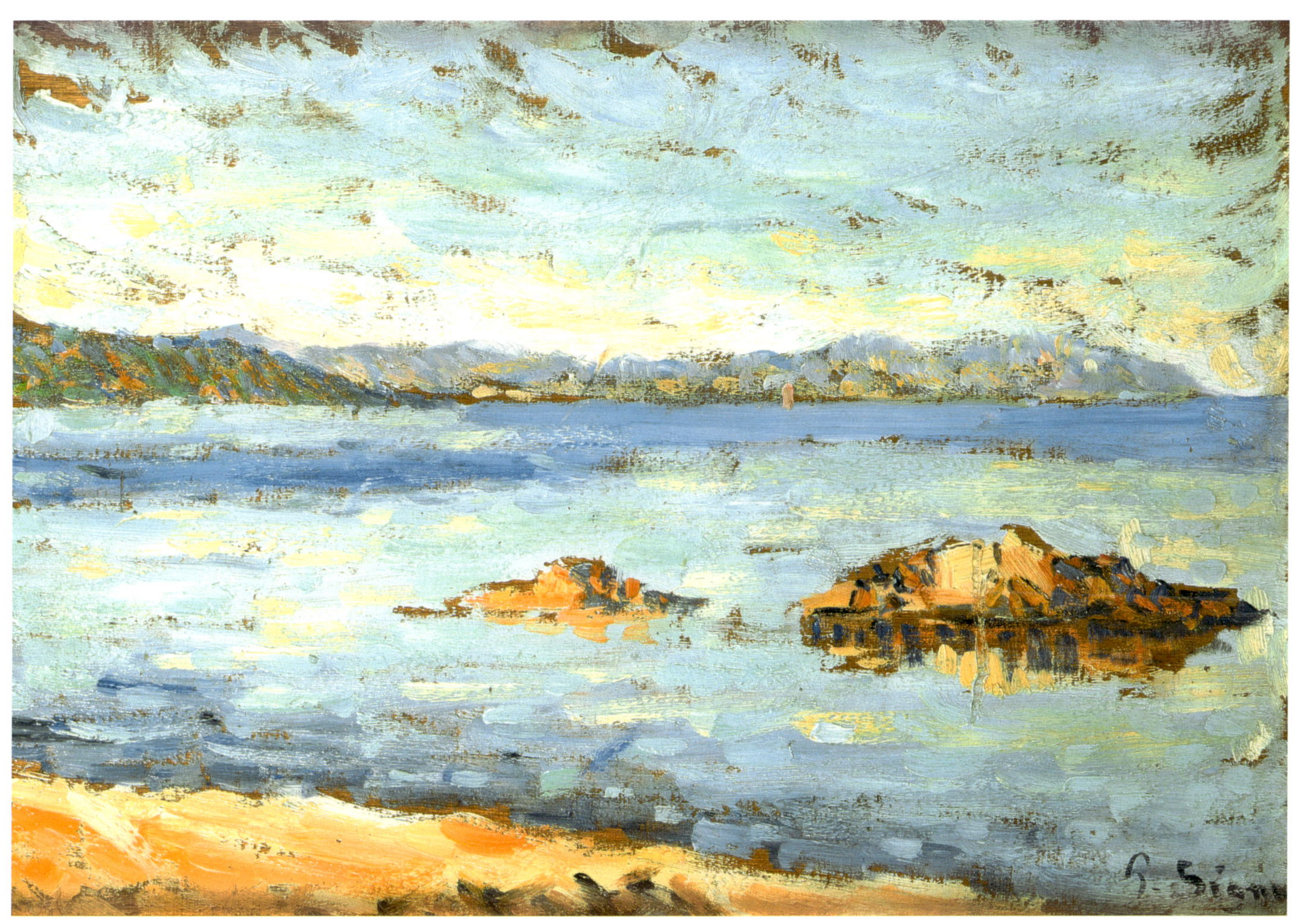

27
Saint-Tropez. Calme
1895
Huile sur bois
19×27 cm
Signé en bas à droite, tardivement, au moment de la vente
Wallraf-Richartz-Museum, Cologne, Fondation Corboud
FC nº 271

Saint-Tropez. Après l'orage n'a pas été montré au public depuis le Salon des Artistes indépendants de 1897. En effet, il a ensuite été échangé par Signac avec le sculpteur Alexandre Charpentier, chez les descendants duquel le tableau est resté jusqu'en 1995. Cette œuvre appartient à la série de tableaux peints par l'artiste à Saint-Tropez en 1895, juste après *Au temps d'Harmonie*. Elle a donc été peinte au moment précis où la technique de Signac évolue d'une touche menue et serrée, à la manière de Seurat, vers la touche plus large et carrée qui caractérise les toiles peintes à l'issue de 1895, comme *Saint-Tropez. La Bouée rouge* (1895, Paris, Musée d'Orsay). Avec *Saint-Tropez. Après l'orage* et le numéro suivant, *Saint-Tropez. Fontaine des Lices* (cat. n° 29), nous voyons cette évolution se mettre en place. Cette année-là, Signac reprend avec un bonheur évident la série des paysages de Saint-Tropez et cherche une alternative au «petit point», une facture plus large qui lui permettrait de trouver, lors du travail à l'atelier, une manière plus libre, plus proche de celle de ses «notations» à l'huile ou à l'aquarelle. Il cherche aussi à varier les points de vue et les compositions de ses peintures. Celles-ci perdent alors de leur qualité ornementale très «modern style» pour une simplicité plus radicale. Ici, Signac a repris un point de vue qui lui est cher, celui du port observé en direction du chantier naval, avec deux tartanes, l'une à l'ancre et l'autre en carénage. Il a choisi un effet climatique inhabituel dans ses marines tropéziennes, celui qui suit immédiatement l'orage, quand le ciel s'éclaircit et que le calme revient après la tempête. La composition est extrêmement simple, l'horizontale domine, équilibrée par les courbes des collines des Maures. L'ensemble exprime une immobilité à peine troublée par le mouvement des nuages. Les couleurs sont tout aussi sobres: la toile est dominée par une tonalité bleu ardoise, réchauffée par quelques touches rouges et orangées au centre, ainsi que par de rares éclats jaunes dans le ciel. Cette composition minimaliste annonce très directement la simplification rigoureuse adoptée pour *Saint-Tropez. L'Orage* (1895, Saint-Tropez, Musée de l'Annonciade). Les coups de pinceau en forme de petits bâtonnets mobiles dont les directions suivent les mouvements des éléments représentés – ici, ceux des nuages – seront bientôt radicalisés en touches brèves et carrées, comme les tesselles d'une mosaïque.

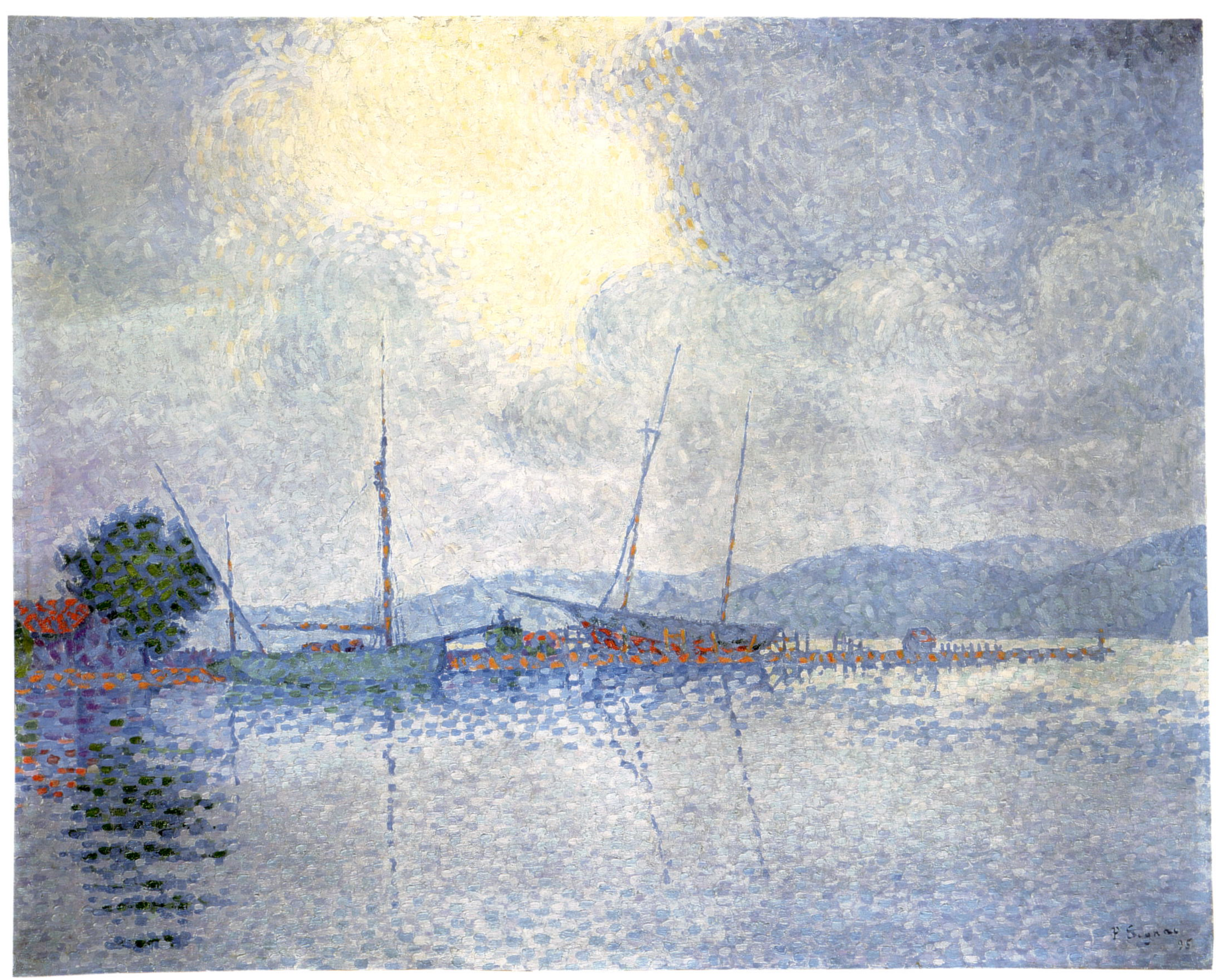

28
Saint-Tropez. Après l'orage
1895
Huile sur toile
65×81 cm
Signé et daté en bas à droite
Collection particulière
FC nº 275

Comme la précédente, cette toile marque un tournant dans l'œuvre de Signac. Ici aussi, l'artiste a repris un sujet déjà traité. Il synthétise le thème des femmes au puits qui avait déjà inspiré *Femmes au puits (Opus 238)* (1892, Paris, Musée d'Orsay, FC nº 234) et celui des platanes de la place des Lices décrits dans *Les Platanes (Opus 242) (place des Lices, Saint-Tropez)* (1893, Pittsburgh, Museum of Fine Arts Carnegie Institute, FC nº 248). Cette fois encore, Signac en donne une version simplifiée, plus géométrique, exempte de toute tentation décorative fin de siècle. Arbres et figures sont soumis à une stylisation moins poussée, et la couleur, posée en traits brefs et entrecroisés, crée sur la toile un effet de vibration plus ample que ne le permettaient les petits points juxtaposés. L'artiste oppose une zone d'ombre à dominante indigo au premier plan à l'ensoleillement du fond, mis en évidence au centre de la toile. Chaque surface est ensuite l'objet d'un travail attentif où l'artiste décline avec bonheur ses harmonies chromatiques secondaires. Signac souligne discrètement la parenté formelle du platane et de la fontaine, les deux motifs principaux de la toile, qui relient les plans et donnent à l'espace une unité affirmée. C'est en effet un souci d'unité qui a présidé à l'élaboration de cette œuvre où chaque élément formel, soigneusement pensé, est soumis à l'harmonie générale.
Nous connaissons deux études peintes pour cette toile, conservées dans des collections particulières (FC nºs 282 et 283). Exécutées à la hâte, elles nous montrent l'artiste hésitant encore entre un format vertical et horizontal, et témoignent de l'aspect du site avant que l'artiste ne l'ait soumis à une organisation formelle et colorée rigoureuse. L'exposition présente aussi une belle aquarelle (cat. nº 90) où tous les détails de la composition définitive sont déjà en place.

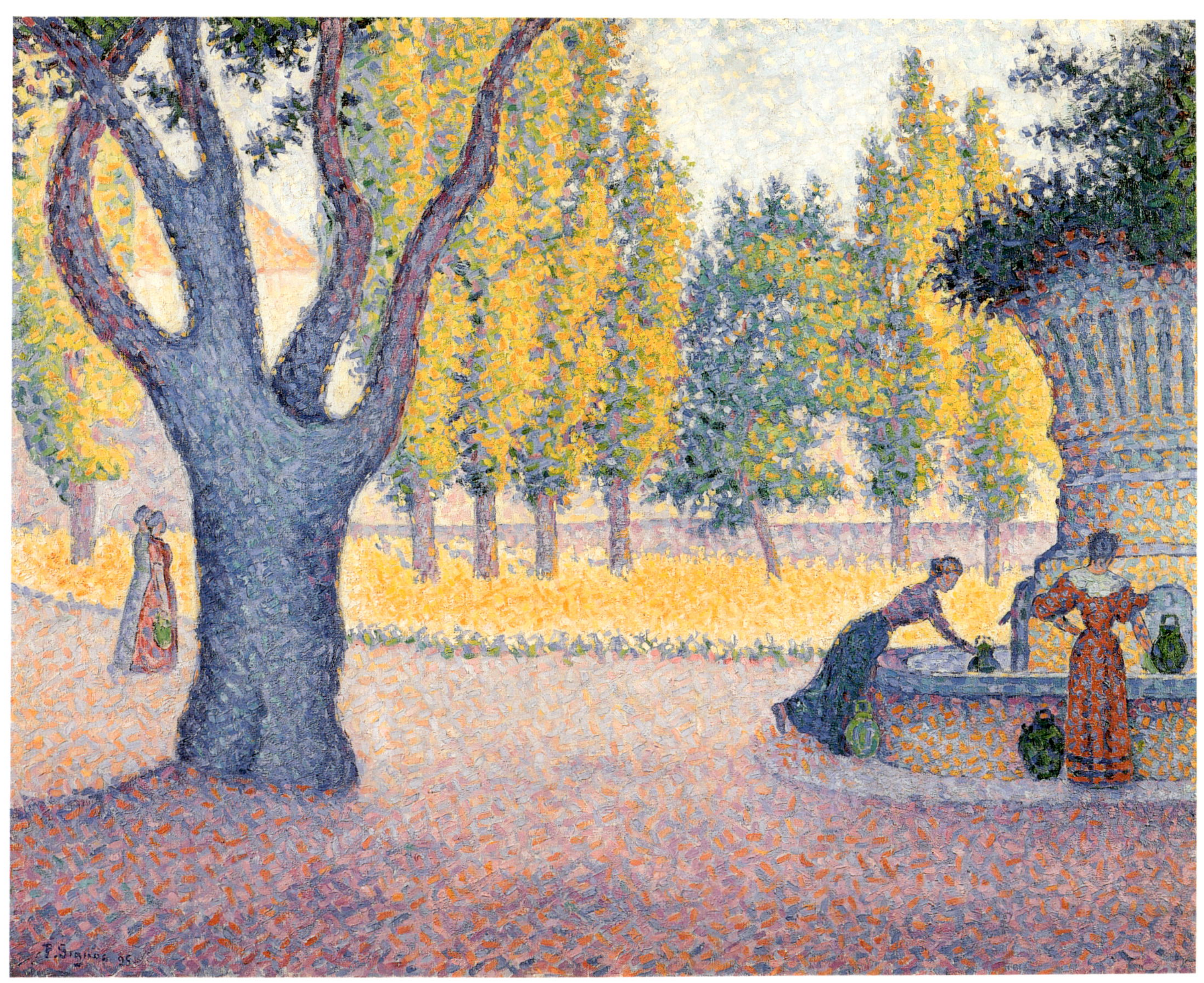

29
Saint-Tropez. Fontaine des Lices
1895
Huile sur toile
65×81 cm
Signé et daté en bas à gauche
Collection Diane S.A., Fribourg
FC nº 281

A la fin du mois de février 1896, Signac entreprend en compagnie de son ami, le peintre néo-impressionniste belge Théo Van Rysselberghe (1862-1926), un voyage en Hollande qui se termine à Flessingue. Au retour, il peint une série de toiles inspirées par ce séjour hollandais, où il évoque tour à tour Volendam, Edam et surtout Flessingue. Il consacre en effet quatre toiles au petit port de Zélande, *La Jetée de Flessingue*, *Le Bassin de Flessingue (rose)* (cat. n° 31), *Le Bassin de Flessingue (vert)* et *Bateaux-phares. Flessingue.* Parmi elles, *La Jetée de Flessingue* présente un caractère délibérément décoratif. La composition à l'horizontalité affirmée est animée par les lignes obliques des alignements de pilotis aussi appelés «ducs d'Albe». Au premier plan, ce motif crée une illusion de profondeur tout en accentuant l'aspect ornemental et japonisant du tableau. Cet effet est renforcé par la présence de détails stylisés qui prennent eux aussi une valeur décorative, comme les barques de pêche ou l'élégant trois-mâts qui se profile à l'horizon. La toile est traitée dans une gamme délicate de tons froids où les bleus et les verts sont à peine réchauffés par quelques accents rouges ou violets. Une harmonie qui s'oppose délibérément aux couleurs fortes inspirées par le paysage méditerranéen que Signac privilégie depuis 1892. Ici, l'effet de brume pâlit les voiliers à l'horizon, traités dans un subtil camaïeu bleu-vert.

Ce tableau, rarement exposé, est resté longtemps dans l'atelier de l'artiste qui s'en est inspiré dès 1898 pour une lithographie, *Le Soir. La Jetée de Flessingue* (E.W. Kornfeld et P.A. Wick, n° 20). Celle-ci a été publiée dans la revue allemande *Pan* du 31 juillet 1898, illustrée par plusieurs lithographies néo-impressionnistes. Pour cette reproduction, Signac, en supprimant le premier plan, a atténué la perspective et affirmé le caractère bidimensionnel de son œuvre. Il a conservé l'ensemble des détails du tableau, mais a traité sa lithographie dans une gamme plus chaude, où notre effet de brume devient un lumineux coucher de soleil.

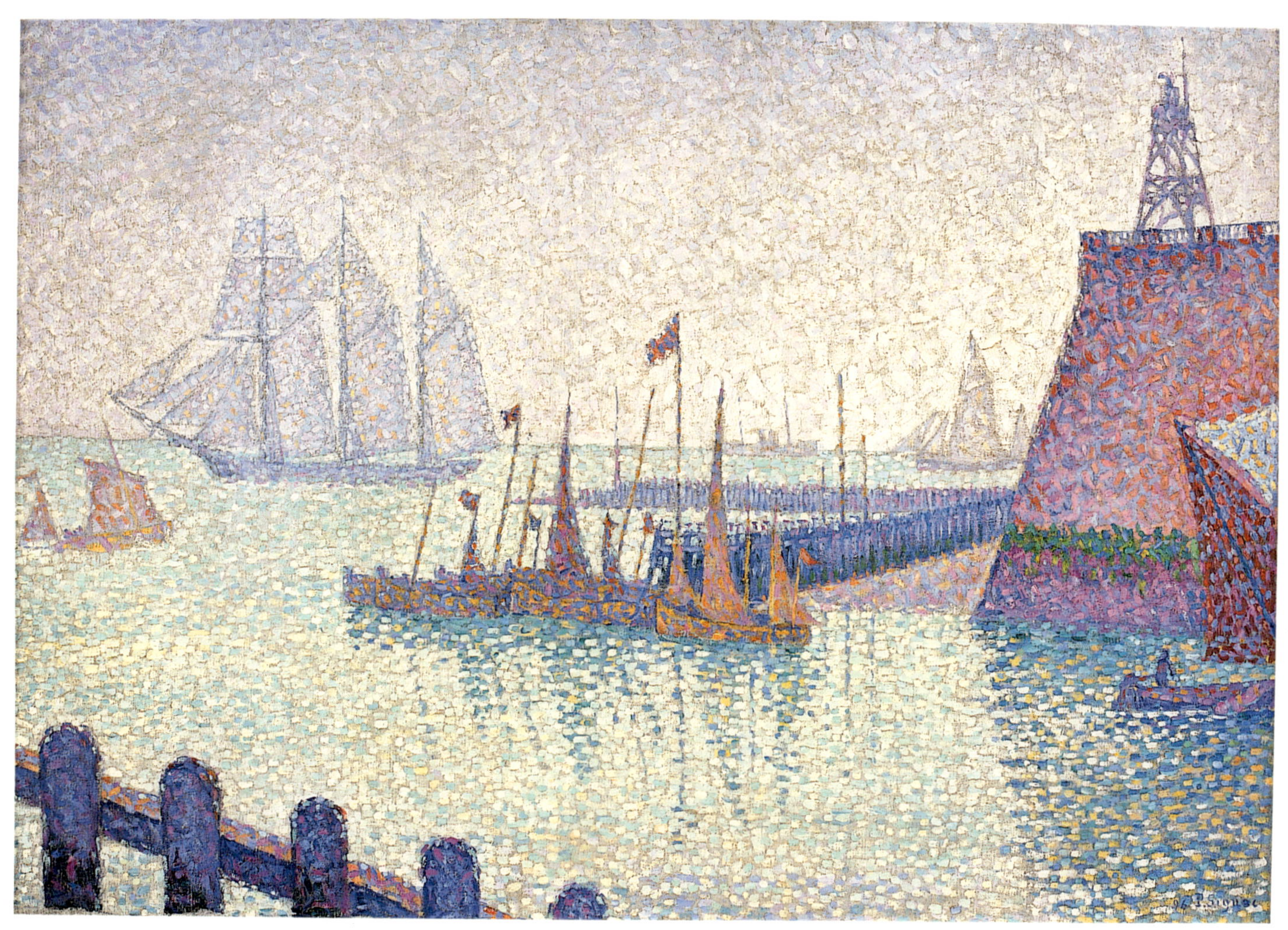

30
La Jetée de Flessingue
1896
Huile sur toile
58×81 cm
Signé et daté en bas à droite
Collection particulière, France,
par l'intermédiaire de la Galerie de la Présidence
FC nº 292

Avec cette toile qui appartient, comme la précédente, aux œuvres inspirées par le petit port hollandais de Flessingue, Signac se livre à un exercice très différent. Ici, l'artiste ne se montre pas particulièrement intéressé par la stylisation ornementale des formes. Il nous propose une composition moins sophistiquée, un paysage traité de manière quasi impressionniste. Les quais du port sont noyés dans la brume et les détails d'architecture navale ou monumentale sont à peine perceptibles. Cette fois, Signac expérimente les effets suscités par deux gammes chromatiques différentes et nous donne deux versions quasi identiques où, comme l'indiquent les titres, seule l'harmonie colorée varie, *Le Bassin de Flessingue (rose)* et *Le Bassin de Flessingue (vert)* (localisation actuelle inconnue, FC n° 296).

En juin 1896, Signac travaille à la série de toiles hollandaises à Saint-Tropez, d'après les documents, dessins et aquarelles pris sur place. Il note dans son journal: «Commencé une toile de Hollande, les bateaux-phares de Flessingue [FC n° 297]. C'est la réunion des effets orangé et violet des deux autres petites toiles de Flessingue [FC n°s 295 et 296]: la brume arrive d'un côté et refroidit toute cette partie. J'ai noté que personne ne remarquait que ces deux toiles de Flessingue répétaient exactement le même motif. La différence d'effet est si grande qu'on est pris d'abord par la couleur et que ce n'est qu'après qu'on pense à regarder les formes.» Nous ne connaissons *Le Bassin de Flessingue (vert)* que par une reproduction en noir et blanc, et il nous est difficile de juger de ce point. Mais une lithographie en couleurs peut nous en donner une idée, *A Flessingue* (E.W. Kornfeld et P.A. Wick, n° 11). Elle est manifestement inspirée de l'harmonie verte et, il est vrai, radicalement différente de notre toile.

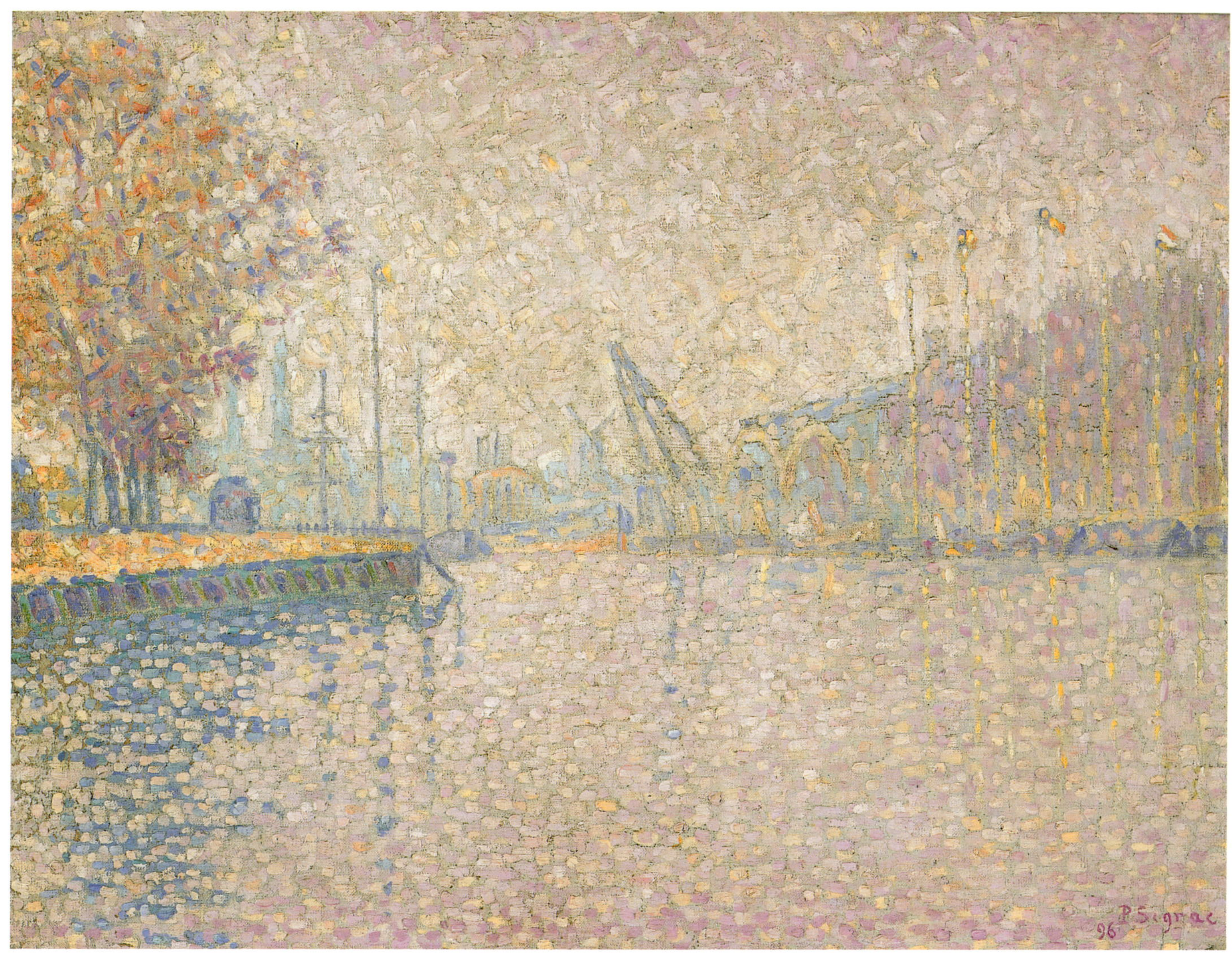

31
Le Bassin de Flessingue (rose)
1896
Huile sur toile
42×55 cm
Signé et daté en bas à droite
Collection particulière, Suisse
FC n° 295

Signac a choisi un point de vue proche de celui de la plage des Graniers. Depuis la colline de la Citadelle, il s'est placé au bord de la route qui mène à la ville, juste avant le bois de pins. Etude préalable à *Saint-Tropez. Coucher de soleil au bois de pins* (1896, Saint-Tropez, Musée de l'Annonciade, FC n° 299), cette huile présente un thème récurrent dans son œuvre. Il avait choisi le même paysage pour sa première composition tropézienne *Soleil couchant sur la ville (Opus 233) (Saint-Tropez)* (1892, Miyazaki, Musée préfectoral des Beaux-Arts, FC n° 225), et cette composition réapparaîtra en 1902 avec *Saint-Tropez. La Ville et les Pins* (collection particulière, FC n° 383). Ces trois toiles rythment l'évolution stylistique de l'artiste au cours de sa période tropézienne. De 1892 à 1902, Signac a aussi multiplié les interprétations dessinées au crayon Conté ou à l'aquarelle, ainsi que les études peintes d'après ce motif qui, avec la jetée du port, reste aujourd'hui encore l'image emblématique de Saint-Tropez. Nous présentons aussi une aquarelle inspirée de ce lieu, contemporaine de notre panneau (cat. n° 93).

C'est la qualité des études préparatoires qui nous intéresse ici, et la comparaison de notre panneau avec celui qui a précédé la version de 1892, *Soleil couchant sur la ville (étude)* (Etats-Unis, collection particulière, FC n° 226), est révélatrice. Nous voyons Signac passer d'une notation hâtive et même relativement négligée à un véritable travail de mise en place formelle et colorée. Il donne ainsi naissance à un panneau ferme et équilibré, un petit chef-d'œuvre en soi où le jaune de chrome contrebalance l'ombre violette. Quelques touches vertes et blanches complètent cette gamme chromatique réduite, réchauffée par la couleur du bois laissé en réserve.

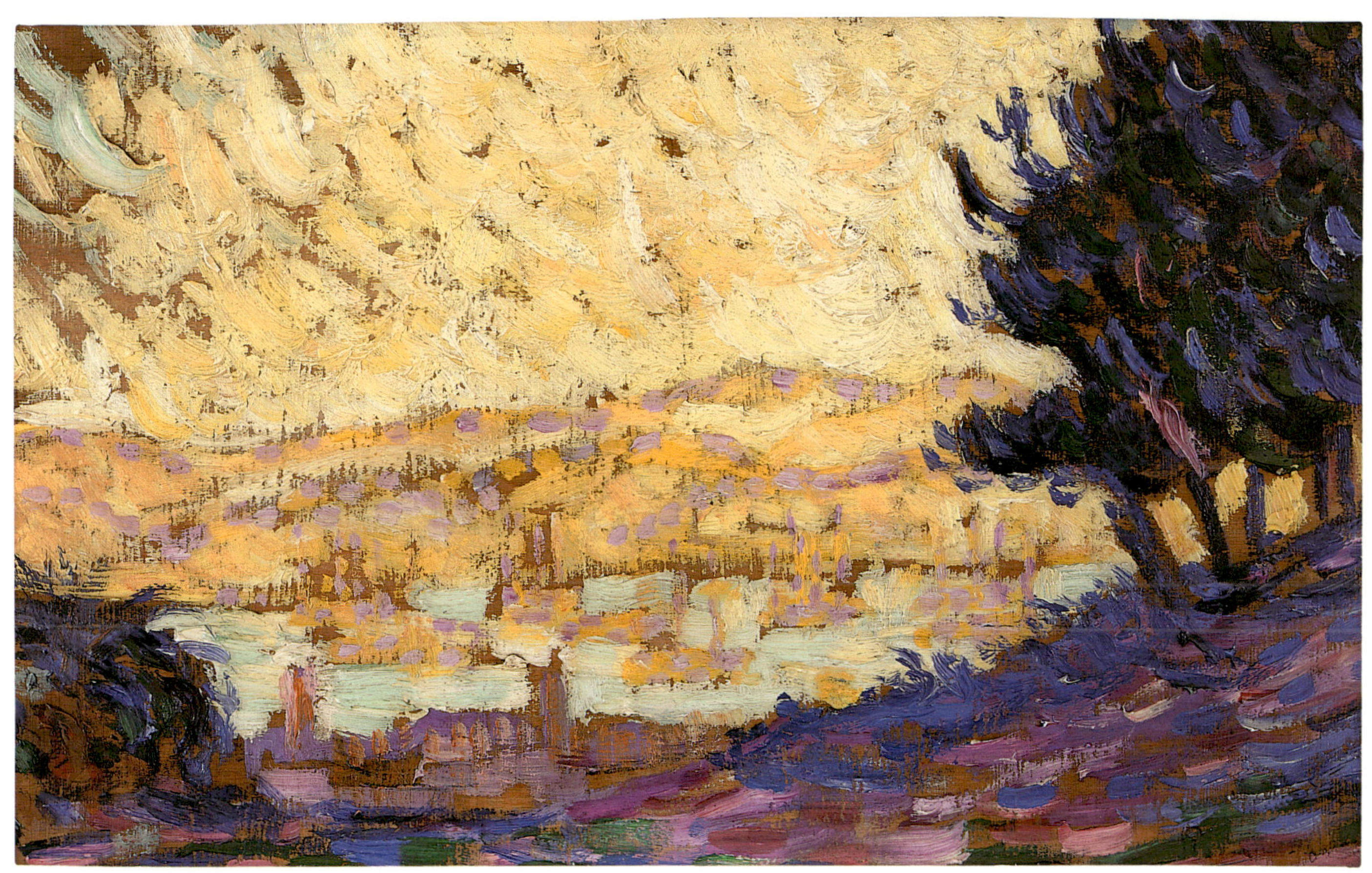

32
Soleil couchant sur la ville. Etude (Saint-Tropez)
1896
Huile sur bois
16×25 cm
Musée de Grenoble
FC nº 300

Cette toile célèbre est longtemps restée dans l'atelier de l'artiste, qui a choisi de l'exposer pour la première fois en 1934, lors de la rétrospective organisée au Petit Palais à Paris. Il ne l'a jamais signée. Il s'agit d'une œuvre «laboratoire» où Signac fait évoluer la technique néo-impressionniste en tentant de nouvelles approches. L'artiste a décidé d'adopter la méthode très classique du paysage composé: «Je commence une nouvelle toile: une silhouette de pins dont les troncs traversent toute la toile et dont la verdure s'épanouit vers le haut à travers les pins dans l'ombre. Un fond ensoleillé de mer reflétant les teintes du couchant et une colline dorée devant laquelle passent des barques aux voilures orangées. J'ai composé entièrement ce tableau, pris un tronc d'arbre ici, une branche de pin là, la colline, c'est la pointe de Saint-Pierre et elle se termine par la jolie tour dont j'ai fait un croquis à Port Man. Et je veux également être libre de composer ma couleur que je voudrais obtenir en faisant tous les sacrifices nécessaires, un maximum de coloration et de lumière, afin d'opposer ce tableau gai et méridional, oriental presque, à ceux gris et tristes septentrionaux de Hollande.» Et, en effet, le traitement étonnamment libre de la couleur annonce déjà les audaces du fauvisme. Les contrastes chers à l'artiste, vert et rouge, jaune et bleu, dominent la composition et témoignent ici d'une totale indépendance vis-à-vis de la nature. Le sol est rouge, les troncs sont bleus, le ciel est vert... Un rideau d'arbres au premier plan met en évidence, par opposition, la luminosité du paysage. Cette composition très japonisante participe, elle aussi, au pouvoir de séduction de cette œuvre. Mais, dès 1897, Signac tourne le dos au japonisme devenu un lieu commun de la modernité. Il choisit d'aller à contre-courant et de confronter la technique néo-impressionniste au paysage classique. Poussin, Le Lorrain et surtout Turner deviendront de nouvelles sources d'inspiration.

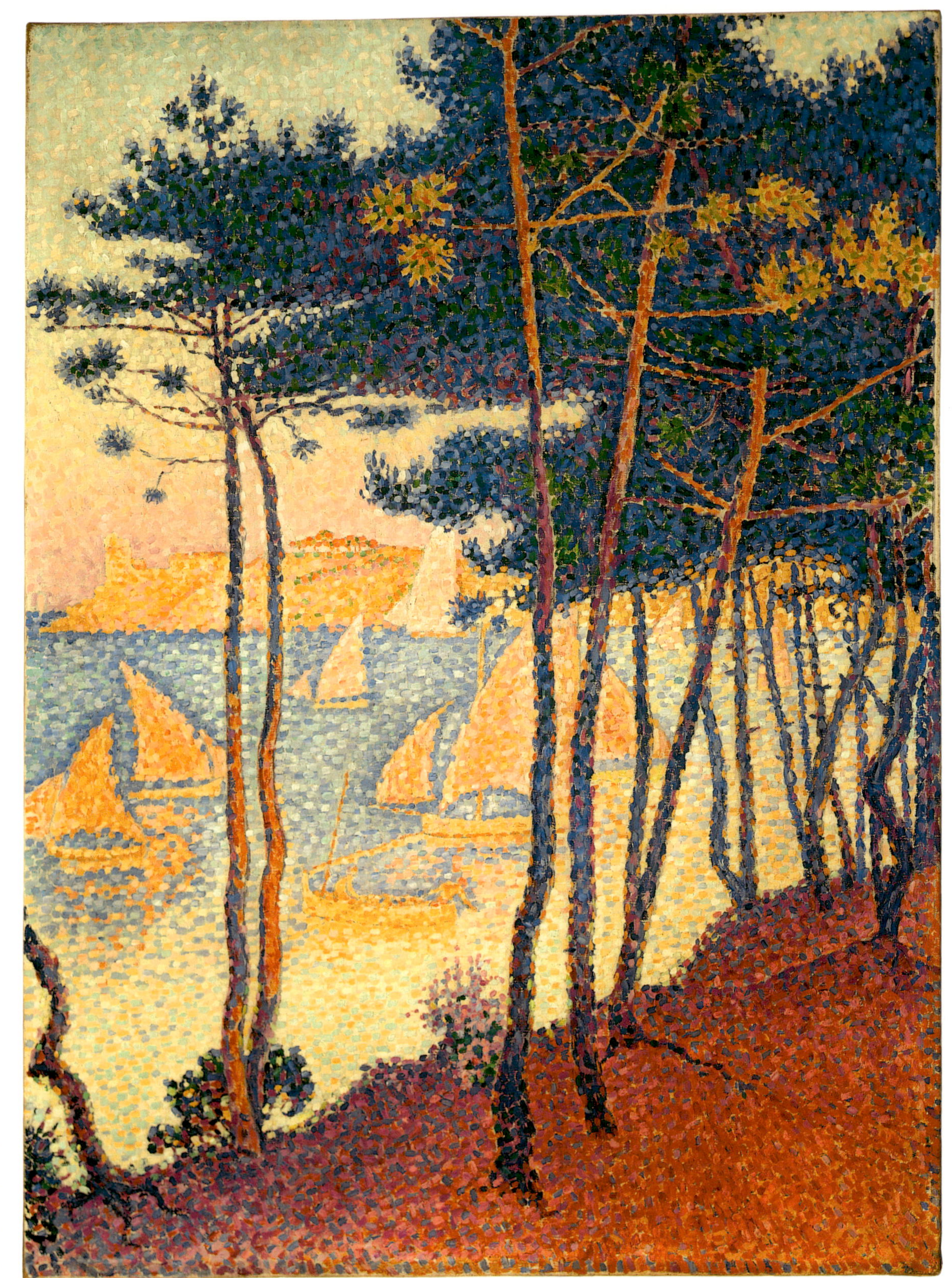

33
Voiles et Pins
1896
Huile sur toile
81×52 cm
Collection particulière
FC nº 303

Encadré par les maisons du quai Jean-Jaurès et du quai Suffren, surmontant la porte du marché aux poissons, le clocher vu du port domine la composition. Au premier plan, l'eau et ses reflets; trois tartanes, voiles au sec, déploient leur gréement. Cette toile aux tons inhabituellement pâles est particulièrement lumineuse. L'artiste a choisi d'y décliner l'accord rose et vert qui caractérisait autrefois le clocher varois. Car, si aujourd'hui ce sont des pierres grises qui soulignent les arêtes du monument, elles remplacent les carreaux de faïence verte d'origine. Les tons des coques et des voiles, ceux des façades et des persiennes rappellent sur l'ensemble de la surface cette harmonie douce. Le triangle blanc d'une voile au centre de la toile amplifie encore la luminosité du paysage. Ici, Signac procède à un éparpillement subtil de la gamme chromatique, notamment dans l'étude très libre des reflets. La surface de l'eau apparaît comme la déclinaison abstraite de la palette qu'il a choisie. La touche variée, le contour imprécis des formes contribuent avec l'oblique montante qui donne son élan à la composition à créer une illusion de mouvement, une vivante respiration.

Signac était particulièrement satisfait de cette composition qu'il a confrontée à plusieurs essais techniques. Nous connaissons une aquarelle préparatoire peinte *in situ* par l'artiste, un bel accord jaune et violet, avec, déjà, le détail ornemental des faïences vertes (collection particulière). Le County Museum of Art de Los Angeles conserve, quant à lui, un dessin rehaussé d'aquarelle. Mais, après avoir peint *Clocher de Saint-Tropez*, Signac reproduit à plusieurs reprises cette œuvre dont il est fier. Il en exécute deux versions gravées à l'eau-forte, l'une avec de petites figures sur le quai, l'autre sans personnages. Les deux épreuves témoignent de progrès rapides dans la maîtrise de cette technique (E. W. Kornfeld et P. A. Wick, n°s 17 et 18). Et c'est encore *Clocher de Saint-Tropez* qu'il choisira de reproduire en 1897 quand Ambroise Vollard, séduit par la série de lithographies «divisées» imprimées par Auguste Clot et éditées par Gustave Pellet, voudra à son tour en éditer une pour le troisième *Album des Peintres-Graveurs*. Cette lithographie, nous pouvons, grâce au journal inédit de l'artiste, la dater avec précision. En effet, le 8 février 1897, Signac note: «Dès le matin à la première heure Vollard se précipite dans mon atelier, après avoir été chez Luce chercher mon adresse, pour m'acheter ma litho. Je lui dis qu'il faut attendre la décision de Pellet qui me l'avait demandée avant lui [...] Il me commande une autre planche, à son compte: il la veut comme l'autre: divisée insiste-t-il» (Archives Signac).

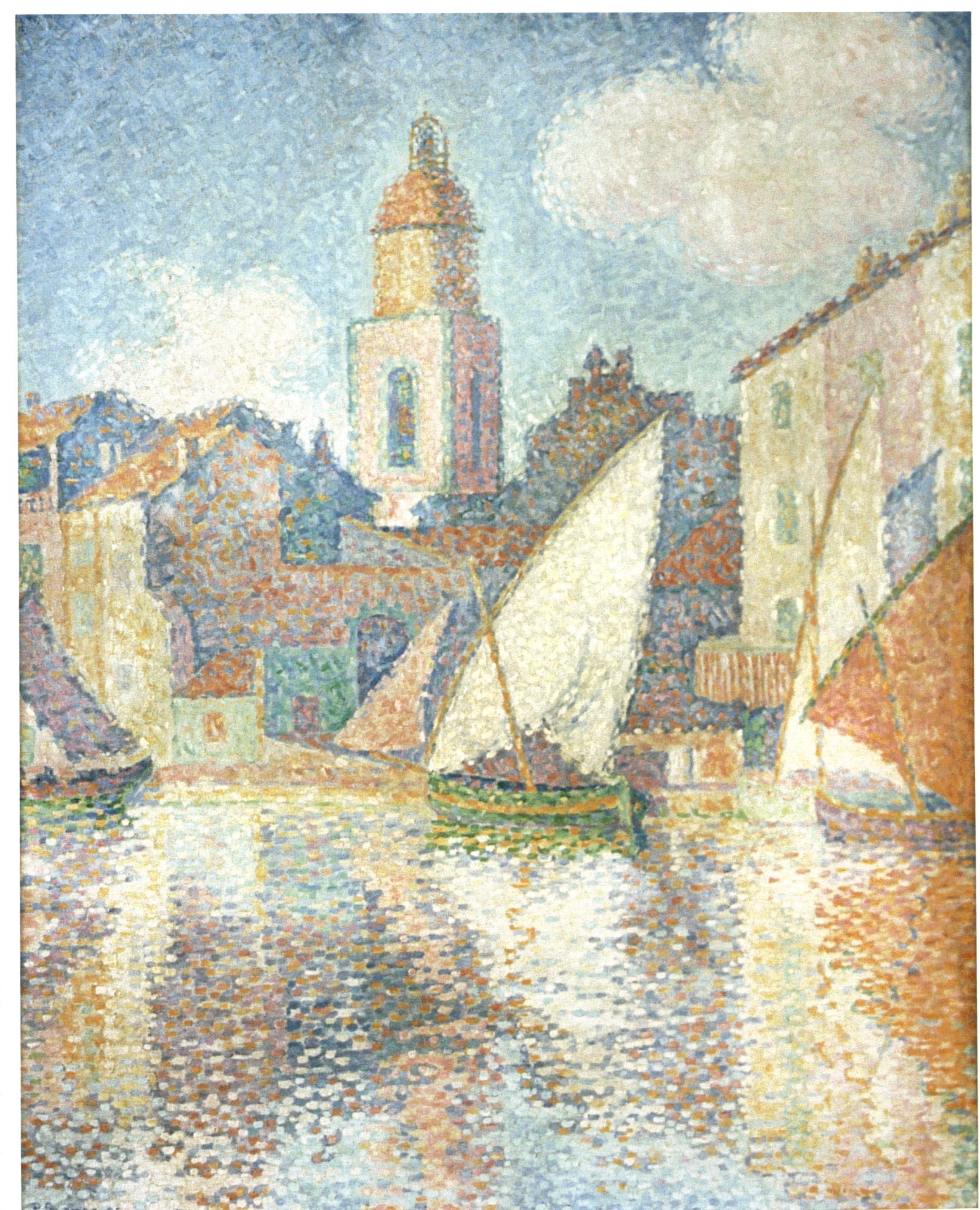

34
Clocher de Saint-Tropez
1896
Huile sur toile
81×65 cm
Signé et daté en bas à gauche
Fondation Bemberg, Toulouse
FC nº 304

Signac poursuit ici son exploration des possibilités formelles que lui offre la végétation méditerranéenne. Nous avons déjà vu apparaître dans son œuvre les cyprès, les platanes, les pins parasols, tous fortement stylisés. Ici, il reprend un thème qu'il a traité magistralement en 1893 avec *Le Pin de Bonaventure (Opus 239)* (Houston, The Museum of Fine Arts, FC nº 240). L'artiste apprécie l'ampleur décorative de cet arbre qui symbolise à ses yeux la végétation méditerranéenne. Il en avait aussi fait un des éléments importants d'*Au temps d'Harmonie* (1894-1895, mairie de Montreuil) où le pin de Bertaud faisait écho au figuier du premier plan. A l'évidence, l'artiste se plaît à décrire ces arbres, véritables célébrités locales comme il l'indique dans une lettre à son ami Fénéon. Le déploiement sinueux des branches du pin parasol et ses crépitants bouquets d'épines qui se prêtent naturellement à une touche divisée seront encore l'objet de son attention en 1900. Signac nous en donne ici une interprétation moins stylisée que les précédentes, plus proche de la réalité, mais il choisit de mettre en valeur l'ampleur décorative du motif en le représentant au coucher du soleil, quand la silhouette indigo du pin se profile à contre-jour sur un fond de lumière dorée et que le contraste des couleurs cher à l'artiste se produit tout naturellement.

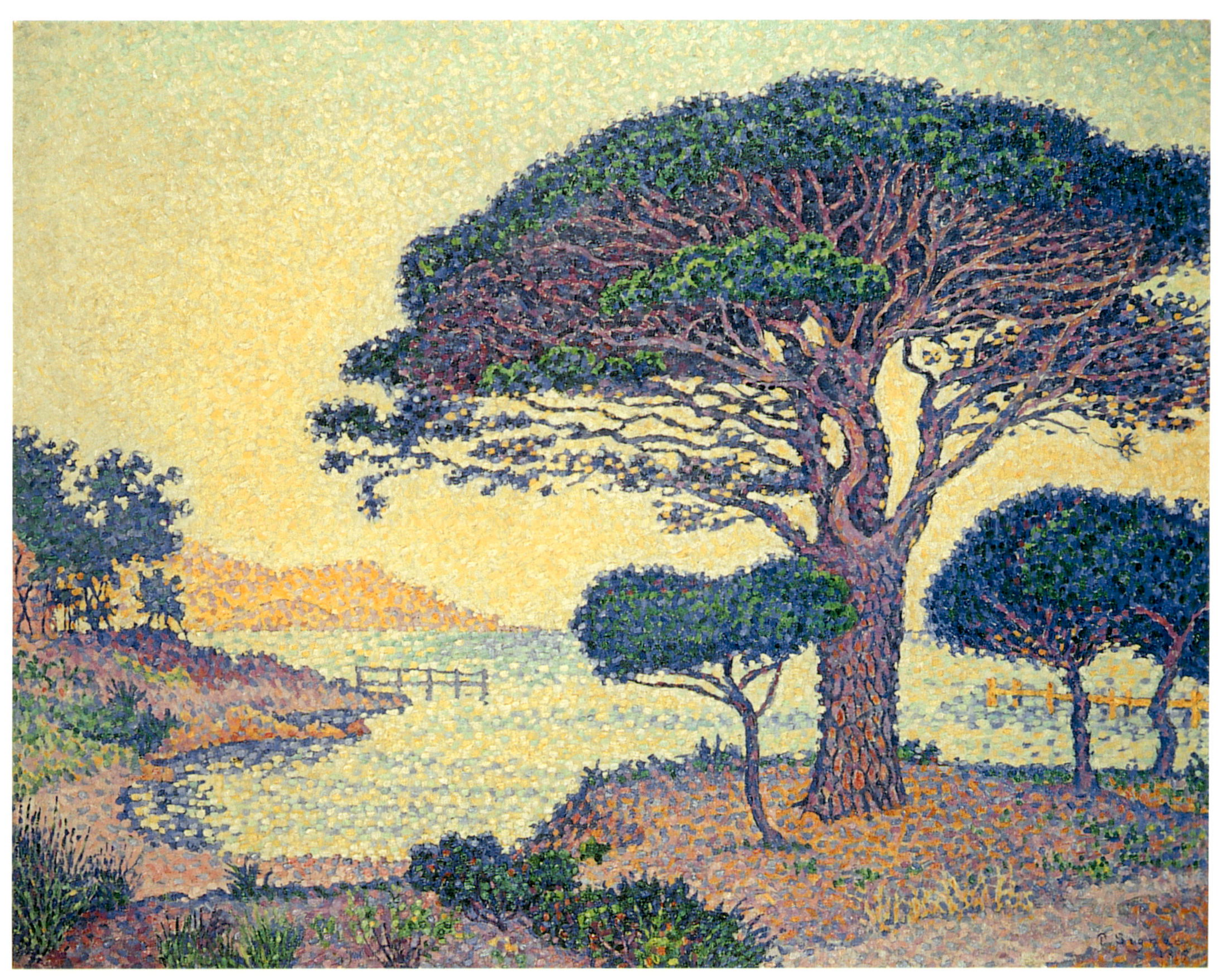

35
Saint-Tropez. Les Pins parasols des Canoubiers
1897
Huile sur toile
65×81 cm
Signé et daté en bas à droite
Musée de l'Annonciade, Saint-Tropez
FC n° 313

En lisière de la forêt de Fontainebleau, Samois domine la rive gauche de la Seine. Signac y a peint quatorze études à l'huile, dont treize ont été retrouvées (FC n°s 338 à 350). Elles sont datées 1899 dans le précatalogue établi par l'artiste au début des années trente et préludent aux six toiles de la série des *Samois*, peintes en 1901 et exposées, comme les études, aux Indépendants de 1902 (FC n°s 370 à 375). Signac a pu peindre ces études en mars 1899, époque à laquelle il réalise des dessins et des aquarelles au bord de la Seine. Mais nous pensons qu'elles ont été plus vraisemblablement faites en automne 1900, au cours d'un séjour de plusieurs mois – d'août à novembre – que l'artiste a évoqué dans son journal: «Aussitôt de retour à Paris, nous filons vers Samois. Et là sur les bords du fleuve, près de cette forêt nous passons trois mois, retenus de jour en jour par la beauté toujours croissante du paysage automnal. Et nous attendons jusqu'à fin novembre que le bouquet du feu d'artifice soit tiré. Peintre d'auberge, j'ai ramené près de 200 croquis et aquarelles. Toute la vie du fleuve, bateaux, remorqueurs, haleurs, et les brumes et les couchants.»
Dans ces études à l'huile qui ont gardé une fraîcheur comparable à celle des œuvres peintes à l'aquarelle, s'exprime toute l'autorité du peintre quand il «divise» les tons sans user systématiquement du point. Face au motif, il met rapidement en place sa composition et traduit les effets de couleurs et de lumière d'un pinceau ferme. La vigueur de la touche et la vivacité des coloris retiendront d'emblée l'attention des collectionneurs. Hugo von Tschudi, conservateur du musée de Munich, en acquerra quatre dès leur première exposition en 1902 (Munich, Staatsgemäldesammlungen, FC n°s 338 à 341). Et deux ans plus tard, l'architecte Henry Van de Velde, qui joue alors un rôle essentiel dans la promotion du néo-impressionnisme en Allemagne, choisira l'étude n° 6 et l'étude n° 13, à l'occasion d'une exposition organisée à Krefeld (New Jersey, collection particulière, et Stuttgart, Staatsgalerie, FC n°s 343 et 350). En définitive, l'étude n° 8, présentée ici et conservée à la Fondation Corboud à Cologne, a eu, elle aussi, une destinée allemande. Dans un premier temps, elle avait été offerte à l'ami Charles Angrand, qui exprime fin janvier 1903 son désir d'ajouter un Signac à sa collection: «Dans la pièce où je travaille, où je reçois habituellement mes visiteurs et que je ne peux qualifier particulièrement, quelques machines accrochées au mur: ma Couseuse de chez Bing – le portrait de mon Père – 2 dessins, l'étude de Seurat, la photo du buste de J. P. Laurens – 2 ou 3 panneaux de 4 faits en octobre dernier – enfin une vieille sculpture en bois de l'Evangile à l'Aigle. C'est peu n'est-ce pas? Aussi je me propose de joindre à cela – et en bonne place – quelque aquarelle ou étude de Signac. Qu'est-ce que vous en dites? Mon idée n'est-elle pas lumineuse, comme ne peuvent manquer de l'être ou l'aquarelle ou l'étude. A bon entendeur, merci» (Archives Signac).

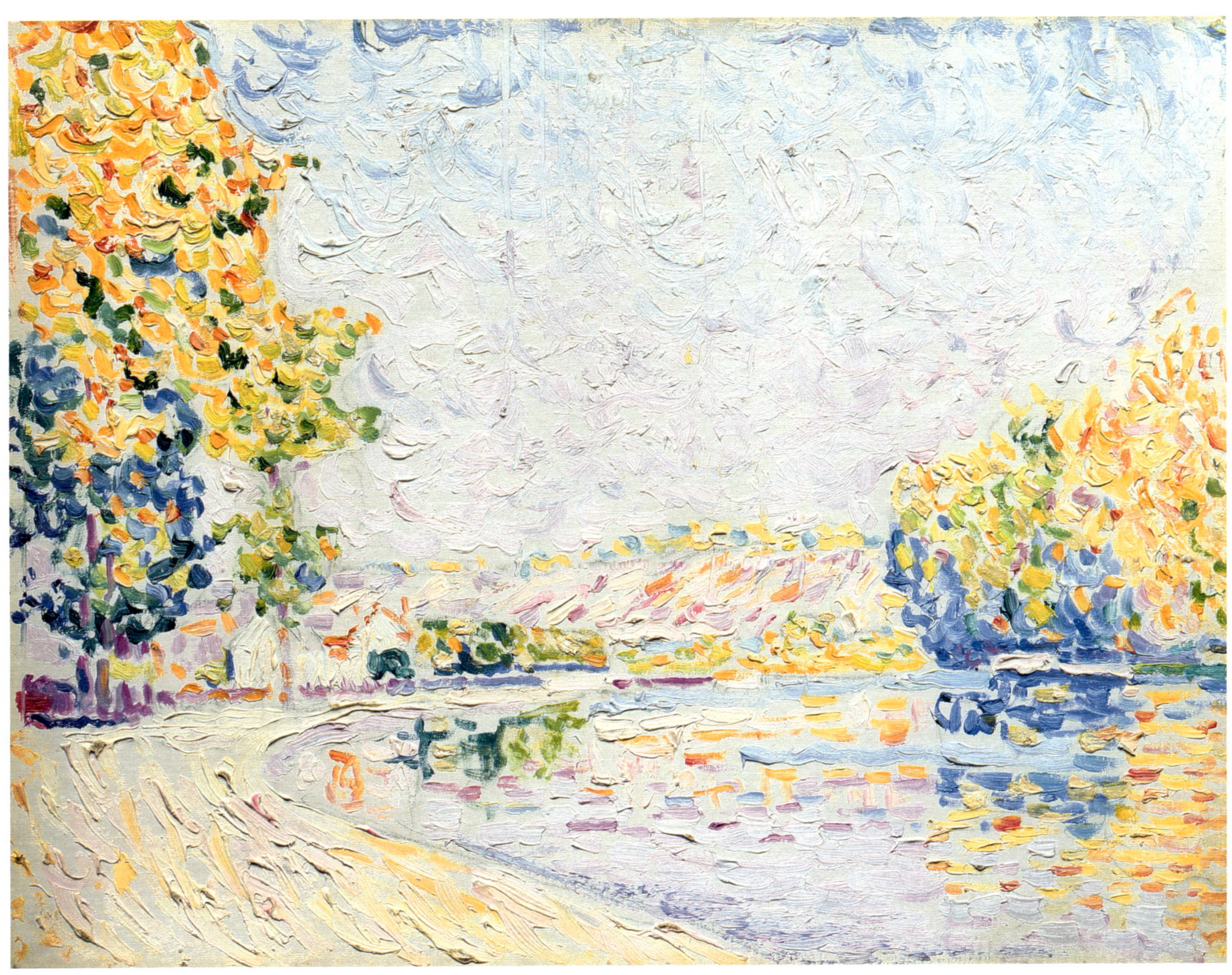

36
Samois. Etude n° 8
1899-1900
Huile sur carton-toile
27×35 cm
Wallraf-Richartz-Museum, Cologne, Fondation Corboud
FC n° 345

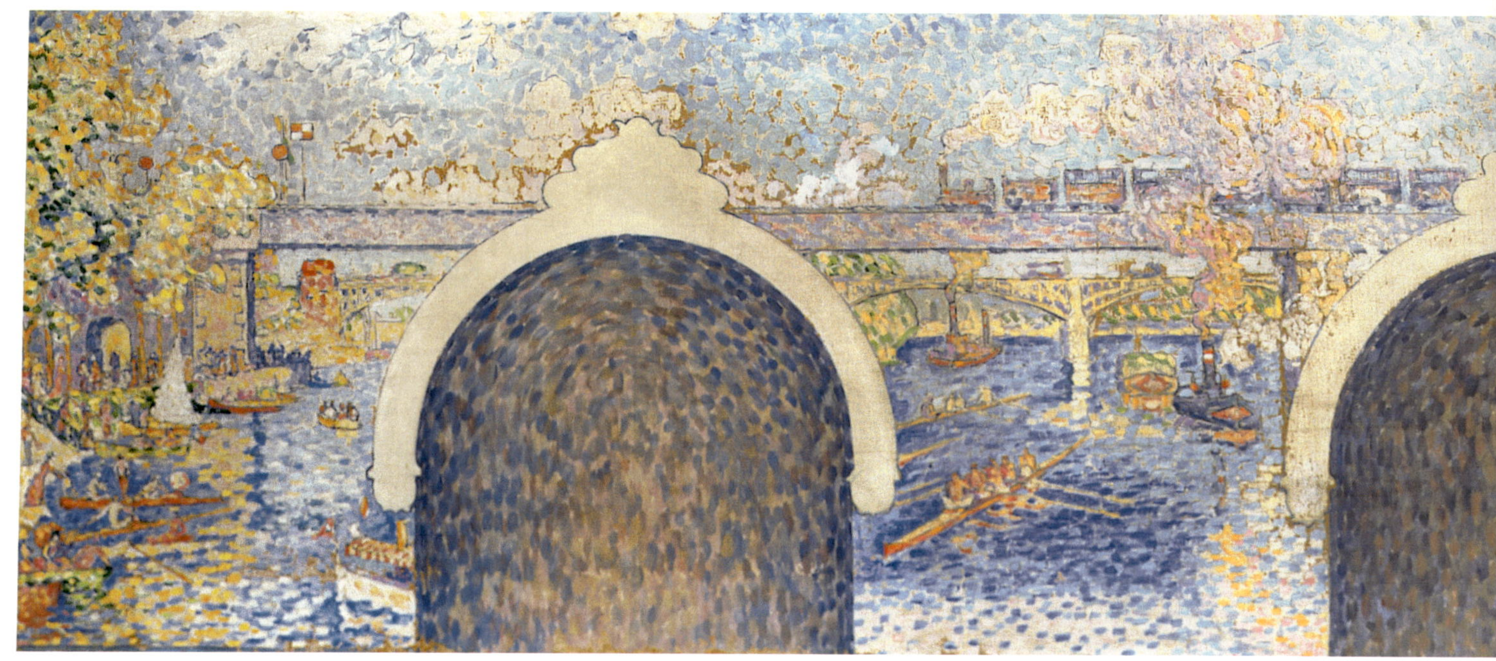

37
Projet pour la décoration de la salle des fêtes de la mairie d'Asnières. Esquisse du panneau central n° 3
1900
Huile sur toile
49×224 cm
Signé en bas à droite
Collection particulière
FC n° 357

Cette toile appartient à l'ensemble des quatre esquisses présentées par l'artiste au concours organisé pour la décoration de la salle des fêtes de la mairie d'Asnières. Rappelons qu'au tournant du siècle, l'ambition décorative est générale chez les artistes qui rêvent d'un art global unissant architecture, peinture, sculpture et arts décoratifs. Convaincu que le peintre doit apporter de la lumière dans un intérieur sombre, Signac s'est déjà essayé à la peinture décorative. En 1895, il a peint une grande toile, *Au temps d'Harmonie* (mairie de Montreuil, FC n° 253), ample scène de figures chargée d'intentions symboliques et politiques qu'il a offerte à la Maison du Peuple de Bruxelles, mais qui n'a pas eu l'agrément de l'architecte Horta. Il a néanmoins poursuivi son idée en peignant encore *Le Démolisseur* (1897-1899, Nancy, Musée des Beaux-Arts, FC n° 336). Le 11 novembre 1900, il s'attelle pour la dernière fois à un projet de cette envergure et entreprend ses esquisses, sans beaucoup d'illusions, comme le mentionne son journal: «Sur ce format si réduit, il est bien difficile d'indiquer les contrastes et les dégradés qui prendront tant d'importance sur les murailles… D'ailleurs pourquoi tant de souci puisqu'il est certain que mon projet ne sera pas primé? C'est sans aucun espoir, bien sincèrement que je fais ce concours. Mais a-t-on le droit de se plaindre de n'avoir pas de murailles à décorer si on ne fait rien pour en obtenir.» Cette fois, le projet de l'artiste est moins ambitieux. Aucune intention d'ordre littéraire ou symbolique: Signac veut éclairer la salle des fêtes d'un décor coloré où il évoquerait les charmes contrastés d'un paysage qui lui est familier. L'artiste retrouve le site où il a vécu et qu'il a peint à plusieurs reprises au cours de ses années de jeunesse. Il travaille sur le motif, comme l'indiquent quelques rares aquarelles et dessins datés 1900 (cat. n° 96) et décide d'entreprendre une synthèse de ce paysage, un vaste panorama néo-impressionniste dont notre panneau est l'élément central. Signac se sert ainsi des contraintes imposées par l'espace imparti, quatre longs panneaux horizontaux, interrompus par le dessin des niches ou

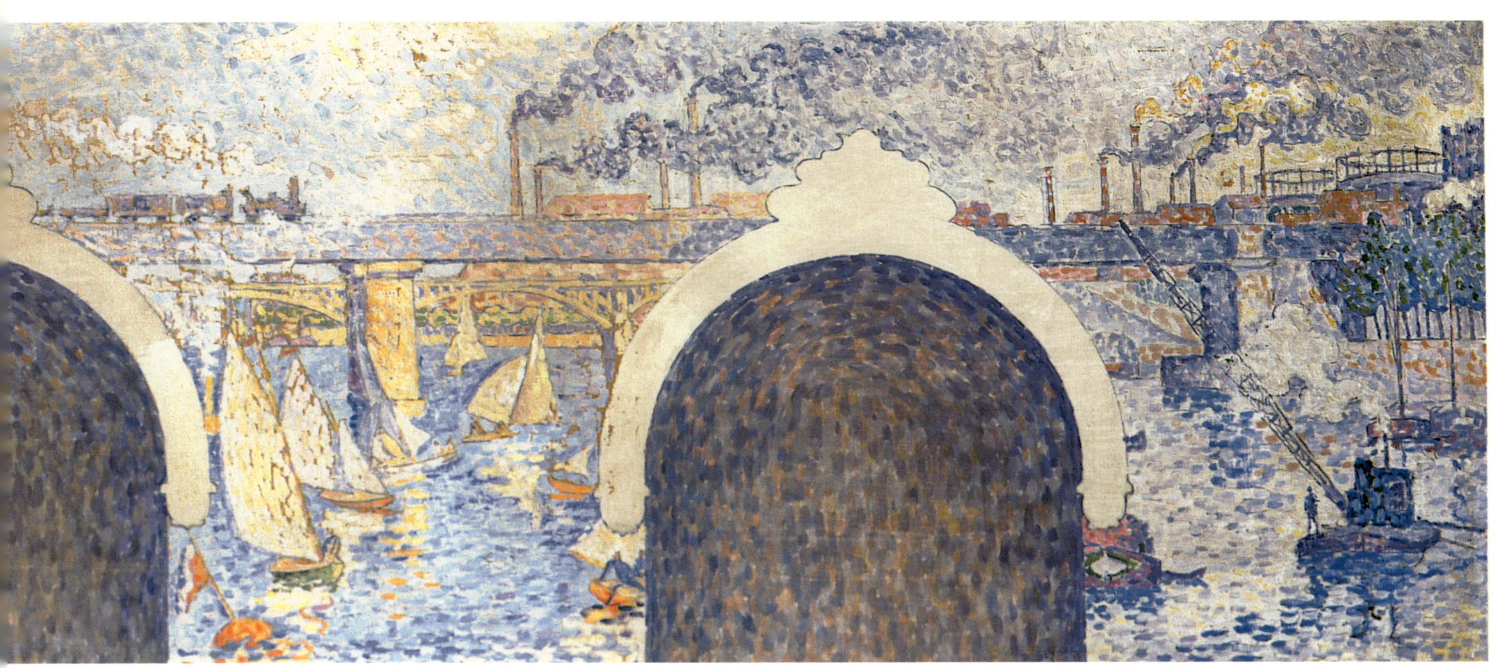

des fenêtres. A son habitude, il use du contraste des couleurs, renforcé par une opposition thématique: rive gauche, Asnières lieu de loisirs – rive droite, Clichy et ses usines.
A gauche du panneau, les couleurs chaudes et claires dominent. Nous apercevons quelques promeneurs sur les berges, des canots, des voiliers, des périssoires. Au centre, les occupations sportives se mêlent à l'évocation d'activités plus laborieuses: une yole, une péniche, deux bateaux à vapeur, puis l'agitation des voiliers qui participent à une régate. Enfin, la partie droite de la composition, traitée dans une dominante bleue plus sombre, est vouée aux activités industrielles. Une grue flottante y remplace les équipements de plaisance. L'eau occupe tout le premier plan, jusqu'à la mi-hauteur du panneau. Le tablier métallique du pont du chemin de fer souligne avec force l'horizontalité de l'espace et restaure l'unité de la scène, interrompue par le volume des trois niches. Au-delà, nous apercevons les arches du pont d'Asnières, l'île des Ravageurs et nous reconnaissons les gazomètres. Les cheminées des usines fument, comme les deux locomotives qui se croisent sur le pont et les bateaux à vapeur sur la Seine. Leurs panaches se confondent avec les nuages et contribuent à alléger l'espace tout en créant une illusion de mouvement. Signac a suivi le programme décoratif qui, comme il l'indique dans une lettre inédite à Félix Fénéon, spécifiait qu'il fallait tenir compte de la tonalité générale de la salle, «rose, verte et blanche, sans or, sans brun», souligne-t-il en ajoutant: «J'ai donc le choix des harmonies binaires et ternaires appropriées et des lignes en rapport. Je puis avoir la chance que beaucoup de concurrents n'aient pas eu tels soucis» (Archives Signac). Il reconnaît qu'il s'est mis à l'œuvre tardivement et il travaille durement pour pouvoir rendre ses esquisses le 10 décembre. Ce sera peine perdue, car son projet, non retenu, restera à l'état d'ébauche, comme ceux de Raoul Dufy, d'Othon Friesz et du Douanier Rousseau qui participèrent aussi au concours. Et c'est Henri Bouvet qui l'emportera.

Au tournant du siècle, Signac, qui depuis 1890 s'est intéressé exclusivement à la mer et aux paysages de Saint-Tropez, peint plusieurs toiles inspirées de la Seine et de ses ponts. En 1899 et 1900, il peint la Seine à Asnières (cat. nº 37), *Mantes* (Otterlo, Musée Kröller-Müller, FC nº 351), *Rouen* (Suisse, collection particulière, FC nº 353) et la série des *Samois* (FC nºs 370 à 375). Nous savons aussi qu'à cette époque Signac réalise des dessins d'après *The Rivers of France* de Turner, et il n'est pas impossible qu'il ait songé à peindre une série de toiles consacrées à la Seine et à ses ponts, comme il le fera pour les grands ports européens.
Le 18 février 1899, il note dans son journal: «Fait des croquis pour les futures vues de la Seine. Un viaduc d'Auteuil avec la fumée d'un vapeur se mêlant à celle d'un train.»
Le viaduc d'Auteuil a disparu, aujourd'hui remplacé par le pont Garigliano, et des transformations radicales – voie express, RER – ont rendu le site méconnaissable. Pourtant, Signac avait insisté sur la modernité du lieu en peignant le passage d'un train avec son panache de vapeur qui se mêlait à ceux des bateaux. A droite, il avait décrit les bâtiments flottants, eux aussi dotés de cheminées. Mais aujourd'hui, ce paysage nous paraît aussi aimable que désuet. Ce sont les couleurs délicates et le caractère impressionniste de la toile qui retiennent notre attention. Cette œuvre a souvent été exposée du vivant de l'artiste. Elle est accrochée lors de sa première exposition monographique à la Galerie Bing, en 1902, sous le titre *Le viaduc du Point du Jour*. On la trouve à Weimar l'année suivante, à la Galerie Druet en 1904, où elle figure aussi à l'exposition de Krefeld, au Havre en 1906, et à la rétrospective de la Galerie Bernheim-Jeune en 1907. Elle a appartenu ensuite à Gaston Lévy, grand collectionneur et mécène de Signac (cat. nºs 123-133).

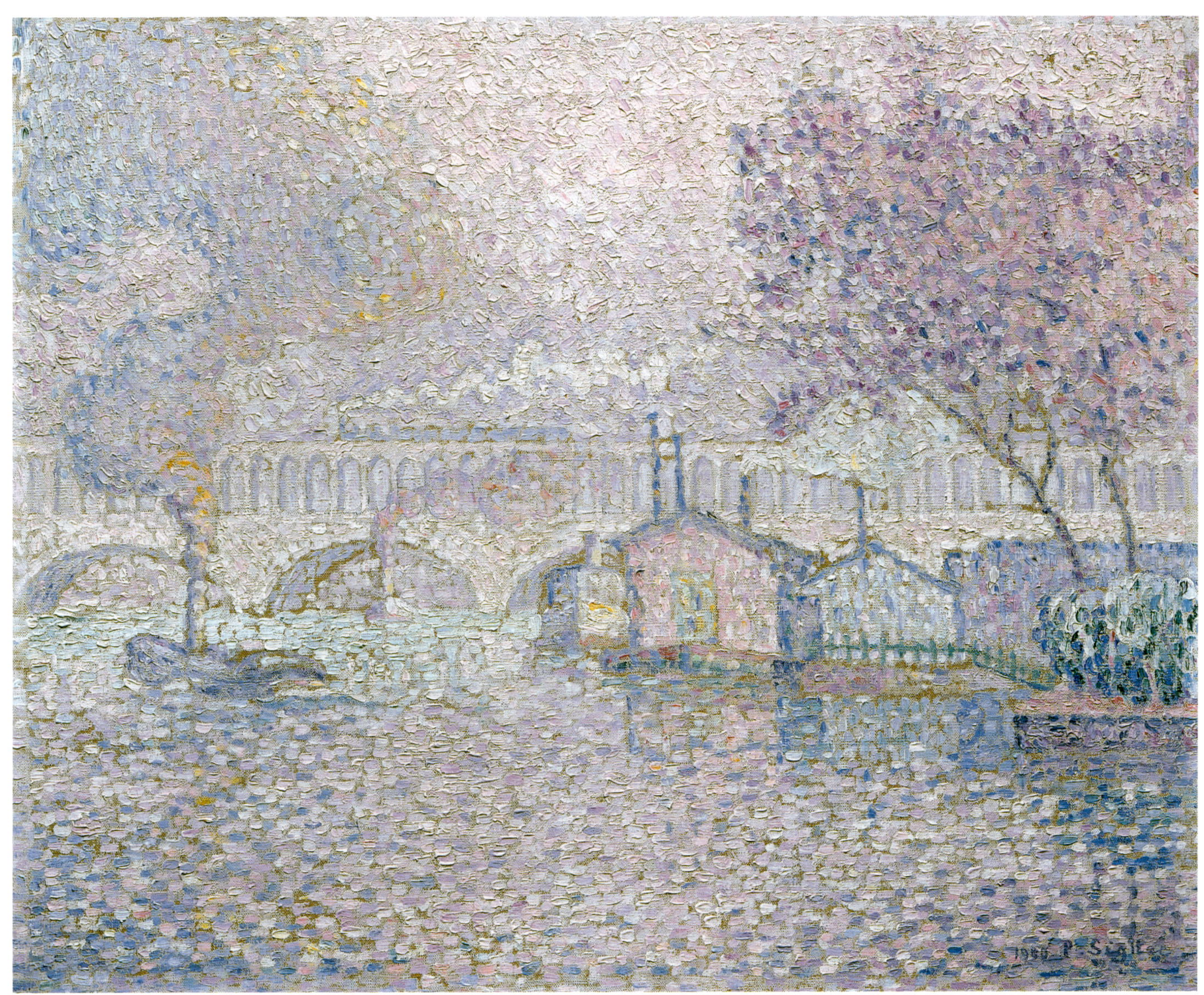

38
Viaduc d'Auteuil
1899-1900
Huile sur toile
46×55,3 cm
Signé et daté en bas à droite
Collection Nahmad
FC nº 352

En 1904, Signac expose au Salon de la Libre Esthétique à Bruxelles trois toiles de dimensions inhabituellement importantes représentant le port de Saint-Tropez. Il s'agit de *Saint-Tropez* (1901, Tokyo, Musée d'Art occidental, FC n° 359), un de ses plus grands paysages, *Entrée du port de Saint-Tropez* (1901-1902, localisation actuelle inconnue, FC n° 361) et *Sortie du port de Saint-Tropez*. Manifestement, l'artiste a voulu consacrer un triptyque au port d'attache qu'il s'est choisi et dont il présente trois aspects différents, à diverses heures du jour. Les trois toiles sont soigneusement composées et les effets de lumière rose et dorée leur confèrent un lyrisme inhabituel. L'admiration de Signac pour Turner est palpable dans cet effet du matin rose et bleu, mais il y a aussi du Claude Lorrain dans cette composition aussi harmonieuse que mesurée. Une ample ellipse lumineuse englobe les maisons du port, le phare, le trois-mâts et les barques de pêche. Par l'effet du contraste, le premier plan, plongé dans l'ombre, accentue l'irisation générale des tons. Près d'un ponton, un pêcheur s'apprête à gréer son bateau. L'ensemble est dominé par la citadelle qui couronne la colline. Etirées, les proportions du célèbre clocher répondent à celles du phare. Toujours attentif et bien informé, l'ami Félix Fénéon remarque «l'espace dissous en gouttes de pluie carrées et violettes» et compare cette œuvre à celles de Turner et du Lorrain. André Chastel dira plus tard de cette toile qu'elle est «méditée comme un Poussin».

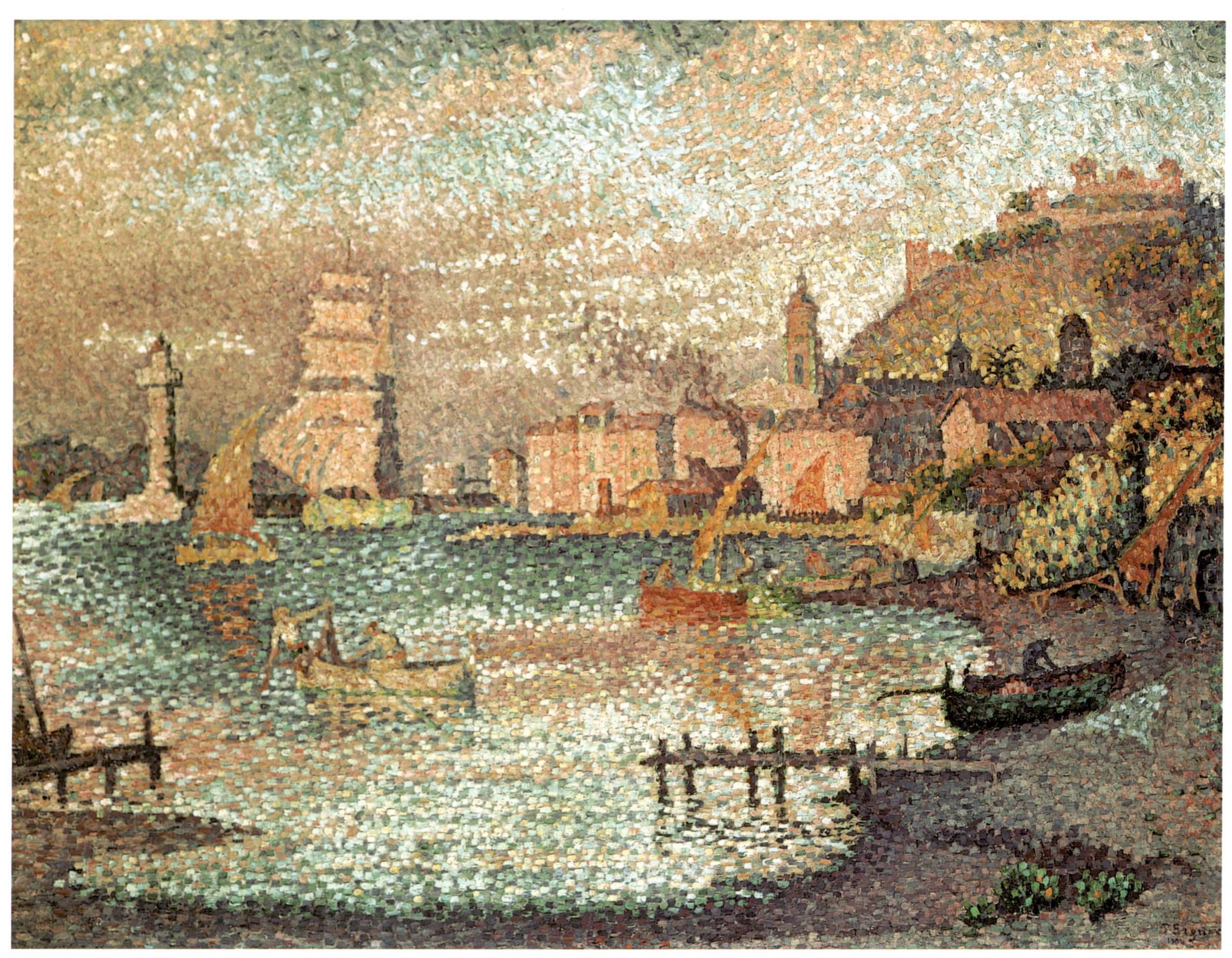

39
Sortie du port de Saint-Tropez
1901 - mars 1902
Huile sur toile
89×116 cm
Signé et daté en bas à droite
Collection particulière
FC nº 363

Une lettre inédite, écrite par l'artiste à Félix Fénéon depuis Saint-Tropez, nous apprend pourquoi Signac s'est arrêté à Auxerre: «On s'est remis au travail, d'après Auxerre (15 jours d'arrêt; rupture du différentiel) et d'après Sisteron et Castellane» (non datée [juin 1902], Archives Signac). Signac, qui a obtenu son permis de conduire en 1900, est donc descendu en automobile dans le Midi. Il a quitté Paris après l'ouverture de son exposition à la Galerie Bing et pris la nationale 6 en direction de Lyon, avec un arrêt forcé à Auxerre. Puis il est allé jusqu'à Grenoble et, de là, il a poursuivi son chemin vers Nice, en passant par Sisteron et Castellane. Il passe l'hiver 1902-1903 à Saint-Tropez, où il peint d'après ses notes de voyage. Une belle aquarelle conservée au musée de Besançon, *Auxerre (les peupliers bleus)*, a appartenu à George Besson, ami et biographe de Signac. Elle est très proche d'*Auxerre. Le Canal* et, bien qu'elle ait été datée 1903, vraisemblablement au moment où elle est sortie de l'atelier, nous pensons qu'elle a été peinte en 1902. La composition et le site sont identiques: Signac a peint la jonction du canal et de l'Yonne au nord d'Auxerre. Le canal est bordé de peupliers, au fond apparaît l'écluse avec, à gauche, la maison de l'éclusier. La composition est dense et équilibrée; l'harmonie à dominante bleue est réchauffée par la colline dorée que l'on aperçoit au-delà de la rivière.

Signac a peint trois toiles d'après Auxerre – une étape forcée qui s'est révélée fructueuse – et celles-ci seront toutes acquises par des collectionneurs allemands. *Auxerre. Le Pont* (Tokyo, collection Tsuneshi Suzuki, FC n° 380) est acheté en 1904 à Weimar par le professeur Richard Müther, historien de l'art, qui a publié un ouvrage sur la peinture française en 1901. *Auxerre. La Rivière* (localisation actuelle inconnue, FC n° 381) a appartenu à Kurt von Mutzenbecker, par l'intermédiaire du comte Kessler. Et c'est encore Harry Kessler qui organise l'exposition de 1903 à Weimar où *Auxerre. Le Canal* trouve un acquéreur. En 1903, Signac est particulièrement à l'honneur en Allemagne. La traduction allemande de son traité *D'Eugène Delacroix au néo-impressionnisme* est publiée cette année-là, et les expositions de peinture néo-impressionniste se multiplient à Hambourg, Berlin et Weimar.

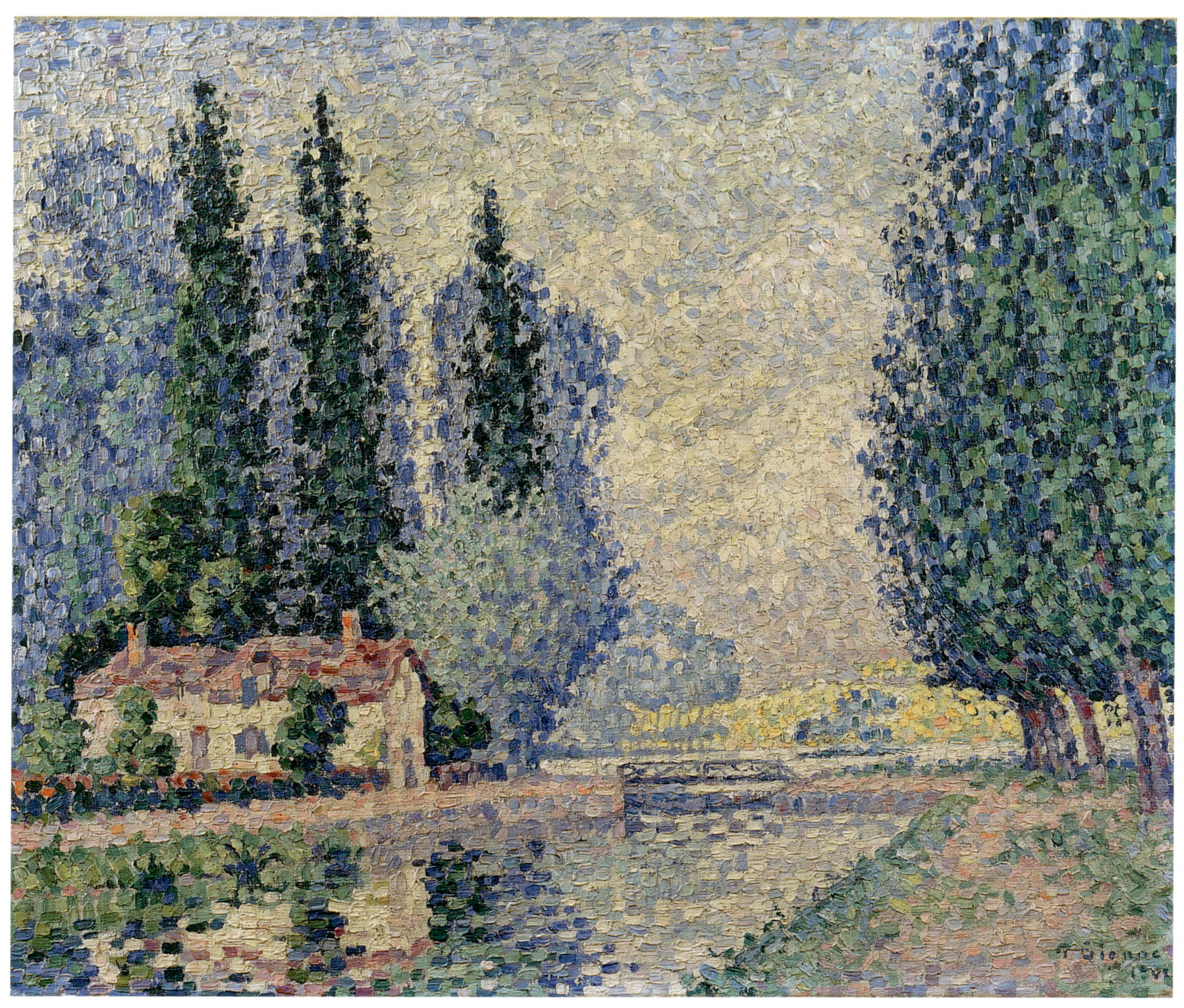

40
Auxerre. Le Canal
juin 1902 et janvier-février 1903
Huile sur toile
46×55 cm
Collection particulière
FC nº 382

En août 1903, quand Signac séjourne pour la première fois en Suisse, il écrit sans détour à son amie et élève Lucie Cousturier: «Votre Interlaken, votre Thun, je les vomis! c'est du joli d'horloger. De beaux verts certes, mais, hélas! qu'importe, si nul rose ne les fait chanter!» A l'évidence, le premier contact de l'homme du large avec l'horizon limité des lacs et les vallées est difficile. Mais il lui suffit de prendre de l'altitude pour se réconcilier avec le paysage des montagnes. Quand il s'installe aux Diablerets, Signac peint de nombreuses aquarelles où le célèbre massif apparaît au-delà d'un premier plan d'arbres ou de rochers. Les tons limpides y traduisent superbement l'éclat des couleurs et la transparence de l'air des sommets. L'une de ces aquarelles (1903, collection particulière) a guidé très directement l'élaboration de *Les Diablerets (l'Oldenhorn et le Bécabesson)*. Sur la toile, l'artiste a stylisé le contour du premier plan plongé dans l'ombre. Traité comme une longue arabesque qui prolonge le profil des montagnes et des nuages, il magnifie l'éblouissante apparition de l'Oldenhorn et du Bécabesson. Signac a trouvé les roses qui lui manquaient dans la vallée, ils font chanter les nuages et la pierre. Ils contrastent surtout très harmonieusement avec les verts et l'indigo qui dominent la composition. En définitive, l'artiste a apprécié son séjour helvétique, car il retournera en 1919 dans les Alpes pour tenter de traduire «la lutte des cîmes avec les nuages» (cat. n°s 111 et 112).

Signac a peint un second tableau inspiré de ce motif, *Le Glacier des Diablerets* (1903, localisation actuelle inconnue, FC n° 397). Les deux toiles ont appartenu à l'ami et critique Félix Fénéon, qui les a acquises en 1904. *Les Diablerets (l'Oldenhorn et le Bécabesson)* passent ensuite dans la célèbre collection du député socialiste Marcel Sembat, ami de Signac lui aussi.

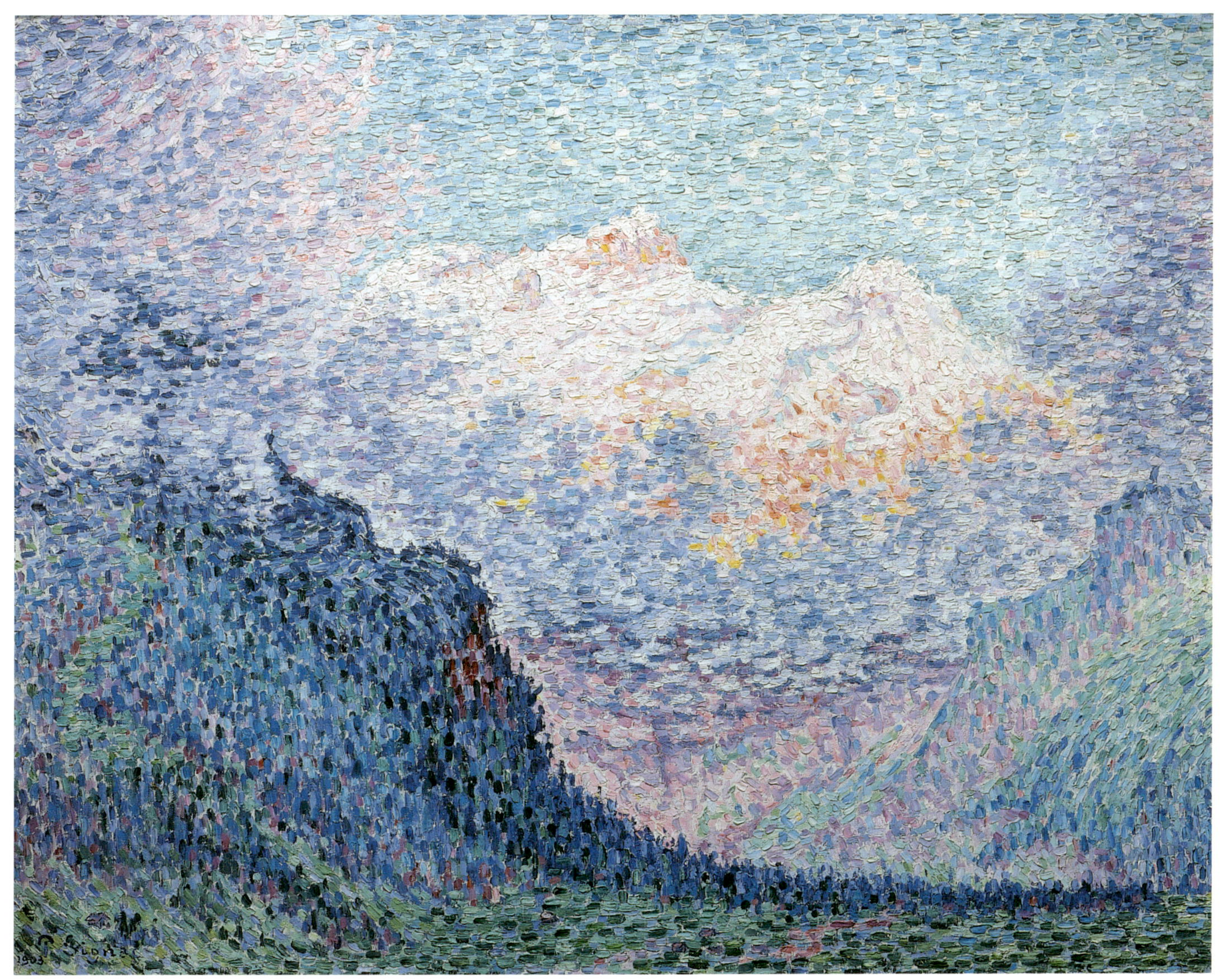

41
Les Diablerets (l'Oldenhorn et le Bécabesson)
1903
Huile sur toile
65×81 cm
Signé et daté en bas à gauche
Collection Nahmad
FC nº 396

Au printemps 1904, Signac se rend à Venise où il séjourne plusieurs semaines. Il explore les ressources picturales de la ville ainsi que ses églises et ses musées, comme il en fait part à son ami le peintre Charles Angrand dans une lettre enthousiaste: «Que vous dirais-je, cher Angrand, sur Venise que vous ne sachiez! Que la Scuola de San Rocco, avec ses 30 Tintoret, est une de ces merveilles qui vous font éprouver dès l'entrée le grand frisson d'art qu'on éprouve 4 ou 5 fois dans une carrière bien remplie (le musée de Montpellier, Saint-Sulpice, le Panthéon, la Ronde de Nuit); qu'à l'Académie le repas chez Lévy de Véronèse trinque ferme à côté du miracle de St Roch et de la crucifixion du dit Robusto [...]» Il ajoute qu'il trouve les petites rues et les canaux délicieux, qu'ils en sont à leur vingt-neuvième église... La Cité des Doges ravit manifestement le théoricien, enchanté de trouver dans la peinture du Tintoret une application instinctive des principes néo-impressionnistes. Elle enchante aussi le peintre, qui y trouve un motif à sa mesure: le spectacle des monuments, des bateaux aux voiles colorées, de l'eau et de la lumière. Il prend note avec ardeur à l'aquarelle des détails qui retiennent son attention et dont il se servira ensuite pour peindre la série des toiles vénitiennes. Car c'est à Saint-Tropez qu'il peint au cours des étés 1904 et 1905 cette série de treize tableaux qui contribuera au succès de la première exposition Signac organisée par la Galerie Druet en décembre 1904.

Les Iles de la lagune (Venise) datent de 1905 et Signac peint la même année sept toiles inspirées de la Cité des Doges. La plupart d'entre elles seront, comme celle-ci, vendues à Druet. Les autres iront au comte Harry Kessler, qui joue un rôle actif dans la promotion de l'école néo-impressionniste en Allemagne, à l'ami Félix Fénéon et à Henri Matisse, qui choisit *La Maison verte (Venise)* (New York, collection Hilde Gerst, FC n° 417). Ici, Signac décrit un délicat effet de brume sur la lagune, et l'eau reflète les tons pâles du ciel. La ligne d'horizon est à peine visible, marquée seulement par l'apparition fantomatique des monuments. Pour traduire cet effet, Signac a recours à une composition très simple, quasi minimaliste, où il décentre les motifs. C'est la brume et ses reflets qui occupent tout le premier plan, le ciel et le centre de la toile. Une gondole apparaît à droite; à gauche, deux voiliers aux voiles latines bigarrées apportent leurs notes vives à cette harmonie pâle. Les voiles vénitiennes peintes de couleurs franches ont manifestement enthousiasmé Signac qui, l'année précédente, avait peint *Laguna. Voile jaune (Venise)* (Besançon, Musée des Beaux-Arts et d'Archéologie, FC n° 413) et *La Voile verte (Venise)* (Paris, Musée d'Orsay, FC n° 414). La préparation blanche de la toile apparaît en plusieurs endroits sous le réseau très léger des touches de peinture et contribue à traduire l'effet de la brume qui dissout les contours.

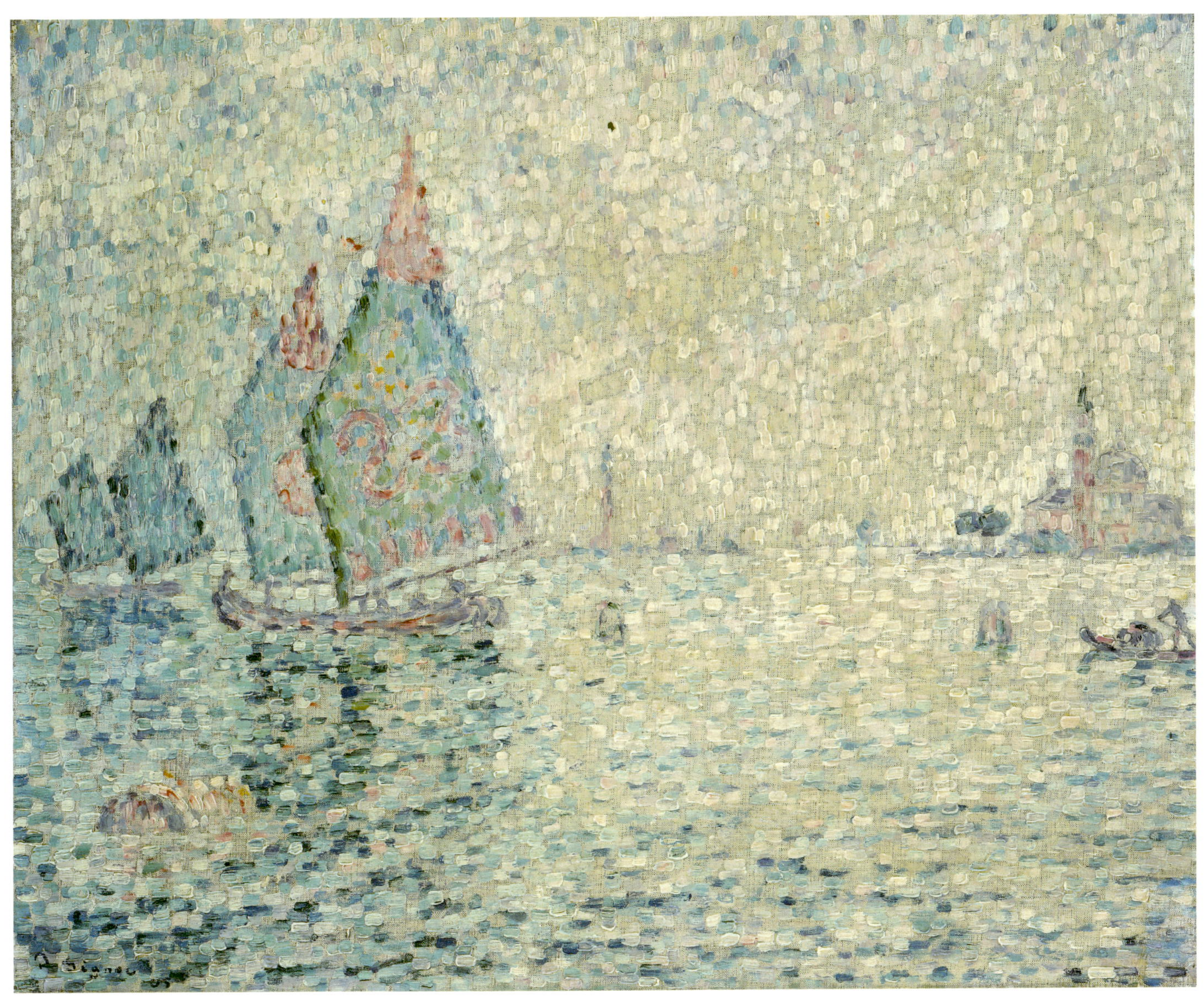

42
Les Iles de la lagune (Venise)
1905
Huile sur toile
47×56 cm
Signé et daté en bas à gauche
Collection Fondation Pierre Gianadda, Martigny
FC nº 418

Ce tableau, resté en mains privées depuis sa vente au marchand Druet, n'a été exposé qu'à une seule occasion: au Salon de la Société des Amis des Arts de Nantes, en 1913. Signac nous donne ici une nouvelle version d'un site familier: la jetée du port de Saint-Tropez vue au coucher du soleil. Au premier plan, une tartane est à quai. Elle a déjà replié ses voiles et les pêcheurs ont fini leur journée. Sur le quai, deux hommes se reposent. Plus loin, une seconde tartane entre au port. Près des deux tiers de la composition sont occupés par le ciel, un couchant mouvementé et violemment teinté. Signac exprime un lyrisme étonnant, à la manière de Turner. Le bleu et le rose dominent la composition, réveillés par quelques accords rouges, verts ou jaunes. La couleur traitée avec beaucoup de liberté prend une puissance sans précédent. Nous retrouvons cette indépendance dans un autre coucher de soleil, une belle aquarelle peinte à la même époque, *Saint-Tropez. Entrée du port* (collection particulière), et qui a pu servir de «document» pour la coloration du ciel. Là aussi, la couleur s'exprime avec un éclat tout particulier, et la touche emportée de l'artiste contribue à traduire une audace renouvelée. En septembre, le *Mercure de France* publie les résultats d'une enquête sur les nouvelles tendances artistiques. Parmi d'autres personnalités, Signac donne son avis: «J'aurais bien aimé vous exprimer toute mon admiration pour Whistler, Fantin et Cézanne et discuter, un peu, avec vous sur le beau peintre qu'était Gauguin. Je vous aurais dit aussi que le maître auquel je pense le plus souvent est Turner. C'est lui qui me donne les plus belles leçons de cette liberté vers laquelle je tends de toutes mes forces.»

43
La Tartane. Saint-Tropez
1905
Huile sur toile
81×65 cm
Signé et daté en bas à gauche
Galerie de la Présidence, Paris
FC nº 422

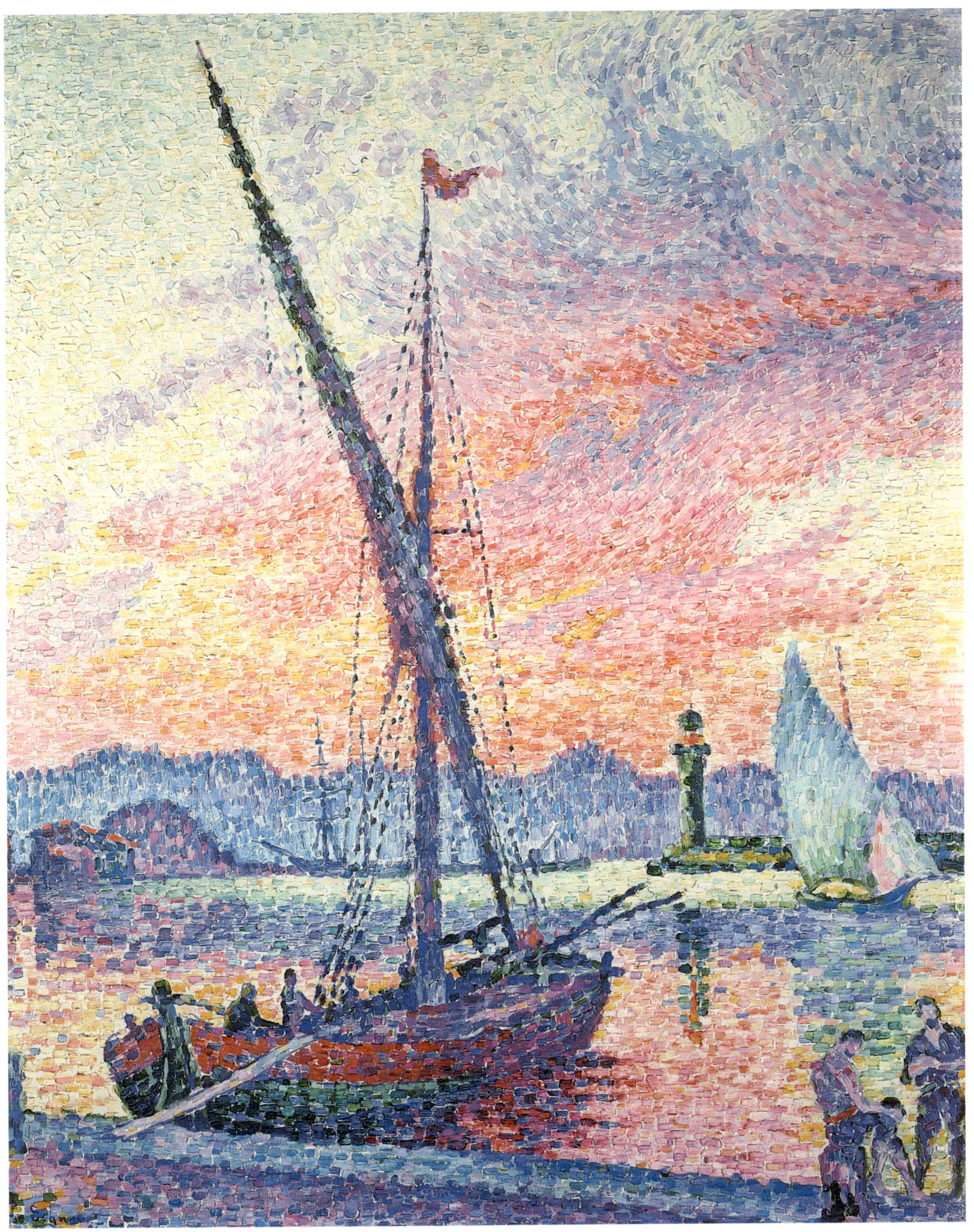

L'année 1905 est un véritable «temps d'harmonie» pour Signac dont l'influence sur la jeune génération de peintres n'a jamais été aussi grande. L'hiver précédent, son exposition à la Galerie Druet a été un succès. Matisse y a admiré la luminosité de ses tableaux et a, peu après, exposé au Salon des Indépendants *Luxe, calme et volupté* (Paris, Musée d'Orsay). Cette toile d'obédience néo-impressionniste avait été entreprise à son retour d'un séjour en 1904 à Saint-Tropez auprès de Signac, qui ne tardera pas à l'acheter pour l'accrocher dans la salle à manger de La Hune, face à *L'Air du soir* de Henri Edmond Cross et à *Femmes au bord de la mer* d'André Valtat. Cet accrochage célèbre a évidemment un sens précis aux yeux de Signac: mettre en évidence la filiation du néo-impressionnisme et de la jeune école de peinture bientôt désignée comme «fauve». Dès l'ouverture des Indépendants de 1905, Signac quitte Paris pour Saint-Tropez où se retrouvent cet été-là Camoin, Marquet et Manguin. Quelques mois plus tard, ils exposeront leurs œuvres autour de celles de Matisse au Salon d'Automne: ce sera la naissance officielle du fauvisme. En 1905, Signac peint beaucoup, et ses toiles témoignent d'une conscience très nette des enjeux d'une période où l'histoire de la peinture s'accélère. La couleur atteint alors dans ses œuvres, comme dans celles de Matisse et de ses amis, une puissance renouvelée, et *L'Arc-en-ciel (Venise)* atteste clairement cette évolution. En reprenant le thème de l'arc-en-ciel qu'il avait déjà traité en 1899 (*Entrée du port de Honfleur*, Indianapolis, The Museum of Art, FC n° 330), notre théoricien du néo-impressionnisme choisit un effet atmosphérique emblématique. La décomposition du spectre solaire en sept couleurs, du violet au rouge en passant par l'indigo, le bleu, le vert, le jaune et l'orangé, est une illustration naturelle de la palette de l'artiste. Et s'il fallait le prouver, Signac ne s'en prive pas sur cette toile où nous reconnaissons l'île San Giorgio vue depuis le môle du palais ducal. L'arc-en-ciel lui-même pâlit devant la puissance des tons – toutes les couleurs du spectre –, distribués par l'artiste sur l'ensemble de la toile. En dépit de la touche divisée qui ne permet que des effets gestuels limités, Signac confère ici au paysage vénitien une surprenante furia colorée.

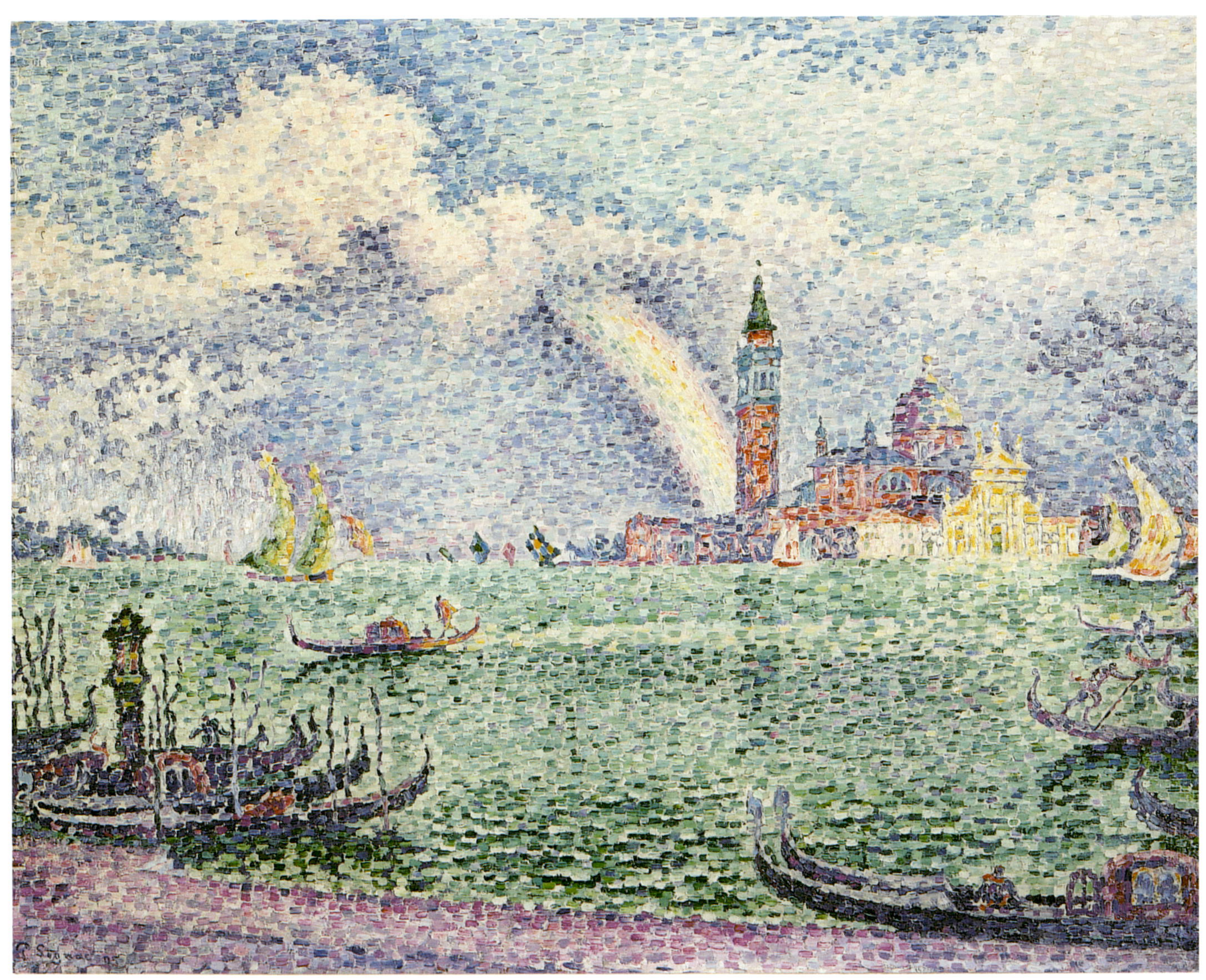

44
L'Arc-en-ciel (Venise)
1905
Huile sur toile
73×92 cm
Signé et daté en bas à gauche
Collection particulière, Suisse
FC nº 425

Exposé à plusieurs reprises par Signac sous le titre *Les Cyprès de Sainte-Anne*, cet important tableau figure à la rétrospective présentée à la Galerie Bernheim-Jeune en 1907. L'année suivante, il est accroché au Salon de la Libre Esthétique à Bruxelles et, enfin, à la Galerie Druet en 1911. Il a brièvement appartenu à Gustave Fayet (1865-1925), grand collectionneur de Gauguin. Depuis, il est resté en mains privées et n'a plus été montré au public.
A l'inverse du port ou du bois de pins, ce site retiré apparaît rarement dans l'œuvre de Signac, et nous ne connaissons qu'une aquarelle inspirée du même lieu (cat. n° 89). Située sur les hauteurs, à l'écart de la ville et des plages, la chapelle Sainte-Anne est aujourd'hui encore un lieu tranquille. A l'abri du passage, elle offre toujours un point de vue privilégié pour observer à la fin du jour les effets de la lumière sur la ville et le golfe. Maurice Denis, accueilli en 1906 à La Hune par Héloïse Signac, note à cette occasion dans son journal: «La chapelle Sainte-Anne, bien italienne avec son beau porche et ses cyprès. Belle vue, un peu plus bas, sur Saint-Tropez.» Nous reconnaissons en effet, au centre de la toile, le village de Saint-Tropez avec son clocher au milieu de la composition.
La comparaison de cette toile avec *Les Deux Cyprès (Opus 241) (mistral)* (1893, Otterlo, Musée Kröller-Müller, FC n° 246), peints douze ans plus tôt, permet de mesurer l'évolution de l'art de Signac. L'artiste a renoncé à la stylisation décorative des premières années tropéziennes et nous donne une image plus naturaliste de la végétation méditerranéenne. L'admirateur de Claude Lorrain équilibre soigneusement sa toile où toute trace de japonisme a disparu. Les cyprès dans l'ombre au premier plan encadrent la vue sur la ville et la mer. Leurs silhouettes sombres affirment l'unité de la toile et mettent en évidence la luminosité du paysage. Cette œuvre sereine, peinte dans une harmonie bleu-rose réchauffée par les éclats dorés de la végétation au centre de la toile, a été réalisée à la période où Signac se livre à ses harmonies chromatiques les plus violentes. Elle est un témoignage supplémentaire de la recherche permanente à laquelle s'adonne l'artiste qui, fidèle au néo-impressionnisme, reste toujours en quête d'innovations et refuse d'adopter une formule esthétique figée.

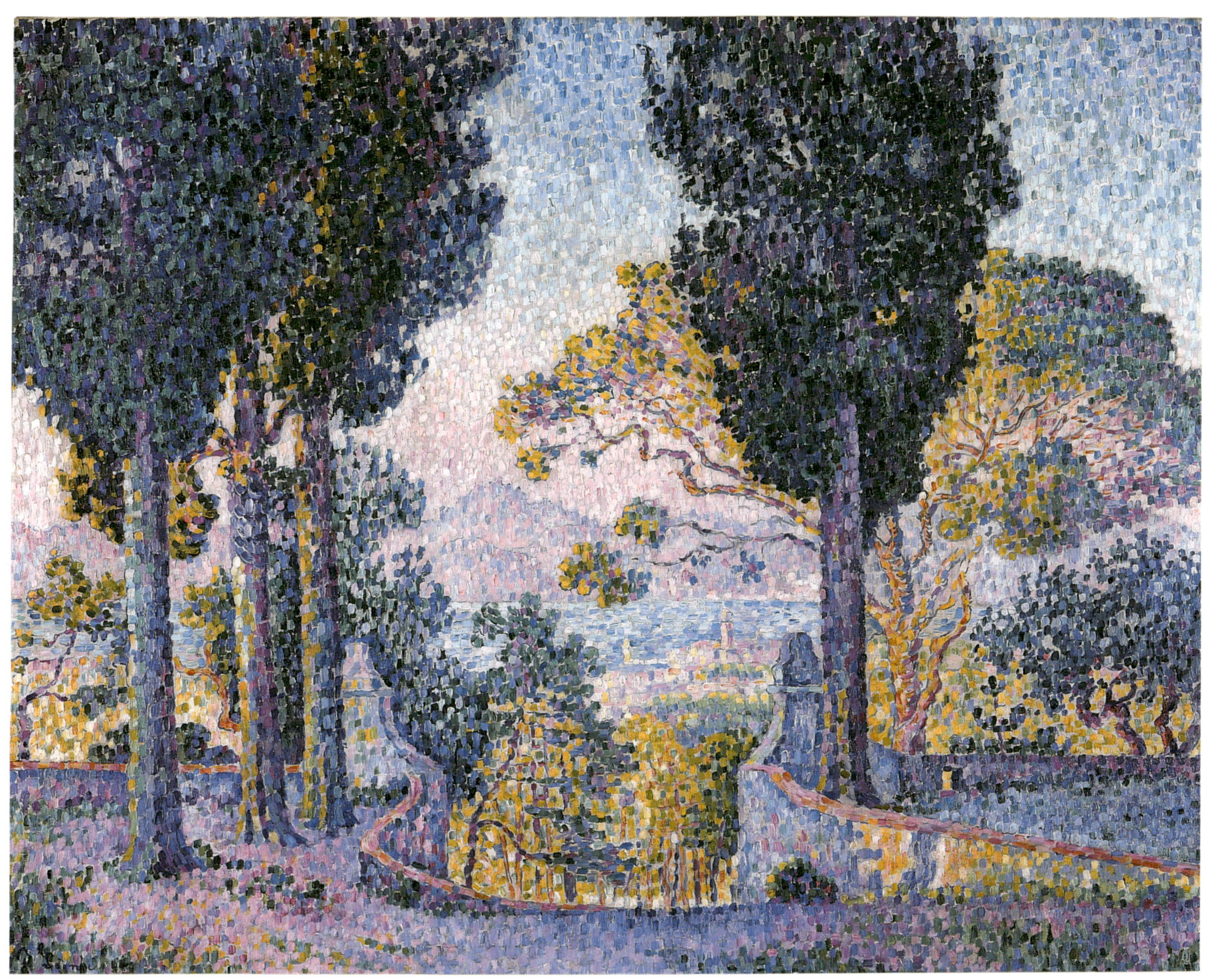

45
Sainte-Anne (Saint-Tropez)
1905
Huile sur toile
73×92 cm
Triton Foundation, Pays-Bas
FC nº 426

Le rayon vert est, dans certaines conditions météorologiques, le dernier rayon lancé par le soleil au moment où il disparaît à l'horizon. Traditionnellement, la vision de ce très bref instant est considérée comme un signe favorable. Ici, Signac retrouve les coloris violents, caractéristiques des années 1905-1907, qui apparentent son œuvre au fauvisme. Comme il l'avait fait pour *L'Arc-en-ciel (Venise)* (cat. n° 44), il a choisi un moment climatique propice à une description particulièrement colorée du paysage. La phosphorescence du rayon de soleil établit tout naturellement un contraste avec les tonalités rougeoyantes du couchant. L'usage néo-impressionniste de la couleur très montée contraste avec les harmonies mauves et vertes inspirées par Rotterdam.

Cette toile a été montrée à plusieurs reprises avant la guerre de 1914. En 1907, elle figure à l'exposition monographique organisée par Félix Fénéon à la Galerie Bernheim-Jeune et à l'exposition d'art français du Kaiser-Wilhelm-Museum de Krefeld. Ces œuvres peintes dans les premières années du siècle, quand les toiles néo-impressionnistes atteignent un maximum d'intensité colorée, auront un impact décisif sur la jeune peinture allemande. En 1910, *Saint-Tropez. Le Rayon vert* est encore exposé à la Société des Amis des Arts de Nantes, et nous le retrouvons aux cimaises de la Galerie Bernheim-Jeune en 1911 ainsi qu'à celles de l'Exposition internationale de 1914. Depuis, cette toile n'a plus été montrée au public.

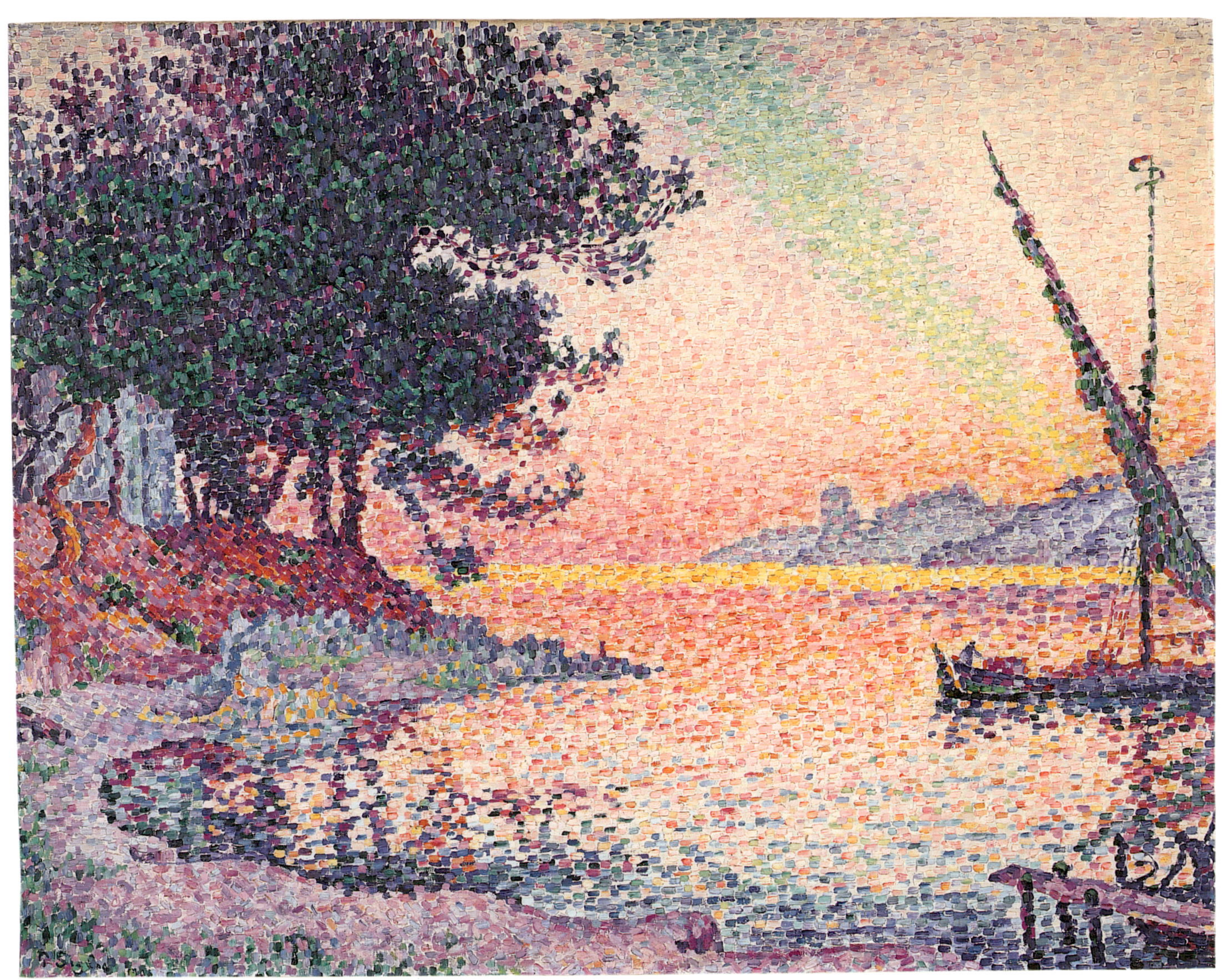

46
Saint-Tropez. Le Rayon vert
1906
Huile sur toile
73×92 cm
Signé et daté en bas à gauche
Collection particulière, Suisse
FC nº 444

Comme la toile précédente, cette œuvre a brièvement appartenu à Gustave Fayet. Elle est ensuite entrée dans la collection du député socialiste Marcel Sembat et de sa femme, le peintre Georgette Agutte, tous deux amis de Signac. Leur collection, riche d'œuvres néo-impressionnistes et fauves, a été léguée au Musée de Grenoble en 1923, et c'est ainsi que *Bord de mer (le sentier de douane. Saint-Tropez)* est une des rares peintures entrées dans les collections publiques françaises du vivant de l'artiste.

Le site représenté ici n'a pas beaucoup changé. Il se trouve non loin de la plage des Graniers, un peu au-delà, en direction des Canoubiers. Quand il entreprend cette œuvre en 1905, Signac a déjà peint le sentier de douane dans un tableau de format vertical, *Sentier côtier. Saint-Tropez* (1901-1902, Allemagne, collection particulière, FC n° 364). Cette fois, il adopte le même point de vue, sur une toile de dimensions identiques, mais dans une composition horizontale. Nous reconnaissons la borne au premier plan, la pointe de Saint-Pierre à l'horizon, et la silhouette des pins qui n'ont pas changé. Deux dessins et deux études peintes (FC n°s 365 et 366) directement liés à ces compositions sont connus, et conservés dans une collection particulière. Parmi eux, un dessin de format horizontal mis au carreau a servi à la mise en place de notre tableau. Nous connaissons encore deux belles aquarelles rehaussées à la plume du même motif, l'une conservée dans une collection particulière, l'autre au Musée de l'Annonciade. La plupart de ces études ont pu servir non seulement à la composition de 1902, mais aussi à celle de 1905.

Signac use, avec une évidente jubilation, de toutes les ressources techniques de son métier. Le centre de la toile est mis en lumière par l'artiste qui multiplie avec une grande liberté les tons chauds, rouges, orangés et jaunes. Ceux-ci se détachent au centre sur un fond vert et violet, le bosquet de pins plongé dans l'ombre. Ils sont aussi encadrés par le bleu du ciel et de la mer, et les tons froids se répartissent en couronne autour du motif central. Signac pose la couleur en touches variées, brèves et carrées, horizontales pour décrire la mer et le ciel, obliques pour décrire le talus et les troncs des pins, verticales pour exprimer la densité de l'ombre à l'arrière-plan.

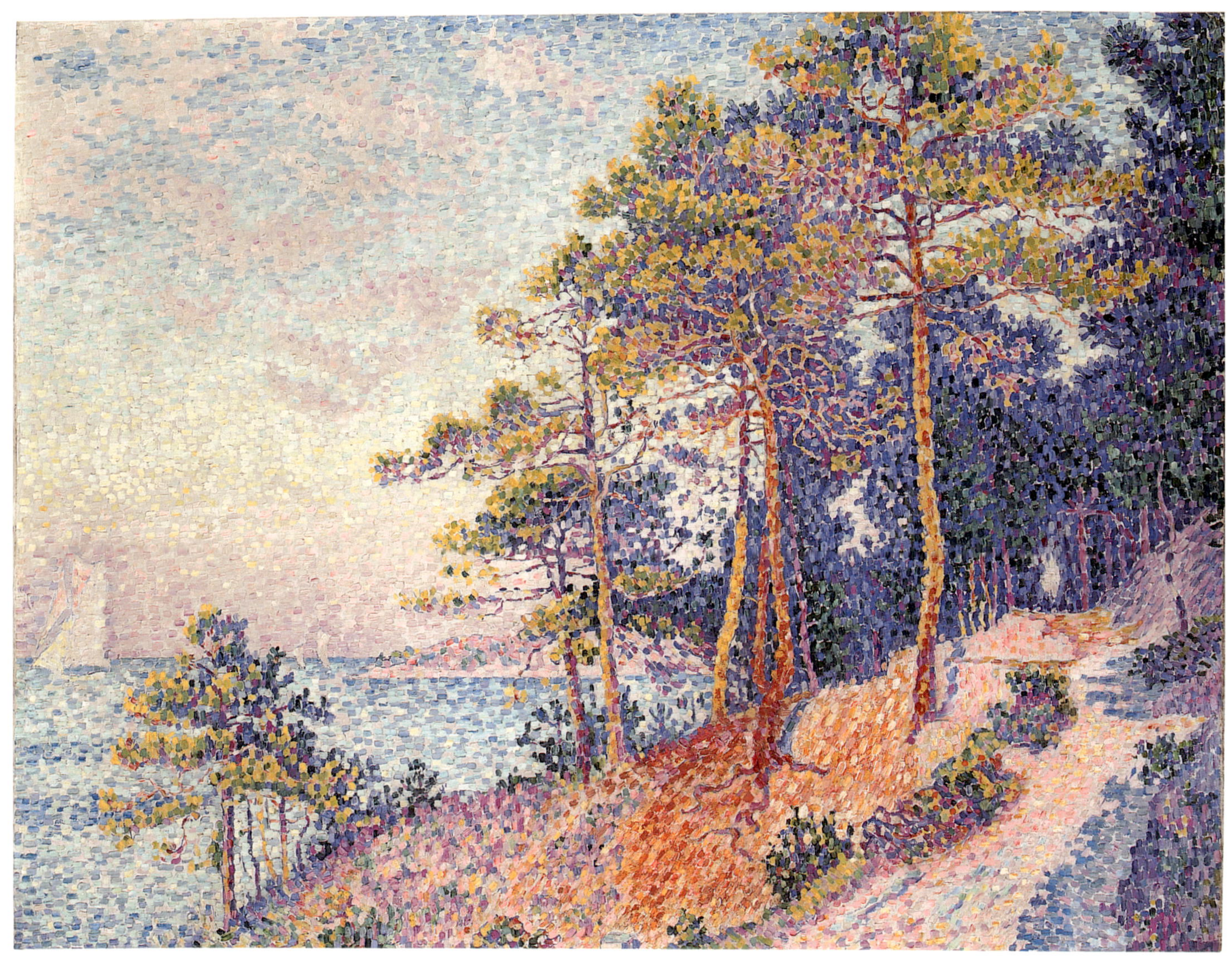

47
Bord de mer (le sentier de douane. Saint-Tropez)
1905
Huile sur toile
73×92 cm
Signé et daté en bas à gauche
Musée de Grenoble
FC nº 427

Au printemps 1906, Signac se rend en Hollande et peint au retour sept toiles inspirées de Rotterdam et d'Overschie. Après avoir décrit une Venise étincelante, l'artiste entend traduire la poésie d'un grand port moderne. Depuis Rotterdam, il écrit à Christian Cherfils: «Je lutte contre la Meuse. C'est un ballet perpétuel de bateaux et de fumées. Et les effets qui changent à chaque instant. Ce n'est plus de la peinture, c'est de la charge.» *Rotterdam. La Meuse* est la première toile de cette série hollandaise de 1906. Les trois arches du pont métallique rythment la composition. Un remorqueur, dont les vapeurs se mêlent aux nuages, traîne trois voiliers. Le peintre a choisi une délicate harmonie de tons froids pour traduire la lumière du Nord et le trafic d'un univers industriel. Cette série sera souvent comparée aux œuvres inspirées par la Tamise à Monet et exposées à la Galerie Durand-Ruel au printemps 1904. En août 1906, Henri Edmond Cross se rend à Saint-Tropez et admire lui aussi les toiles hollandaises à peine achevées. Il en fait part dans une lettre à Théo Van Rysselberghe: «Sa série de Hollande est fort réussie. Deux numéros surtout m'ont impressionné. Des harmonies mauves et vert tendre motivées par des bateaux et des fumées se mariant aux nuages, avec le pont de Rotterdam dans le fond, sont délicieusement réussies. C'est plein de mouvement et à mon avis très nouveau» (Paris, Bibliothèque Centrale des Musées Nationaux). Citons aussi Louis Vauxcelles qui, à l'occasion de l'exposition de ces toiles à la Galerie Bernheim-Jeune l'année suivante, encourage l'Etat à acheter un *Rotterdam* et écrit: «C'est la mer, le clapotis des lames, la mousseline des fumées mauves et blanches. Il serait intéressant de confronter cette œuvre avec une des célèbres *Tamise* de Claude Monet, pour étudier les techniques, les tempéraments de ces deux beaux artistes. Les effets de pleine mer et de plein ciel sont obtenus avec une prodigieuse sûreté et une liberté large par le maître pointilliste.»

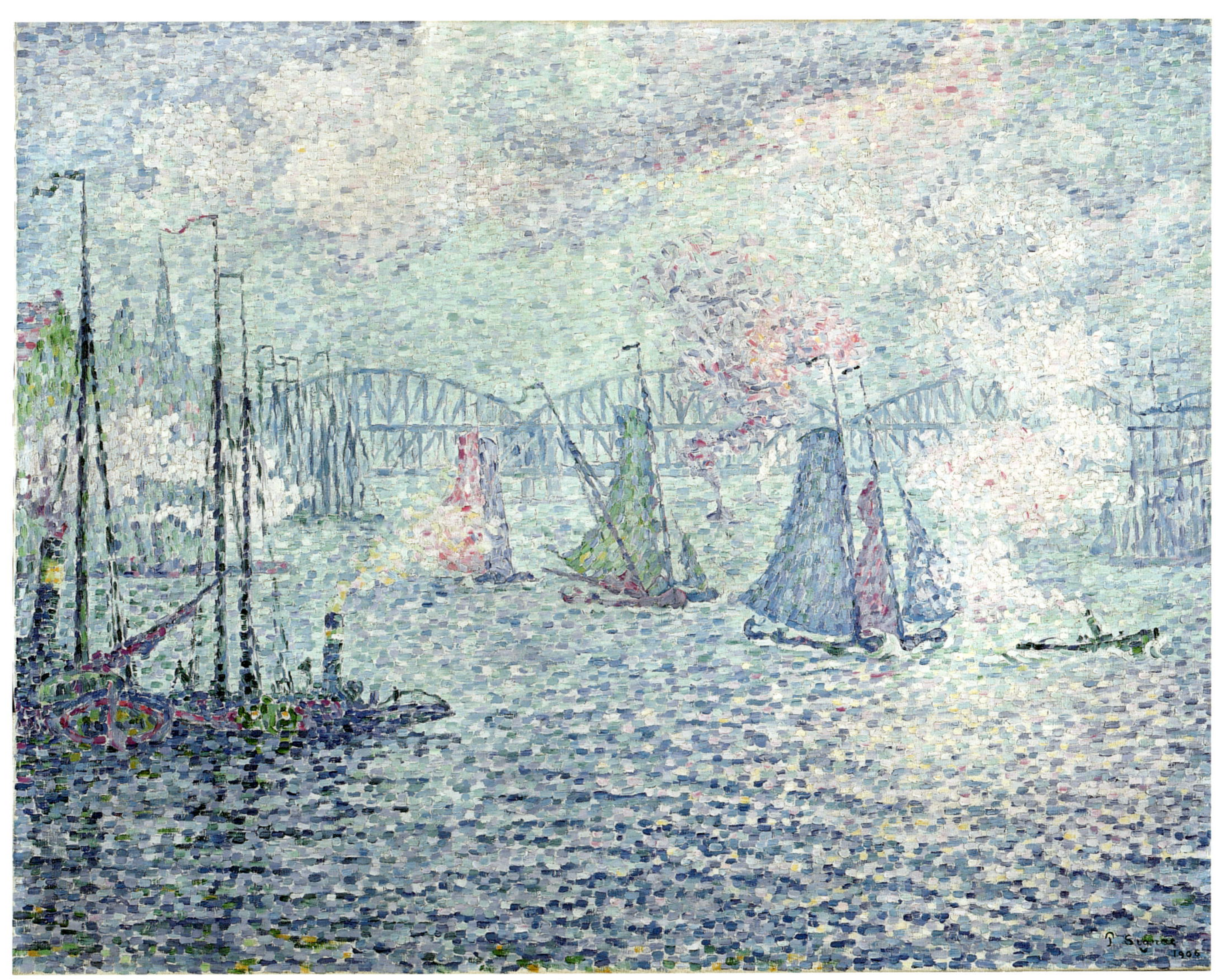

48
Rotterdam. La Meuse
1906
Huile sur toile
72×92 cm
Signé et daté en bas à droite
Collection particulière, Suisse
FC n° 434

De dimensions plus modestes que le numéro précédent, *Rotterdam. A la remorque* a aussi été exposé en 1907 à la Galerie Bernheim-Jeune. Il y était accroché non loin d'une petite toile assez ressemblante à la nôtre, mais qui traduisait un effet contraire, *Rotterdam. Bateau sur la Meuse. Le Remorqueur* (Dieppe, collection particulière, FC n° 440). Le thème du remorqueur a plu à Signac qui en fait, au même titre que le pont métallique, le leitmotiv de la série si mouvementée des toiles de Rotterdam, agitées de fumées et de ciels emportés où les nuages s'amoncellent. Signac a accentué le caractère impressionniste qui distinguait déjà *Rotterdam. La Meuse* (cat. n° 48) des œuvres peintes à Venise. Ici, l'extrême simplicité de la composition s'ajoute au dynamisme de la touche. Le panache de vapeur exprime l'énergie produite par le puissant petit remorqueur. Il traîne un lourd voilier à sa suite, à la barre duquel nous voyons un marin manœuvrer. Car, comme l'indique le dictionnaire de la mer, «au remorquage, il faut barrer avec beaucoup de soin, sans embarder», et la difficulté de l'opération n'a pas échappé à l'œil du marin. Cette toile a appartenu à Maximilien Luce, peintre néo-impressionniste et grand ami de Signac. Le peintre des fonderies du Borinage, des échafaudages parisiens et de l'univers du travail a forcément été sensible, lui aussi, à la poésie de ce paysage industriel.

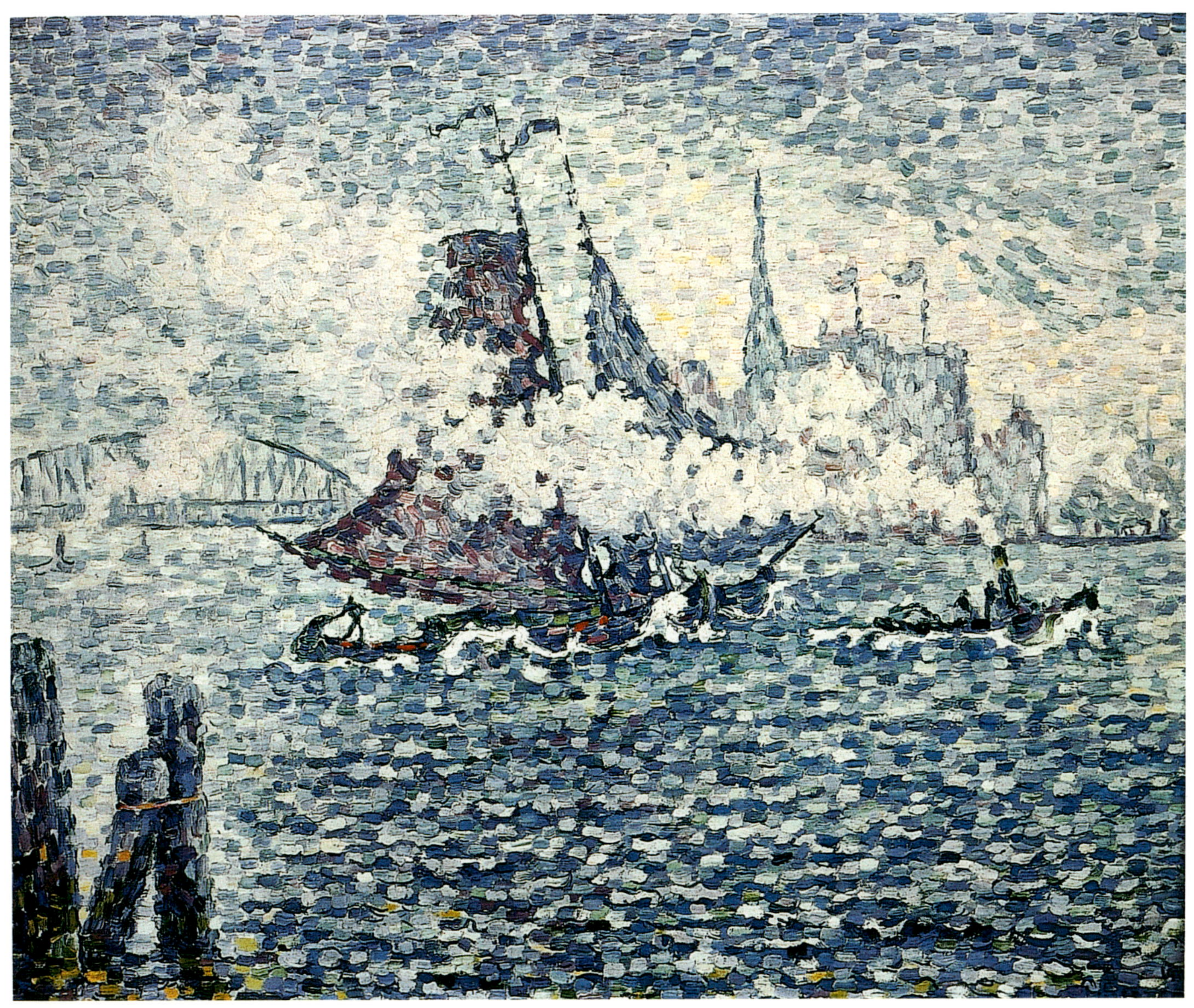

49
Rotterdam. A la remorque
1906
Huile sur toile
46×55 cm
Signé et daté en bas à droite
Collection particulière
FC nº 435

Toujours soucieux d'équilibre et de contraste, Signac peint cette toile dédiée à l'antique port méditerranéen après avoir terminé la série des *Rotterdam*. Nous savons qu'au début du mois de juillet 1906, il s'est rendu à Marseille où se tient alors la première exposition coloniale française. Il y a retrouvé le peintre marseillais Charles Camoin et il a donc eu l'occasion de compléter les «documents» nécessaires, dessins et aquarelles. Ceux-ci se sont ajoutés aux «panneaux Marseille» mentionnés dans ses carnets à la fin de l'année 1905, préalables à *Marseille. Tour Saint-Jean* (1906, Tokyo, Gakushikaikan, FC nº 432) et *Marseille. La Bonne Mère* (1906, New York, The Metropolitan Museum of Art, don Robert Lehman, FC nº 433). Signac a choisi ici de peindre une délicate et claire harmonie qui rayonne depuis le centre de la composition. Quelques touches de bleu, de cobalt, de vert, de jaune et d'orangé posées à la périphérie de l'œuvre viennent compléter cette orchestration chromatique. Des voiliers, bateaux de pêche aux gréements traditionnels, encadrent la tour Saint-Jean au fond. La plus grande partie de la surface de la toile est consacrée à la description du ciel et de ses reflets à la surface de la mer, et nous retrouvons dans cette évocation lyrique des effets d'une lumière transparente sur le port un hommage à Claude Lorrain. Comme les numéros précédents, cette œuvre a figuré à l'importante exposition de 1907 à la Galerie Bernheim-Jeune. En 1911, Signac l'a encore présentée à la manifestation qu'il a organisée à la Galerie Druet en hommage à son ami défunt Henri Edmond Cross. Elle a appartenu à l'architecte Henry Van de Velde, qui avait réuni une très belle collection d'œuvres de son ami Signac.

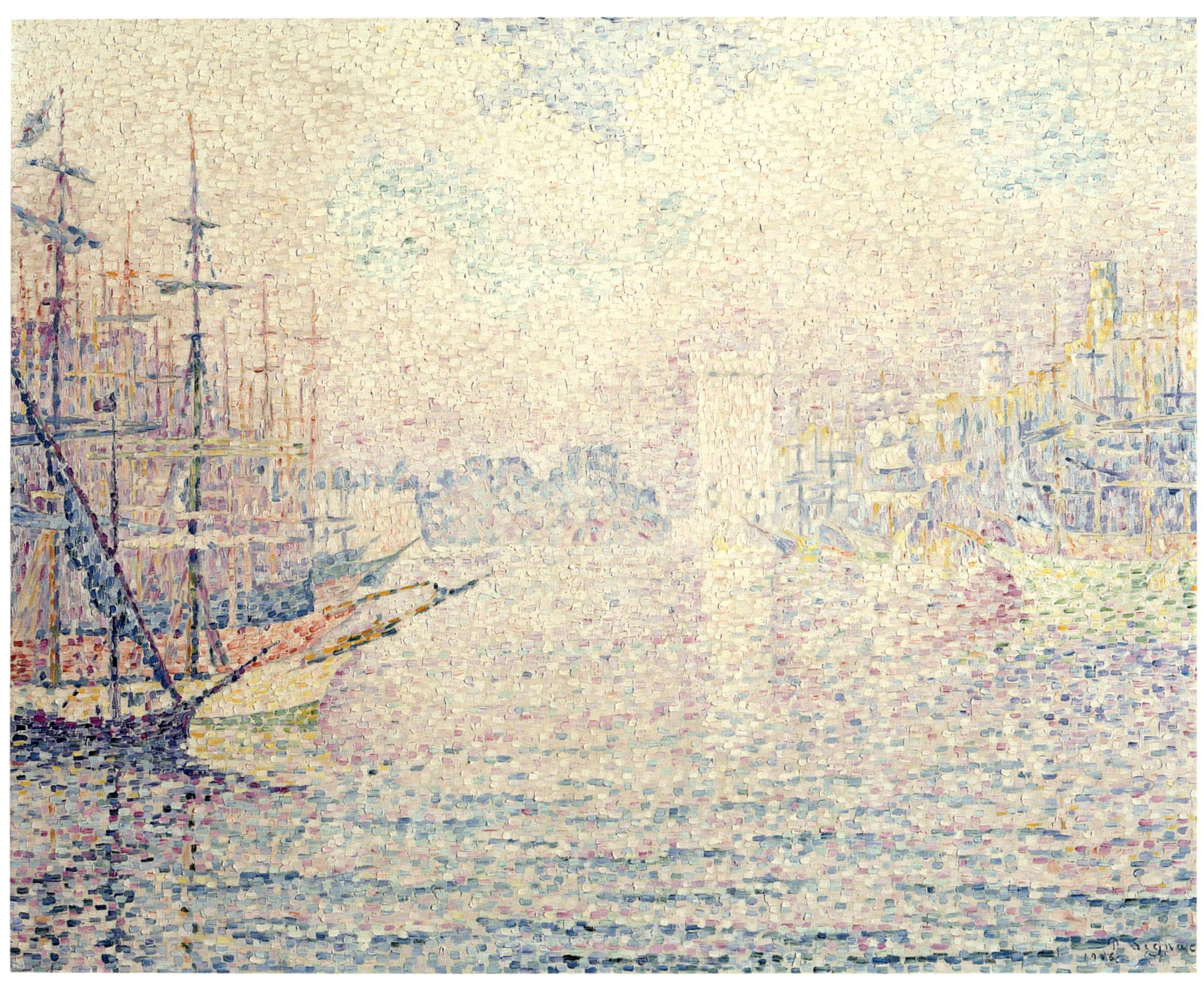

50
Marseille. Le Vieux Port
1906
Huile sur toile
73×92 cm
Signé et daté en bas à droite
Collection particulière, Suisse
FC nº 441

Au printemps 1907, Signac embarque à Marseille pour Istanbul, qui s'appelle encore Constantinople, avec l'intention de poursuivre, après Venise et Rotterdam, sa célébration des grands ports européens. A l'arrivée, il note dans son journal: «C'est toute la lumière enveloppée du Nord sur une couleur d'Orient. On pense à Londres, à Rotterdam – à Venise un peu. C'est Turnerien, surtout» (journal inédit, Archives Signac). Il pleuvra souvent au cours du séjour, et les occasions seront rares de noter à l'aquarelle le lever ou le coucher du soleil, d'autant plus que Signac est obligé de peindre le port sous protection policière, ce qui exclut toute improvisation. La Corne d'Or, c'est-à-dire la baie sur le Bosphore qui formait les ports de commerce et de guerre d'Istanbul, va néanmoins lui inspirer une série de neuf toiles en 1907 ainsi que deux tableaux peints en 1909. Signac ne change guère de point de vue, mais il varie les effets atmosphériques et reste attentif à la variété des gréements. Ces toiles éclatantes de couleurs rappellent les splendeurs de l'Orient, et la touche carrée adoptée par Signac depuis plusieurs années convient à ces évocations aux allures de scintillantes mosaïques. Il multiplie les tonalités et porte chacune d'entre elles à un maximum d'intensité. Ce qui rend les questions d'encadrement et d'accrochage délicates. En effet, peu après l'ouverture du Salon des Indépendants de 1908, Signac envoie un mot anxieux à Félix Fénéon: «Je vous confirme ma dépêche. De divers côtés on me prévient que le Constantinople ne fait pas bien dans le cadre tout or que vous avez envoyé aux Indépendants. Et la théorie confirme cette information pratique. Il est impossible que l'orangé monté du ciel s'accorde avec l'or du cadre. Par grâce, par amitié, mettez un cadre or avec bordure blanche touchant la peinture. Le cadre de mon Rotterdam 50 ferait l'affaire si vous n'avez pas le temps d'en faire fabriquer un, feuille d'eau et large bordure blanche comme je vous l'avais demandé, à mes frais au besoin. Ne me faites pas perdre le fruit de 4 mois de travail» (Archives Signac). Nous pouvons penser que les vœux de Signac ont été exaucés et que c'est sous son meilleur aspect que le critique Roger Marx a eu l'occasion de l'admirer: «C'est justice de reconnaître que la technique nouvelle n'a jamais été appliquée avec plus d'intelligence et d'autorité que par M. Paul Signac. Sa vue de la Corne d'Or, d'une fière ordonnance, établit à quelle intensité d'expression chromatique et lumineuse le néo-impressionnisme peut se hausser. On convoiterait pour le musée du Luxembourg la possession d'un tel ouvrage si complet en soi et si démonstratif.»

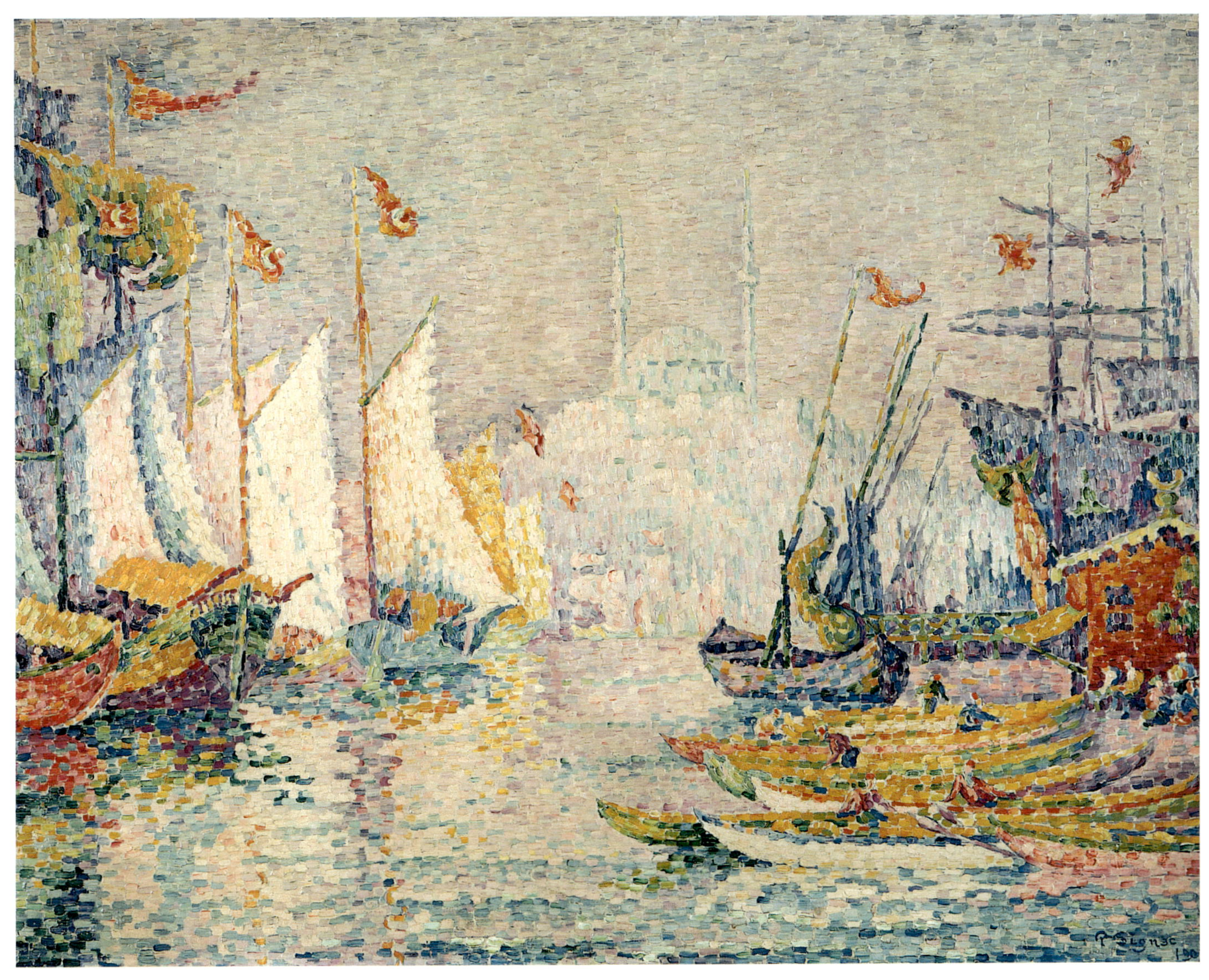

51
La Corne d'or. Matin
1907
Huile sur toile
73×92 cm
Signé et daté en bas à droite
Musée des Beaux-Arts de Marseille / dépôt du Musée d'Orsay
FC nº 457

Avignon. Matin est le pendant du célèbre *Avignon. Soir (le château des Papes)* (1909, Paris, Musée d'Orsay, FC n° 481). Signac ne se lasse pas d'analyser la variété des effets chromatiques que peut produire un motif en fonction de l'heure et du climat. Il a choisi de peindre le palais des Papes vu de l'île de la Barthelasse à deux reprises, dans des gammes radicalement opposées. Pour traduire l'effet du matin, l'artiste a adopté une gamme de tons pâles qui contrastent avec les fulgurances de la version vespérale. Le chantre de la couleur se livre ainsi à une étude subtile des tonalités, à la limite de la non-couleur, et maîtrise admirablement cet effet qui lui est inhabituel. Pas de blanc sur cette toile, mais des roses, des bleus, des jaunes très doux à peine réveillés par les tonalités plus soutenues de la végétation des jardins. Le point de vue adopté, en deçà du Rhône qui occupe le premier plan, est légèrement plus rapproché que celui de *Avignon. Soir (le château des Papes)*, où nous voyons la dernière arche du vieux pont Saint-Bénezet. Cette toile a été exposée aux Indépendants de 1910 où la version du Musée d'Orsay ne figurait pas et où Gustave Geffroy a pu admirer Avignon qui «dresse ses monuments et sa verdure dans l'atmosphère brillante d'un matin ensoleillé».

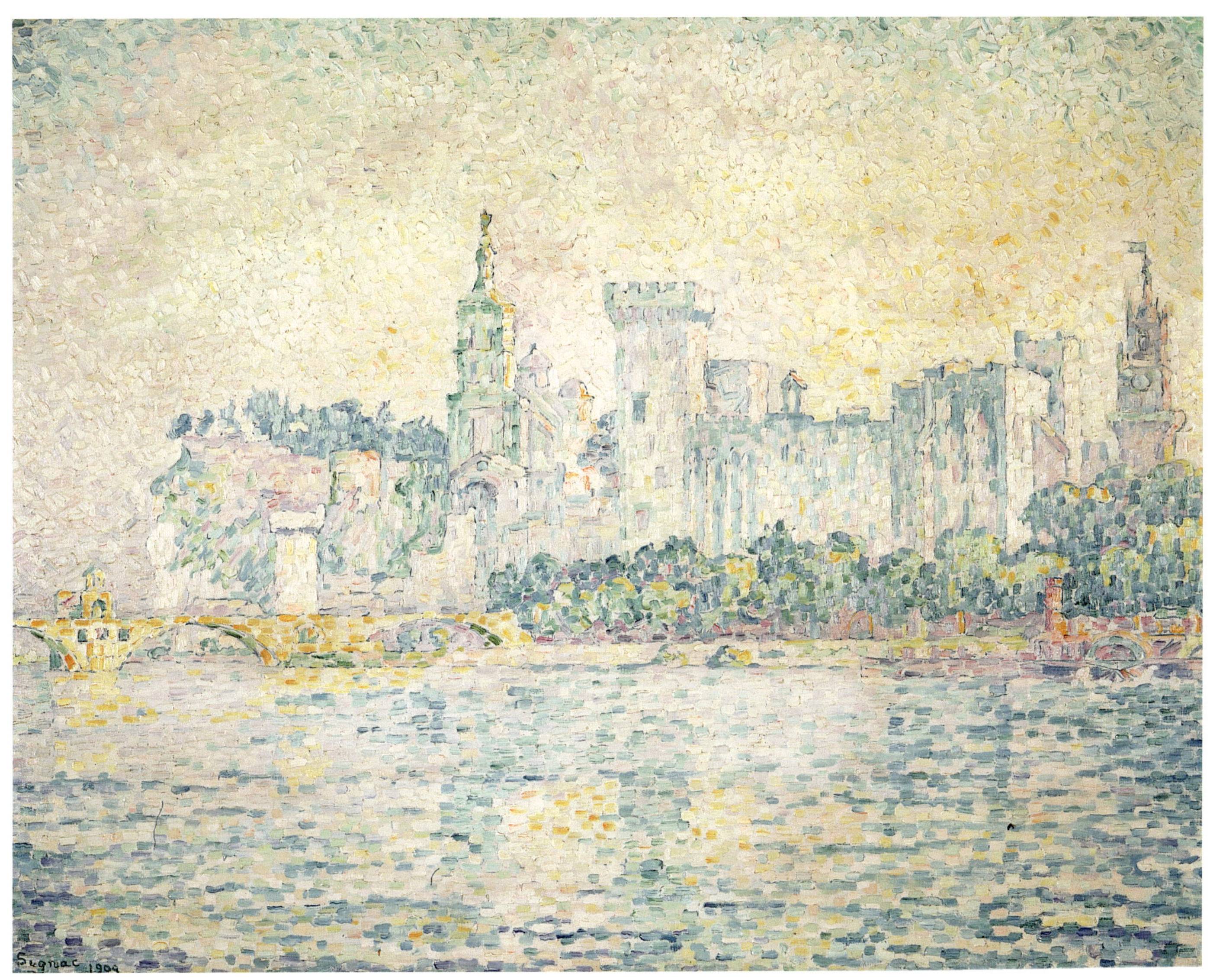

52
Avignon. Matin
1909
Huile sur toile
73,5×92 cm
Signé et daté en bas à gauche
Collection particulière, Suisse
FC nº 480

Le 8 juin 1914, d'Antibes, Signac informe Fénéon: «Je vais aller à Saint-Tropez, j'y terminerai une toile 30: Juan les Pins (Pinède et Esterel) que je vous expédierai aussitôt terminée. Jusqu'ici, j'en suis assez content.» Quinze jours plus tard, le 23 juin 1914, il parle de «deux versions différentes du même motif Juan les Pins. Après avoir terminé la première qui a l'aspect habituel des autres toiles, très couverte et bien achevée (dont je suis assez content) j'ai cru bien faire pour apprendre (52 ans) de la recommencer en traitant la couleur d'une autre façon – en peignant dans le frais et en laissant du blanc jouer entre chaque touche. Cette toile a un aspect "fresque" et "aquarelle" qui m'a plu assez pour que j'ose la soumettre à votre examen.» Nous connaissons cette seconde version, *Juan-les-Pins («fresque-mosaïque». Le Golfe Juan)* (1914, Paris, collection particulière, FC n° 503), qui reprend la même composition, dans un format identique, mais où les touches sont isolées les unes des autres, ce qui accentue le caractère décoratif de la toile qui prend l'aspect d'une mosaïque. En dépit du succès obtenu par la seconde version auprès de ses amis, et notamment de Bonnard, Signac reviendra à la première technique et ne poursuivra pas l'expérience.

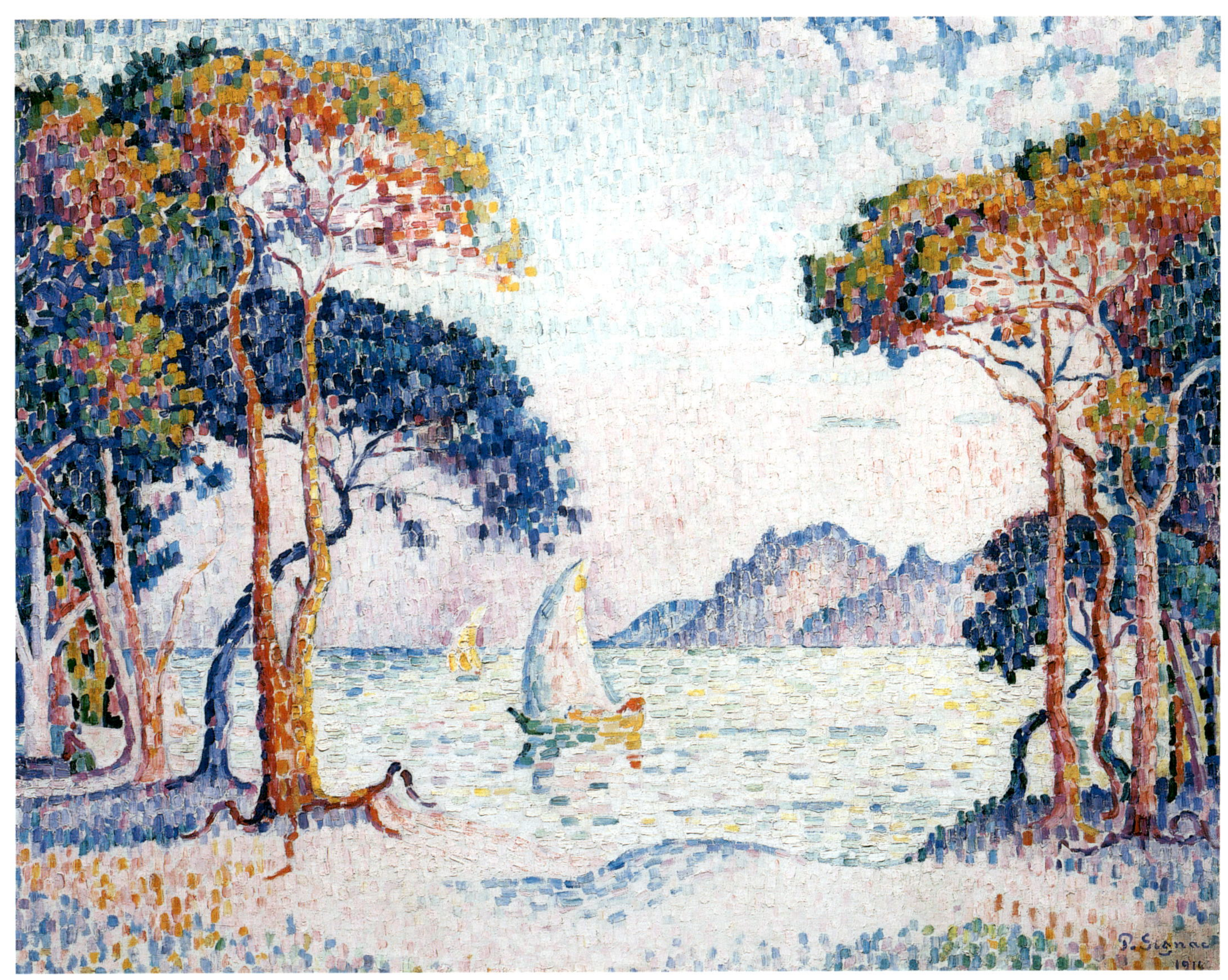

53
Juan-les-Pins. Soir (première version)
1914
Huile sur toile
73×92 cm
Signé et daté en bas à droite
Collection Nahmad
FC n° 502

54-59
Antibes

Lorsqu'il peint au contact direct de la nature, que ce soit pour faire une étude à l'huile ou pour une aquarelle, Signac retrouve sa sensibilité impressionniste. Il use alors instinctivement des règles du contraste des couleurs, mais se libère des exigences d'un divisionnisme trop strict. La série des études d'Antibes est peut-être le plus beau témoignage de la jubilation de l'artiste quand il travaille sur le motif. Quand l'artiste entreprend cette série, il vit à Antibes depuis 1913 et connaît bien ce site. Cette familiarité lui permet de traiter ses études sans souci descriptif et de se livrer au plaisir de traduire énergiquement l'éblouissant spectacle qui se présente à lui: la mer, l'architecture puissante du fort d'Antibes et les cîmes enneigées des Alpes. La touche dont il se sert ici pour mettre en place une composition dont les lignes générales varient peu, sinon par l'adoption d'un point de vue plus ou moins rapproché, en témoigne. C'est d'un pinceau emporté, libre et décidé qu'il note les variations chromatiques du paysage en fonction de l'heure ou du climat: le matin ou le soir, par vent d'est ou temps d'orage. Nets et carrés, ou longs et empâtés, zigzagants, bouclés ou tournoyants, les coups de pinceau expriment ici une jubilation communicative.
Signac se souvient certainement de la série de toiles peintes par Monet à partir du même point de vue, dans les premiers mois de 1888, et peindra à son tour quatre toiles néo-impressionnistes en se fondant sur ces études: *Antibes. Orage*, *Antibes. Matin*, *Antibes. Couchant* et *Antibes. Temps gris* (FC n°s 533 à 536), datées janvier-mars 1919.

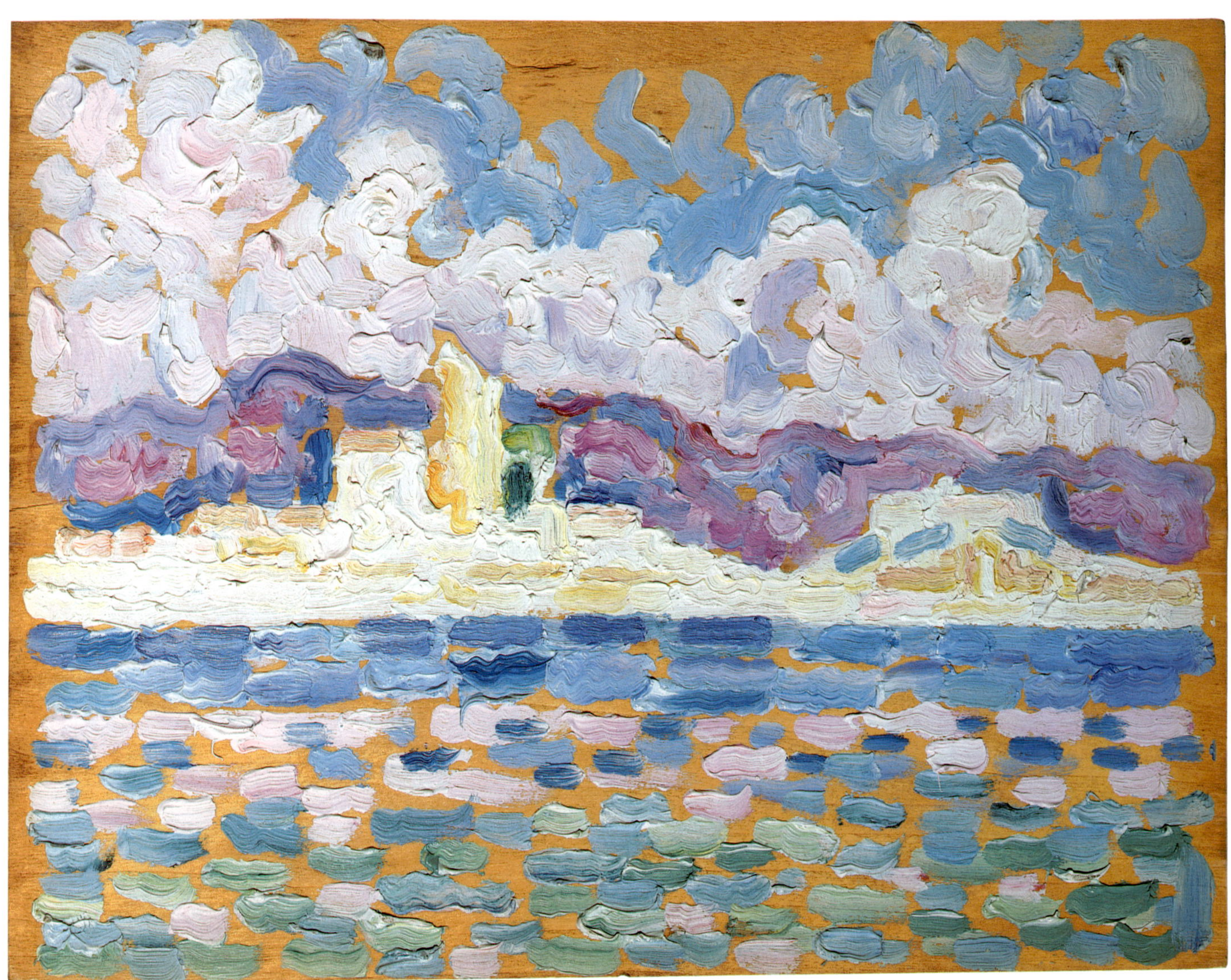

54
Antibes. Matin
1918-1919
Huile sur bois
18,8×23,5 cm
Collection particulière
FC n° 523

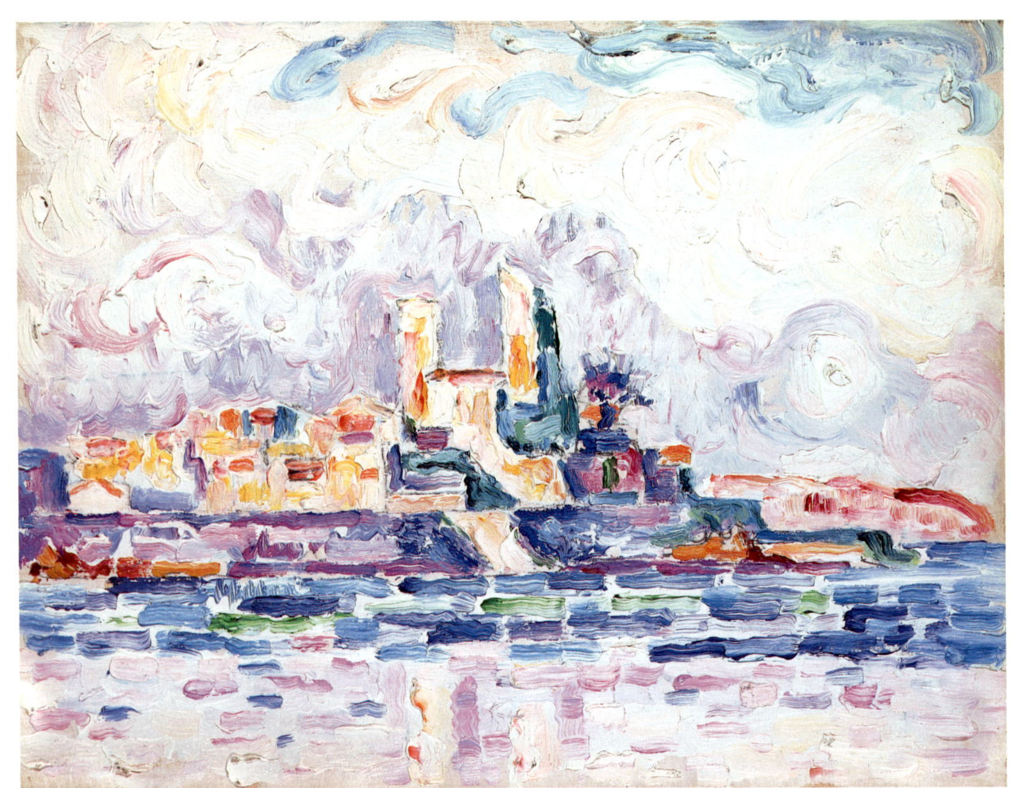

55
Antibes. Couchant rouge
1918-1919
Huile sur bois
18,5×24 cm
Collection particulière
FC nº 524

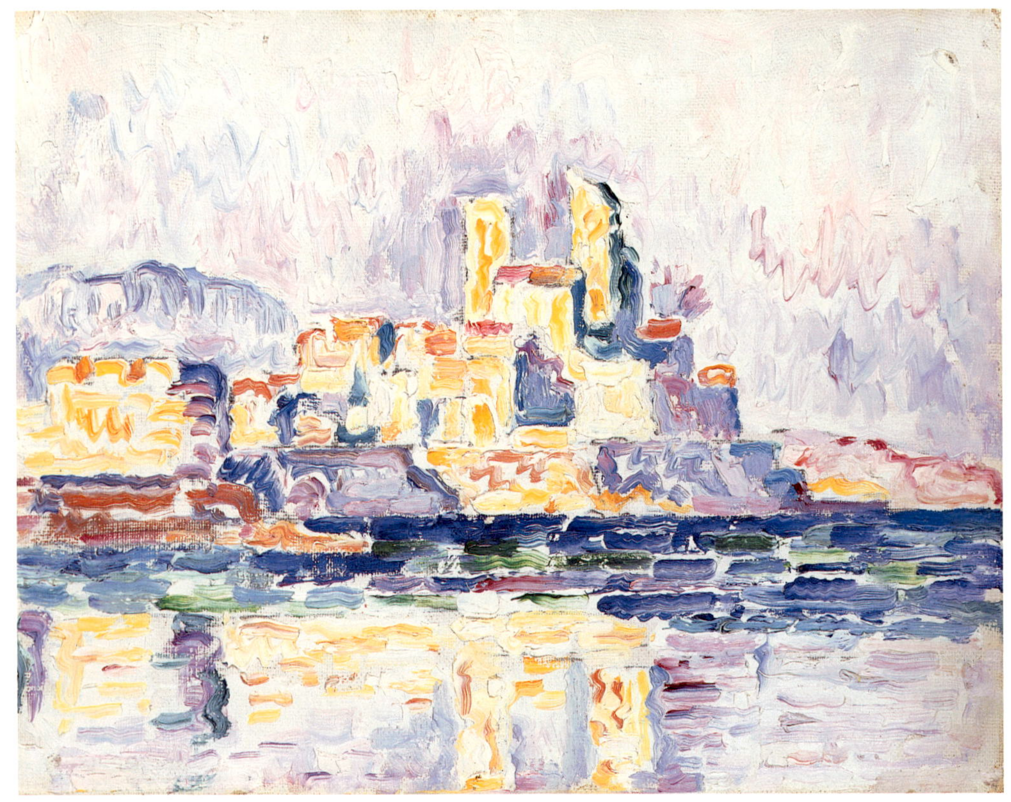

56
Antibes. Couchant jaune
1918-1919
Huile sur carton-toile
18,7×24 cm
Collection particulière
FC nº 525

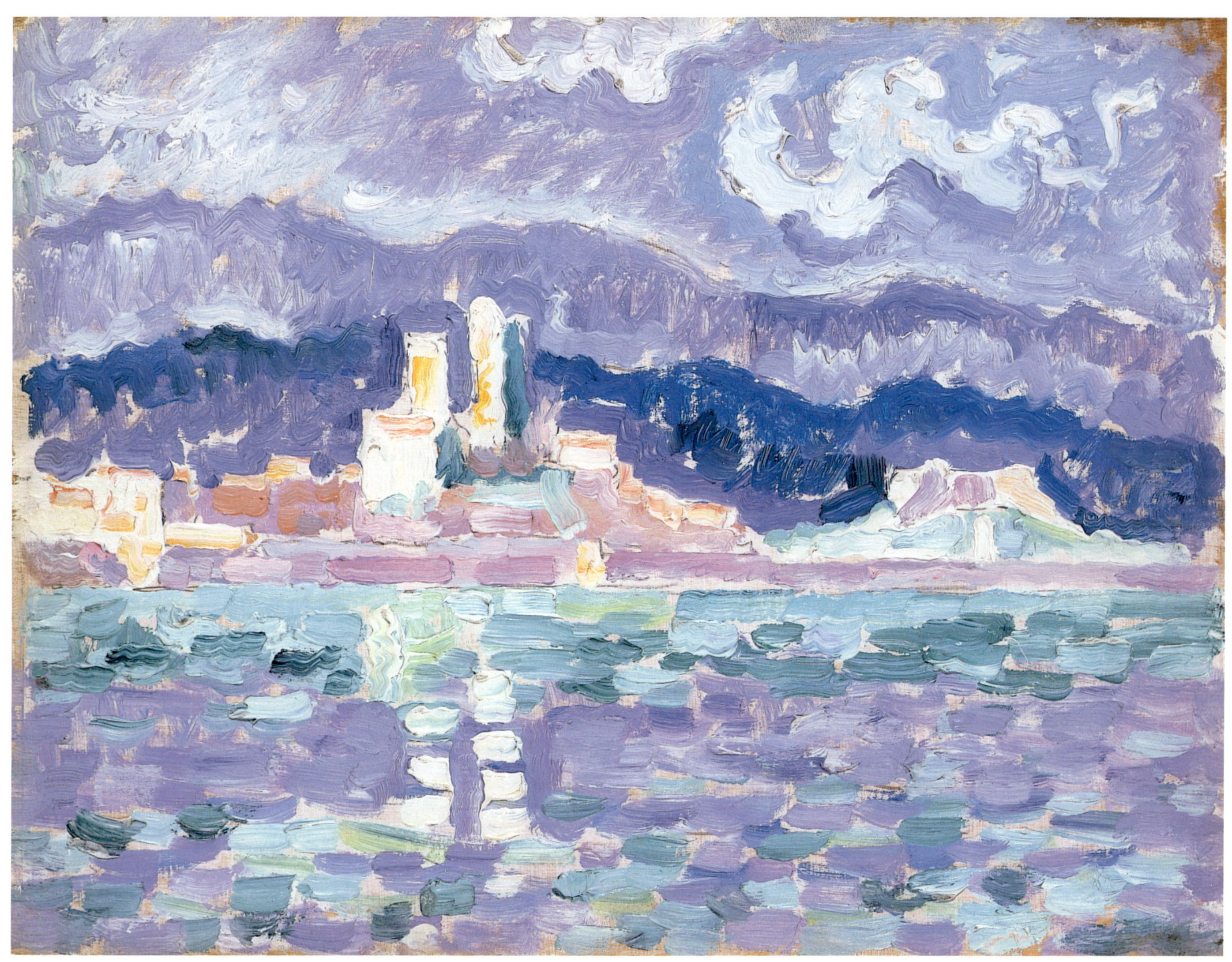

57
Antibes. Orage
1918-1919
Huile sur bois
18,5×24 cm
Collection particulière
FC nº 526

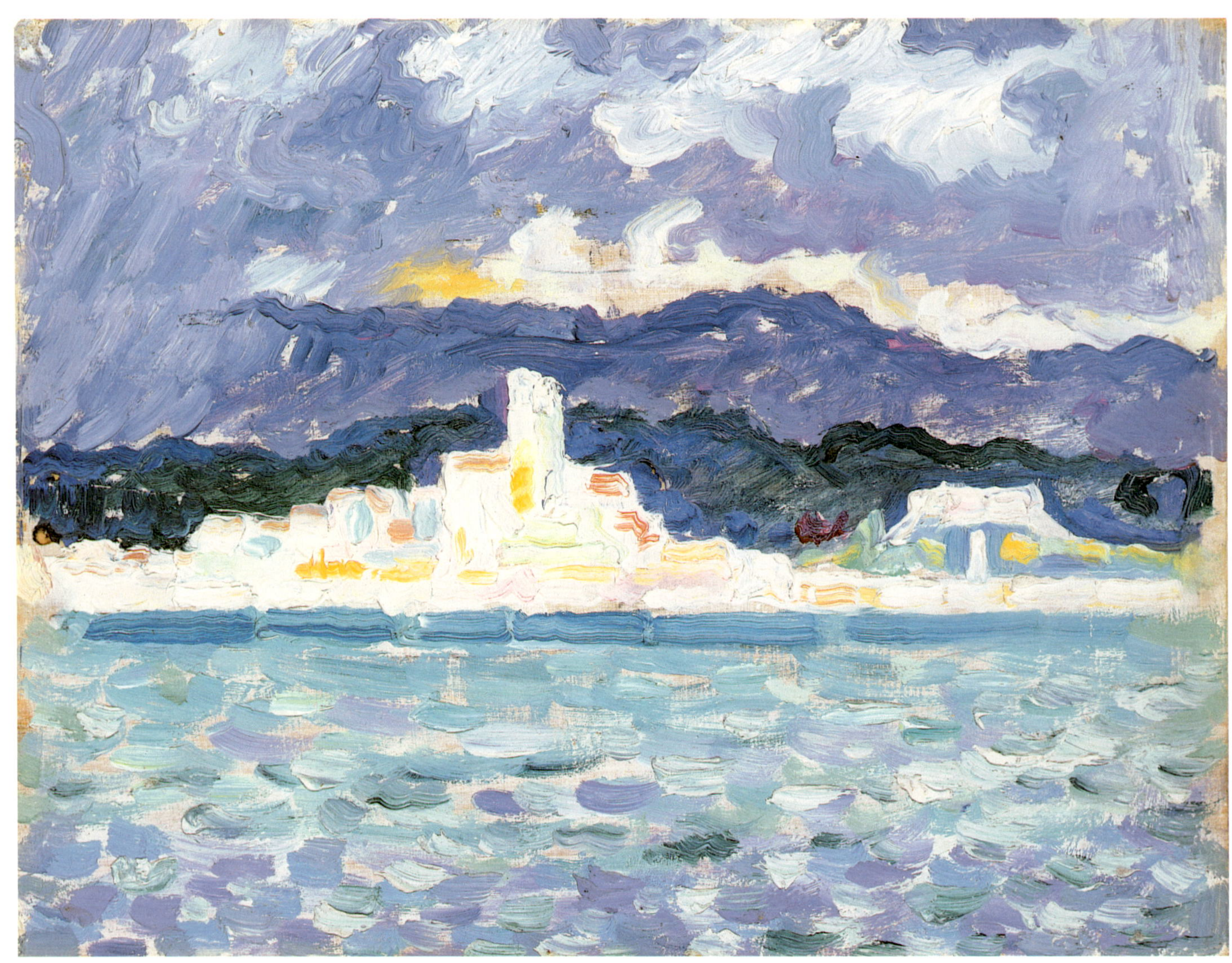

58
Antibes. Vent d'est
1918-1919
Huile sur bois
18,5×24 cm
Collection particulière
FC nº 527

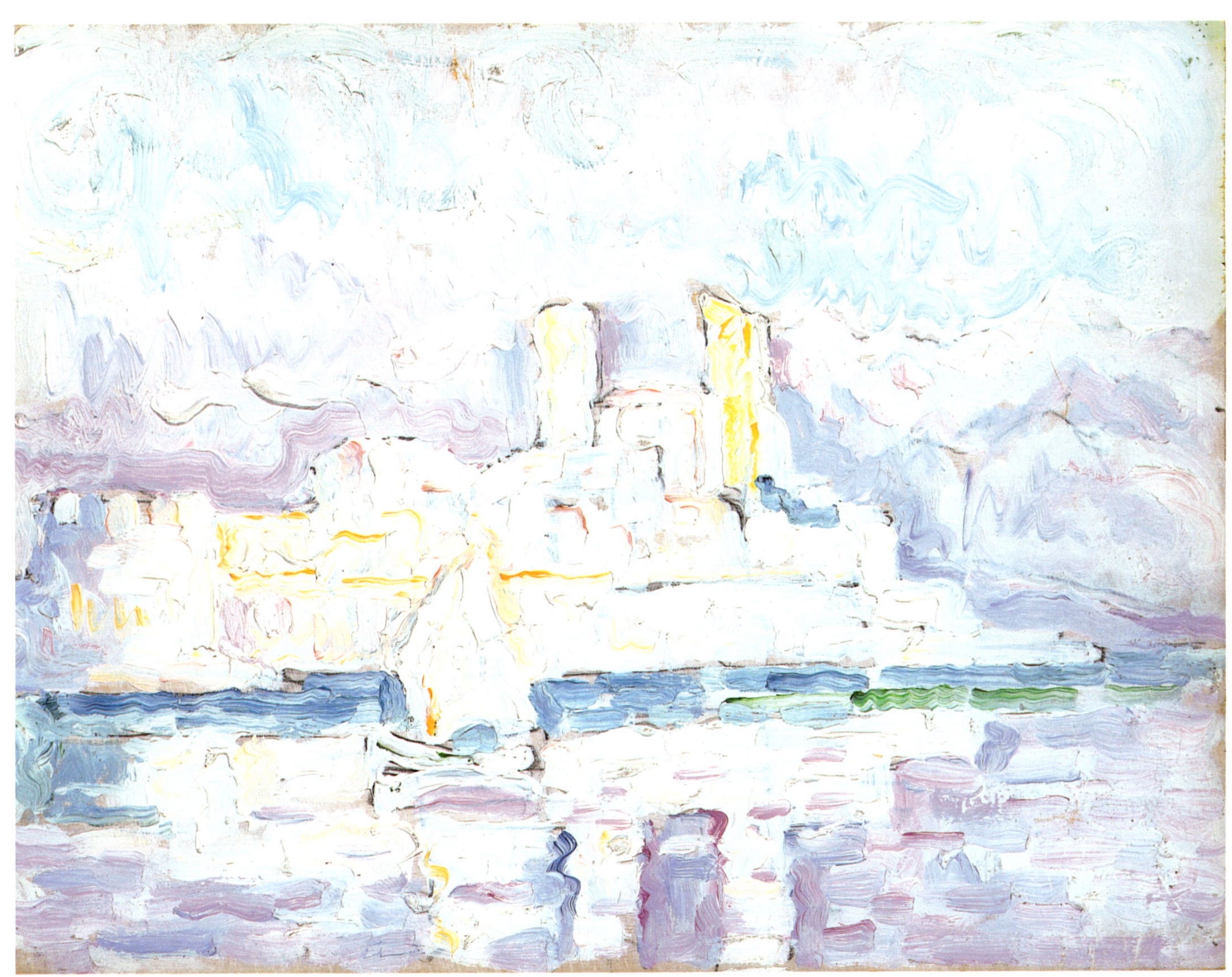

59
Antibes. Brume du matin
1918-1919
Huile sur bois
18,7×24 cm
Collection particulière
FC nº 528

Au fil des ans, les ponts sont devenus un des motifs d'élection de Signac et, à Paris, le pont des Arts est un de ses préférés. Il lui a déjà consacré deux toiles en 1912 (localisation actuelle inconnue, FC nº 492, et Essen, Musée Folkwang, FC nº 493). Depuis, il le peint régulièrement à l'aquarelle. En 1925, il lui consacre ce tableau, d'un format plus important qu'habituellement. L'artiste souligne par un bel effet de stylisation toute l'ampleur décorative du motif et dégage nettement les lignes principales qu'il organise harmonieusement. Au centre de la toile, la passerelle métallique avec, au fond, l'île de la Cité, la flèche de la Sainte-Chapelle et les tours de Notre-Dame. Au premier plan, la berge avec son édicule, un platane aux souples ramifications, un vapeur, une grue de déchargement et un tas de sable. Les menues silhouettes des ouvriers et des pêcheurs animent la composition; un bateau-mouche se dirige vers le Pont-Neuf. Les nuages qui traversent le ciel et les frondaisons rousses indiquent que nous sommes en automne. L'artiste multiplie les couleurs mises en valeur par le bloc de façades blanches du quai des Orfèvres. Quand cette toile éclatante est exposée au Salon des Indépendants en 1925, Louis Vauxcelles la remarque: «Le président Signac, alerte et vert sexagénaire, dont le *Pont des Arts* est une merveille d'éclat, de fraîcheur et de jeunesse.» Et Robert Rey de renchérir: «Voici Signac, le tenant, le solide patron de la barque, avec un *Pont des Arts* tout de lumière plus que jamais fidèle au divisionnisme qui a donné parfois naissance à des œuvres désagrégées, la claire division, la sûre brosse de Signac l'a maintenu dur, irisé, limpide comme un cristal.»

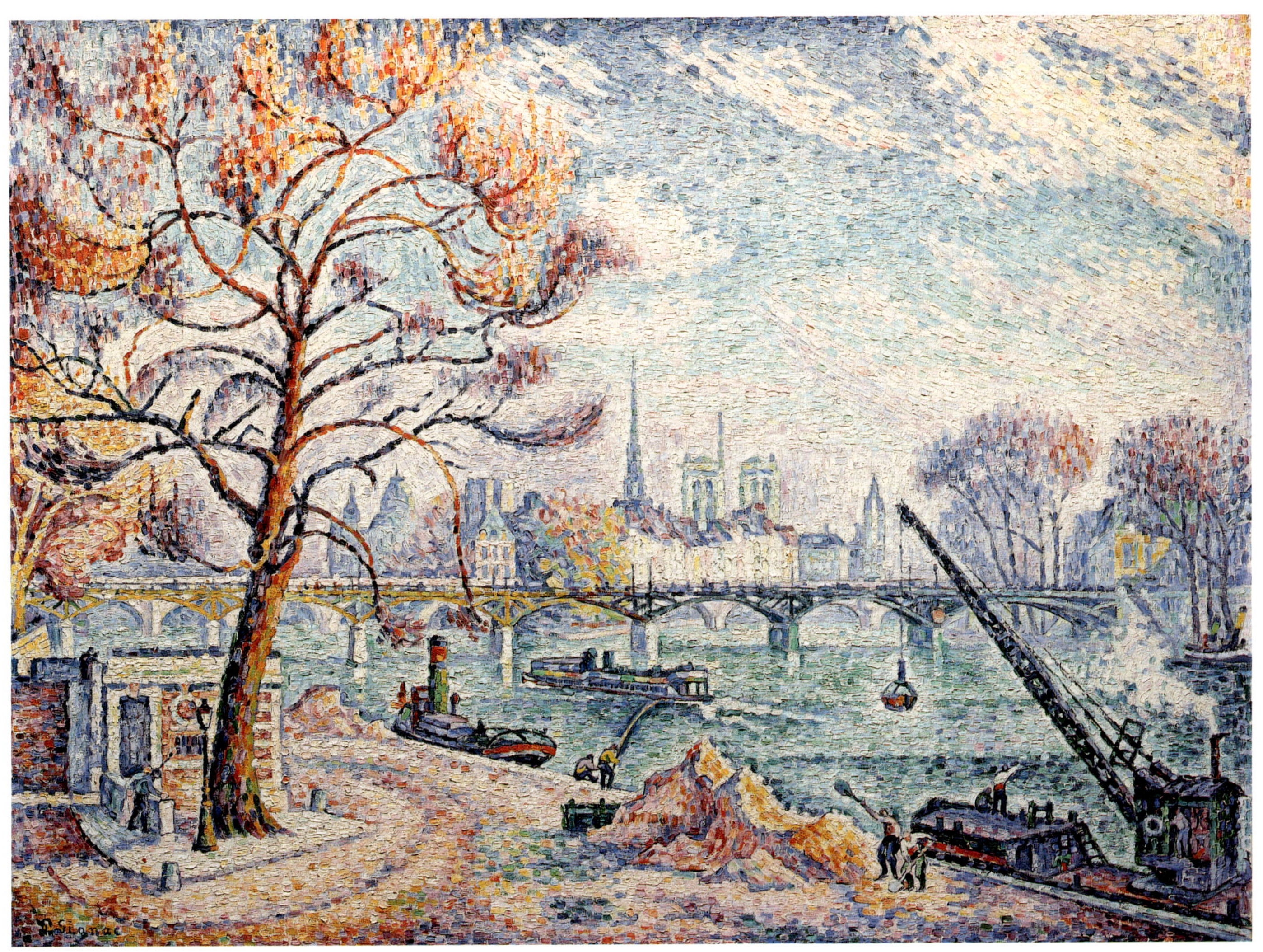

60
Pont des Arts (Paris)
1925
Huile sur toile
89×115 cm
Signé en bas à gauche
Collection Nahmad
FC nº 569

Trois ans après avoir peint le numéro précédent, Signac reprend le motif du pont des Arts. Il en donne cette fois une version très différente et choisit un format inhabituel, très étiré horizontalement, qu'il adapte au motif et qui reprend celui de deux esquisses peintes en 1900 pour le concours de la mairie d'Asnières (FC n°s 356 et 358). La date indiquée par Signac dans ses carnets «janvier-décembre 1928» indique que l'élaboration de cette œuvre a été particulièrement longue. Nous connaissons deux dessins préparatoires, dont le carton définitif présenté ici (cat. n° 84). Ils témoignent du soin apporté à cette composition par Signac, qui retrouve les ambitions décoratives auxquelles il avait renoncé depuis son échec au concours pour la décoration de la mairie d'Asnières. Les lignes calmes, l'ordonnance symétrique du tableau dont les tons sont traités dans une gamme bleutée, délicate et minérale, distinguent très nettement notre œuvre du précédent *Pont des Arts*, plus mouvementé et éclatant de couleurs. Signac s'exprime clairement sur ses intentions décoratives dans une lettre inédite adressée à son nouveau collectionneur, Gaston Lévy. Celui-ci a acheté à Signac *Le Pont de Lézardrieux* (1925, collection particulière, FC n° 567) en novembre 1927 et les deux hommes ont rapidement sympathisé. Le 12 avril 1928, Signac lui écrit: «Mon cher ami, Si vous persistez dans cette idée, qui me ravit, de donner une destination décorative à mon pont des Arts, il faut nous donner le plus de chances possible de réussite. Il me faut donc, soit: 1 continuer la toile en train en lui appliquant une facture et une lumière imposées par la place destinée, par son éclairage, par la distance d'où elle doit être vue (car il ne s'agit plus alors d'un tableau de chevalet) ou 2 refaire ce motif et sur une nouvelle toile, dans des dimensions qui seront imposées par l'emplacement définitif [...]» (lettre inédite, collection particulière). Cet emplacement définitif était vraisemblablement un dessus de porte, auquel conviendrait le format horizontal, mais le projet n'a pas eu de suite. Gaston Lévy n'a pas acquis cette toile, ni la vue du Pont-Neuf, *Le Jardin du Vert-Galant (Paris)* (1928, collection particulière, FC n° 583), à laquelle Signac avait donné un format identique. C'est la Ville de Paris qui achètera *Pont des Arts. Automne (Paris)* pour le Musée du Petit Palais, à l'occasion de son exposition au Salon des Indépendants de 1934.

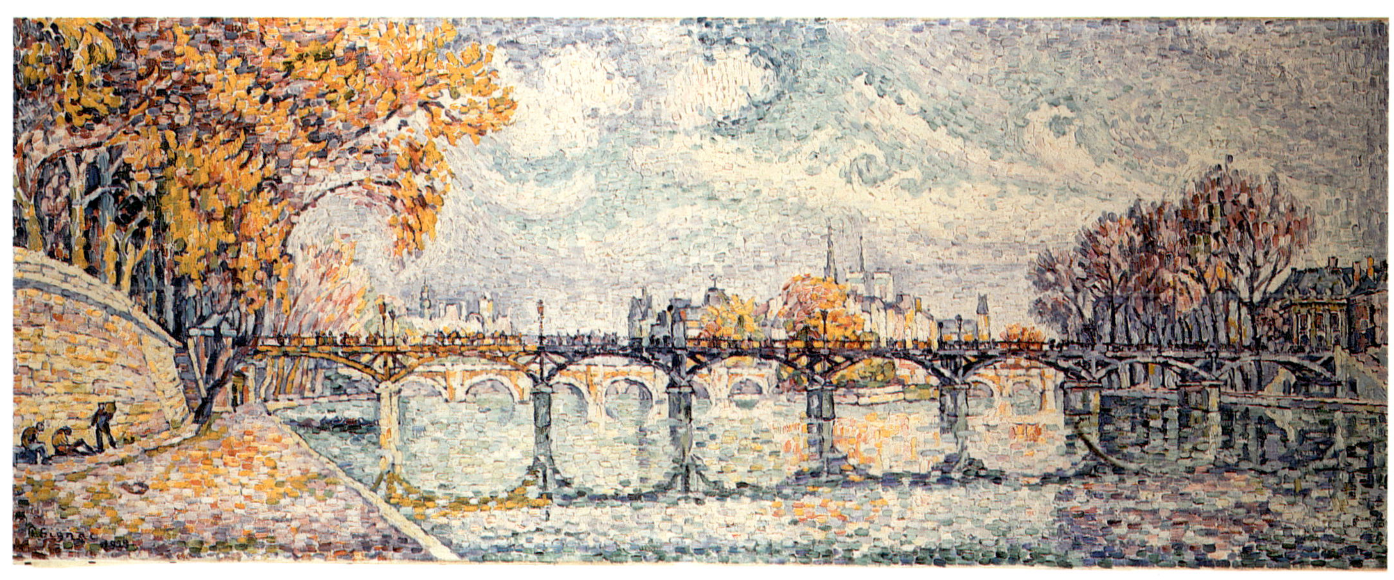

61
Pont des Arts. Automne (Paris)
janvier-décembre 1928
Huile sur toile
45,5×116 cm
Signé et daté en bas à gauche
Musée Carnavalet, Paris
FC nº 582

Depuis 1925, Signac, qui a fait de Lézardrieux sa villégiature d'été, se rend régulièrement à Saint-Malo, pour observer les terre-neuvas. La vie de la cité corsaire est rythmée par les expéditions de ces goélettes à trois mâts qui partent chaque année pêcher la morue à Terre-Neuve. En 1886, Pierre Loti, dans un roman célèbre, *Pêcheur d'Islande*, avait évoqué leur dangereuse traversée de l'Atlantique où les marins affrontaient les tempêtes et les glaces. Signac, quant à lui, se passionne surtout pour les bateaux et leur gréement. Il les dessine inlassablement en notant leurs noms: la *Marie-Pauline*, le *Lamotte-Picquet*, la *Minerve*, le *Martin-Pêcheur*... Les terre-neuvas quittent Saint-Malo en mars, quelques jours après la fête du Pardon. Ils reviennent au mois d'octobre et l'hiver est consacré aux réparations nécessaires. Signac a déjà peint les terre-neuvas, à l'huile ou à l'aquarelle, à plusieurs reprises. En 1928, il leur consacre plusieurs toiles: *Le Retour des terre-neuvas (Saint-Malo)* (Paris, collection particulière, FC nº 580), *Saint-Malo. La Partance* (collection particulière, FC nº 581) et *Le Pardon des terre-neuvas (Saint-Malo)* (Musée de Saint-Malo, FC nº 587). En 1930, il s'y trouve à nouveau car, comme il l'écrit à Gaston Lévy, «il était impossible de doubler Saint-Malo sans y mouiller un pied d'ancre. Et puis, il fallait revoir les vieux amis retour du "Grand Banc". Ils sont beaucoup plus beaux qu'au départ, tout rongés par la mer et le sel: les coques sont de véritables opales.» L'année suivante, le vieux peintre consacre pour la dernière fois ses pinceaux à la description de ces grands vaisseaux de pêche. Il les peint à quai, voiles au sec, dans une vive harmonie où l'orangé domine. C'est avec une sensibilité intacte et un plaisir évident que Signac module ses ultimes gammes chromatiques.

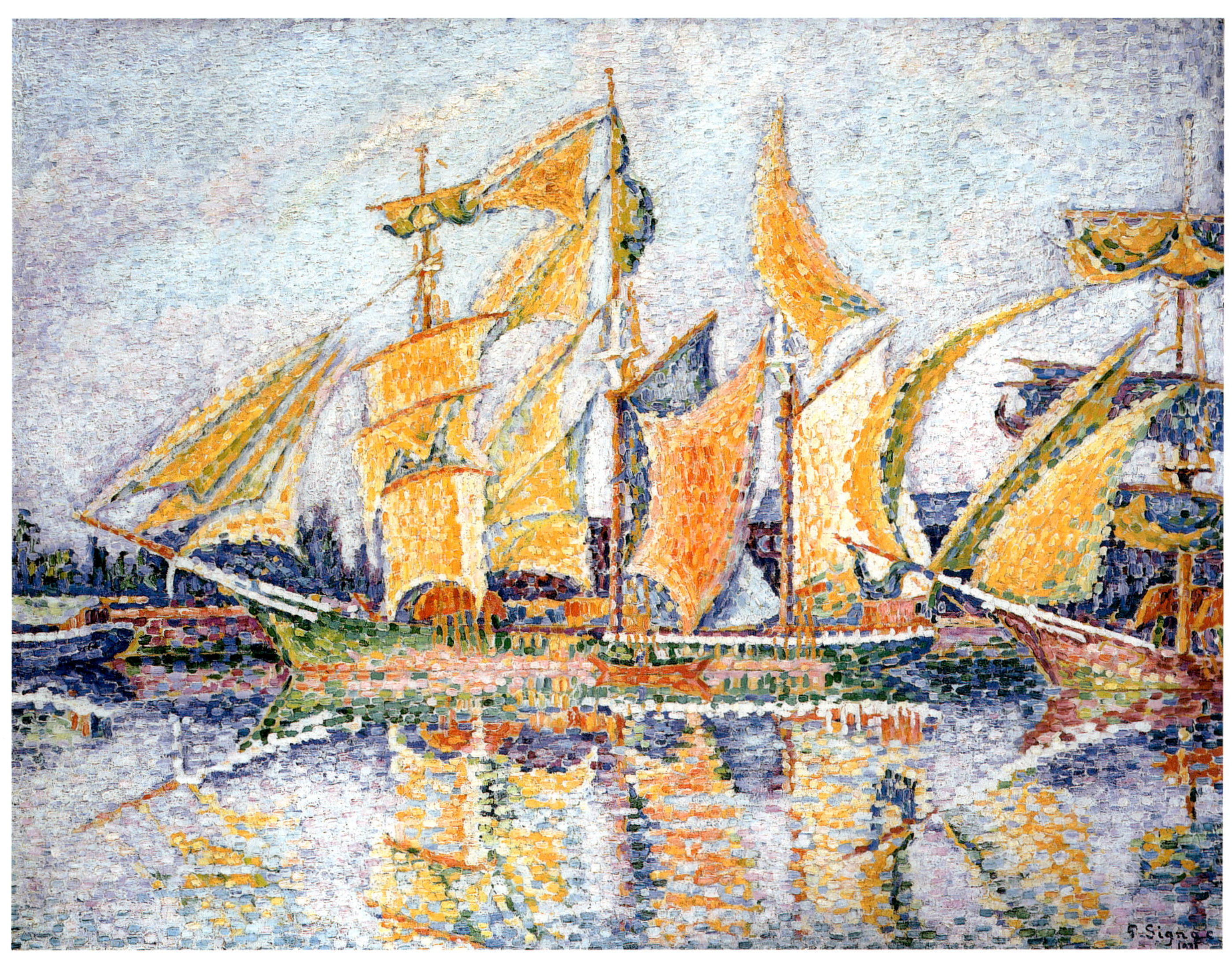

62
Trois-mâts terre-neuvas. Voiles au sec. Saint-Malo
1931
Huile sur toile
73×92 cm
Signé et daté en bas à droite
Collection particulière
FC nº 595

Dessins

par Marina Ferretti-Bocquillon

«Chaque peintre devrait se faire une Encyclopédie de tout ce qu'il voit de beau.»

Les dessins en noir et blanc de Signac, artiste autodidacte, grand admirateur de Monet et de Delacroix, et surtout champion de la couleur, sont peu connus ou étudiés. Or, tout au long de sa vie d'artiste, Signac a dessiné, et il s'est montré tout aussi sensible au contraste du noir et blanc qu'à celui des couleurs. Il a consigné certains de ces dessins sur son cahier d'opus, et les a régulièrement exposés, à côté des toiles peintes et des aquarelles. En 1900, il apostrophera vertement l'organisateur de la Sécession viennoise qui n'avait pas envisagé d'exposer des œuvres sur papier, dessins ou aquarelles: «Je trouve d'ailleurs que rien n'est plus agréable pour l'œil que de pouvoir se reposer, dans une exposition de peintures, sur les blancs et les noirs des dessins, ou sur les teintes pâles des aquarelles. Pour quel motif une exposition d'avant-garde, comme la Sécession, fait-elle ainsi une différence entre l'art à l'eau et l'art à l'huile?»[1] Nous savons que le père de l'artiste, Jules Signac, sellier-harnacheur, dessinait, car George Besson nous indique que «ses maîtres ne seront ni son père qui dessine, ni les célébrités du quartier». Mais, très jeune, Paul Signac se promène un carnet de croquis dans la poche puisque, en 1879, il est surpris par Gauguin à la quatrième exposition impressionniste dessinant d'après Degas et qu'il se fait mettre à la porte tancé d'un méprisant «On ne copie pas ici, Monsieur…».[2] Nous connaissons peu de dessins datés d'avant 1885, à l'exception cependant d'une page de croquis monogrammée et datée 1882, *Port-en-Bessin*, qui appartient aujourd'hui à la collection James T. Dyke, à l'Arkansas Art Center de Little Rock. Il s'agit d'une notation rapide, faite en vue d'une des études peintes à Port-en-Bessin au cours de cette première campagne d'été passée sur la côte normande. Elle a été dessinée sur le motif à la plume, après une légère mise en place à la mine de plomb, et elle a appartenu à Félix Fénéon qui l'a lui-même donnée en 1938 au grand historien de l'impressionnisme et du post-impressionnisme John Rewald. La fermeté du trait, la décision de la mise en page indiquent que le jeune artiste a l'habitude de cet exercice. Déjà, il ne montre guère d'intérêt pour les effets de perspective, moins encore pour l'expression du volume. Les cinq pages de croquis datées 1885 et présentées à l'exposition (cat. n°s 63-67) sont de dimensions semblables à ce premier dessin connu et proviennent du même type de carnet, d'un format commode à glisser dans une poche. Elles témoignent d'un talent qui s'est affirmé, d'un œil qui, face au motif, saisit d'emblée l'angle qui pourrait faire l'objet d'une composition peinte, et d'une main exercée à traduire sans hésitation le sujet retenu. Toute sa vie, Signac aura à portée de main ces précieux carnets où il note, au crayon ou à l'aquarelle, les détails qui retiennent son attention. Lucie Cousturier l'évoque ainsi près de quarante ans plus tard et en laisse une très vivante image: «Il se promène et il s'intéresse, le poing armé de sa minuscule palette [d'aquarelliste], il attend qu'il se passe quelque chose pour foncer et prendre.»[3]

En 1885, Signac s'exerce à un tout autre type de dessin, le crayon Conté, traité à la manière très particulière de Seurat. Les deux peintres se sont connus l'année précédente à l'occasion du premier Salon des Artistes indépendants et se sont liés d'amitié. Dans un premier temps, la peinture de Seurat n'a aucune influence sur celle de Signac qui continue à produire des toiles d'obédience impressionniste. En revanche, le jeune homme est séduit d'emblée par ses somptueux dessins. Toute sa vie, il collectionnera les dessins de Seurat ainsi que ceux d'Angrand qui adoptera, lui aussi, le crayon Conté. Et Signac lui-même pratique dès 1885 cette technique où le crayon crée au contact du grain de la feuille de papier un réseau subtil d'ombres et de lumières pour définir les formes essentielles d'une figure ou d'un paysage. Signac soulignera en 1899 qu'à ses yeux ces dessins mystérieux sont un aspect de la division, adapté au noir et blanc. «Le résultat des études de Seurat fut sa judicieuse et fertile théorie du contraste, à laquelle

[1] Lettre de Paul Signac, 19 février 1900, Vienne, Österreichische Galerie, Archives de la Sécession viennoise.

[2] George Besson, *Paul Signac 1863-1935*, Paris, Editions Braun & Cie, 1954, s.p.

[3] Lucie Cousturier, *P. Signac*, Paris, Crès & Cie, 1922, p. 14.

il soumit dès lors toutes ses œuvres. Il l'appliqua d'abord au clair-obscur: avec ces simples ressources, le blanc d'une feuille de papier Ingres et le noir d'un crayon Conté, savamment dégradé ou contrasté, il exécuta quelque quatre cents dessins, les plus beaux "dessins de peintre" qui soient. Grâce à la science parfaite des valeurs, on peut dire que ces "blanc et noir" sont plus lumineux et plus colorés que maintes peintures.»[4]

C'est apparemment sans difficultés majeures que Signac s'empare de cette technique car, dès 1885, il signe quelques belles réussites, comme la remarquable étude pour *Les Modistes* ou *Les Régates d'Argenteuil*, si proche d'un dessin sans doute faussement attribué à Seurat dans le catalogue raisonné Hauke (cat. n°s 69 et 71). Comme ce sera le cas dès l'année suivante pour les peintures, ce sont pourtant deux tempéraments opposés qui s'expriment à travers une même technique. Plus animés, plus descriptifs et moins synthétiques, les dessins de Signac opposent franchement le noir profond du crayon au blanc de la feuille de papier. Ils n'expriment pas la formidable concentration des feuilles de Seurat, mais, très vite, Signac joue en dessinateur accompli des effets veloutés du crayon Conté pour exprimer toute la vivacité qui lui est propre. Ses amis écrivains apprécient son talent, comme le prouvent ici deux projets d'illustrations, l'un pour *Les Sœurs Vatard* de Huysmans et l'autre, *Le Banc*, destiné à illustrer un poème naturaliste de Jean Ajalbert (cat. n°s 70 et 74). La première pensée pour *Un dimanche*, un portrait d'Erik Satie, exposé ici pour la première fois (cat. n° 76), et de sobres paysages dessinés à Clichy ou à Saint-Tropez témoignent de son talent en ce domaine. Un *Saint-Cast* quasi abstrait est très proche du tableau conservé au Musée de Boston (cat. n°s 18 et 77). Nous sommes particulièrement fiers d'avoir pu réunir cet ensemble de feuilles, aussi rares que méconnues, qui constituent à nos yeux un aspect non négligeable de l'art de Signac.

En 1892, quand il arrive à Saint-Tropez, Signac découvre l'aquarelle et renonce à l'usage habituel de cette technique. Il n'y aura dès lors recours que très sporadiquement, et elle sera liée essentiellement à des projets de lithographies, notamment celle inspirée du *Démolisseur* en 1896. Le dessin d'après *Flessingue* (cat. n° 80) pourrait lui aussi être lié à un projet de gravure, technique à laquelle Signac s'essaie à plusieurs reprises au cours des années 1896-1897, époque où réapparaissent quelques dessins au crayon Conté.

En revanche, Signac utilise de plus en plus l'encre de Chine, apparue dès les débuts de sa production dessinée. L'exposition réunit à Martigny deux dessins de 1892, représentant l'un et l'autre le port de Saint-Tropez et la jetée (cat. n°s 78 et 79). Ils sont de dimensions comparables, mais exécutés avec des moyens différents, l'un au crayon Conté et l'autre à l'encre de Chine. Au cours de cette première saison tropézienne, Signac s'essaie à différents moyens d'expression: il utilise le crayon Conté, l'encre de Chine et aussi l'aquarelle. Il attend son attirail de peintre et, impatient devant ce paysage qui l'inspire, il cherche à traduire ses sensations sur le papier. Le dessin est pour lui une étape préparatoire à l'élaboration du tableau; c'est aussi un exercice salutaire, qu'il pratique quotidiennement. Dans les premières pages de son journal, il note: «Je n'ai aucune mémoire des formes et des mouvements. Depuis un mois je tâche de l'exercer, en dessinant de souvenir d'après des reproductions ou des photos, en arabesques très larges. J'en fais dix ou douze croquis, jusqu'au moment où je retrouve bien le mouvement. Je sens que cela me fait le plus grand bien. Hier j'ai fait un petit croquis de ma femme qui a été tout seul.»[5] Son ami et biographe George Besson était conscient de l'importance du dessin dans l'œuvre de Signac. Il a rappelé dans des termes très proches que «Signac a écrit et souvent raconté qu'il avait mis longtemps à acquérir la mémoire des formes indispensable à la liberté d'expression. Cette mémoire paresseuse, il l'exerçait en dessinant de souvenir ou d'après des reproductions de

[4] Paul Signac, *D'Eugène Delacroix au néo-impressionnisme*, 1899, édition de 1978, avec une introduction de Françoise Cachin, Hermann, Paris, p. 109.

[5] Journal inédit, 14 juin 1894, Archives Signac.

maîtres, faisant dix, vingt croquis du même sujet jusqu'au moment où il avait trouvé et retenu le mouvement de l'original.»[6] Mais Signac dessine surtout d'après nature et constate: «Chaque peintre devrait se faire une Encyclopédie de tout ce qu'il voit de beau, forme et couleurs, simplement et ne pas poursuivre ou copier le "motif" entier… mais s'en tenir à ce qu'il y trouve d'irréprochable… Le reste ne serait que gênant.»[7]
Quand Signac dessine, il procède à la première étape du travail d'épure à partir du motif: «[Je] suis sur la voie de trouver la façon de me servir du modèle: y chercher la réalité de son rêve – l'améliorer mais pas le modifier. Une belle arabesque rêvée, un joli enlacement de lignes seront beaucoup plus importants à conserver, et même semblent plus justes, que l'exactitude donnée par le modèle. Que le contour paraisse tout au plus vraisemblable… c'est bien suffisant.» Et plus loin: «Il faut tâcher d'obtenir en peinture ce que le papier Ingres et le crayon font pour le dessin. Une division rapide. Comparer un dessin au "point" embêtant, à un dessin sur papier Ingres; la division se fait par le grain du papier et n'est pas gênante.»[8] Ce dessin au «point» qualifié d'embêtant, Signac l'a pratiqué, mais très exceptionnellement, car il n'a habituellement recours au point ni pour ses dessins, ni pour ses aquarelles. Il n'a pointillé en noir et blanc que pour publier dans des journaux des reproductions de toiles néo-impressionnistes. Deux dessins de ce type sont inspirés d'un tableau aujourd'hui disparu, *Passage de Puits Bertin. Clichy* (1886, FC nº 118), pour servir à sa reproduction dans le numéro de *La Vie moderne* du 12 février 1887. Ils sont conservés au Cabinet des dessins du Musée du Louvre et au Metropolitan Museum of Art. Un autre dessin de ce type, fait d'après *La Salle à manger* du musée d'Otterlo (1886-1887, FC nº 136), est lui aussi conservé au Metropolitan Museum of Art. Il a été reproduit dans *La Vie moderne* en avril 1887 et a appartenu à John Rewald avant d'entrer dans la collection de Robert Lehman. Nous retrouvons un lointain souvenir de ces dessins pointillés dans une illustration de 1910 destinée à dénoncer l'horreur des régiments disciplinaires de l'armée française d'Afrique, *Pour les vautours* (cat. nº 82). Signac, en effet, a rarement refusé son soutien à ses amis anarchistes, et en particulier à Jean Grave (1854-1939), auteur de *La Société mourante et l'Anarchie* et éditeur toujours impécunieux de l'hebdomadaire *La Révolte*, puis des *Temps nouveaux* à partir de 1895. Pissarro, Angrand, Cross, Luce et Signac soutiennent son action par leurs abonnements. Mais ils lui donnent aussi des dessins pour l'illustrer ou des lithographies qui se trouvent en vente aux bureaux de la revue. C'est pour «le bon Grave» que Signac fait les lithographies du *Démolisseur* et d'*Au temps d'Harmonie*. Il donne encore des aquarelles ou des dessins pour les loteries organisées dans le but de maintenir les comptes de la revue.[9]
Signac verse rarement dans l'illustration politique. «Léonard voit mieux quand il a une plume ou une pierre noire à la main», a pu dire Rosand, spécialiste de Vinci. C'est vrai de beaucoup d'artistes, et notamment de Signac. En effet, s'il dessine quotidiennement, c'est aussi pour mieux regarder, pour mieux comprendre et pour apprendre. Il dessine d'après nature, mais aussi – nous l'avons vu – d'après les œuvres des maîtres. Un dessin d'après Turner (cat. nº 81) témoigne ici de son admiration pour le peintre romantique anglais. Signac dessine aussi d'après Poussin dont le dessin «en boules» l'intrigue. Il dessine enfin d'après ses propres toiles, et c'est avec un plaisir évident qu'il reproduit à la plume tous les tableaux de l'exposition de 1907 à la Galerie Bernheim-Jeune pour illustrer son catalogue.
Mais c'est surtout pour élaborer ses toiles que Signac pratique le dessin. Son élève Lucie Cousturier, peintre néo-impressionniste de la seconde génération, a rappelé les étapes préparatoires à la toile finale: «Après la minuscule esquisse en couleurs, le peintre, sur un papier de la dimension de sa toile, résume sa pensée en un

[6] George Besson, *Les Lettres françaises*, 24 juin 1965, p. 12.
[7] Journal inédit, 1894, Archives Signac.
[8] Journal inédit, 15 juin 1894, Archives Signac.

[9] Aline Dardel, «Les Temps Nouveaux 1895-1914» *in*: *Les Dossiers du musée d'Orsay*, nº 17, Paris, RMN, 1987.

dessin à l'effet. Il trace d'abord au fusain tendre ou à l'encre de Chine l'arabesque principale, point de départ de son émotion et sa caractéristique, puis il cherche les grandes courbes qui l'enfermeront et lui ramèneront de tous les points du cadre, par le pouvoir du rythme, le regard du spectateur. L'ornement ainsi conçu est reporté en trait léger sur la toile et bientôt, en essaims bleus et orangés, verts et rouges, les touches colorées se massent et s'excitent au seuil des expressifs contrastes de ligne.»[10] Ces beaux dessins à l'encre de Chine apparaissent en 1907 et, jusqu'à la fin de sa vie, ils préludent aux tableaux. Klingsor nous informe en 1921 que l'artiste utilise pour ces grands lavis à l'encre un pinceau japonais, «un outil qui a une pointe fine, en même temps qu'une base large, et qui peut par conséquent donner les traits les plus divers, qui permet de marquer avec franchise le départ d'une touche, ou au contraire d'en noyer volontairement le contour».[11] Deux beaux exemples de ces cartons préparatoires figurent à l'exposition (cat. n°s 83 et 84). Ils témoignent d'un retour à une certaine forme de classicisme dans l'élaboration de la toile. Ils sont aussi imprégnés d'un lyrisme qui ne doit pas surprendre de la part de l'admirateur enthousiaste de Turner et de Delacroix.

M. F.-B.

[10] Lucie Cousturier, *op. cit.*, p. 28.

[11] Tristan Klingsor, *L'Art français depuis vingt ans. La peinture*, Paris, 1921.

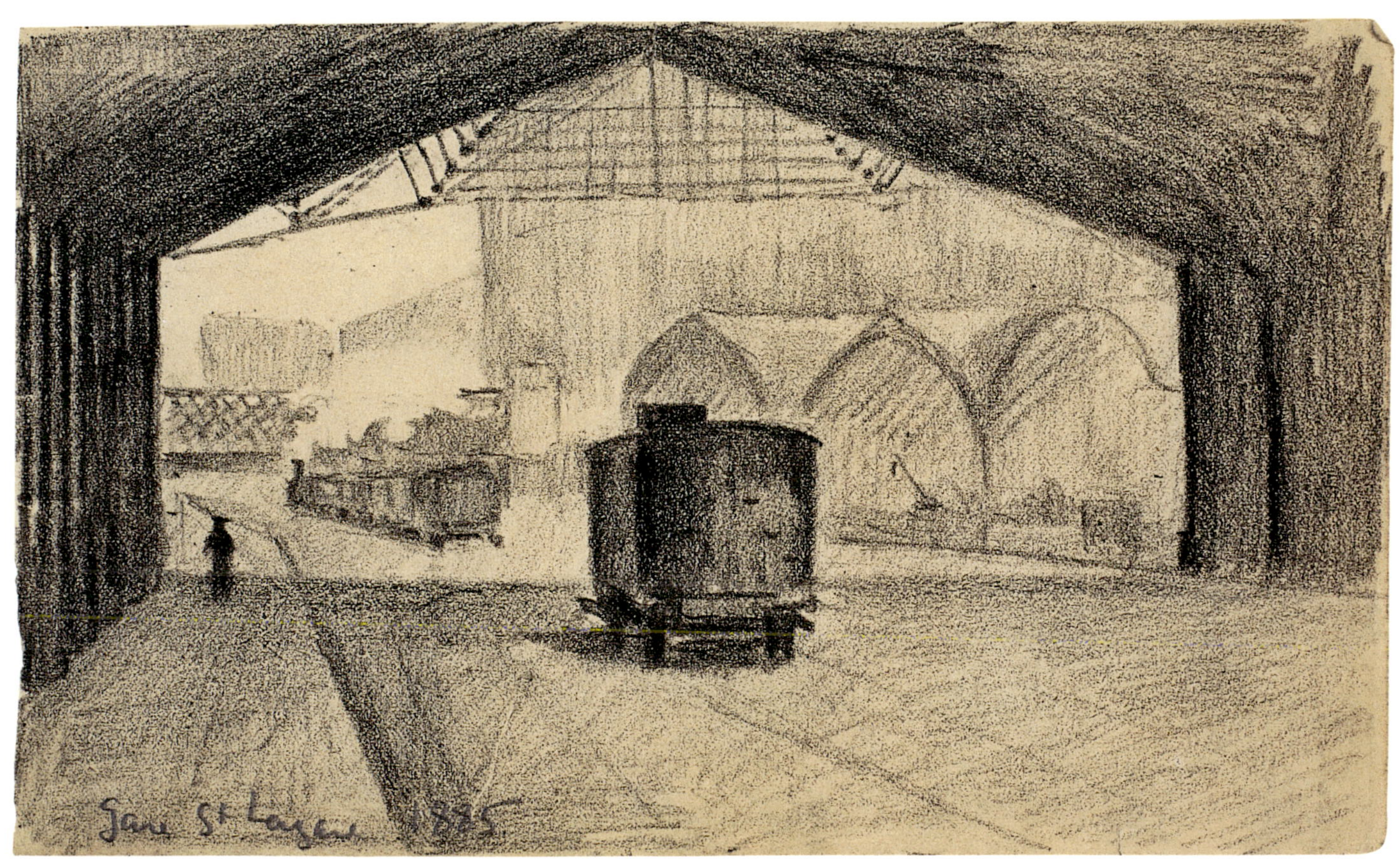

63
La Gare Saint-Lazare
(Intérieur; la ligne de Normandie)
1885
Mine de plomb
12×19,6 cm
Annoté *Gare St Lazare* et daté en bas à gauche
Collection particulière

63-66
La gare Saint-Lazare

Quand Signac dessine ces quatre feuilles achevées, datées et annotées, le site de la gare Saint-Lazare est depuis plusieurs années un haut lieu de la peinture impressionniste. Parmi ceux que Signac admire, Manet le premier s'est inspiré de la gare de l'architecte Flachat (*Le Chemin de fer*, 1872-1873, Washington, National Gallery of Art). Caillebotte a, quant à lui, peint à plusieurs reprises le pont de l'Europe qui la surplombe. Il a accroché *Le Pont de l'Europe* (1876, Genève, Musée du Petit Palais) ainsi que *Rue de Paris: temps de pluie* (1877, Chicago, The Art Institute) à la troisième exposition impressionniste de 1877. La gare Saint-Lazare y était particulièrement à l'honneur, car on pouvait aussi y voir sept peintures de la série que Monet lui avait lui-même consacrée. Elles avaient soulevé l'admiration de Zola, qui avait rédigé à cette occasion un compte rendu désormais célèbre: «Là est aujourd'hui la peinture… Nos artistes doivent trouver la poésie des gares, comme leurs pères ont trouvé celle des forêts et des fleuves.» En 1877, Signac a 14 ans, et rien n'indique qu'il ait vu la troisième exposition impressionniste, mais il a eu plusieurs occasions de voir les toiles par la suite.
En 1885, quand il réalise cet ensemble de dessins où s'imposent déjà plusieurs idées de composition, Signac a rencontré Seurat depuis plusieurs mois, mais c'est toujours l'œuvre de Monet qui l'inspire et, à l'évidence, il se souvient de la magistrale série des gares. Quand il entreprend l'exploration du site, il reprend assez fidèlement le point de vue des deux versions peintes par Monet, aujourd'hui conservées à l'Art Institute de Chicago et à la National Gallery de Londres. Il se place sous la marquise de la ligne de Normandie et, comme dans les toiles de Monet, nous apercevons les arches métalliques des docks de l'ouest. Signac connaît bien ce site. Il s'est souvent rendu en Normandie, et c'est aussi à la gare Saint-Lazare qu'il prend le train pour se rendre à Asnières au domicile de sa mère, Héloïse Signac. Le deuxième dessin est encore réalisé depuis l'intérieur de la gare, et nous remarquons le pont de l'Europe au fond de la composition.
Pour les dessins qui suivent, Signac s'est posté au-delà du pont, à la hauteur de la tranchée des Batignolles, et nous voyons l'ouverture des trois tunnels qui s'engagent sous le boulevard. Le peintre se place dans un premier temps à la hauteur des voies, puis il étudie le même site en surplomb, depuis le balcon d'un appartement vraisemblablement situé à l'arrière de la rue de Berne. Au premier plan de ce dessin, le motif de ferronnerie pourrait être un souvenir de la grille qui, dans le tableau de Manet, sépare la petite fille de la gare. Signac rehausse au crayon de couleur quelques détails comme les signaux ou les affiches qui tapissaient le mur de la tranchée. C'est l'avant-dernière solution que l'artiste reprend sur une esquisse rapide, aujourd'hui conservée au verso du panneau *Femme lisant* (cat. n° 9). Nous y retrouvons tous les éléments de notre dessin: le poste d'aiguillage et l'aiguilleur, la description des signaux et du wagon, l'entrée des trois tunnels… Signac y ajoute des volutes de vapeur qui accentuent le caractère impressionniste de la composition. Mais il abandonnera ce projet et il n'y aura pas de toile peinte de sa main d'après la gare Saint-Lazare. L'aventure néo-impressionniste commence au cours de l'hiver 1885-1886 quand Seurat reprend à petites touches «divisées» la *Grande Jatte*. Conquis, Signac reprend à son tour *Les Modistes*. Un nouveau chapitre de l'histoire de la peinture est ouvert.

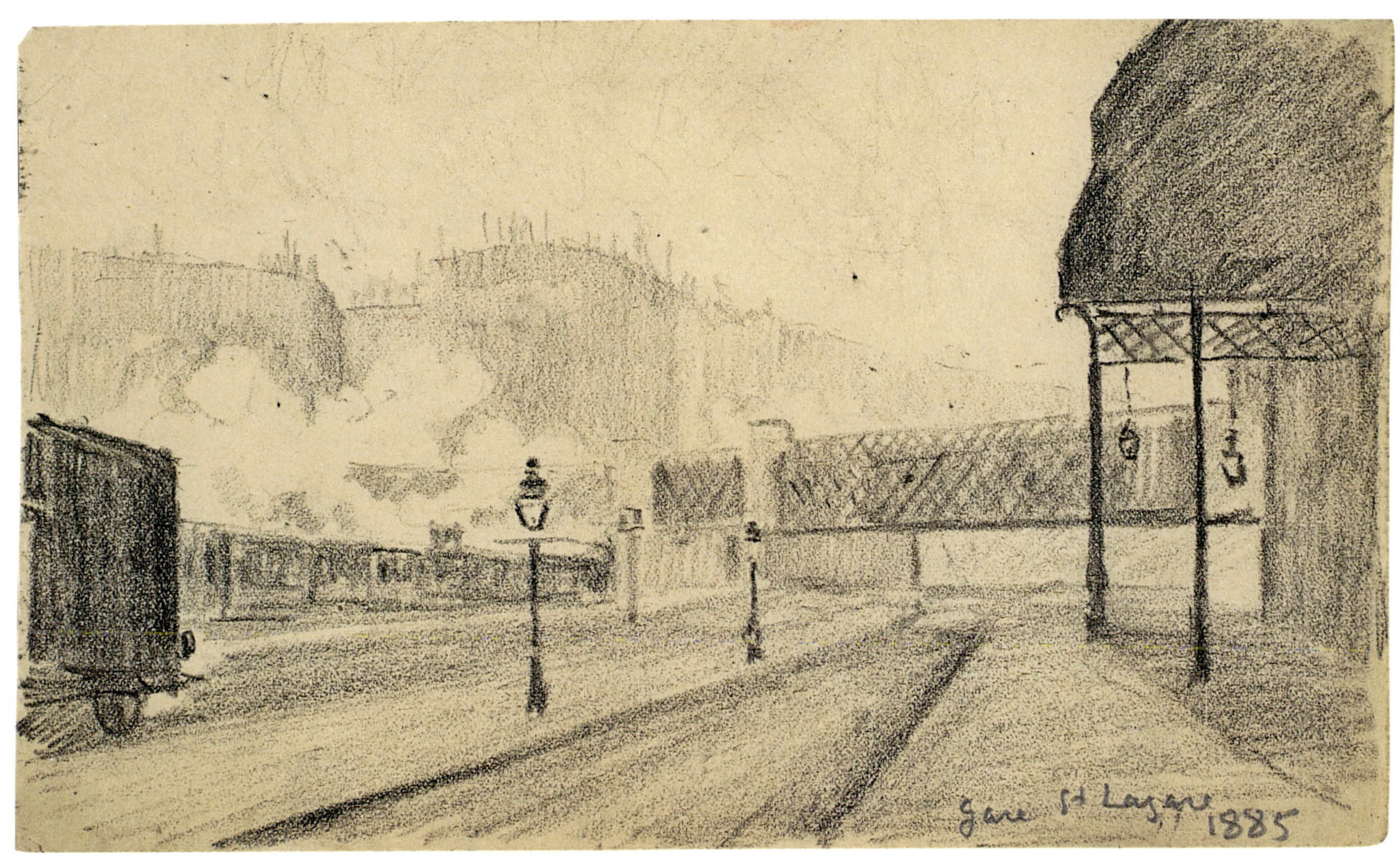

64
La Gare Saint-Lazare
(Intérieur; vue prise en direction du pont de l'Europe)
1885
Mine de plomb
12×19,6 cm
Annoté *Gare St Lazare* et daté en bas à droite
Collection particulière

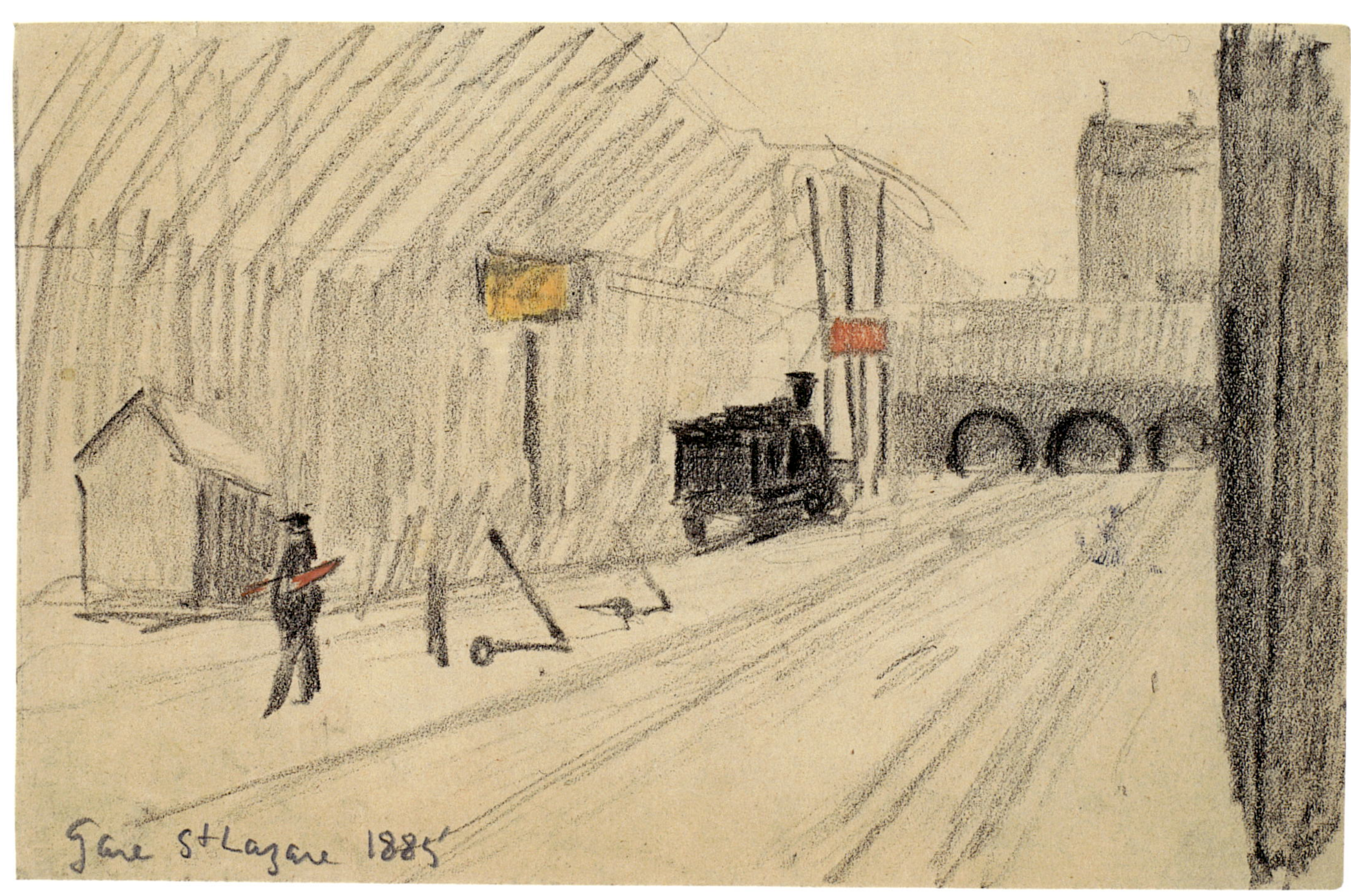

65
La Gare Saint-Lazare
(Extérieur; vue prise en direction des tunnels du boulevard des Batignolles)
1885
Mine de plomb, rehaussé au crayon de couleur
12×19,6 cm
Annoté *Gare St Lazare* et daté en bas à gauche
Collection particulière

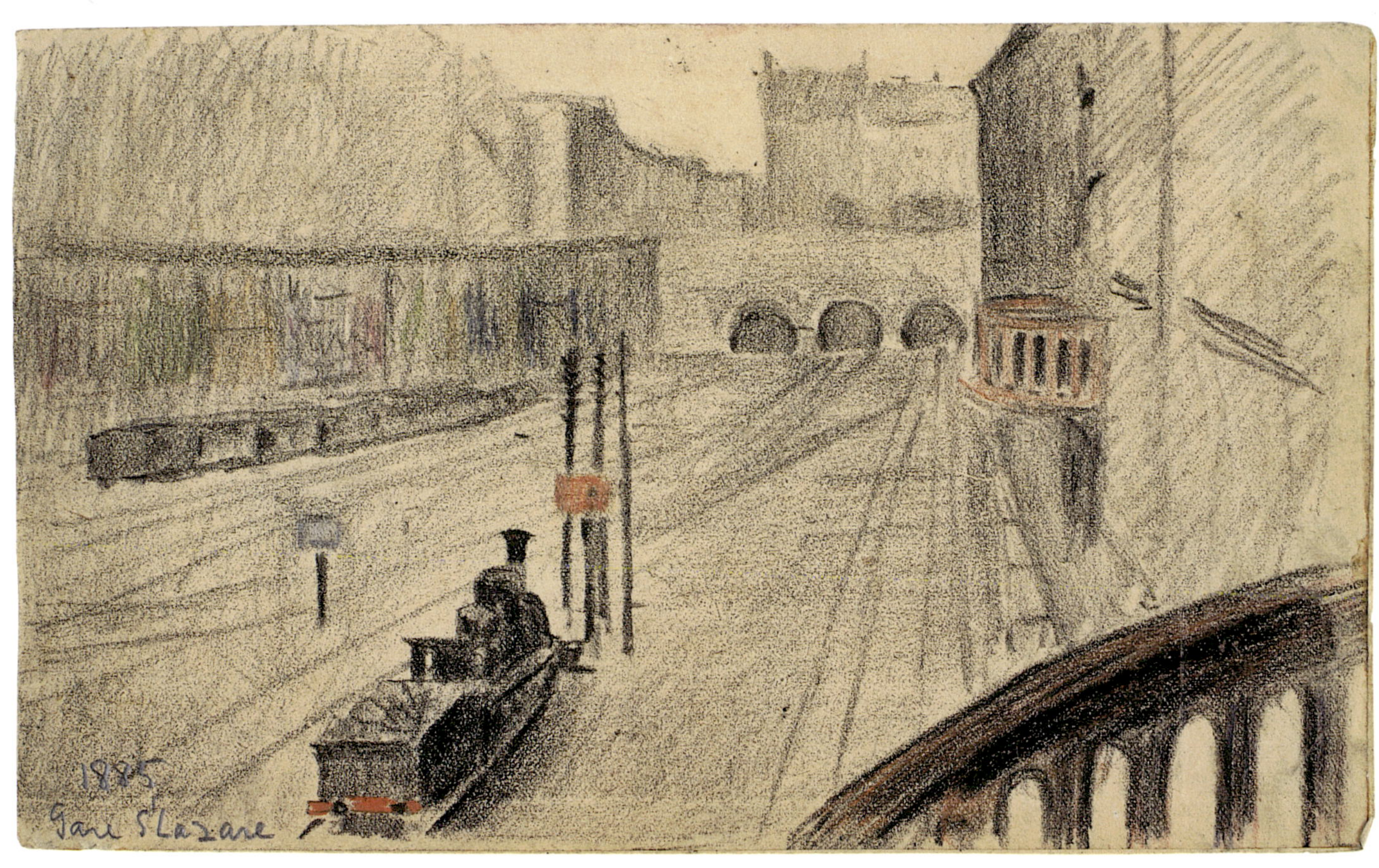

66
La Gare Saint-Lazare
(Extérieur; vue plongeante prise en direction des tunnels du boulevard des Batignolles)
1885
Mine de plomb, rehaussé au crayon de couleur
12×19,6 cm
Annoté *Gare St Lazare* et daté en bas à gauche
Collection particulière

Cette étude provient du même carnet que les quatre dessins précédents. Nous retrouvons la couleur beige du papier et le format de poche si pratique qui permet à l'artiste d'avoir toujours à portée de main de quoi prendre rapidement des notes d'après nature. La technique utilisée est elle aussi tout à fait comparable, et il est vraisemblable que ce dessin ait été réalisé le même jour ou le lendemain. Après avoir étudié les possibilités qu'offrait la gare Saint-Lazare, Signac, à son habitude, aurait pris le train pour retrouver Asnières et aurait continué ses explorations.

Ici, nous nous trouvons sur la rive gauche de la Seine, en aval des ponts, un paysage familier au jeune peintre, avec l'établissement des bains, les grues de l'usine à gaz et les cheminées fumantes des bâtiments industriels. La partie supérieure gauche de la composition est occupée par les branches d'un arbre dont les jeunes feuilles nous signalent que nous sommes au printemps. Au centre, un homme de dos tient une perche, une canne à pêche, ou plus probablement une rame, comme le laisse supposer une petite étude peinte en 1882 au même endroit, *Etude Asnières (la barque du passeur)* (localisation actuelle inconnue). Il s'agit cette fois encore d'une feuille aboutie en dépit de ses dimensions modestes, et la composition achevée se prêterait sans problème à un agrandissement. En effet, Signac a repris son idée pour le tableau *Asnières. Ponton et grues* (1885, collection particulière, FC n° 89), mais il a modifié le premier plan en supprimant l'arbre et la silhouette du passeur.

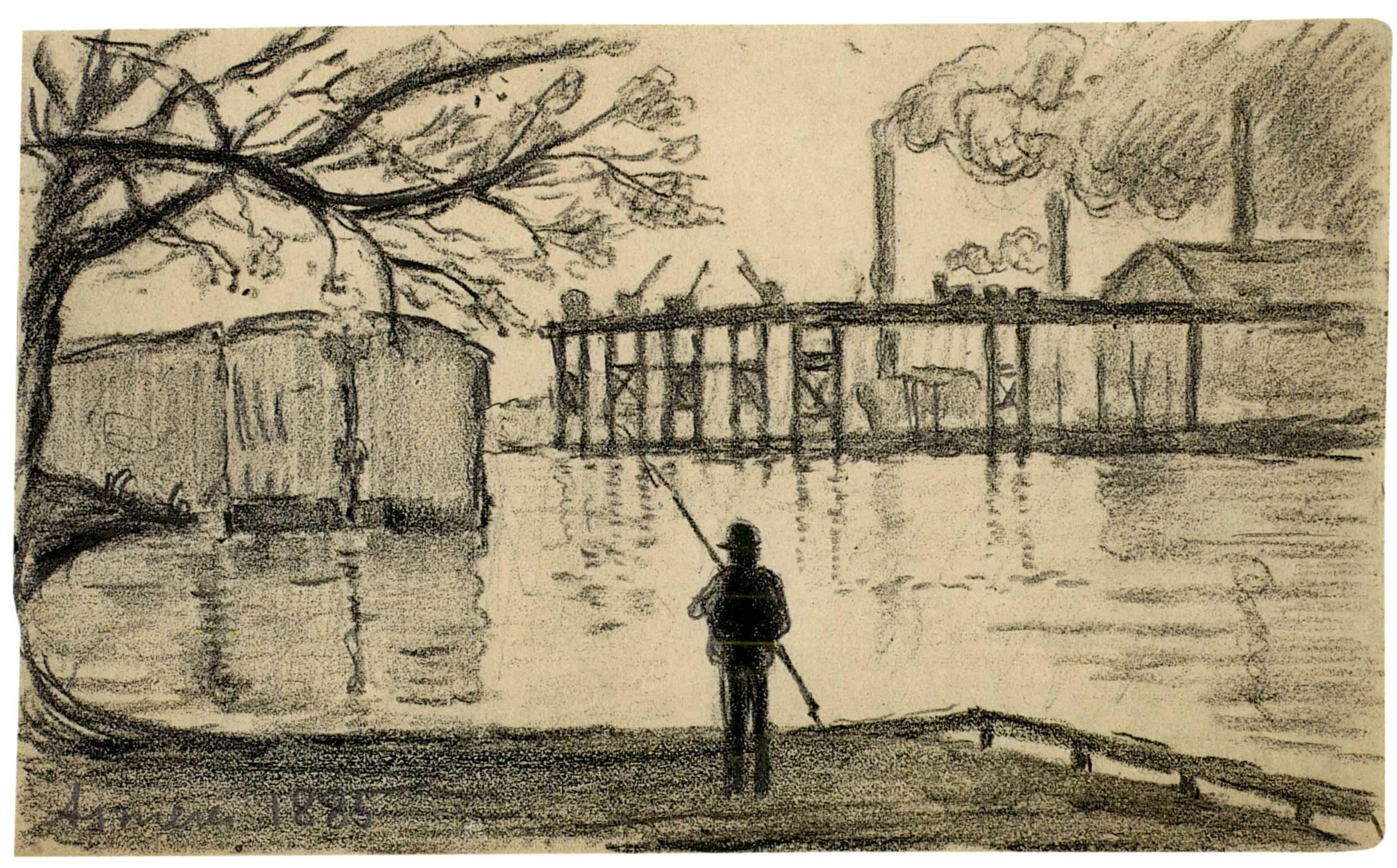

67
Asnières. Les Bains et les grues de l'usine à gaz
1885
Mine de plomb grasse ou crayon Conté
rehaussé au crayon de couleur
12×19,6 cm
Daté et annoté *Asnières* en bas à gauche
Collection particulière

Signac connaît Seurat depuis quelques mois quand il réalise ce beau dessin au crayon Conté annoté *Clichy 1885*. A l'exemple de son aîné, le jeune peintre utilise la technique du crayon Conté, mais il n'atteint pas encore le niveau de subtilité où les contours s'effacent et où les formes naissent de l'opposition des zones d'ombre et de lumière. Ici, l'artiste exprime son tempérament impatient, et ce sont les traits affirmés du crayon qui soulignent le contraste des sombres et des clairs. Ce beau dessin est une étude pour une des toutes premières toiles néo-impressionnistes de l'artiste, *Les Gazomètres. Clichy* (mars-avril 1886, Melbourne, National Gallery of Victoria). Manifestement, l'artiste a été séduit par la géométrie de cet assemblage d'édifices industriels. Puissamment quadrillées, les armatures circulaires des gazomètres se répètent à cinq reprises dans la composition. Leur graphisme élégant contraste avec la simplicité volumétrique de la maison ouvrière au centre, et le dessin de la palissade module sur le mode mineur leur rythme vertical. L'espace vide au premier plan, la mise en place par deux murs sur les côtés d'une perspective rapidement arrêtée accusent la forte concentration des formes. Le dessin n'est pas signé, et il est peu vraisemblable qu'il ait été exposé au Salon des Indépendants de 1887 où figurait en revanche un des deux dessins pointillistes à la plume du même sujet, inspirés cette fois du tableau et destinés à être reproduits dans *La Vie moderne* (1886-1887, Paris, Musée du Louvre, fonds du Musée d'Orsay, et New York, The Metropolitan Museum of Art).

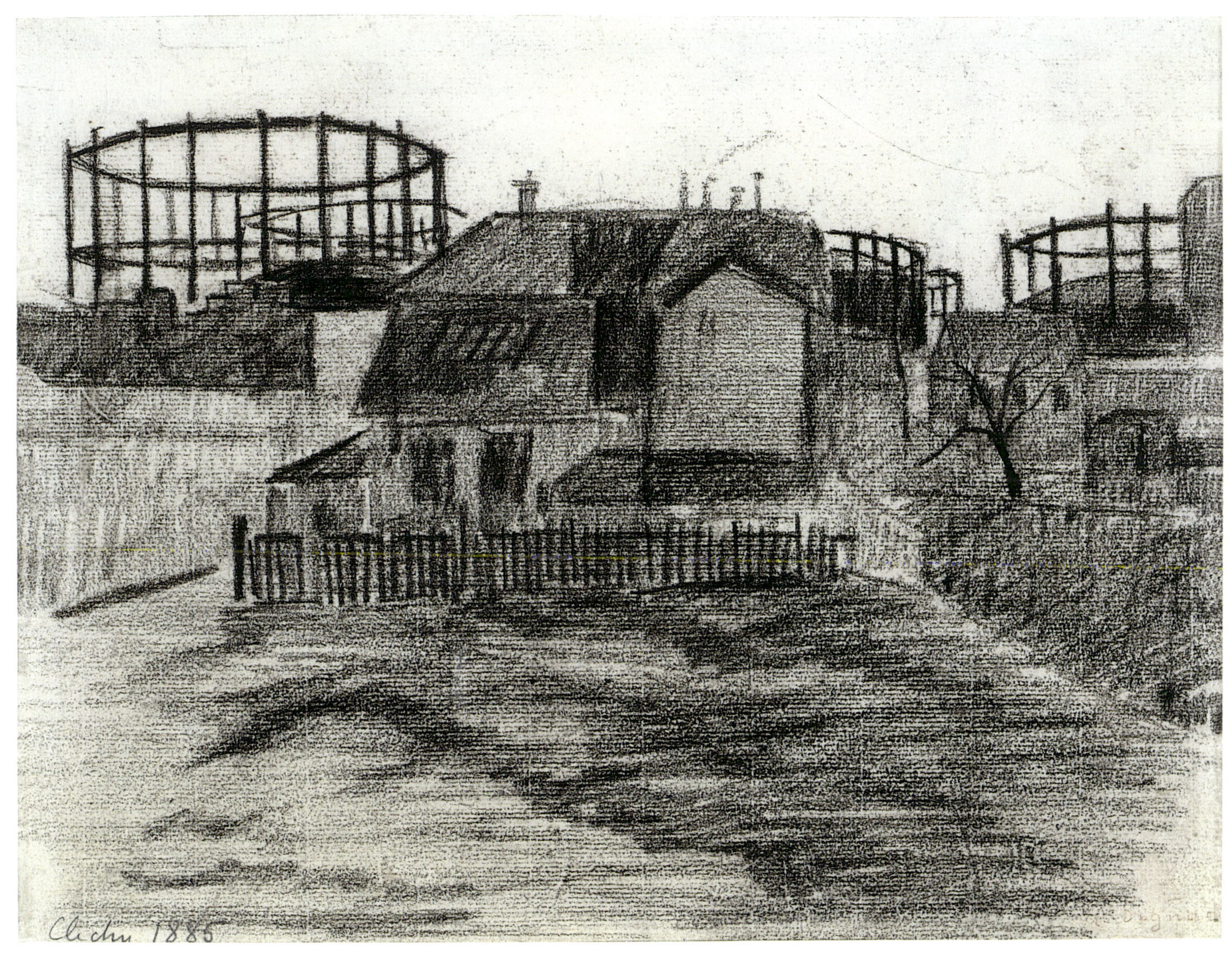

68
Les Gazomètres. Clichy
1885
Crayon Conté
23×29,5 cm
Annoté *Clichy 1885* et daté en bas à droite
Collection particulière

Régatier lui-même, Signac adopte ici le point de vue de l'observateur. Il s'est placé un peu en retrait, à la hauteur du sémaphore et de la cabane du yacht-club, sur la rive du Petit-Gennevilliers où se trouve aujourd'hui encore le Cercle de la Voile de Paris. En face, nous voyons la rive d'Argenteuil. Comme l'a indiqué Anne Distel, il s'agit d'un lieu privilégié pour les régates car, à cet endroit, la Seine est particulièrement large. Les lignes du paysage sont calmes, les horizontales dominent. Les groupes de spectateurs attendent immobiles, debout ou assis sur la berge, et rythment la composition. Un second dessin, *Régates sur la Seine*, conservé au Département des arts graphiques du Louvre, nous montre l'étape suivante. L'artiste a gardé un point de vue identique, mais il décrit cette fois l'arrivée des voiliers qui virent de bord devant le sémaphore. La composition, éclairée et animée par le mouvement des voiles, donne, à l'inverse de celle-ci, le sentiment d'une grande agitation et même d'une certaine confusion.

Le musée de la Rhode Island School of Design conserve sous le titre *Régates à la Grenouillère* (Hauke, n° 705) une troisième feuille attribuée depuis longtemps à Seurat, de mêmes dimensions et stylistiquement très proche de nos deux dessins. Elle présente une troisième vue du même site. L'artiste s'y est rapproché du sémaphore, des spectateurs et des voiliers. La composition, toujours aussi animée et mouvementée, nous paraît plus proche de l'art de Signac que de celui de Seurat, et nous rejoignons l'avis de Françoise Cachin qui, depuis plusieurs années, l'attribue à Signac.

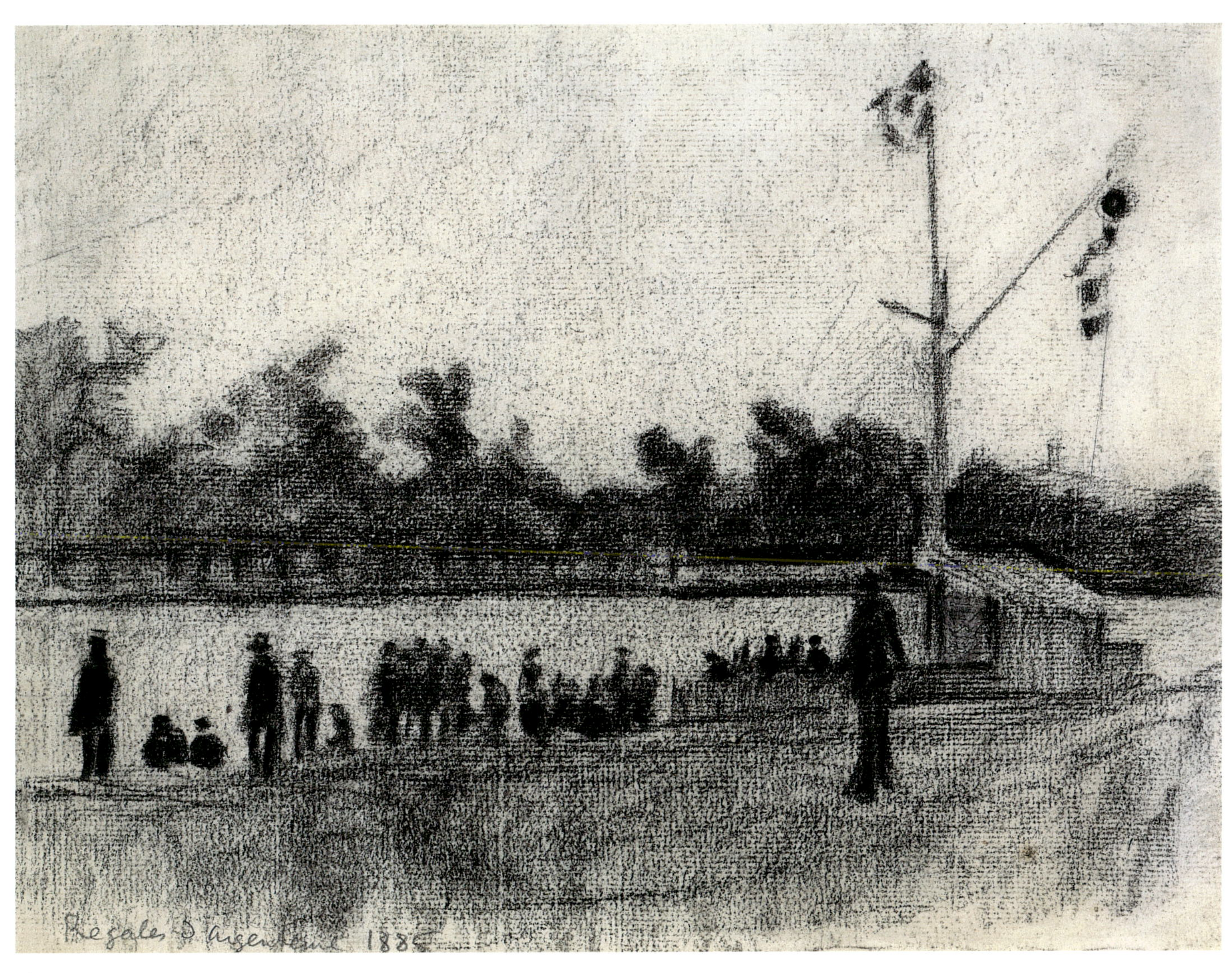

69
Les Régates d'Argenteuil
1885
Crayon Conté
23,5×30,5 cm
Annoté *Régates d'Argenteuil* et daté en bas à gauche
Collection particulière

Joris-Karl Huysmans (1848-1907) publie en 1879 son deuxième roman, *Les Sœurs Vatard*, dédié à Zola, et la rue Vercingétorix se trouve dans le quartier où il situe la maison de ses héroïnes. Elle longe la voie du chemin de fer de l'Ouest, aux confins des 14e et 15e arrondissements. Huysmans avait décrit la désolation de ce quartier périphérique, «la large traîne de bâtisses noires» et «la détresse lamentable des anciennes banlieues». Ce dessin, empreint d'une tristesse inhabituelle chez Signac, évoque très directement le climat du roman naturaliste. La perspective fuyante et vide exprime toute la désolation de la zone, un flot de vapeur suggère le sifflement du train qui passe, une silhouette solitaire s'éloigne. Nous connaissons un autre dessin de Signac, proche de celui-ci, destiné lui aussi à illustrer *Les Sœurs Vatard* (1885, collection particulière). Mais ce projet d'illustration n'aura pas de suite, et c'est en définitive le peintre des banlieues pauvres, Jean-François Raffaëlli, qui signera en 1909 la première édition illustrée du roman. Entre-temps, les relations amicales qui ont uni Signac et Huysmans se sont refroidies.

C'est vraisemblablement en 1883 que les deux hommes se rencontrent. Cette année-là, l'auteur de *L'Art moderne* dédicace sobrement son ouvrage au jeune peintre «A M. Signac très cordialement». Trois ans plus tard, c'est avec plus de chaleur qu'il annote ses *Croquis parisiens* «A Signac, de son bien dévoué J. K. Huysmans». C'est aussi en 1886 que l'écrivain naturaliste prête à la huitième exposition impressionniste un dessin de Signac, *Aux Tuileries*. Remarquons qu'il a aussi compté dans sa collection une toile de la période impressionniste, une vue de Montmartre de 1883 dont nous avons perdu la trace. En avril 1887, l'écrivain publie dans *La Revue indépendante* un article où il souligne les qualités de Signac: «coloriste enragé, qui emmarseille Asnières», mais cet éloge s'accompagne d'une critique sévère de la technique néo-impressionniste, inadaptée selon l'auteur à la représentation de la figure humaine, ce qui signe la fin de leurs relations.

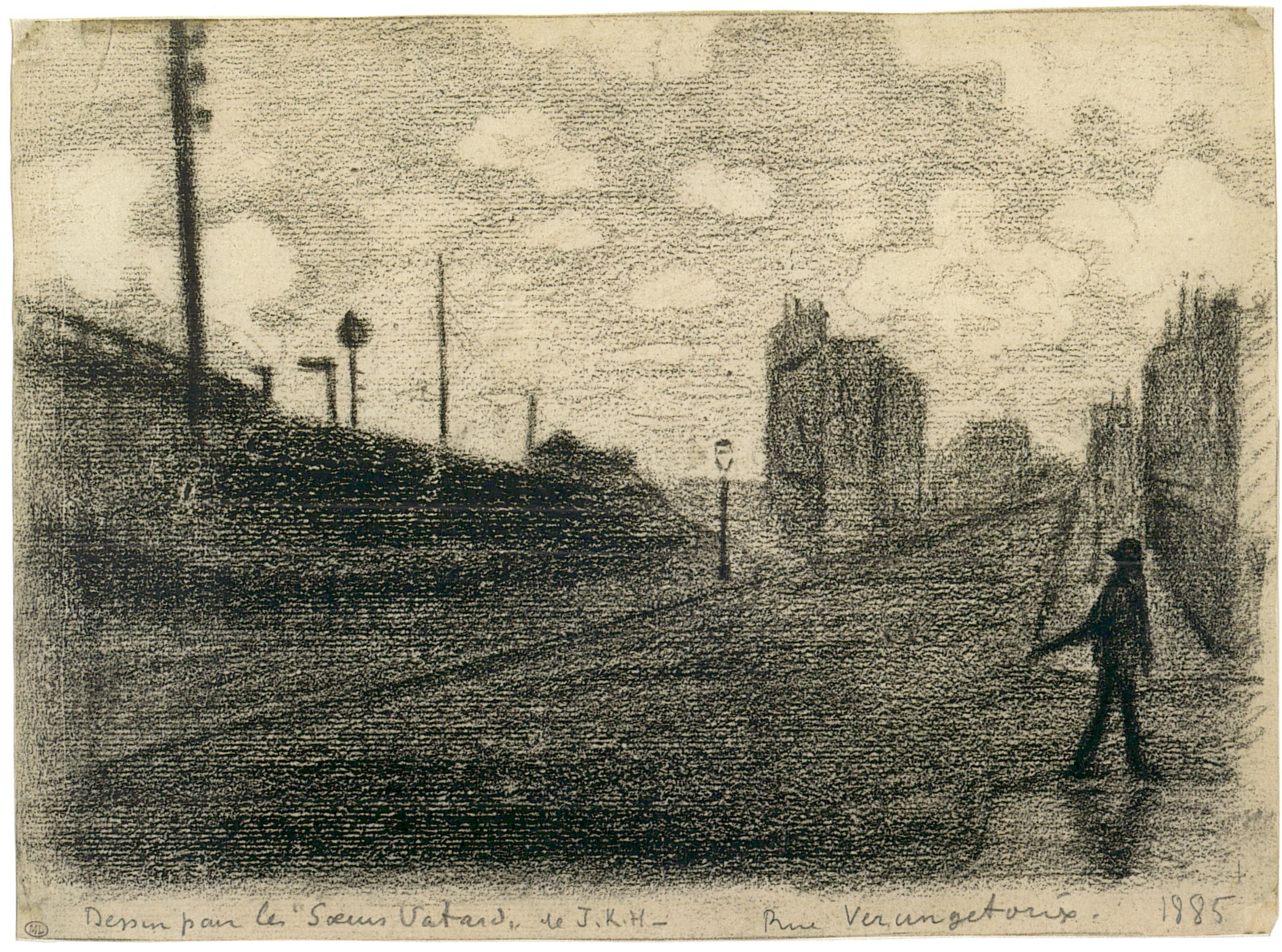

70
Rue Vercingétorix
(Projet d'illustration pour *Les Sœurs Vatard*
de J.-K. Huysmans)
1885
Crayon Conté
22×30 cm
Annoté et daté en bas de la main de l'artiste:
Dessin pour les «Sœurs Vatard» de J. K. H. – Rue Vercingetorix. 1885
Musée du Louvre, Paris
Département des Arts graphiques, fonds du Musée d'Orsay,
don Françoise Cachin en souvenir de sa mère, Ginette Signac

Ce beau dessin au crayon Conté est une étude pour la première toile néo-impressionniste de Signac, *Les Modistes. Apprêteuse et Garnisseuse (Modes)* (1885-1886, Zurich, Fondation E. G. Bührle, FC nº 111). Il s'agit aussi d'un des premiers dessins au crayon Conté de notre jeune autodidacte, qui a rencontré Seurat l'année précédente et qui, d'emblée, réalise un petit chef-d'œuvre. Grâce à sa compagne Berthe, elle-même modiste, Signac connaît le milieu de la confection. Il l'examine de près et le décrit avec précision. Ici, il observe une jeune femme le soir, penchée sur son ouvrage qui se déploie au centre de la feuille comme un bouquet lumineux. Sur la table devant elle, une paire de ciseaux et une lampe. Au fond à droite, sur le mur, une tache claire, probablement celle d'un miroir. Penchée sur le tissu blanc qui éclaire un visage à peine suggéré, la modiste disparaît dans la pénombre de la pièce. Signac maîtrise sans effort le velouté du crayon Conté, le très subtil effet de clair-obscur où les formes surgissent de l'opposition des zones claires ou sombres, et joue des effets de matière créés par le grain du papier.

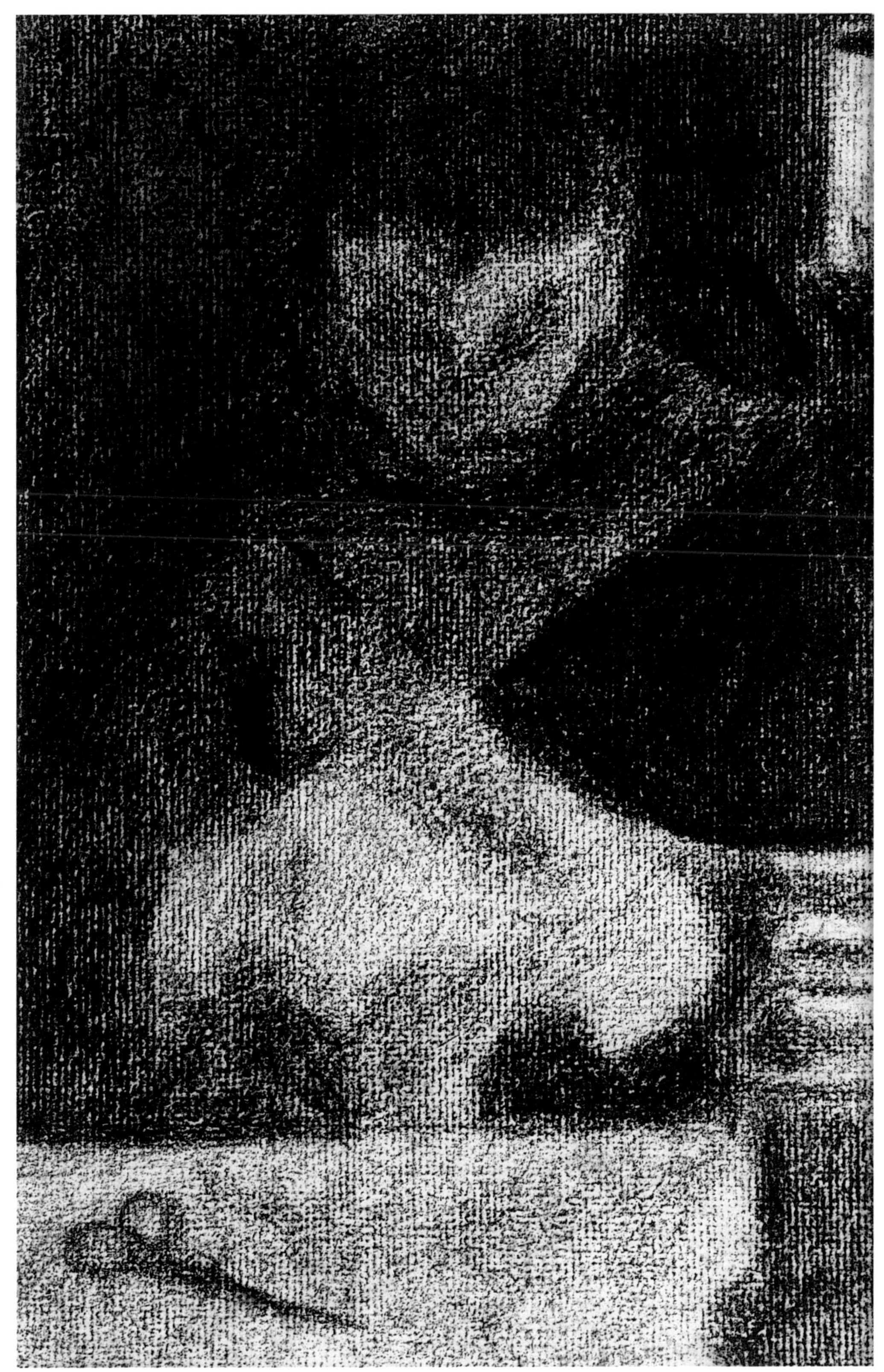

71
Etude pour *Les Modistes*
décembre 1885
Crayon Conté
25×16 cm
Collection particulière

Ce dessin au crayon Conté est une étude pour la toile peinte en octobre 1886, *Le Ponton de la Félicité. Asnières* (collection Honeyman Jr., FC nº 129), exposée au Salon des Indépendants de 1887 et ensuite offerte par Signac au poète et critique d'art belge Emile Verhaeren (1855-1916). Au premier plan de notre dessin, nous voyons un petit voilier à l'ancre qui pourrait bien être le *Tub* (voir cat. nº 11). Ce n'est en tout cas pas la *Félicité*, qui était un bateau à vapeur que Seurat a peint lui aussi (voir cat. nº 13). Au-delà, le ponton, où un couple de silhouettes est à peine esquissé. Sur la rive, nous voyons une maison. A gauche, une île, probablement l'île des Ravageurs. Sur le tableau, un second voilier descend la Seine et passe devant le ponton, masquant l'île.

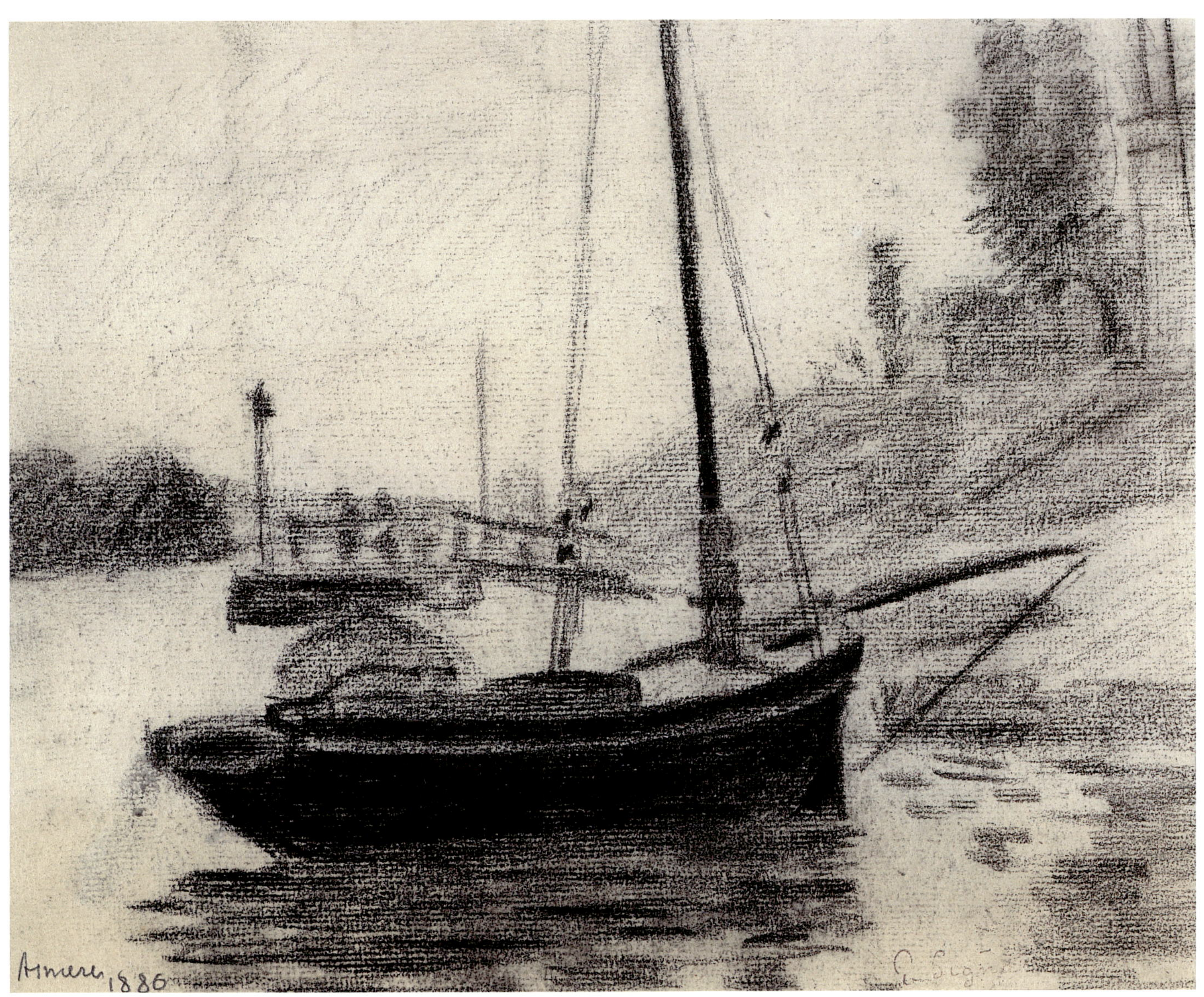

72
Ponton de la Félicité (Asnières)
1886
Crayon Conté
22,5×28 cm
Annoté et daté en bas à gauche,
cachet de l'atelier en bas à droite
Collection particulière

Comme l'indiquent les arbres nus et le pâle soleil qui diffuse sa clarté dans un ciel gris, nous sommes en hiver. Signac s'est placé rive droite, en aval du pont d'Asnières, sur le quai qui longe l'usine à gaz. A gauche, nous apercevons les frondaisons de l'île des Ravageurs. Puis, la plateforme des grues qui mène directement aux entrepôts de Clichy. Le quai, récemment aménagé, est désert, les arbres maigres se succèdent avec régularité, comme les montants métalliques de la plateforme. Le mât d'une barge répond à une cheminée d'usine. Signac s'est servi des éléments du site, le quai, la berge aménagée, la pente qui les relie, pour créer une perspective fuyante, vite arrêtée par l'horizontale de la plateforme. L'artiste utilise ici toutes les ressources du crayon Conté et varie l'intensité des gris sans préciser les contours aussi nettement que dans le dessin des gazomètres réalisé au début de l'année 1886 à quelques pas de ce site (cat. n° 68). Il témoigne ici d'une plus grande maîtrise du dessin au crayon Conté et, pour cette raison, nous pensons que c'est de l'hiver 1886-1887 qu'il faut le dater. En outre, cette œuvre est liée à l'élaboration d'un tableau peint au printemps 1887, *Quai de Clichy. Temps gris (Opus 156)* (localisation actuelle inconnue, FC n° 142), dont il est la première pensée. Pour le tableau définitif, Signac s'est placé plus bas, sur la berge, et aussi plus loin, en aval. Il s'est ensuite retourné en direction du pont d'Asnières. Mais il a gardé la structure générale de la composition avec ses lignes de fuite insistantes et l'espace vide du premier plan. Un schéma japonisant qu'il utilisera à plusieurs reprises.

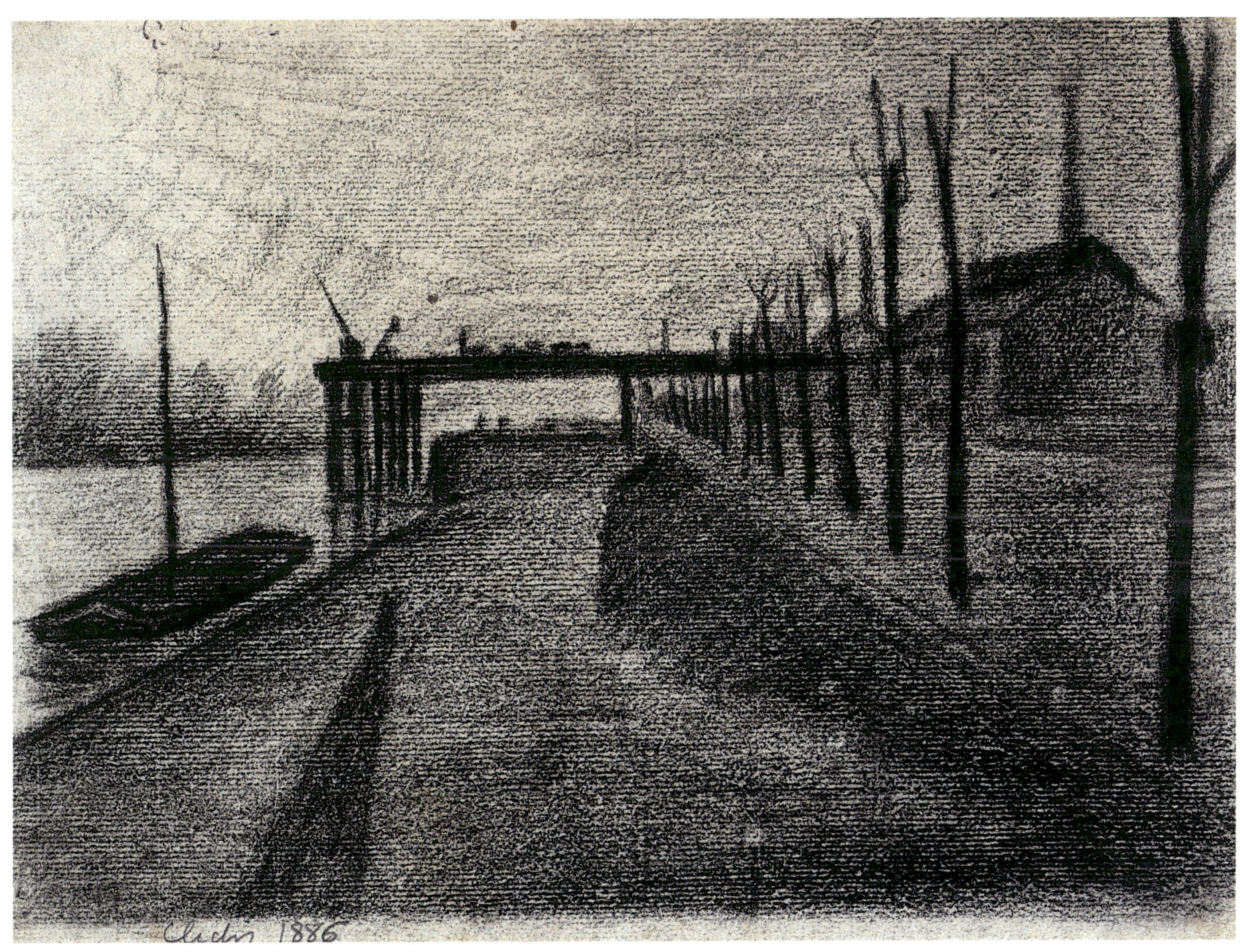

73
Les Grues de l'usine à gaz. Clichy
1886
Crayon Conté
22,5×30,5 cm
Annoté *Clichy 1886* en bas à gauche,
cachet de l'atelier en haut à gauche
Collection particulière

Ce beau dessin, un des plus célèbres parmi ceux produits par Signac, a été mal interprété. La silhouette massive des édifices représentés ici a souvent été confondue avec celle des pavillons du Louvre, sans qu'un point de vue défini ait pu être identifié. En fait, il s'agit, comme l'a fait remarquer Anne Distel qui cite un compte rendu de *L'Art moderne* du 23 octobre 1887, d'un «coin de banlieue près des fortifications», ce qui convient beaucoup mieux à sa destination. En effet, Signac a réalisé cette œuvre pour illustrer le poème de son ami, l'écrivain naturaliste Jean Ajalbert, *Sur les talus. Le Banc* s'y trouve reproduit, à dimensions réduites, et à deux reprises en frontispice, sur papier chamois, puis sur papier gris-bleu. Le texte, un long poème d'inspiration naturaliste, commence ainsi: «Ça se passe sur les fortifications, / Ce rendez-vous parmi les végétations, / D'herbe jaune aux talus, et linge qui sèche, / Et d'arbres maigres comme des cannes à pêche.» Une première pensée pour cette illustration se trouve aujourd'hui dans l'importante collection de dessins et d'aquarelles réunis par le collectionneur James T. Dyke et offerte à l'Arkansas Arts Center de Little Rock. Elle a auparavant appartenu à Fénéon, qui l'a donnée à John Rewald. Cette première interprétation du site confirme que nous nous trouvons bien au pied des fortifications de Paris, ce qui explique le lieu désert et les arbres grêles maintenus par leurs grilles de fonte. Signac a synthétisé cette première image, il a concentré la composition sur le banc et renoncé à l'effet de fuite de l'allée, difficilement conciliable avec la forme circulaire de la vignette. Il était satisfait de ce dessin, qu'il a ensuite proposé à Octave Maus pour illustrer le catalogue de l'exposition des XX, à Bruxelles, en 1888.

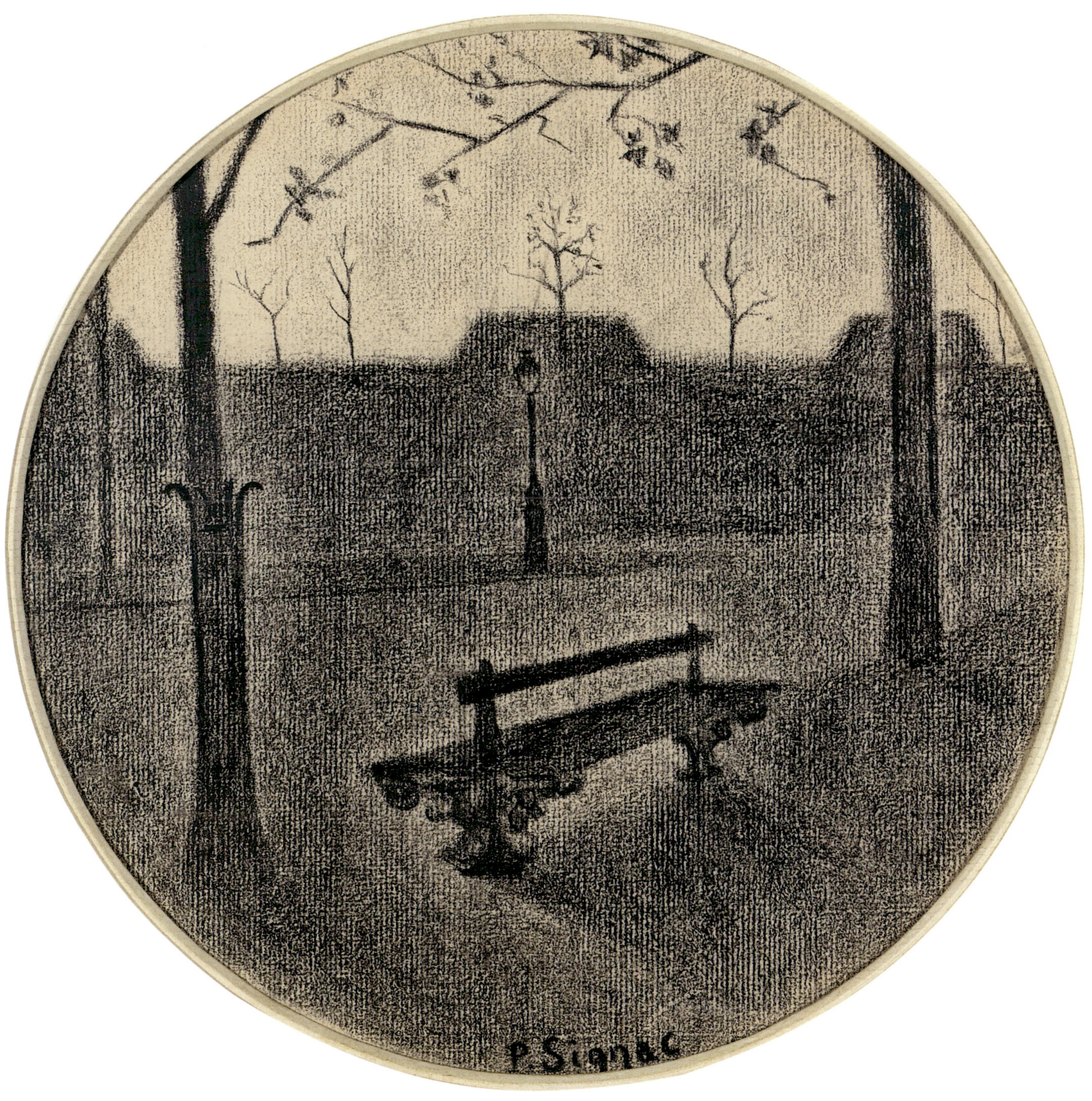

74
Le Banc
1887
Crayon Conté
Diamètre 24 cm
Signé en bas
Collection particulière

Très achevé, ce dessin au crayon Conté est une des nombreuses études pour *Un dimanche* (cat. nº 16). Nous pensons même qu'il en est la première pensée. Nous savons en effet qu'au cours de l'hiver 1887-1888, soit plusieurs mois avant la date du début de l'élaboration du tableau entrepris en octobre 1888, Signac a réalisé une lithographie très proche de cette feuille. De mêmes dimensions que notre dessin, cette lithographie était destinée à la *Revue indépendante* de janvier 1887. Elle reprend très précisément la même composition, mais inversée de gauche à droite. Cette feuille a donc vraisemblablement servi de modèle à l'artiste quand il a reproduit son dessin sur la pierre lithographique, comme il le précise dans une lettre adressée à Octave Maus le 11 janvier 1888: «Voulant éviter les odieuses manœuvres photographiques, je viens d'exécuter pour la *Revue indépendante* une lithographie, espérant cette reproduction directe à mes souhaits. Point. Ces cochons de lithos m'ont gâché ma pierre et à la grande tristesse de notre ami Dujardin, je vais m'opposer à l'encartage dans la revue de cette fromageuse reproduction.» Il semble que la lithographie ait bien été publiée dans l'édition de la *Revue indépendante* (E. W. Kornfeld et P. A. Wick, nº 2) et, en effet, la comparaison du dessin avec la lithographie est cruelle pour cette dernière. Le bel effet velouté du crayon Conté a disparu, le contraste de l'ombre et de la lumière est atténué, noyant ainsi les contours et privant les formes de toute finesse. Mais, en définitive, le dessin de Signac ne sera pas perdu. A l'automne, il sera le point de départ d'une de ses toiles les plus ambitieuses et les plus abouties.

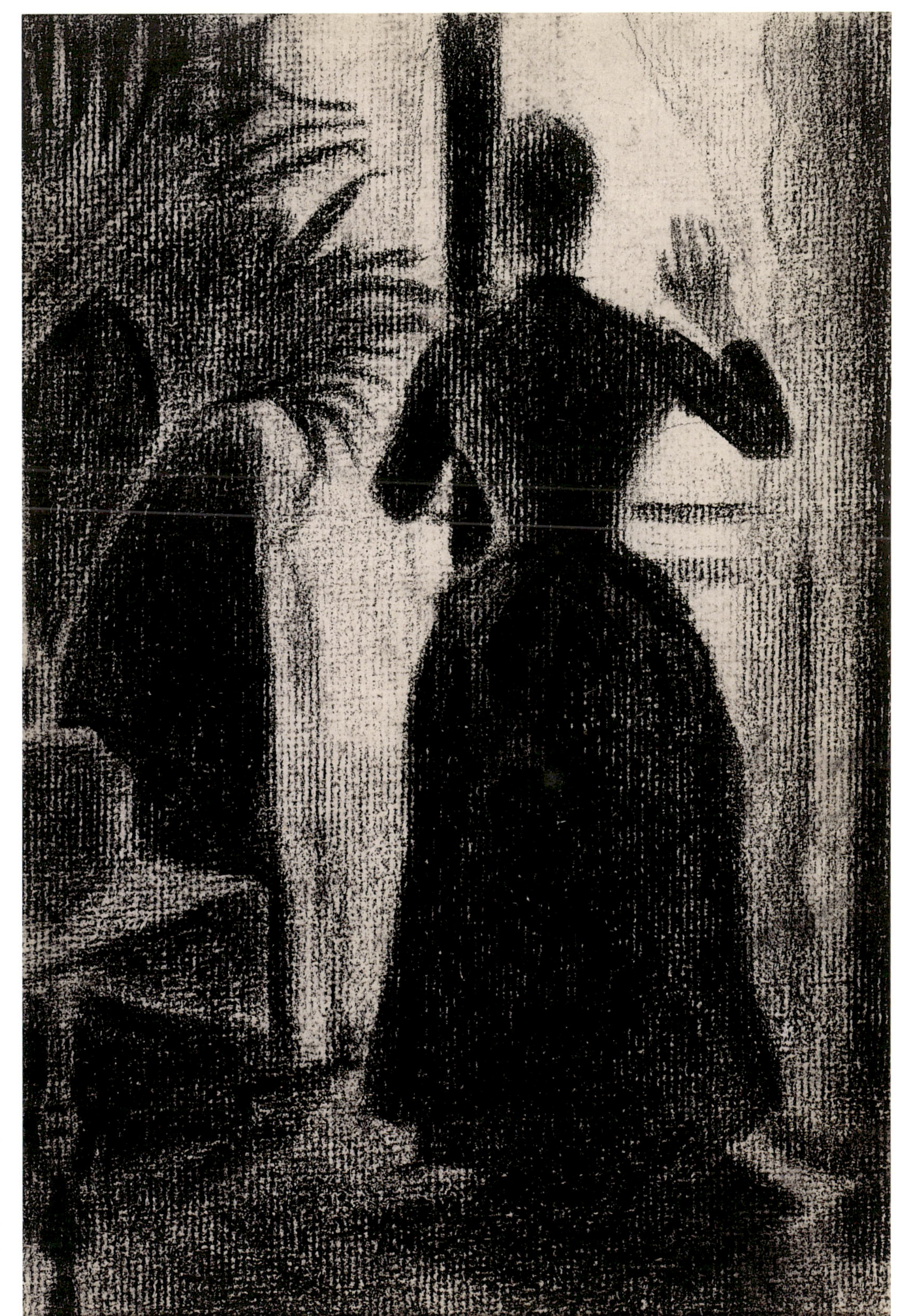

75
Etude pour
***Un dimanche*;**
femme debout de dos
devant une fenêtre
hiver 1887-1888
Crayon Conté
24×16 cm
Collection particulière

Autour de 1890, les jeunes peintres néo-impressionnistes dessinent un bel ensemble de portraits d'artistes et d'écrivains: citons le portrait de *Signac* par Luce (1889, ancienne collection Altschul), de *Signac* par Seurat (1890, collection particulière), celui de *Luce lisant «La Révolte»* par Signac (1890, ancienne collection Altschul). Et c'est aussi en 1890 que Signac entreprend le remarquable portrait peint de son ami *Félix Fénéon* (1890-1891, New York, The Museum of Modern Art, fractional gift of Mr. and Mrs. Rockefeller). Il s'agit donc essentiellement de portraits d'amis, de compagnons de lutte artistique. Or, nous connaissons mal les liens qui ont pu rapprocher Signac d'Erik Satie, une amitié brève et limitée à la période de jeunesse des deux intéressés. Les deux hommes ont eu l'occasion de se rencontrer au *Chat noir*, où Satie a été engagé au milieu des années 1880, quand Signac était, lui aussi, assidu au célèbre cabaret de Rodolphe Salis. Un anticonformisme artistique commun a pu les rapprocher, mais l'engagement rosicrucien d'«Esoterik Satie», son antiwagnérisme et plus encore son anti-impressionnisme ont dû l'éloigner du jeune peintre qui avait baptisé son premier bateau *Manet-Zola-Wagner*! Nous savons cependant que Satie était proche du comte Antoine de La Rochefoucauld, qui rencontre Signac en 1890. La Rochefoucauld accompagnera brièvement l'aventure néo-impressionniste, adoptant lui-même la division de la couleur et subventionnant la «boutique néo-impressionniste» de la rue Laffitte, qui ouvre fin décembre 1893. En 1894, La Rochefoucauld peint lui-même un portrait d'Erik Satie. C'est vraisemblablement du début des années 1890 que date notre dessin où le compositeur barbu apparaît de profil, les cheveux longs, et doté d'un de ses nombreux pince-nez.

76
Erik Satie (1866-1925)
vers 1890
Crayon Conté
31×24 cm
Sur une feuille pliée en deux dont l'ensemble mesure 31×48 cm, annoté au dos de la feuille, de la main de l'artiste, *Eric Satie*
Musée du Louvre, Paris
Département des Arts graphiques, fonds du Musée d'Orsay, don Françoise Cachin en souvenir de sa mère, Ginette Signac

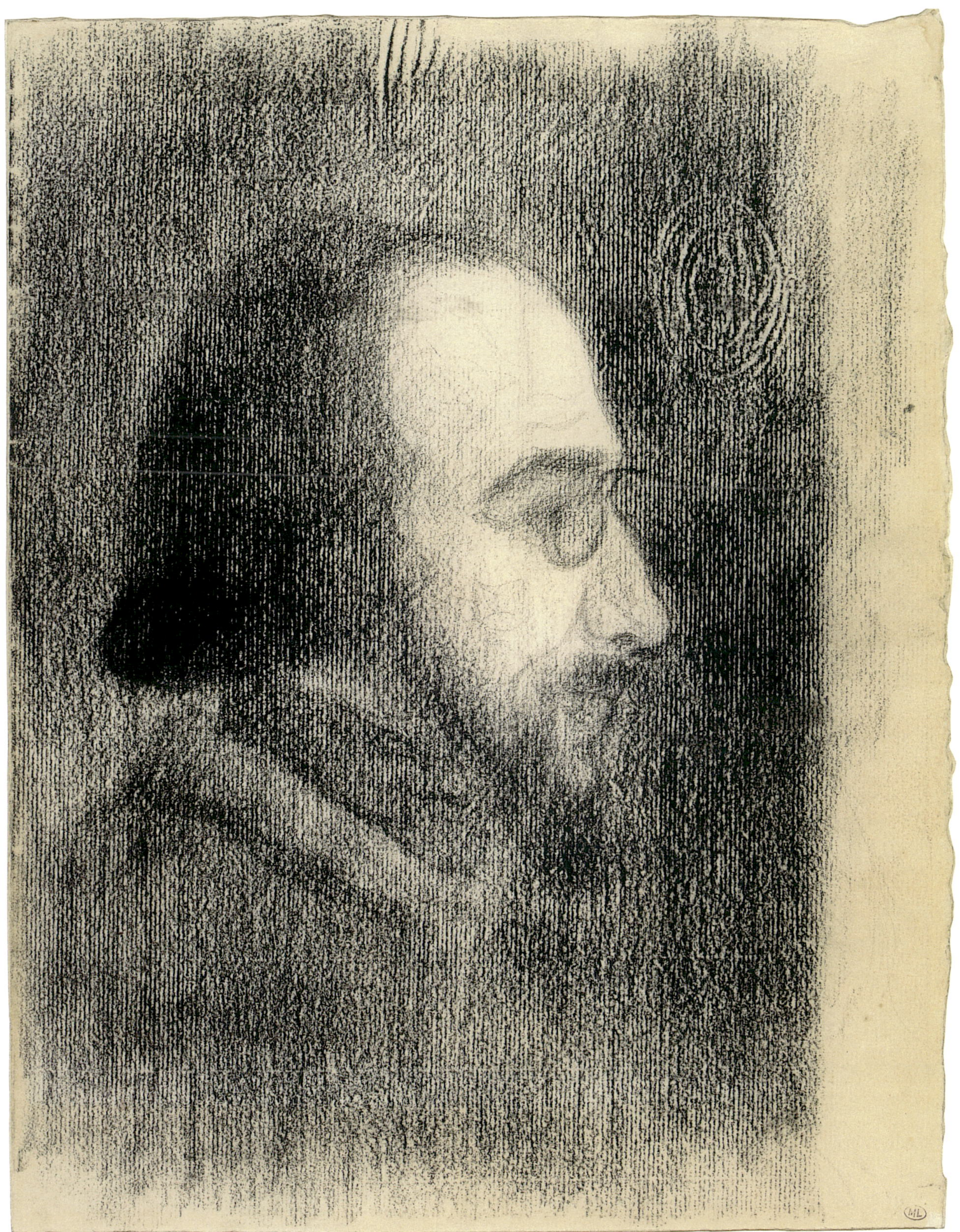

Ce dessin est une étude pour le tableau du musée de Boston, *Saint-Cast (Opus 209)*, présenté ici (cat. nº 18). L'ensemble de la composition, une marine radicalement synthétique, y est déjà en place. Signac y ajoutera quelques détails, notamment les voiliers à l'horizon. Il modifiera l'arabesque du premier plan qui tend vers l'horizontale dans la toile définitive et accentue ainsi la sérénité du paysage. La plage prend ainsi plus d'importance et équilibre la masse bleue de la mer. Mais les contrastes de tons y sont indiqués, y compris le dégradé du ciel qui pâlit à l'horizon. Les traits du crayon sont longs et calmes, naturellement «divisés» par le grain du papier, et l'artiste joue ici de l'intensité des noirs, du gris léger de la plage jusqu'aux accents profonds et veloutés des barques de pêche.

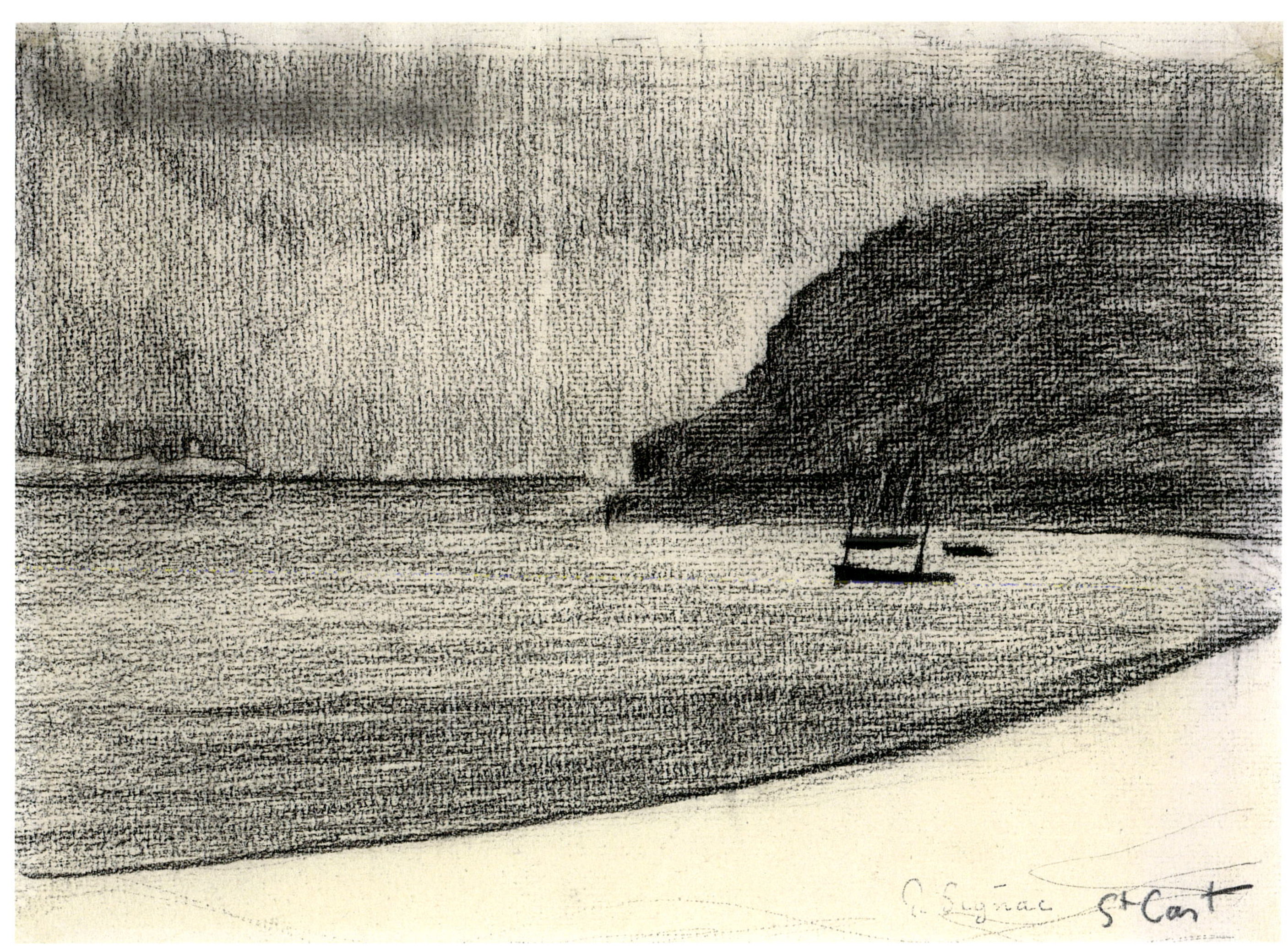

77
Saint-Cast
1890
Crayon Conté
20,1×27,7 cm
Cachet de l'atelier et annoté *St Cast* en bas à droite
Collection particulière

Cette feuille harmonieuse a été réalisée au moment précis où Signac découvre le petit port de Saint-Tropez, un an après la mort de Seurat. Il maîtrise alors admirablement la technique du crayon Conté, mais il y renoncera bientôt quasi définitivement. Il s'agit donc ici d'un des derniers dessins de ce type. L'artiste s'est placé près du chantier naval et regarde en direction de la jetée. Ce point de vue, souvent repris pour peindre à l'aquarelle, apparaît ainsi pour une des toutes premières fois dans son œuvre. L'importante masse sombre de la coque d'un navire au premier plan, dont l'échelle est soulignée par la présence d'une petite barque, donne toute sa force à la composition. Elle s'oppose à la délicate évocation des reflets à la surface de l'eau. Signac utilise ici le blanc de la feuille de papier pour souligner l'effet de contre-jour, car c'est au coucher du soleil qu'il prendra l'habitude de peindre ce motif. A cette heure privilégiée, les collines des Maures pâlissent dans la brume. Les silhouettes du phare et de la jetée se découpent plus nettement et les tartanes rentrées au port y déploient leurs lignes élégantes. Dans cette composition sereine, le jeu des horizontales et des verticales équilibre la diagonale énergique de l'amarre du navire au premier plan, elle-même reprise sur le mode mineur par la barre du bateau et le gréement des tartanes.

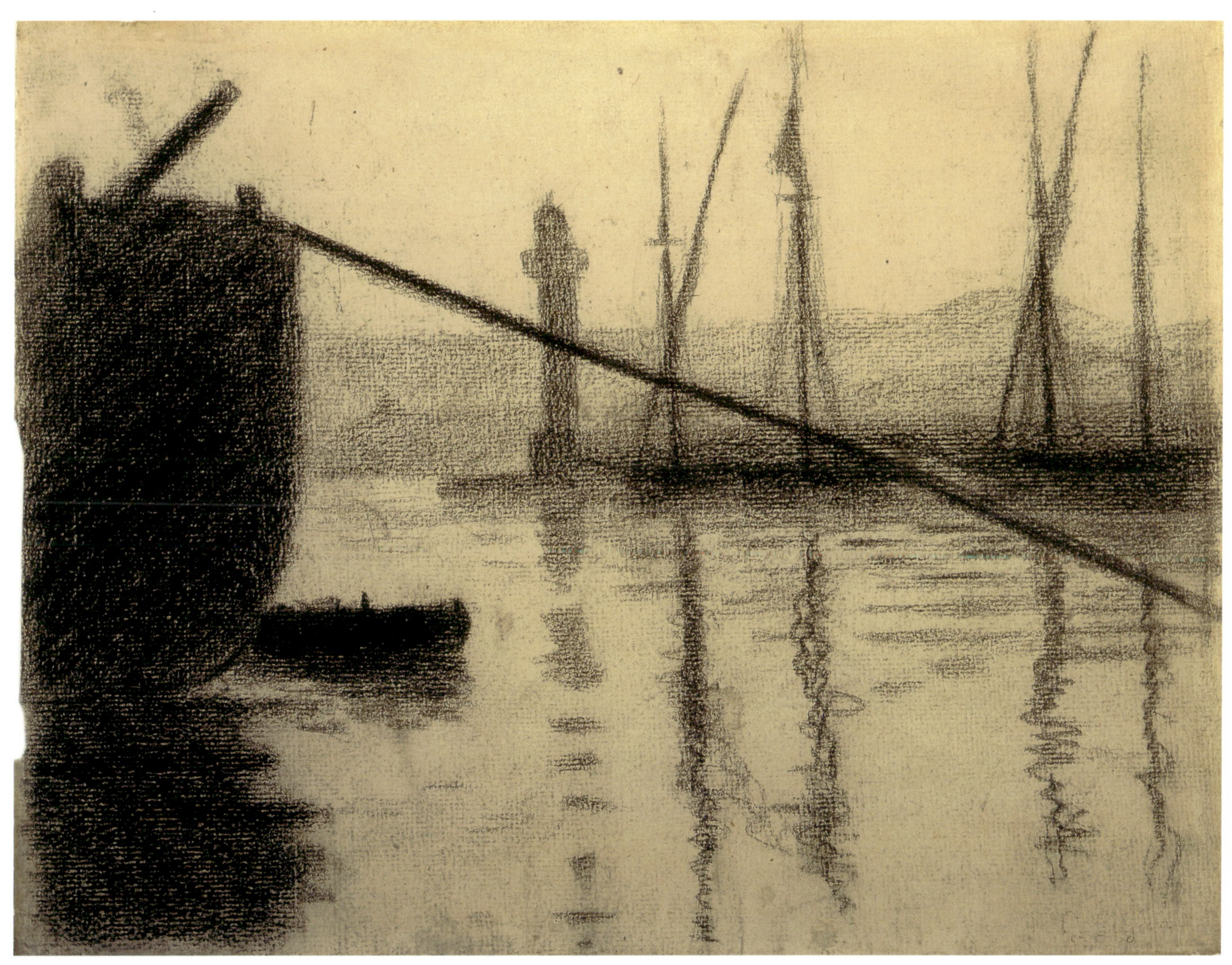

78
Saint-Tropez. La jetée vue du chantier naval
1892
Crayon Conté
23,2×30,2 cm
Cachet de l'atelier en bas à droite
Triton Foundation, Pays-Bas

Signac reprend ici un point de vue proche de celui adopté pour le dessin précédent et qui deviendra vite l'image emblématique de sa production tropézienne. Ici encore, l'effet accusé de contre-jour nous indique qu'il a choisi l'heure qui précède de peu le coucher du soleil. Et c'est à nouveau en noir et blanc qu'il décide de transcrire le paysage tropézien. Mais, cette fois, il utilise un lavis d'encre de Chine sur une mise en place au crayon Conté. A l'évidence, l'artiste, fasciné par le paysage qu'il vient de découvrir, s'essaie à diverses techniques et cherche celle qui conviendra le mieux à sa transcription. En définitive, il adoptera l'aquarelle et réservera le crayon Conté à ses essais lithographiques. En revanche, il utilisera régulièrement l'encre de Chine et le lavis, principalement pour dessiner à partir de 1906 les grands cartons préparatoires, études définitives de la composition de ses toiles peintes.

Ici, comme pour le dessin précédent, Signac isole quelques formes simples et fortes au premier plan, celles du quai et de deux barques. Puis il décrit la jetée, le phare et les tartanes à quai sur fond de collines des Maures. Il esquisse enfin le mouvement créé à la surface de l'eau par le jeu des reflets. Le blanc de la feuille de papier laissée en réserve met admirablement en valeur la gamme nuancée d'une encre plus ou moins délayée, du noir le plus profond au gris léger.

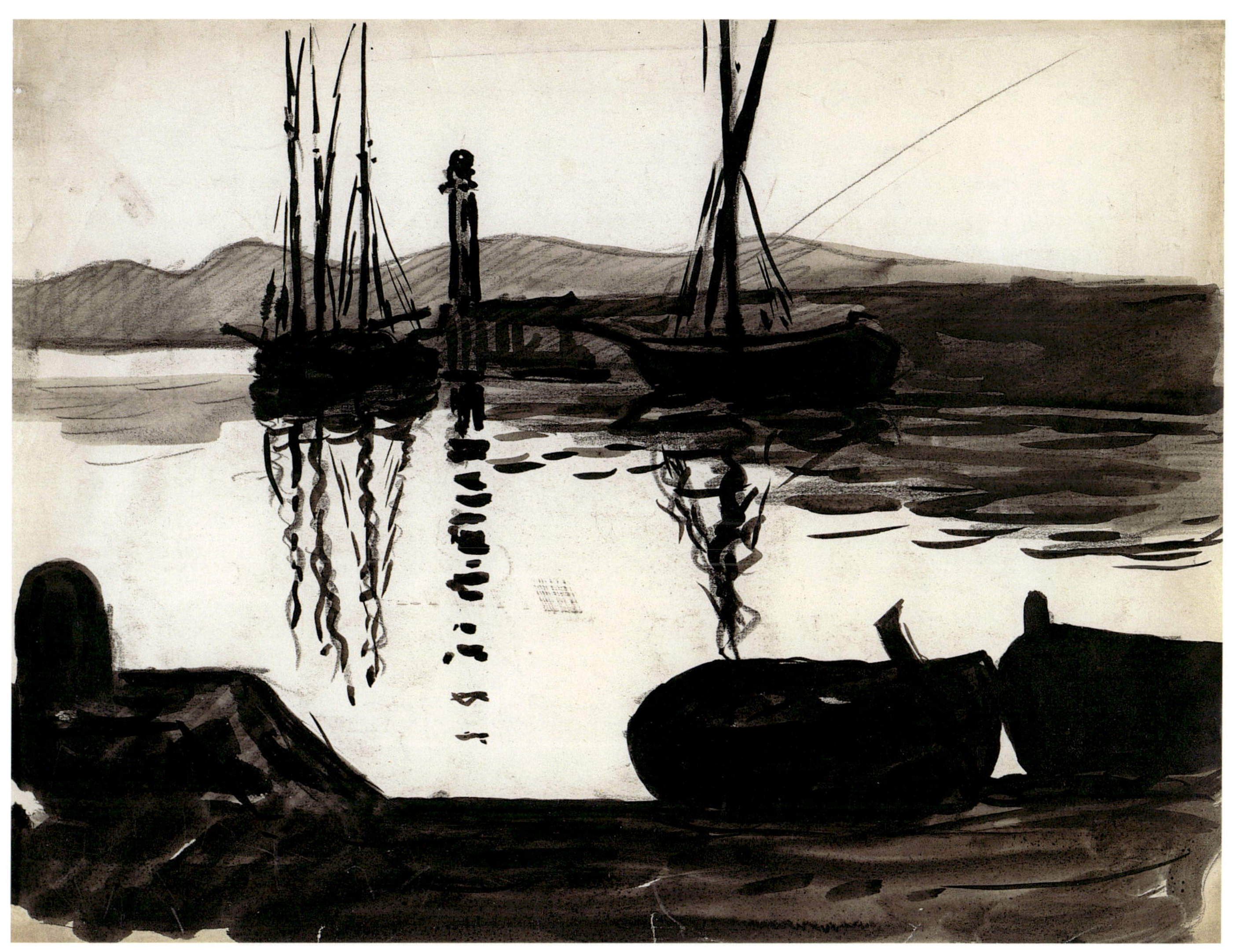

79
Saint-Tropez. La jetée vue du quai Suffren
1892
Lavis d'encre de Chine sur préparation au crayon Conté
25×33 cm
Collection particulière

Ce dessin n'est ni annoté ni daté, mais il nous paraît très clairement associé aux toiles peintes par Signac au retour du voyage en Hollande de 1896. Nous retrouvons ici l'utilisation du motif des alignements de pilotis que l'artiste avait retenus pour structurer un tableau exposé ici, *La Jetée de Flessingue* (cat. nº 30). Nous ne connaissons pas de toile peinte en relation directe avec ce beau dessin, très vraisemblablement réalisé au cours du voyage en Hollande, en prévision d'une lithographie ou d'une gravure en noir et blanc. En effet, à partir de 1892, Signac n'utilise plus la technique du crayon Conté qu'exceptionnellement, pour préparer des œuvres gravées et surtout lithographiées. Quand il quitte Bruxelles pour la Hollande en mars 1896 avec Théo Van Rysselberghe, ils viennent de s'exercer ensemble à l'eau-forte et continueront à pratiquer la gravure à leur retour. Signac reprendra *Bateaux-phares. Flessingue* (1896, FC nº 297) pour en tirer une eau-forte (E.W. Kornfeld et P.A. Wick, nº 7) et en réalisera une seconde, inspirée du petit port de Veere tout proche de Flessingue (E.W. Kornfeld et P.A. Wick, nº 16). C'est de 1896 à 1898 que l'intérêt de Signac pour la gravure et la lithographie atteint son point culminant. Et c'est aussi de cette période qu'il faut dater l'essentiel de son œuvre gravé, et notamment la remarquable série de lithographies imprimées par Clot qui comprend plusieurs compositions tirées de toiles peintes au retour de Hollande. Nous avons déjà cité *A Flessingue* (E.W. Kornfeld et P.A. Wick, nº 11), qui reprend *Le Bassin de Flessingue (vert)* (FC nº 296) et *Le Soir. La jetée de Flessingue* (E.W. Kornfeld et P.A. Wick, nº 20), directement inspiré de *La Jetée de Flessingue* (cat. nº 30). Mais remarquons aussi que *En Hollande. La Balise* (E.W. Kornfeld et P.A. Wick, nº 8) reprend *Bateaux-phares. Flessingue* (FC nº 297) et que *Les Bateaux à Flessingue* (E.W. Kornfeld et P.A. Wick, nº 12) sont en fait tirés de *Le Port de Volendam* (FC nº 293), toutes œuvres datées de 1896.

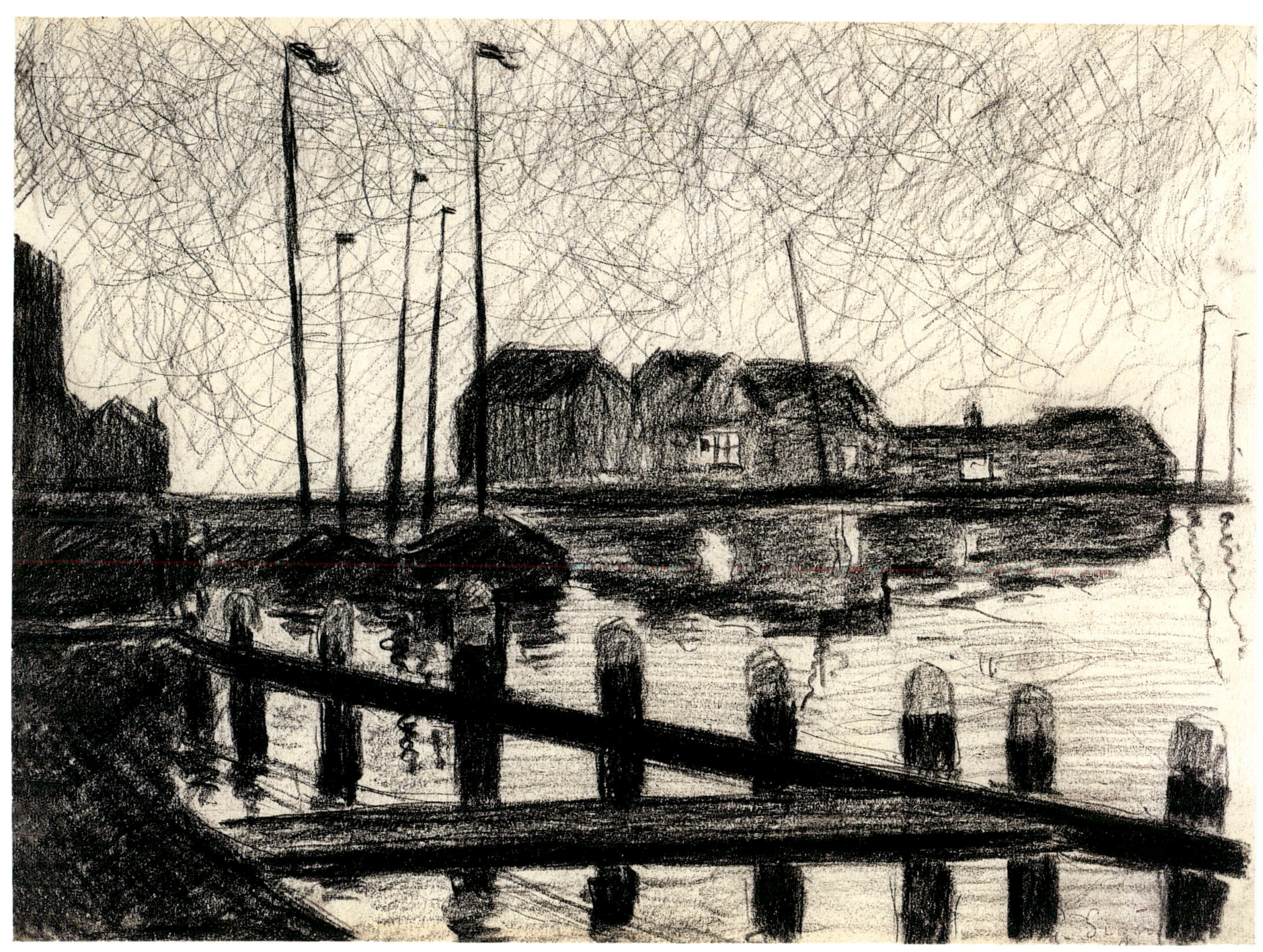

80
Le Port de Flessingue
1896
Crayon Conté
20×27,5 cm
Cachet de l'atelier en bas à droite
Collection particulière

Ce dessin annoté est un beau témoignage de l'admiration que Signac éprouvait pour le peintre romantique anglais William Turner (1775-1851). En 1897, Signac achète en vente publique à Bruxelles l'album *The Rivers of France* contenant des gravures d'après les dessins de Turner et s'en réjouit dans son journal: «Comme il a arrangé à son goût tous ces paysages fluviaux, au gré de son génie. Comme nous sommes loin des exactitudes photographiques de nos jours. Ces croquis sont d'admirables tableaux. La gravure sur acier rend très bien la couleur des ciels et des eaux. La lune, le soleil, les étoiles, les éclairs, les arcs-en-ciel – il réunit toutes ces causes de lumière et de couleur. On sent qu'il regrette de ne point oser mettre deux lunes ou trois soleils en même temps dans chacun de ses ciels» (Archives Signac). Le Cabinet des arts graphiques du Louvre conserve, quant à lui, un carnet daté du printemps 1898, où Signac a étudié à l'aquarelle la composition des tableaux de Turner exposés à la National Gallery de Londres. L'année suivante, il poursuit son exploration de l'œuvre du peintre romantique anglais: son journal nous indique qu'il dessine d'après *The Rivers of France* et qu'il peint des aquarelles au bord de la Seine. C'est donc de 1899 qu'il faut dater notre dessin. Quand il copie cette gravure de Turner, Signac connaît parfaitement le motif du Château-Gaillard qu'il a lui-même peint en 1886 aux Andelys et dont il n'ignore rien des proportions (cat. n° 7). Ainsi, il est tout à fait conscient des libertés prises par le peintre romantique anglais vis-à-vis de la réalité. A son habitude, Turner a étiré la silhouette massive du monument et du pic rocheux. C'est précisément cette indépendance que Signac apprécie. Fidèle à ses admirations, Signac reproduira en 1909 à l'aquarelle une peinture de Turner, *La Salute* (1840, Londres, Victoria & Albert Museum), sur une belle feuille aujourd'hui conservée à l'Arkansas Arts Center Foundation (don James T. Dyke).

81
Le Château-Gaillard d'après Turner
1899
Plume et encre de Chine
19,2×15,5 cm
Annoté *d'après Turner*
et monogrammé en bas à gauche
Collection particulière, Suisse

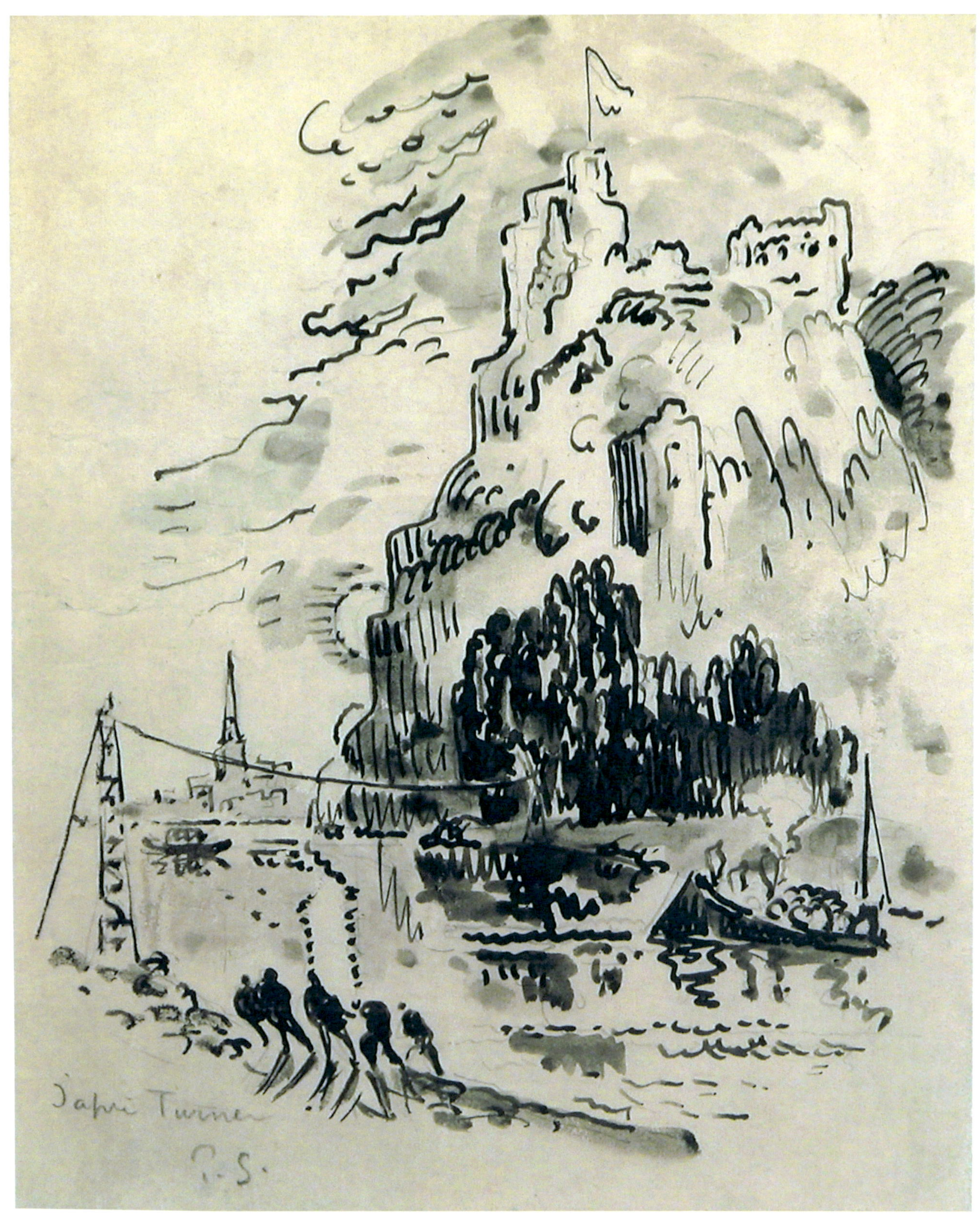
d'après Turner
P. S.

«Biribi» était un terme d'argot militaire utilisé pour désigner les bataillons disciplinaires de l'armée française d'Afrique. Georges Darien leur avait consacré un roman paru en 1890, *Biribi, discipline militaire.* Au sein d'un de ces bataillons, en Algérie, un soldat de 22 ans nommé Aernoult fut battu à mort par trois de ses supérieurs le 9 juillet 1909. Au printemps 1910, une campagne de presse se mit en place pour ramener en métropole le corps du jeune homme et, le 6 août, la rédaction de l'hebdomadaire anarchiste *Les Temps nouveaux* consacra une édition spéciale à l'événement. Elle était illustrée de neuf dessins signés Charles Angrand, Maximilien Luce, Delannoy, Grandjouan, Rodo Pissarro, Théophile Alexandre Steinlen et Signac. L'antimilitarisme de ces artistes s'y donnait libre cours, et le pacifiste Signac avait été particulièrement inspiré par le sujet. Le dessin s'intitule *Pour les vautours.* Au centre d'une composition très sobre, le corps du supplicié gît à plat ventre dans le désert, un vautour à ses côtés. Non loin, une casquette militaire ne laisse pas de doute sur la fonction du jeune homme. Au fond, l'évocation rapide d'une ville arabe, avec quelques palmiers, situe la scène dans le cadre colonial. Sur le sable, des traces de pas qui s'éloignent indiquent que le corps a été délibérément livré aux vautours qui arrivent en nombre dans l'angle supérieur droit. Propagandiste efficace, Signac a mis en valeur la scène principale, isolée sur une plage blanche. Autour, les quelques éléments indispensables à l'identification de l'événement sont rapidement esquissés, à petits traits de plume discontinus.

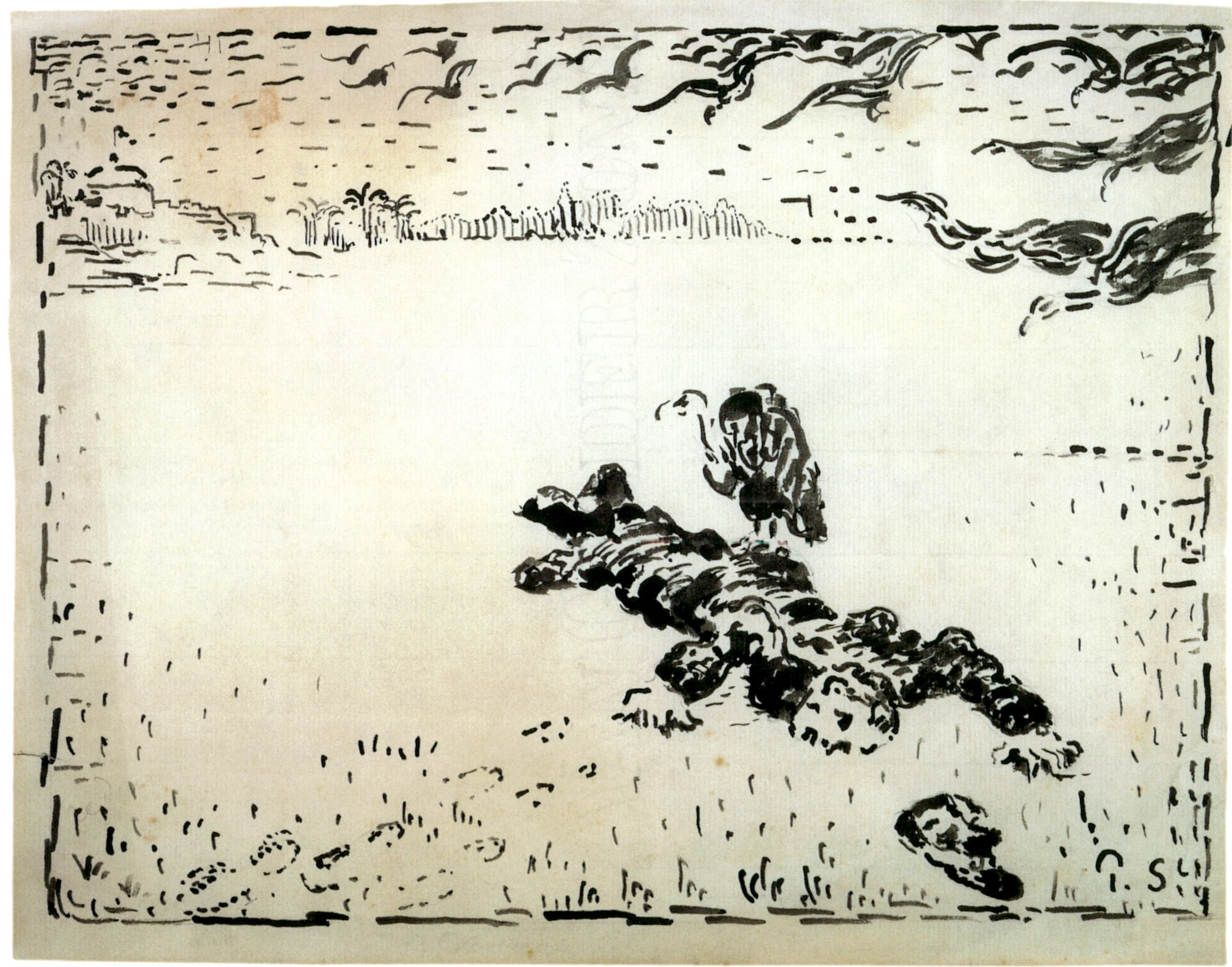

82
Pour les vautours
Dessin publié dans l'édition spéciale des *Temps nouveaux* consacrée à «Biribi»
1910
Plume et encre de Chine
28,5×36,5 cm
Monogrammé en bas à droite
Arkansas Arts Center Foundation Collection, Little Rock: donation James T. Dyke

Dès 1894, Signac note dans son journal la nécessité de ne chercher que l'idée sur l'esquisse et de décider de l'arrangement définitif du tableau sur un carton du format de l'œuvre: «Pour nos recherches de lignes et d'angles, la mise au carreau d'une petite esquisse me semble impossible. Un angle qui fait bien en petites dimensions peut faire très mal agrandi.» Comme l'indique son journal, l'autodidacte amateur de peinture impressionniste – alors préoccupé de peinture décorative – revient à des techniques plus traditionnelles: «Comme cela me ferait du bien de revoir les figures décoratives de Michel-Ange avant de terminer mon tableau», soupire l'artiste, qui dit aussi trouver dans les œuvres de Raphaël «des règles sûres, perdues». Au tournant du siècle, Signac s'intéresse à l'œuvre de Claude Lorrain, peintre de ports imaginaires baignés de lumière, et revient aux méthodes traditionnelles d'élaboration du tableau. Il prend des notes peintes ou dessinées sur le motif et élabore ses compositions à l'atelier sur de grands cartons peints au lavis d'encre de Chine. Mis ensuite au carreau, ils servent à transposer la composition sur la toile. C'est en 1907 que ces dessins au lavis apparaissent. Ils seront dès lors systématiquement utilisés pour élaborer les grandes compositions équilibrées et mesurées où les lignes directrices guident le regard du spectateur à la surface de la toile. Dès 1911, l'artiste expose ces cartons préparatoires qui sont remarqués par Guillaume Apollinaire: «Ce sont de très beaux dessins largement exécutés et bien composés.» Signac s'est appuyé sur *La Corne d'or. Soir* pour peindre le tableau éponyme (1907, collection particulière, FC nº 455), pendant de *La Corne d'or. Matin* exposée ici (cat. nº 51).

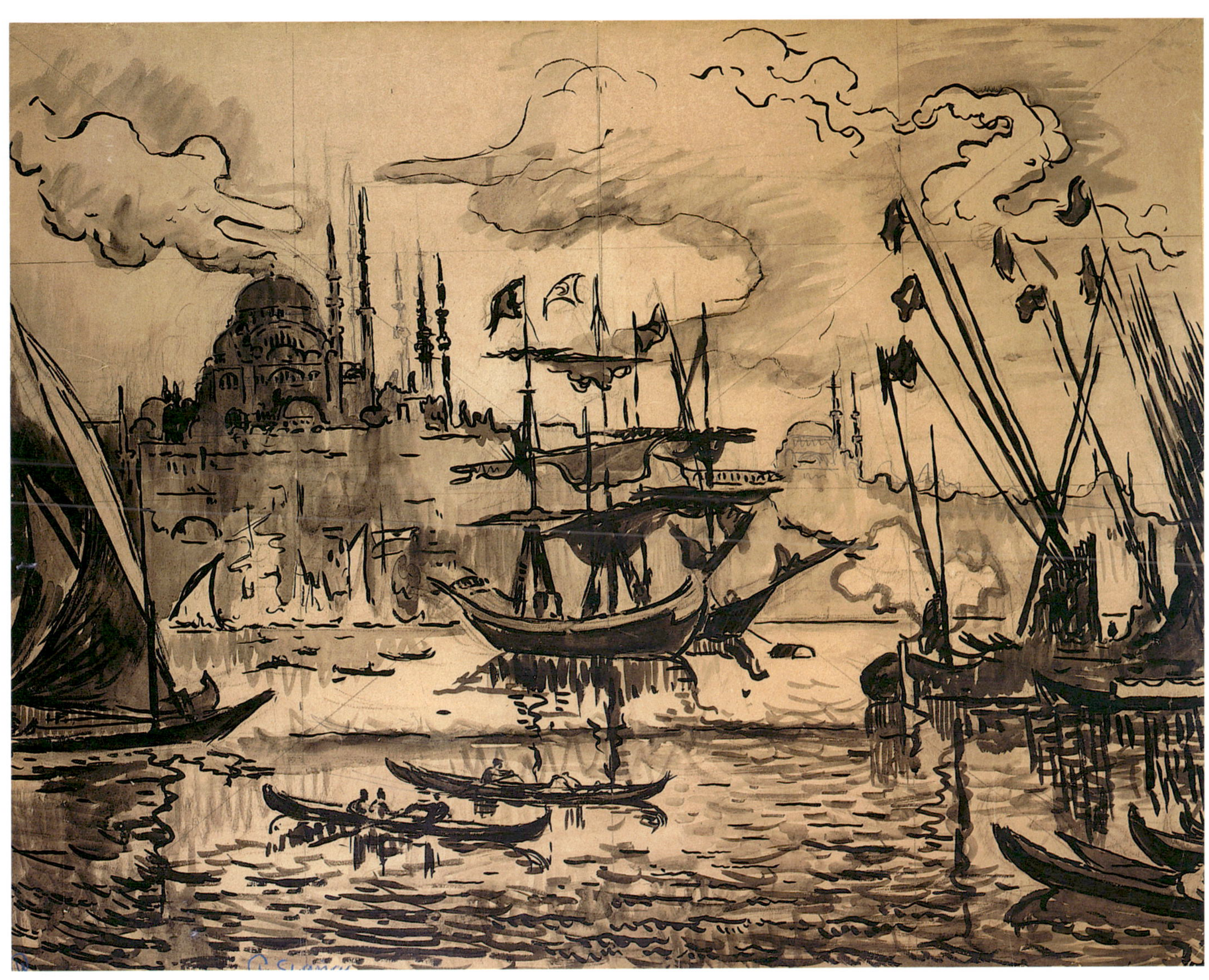

83
La Corne d'or. Soir
1907
Lavis d'encre de Chine, mise au carreau
73×91 cm
Signé au crayon bleu en bas à gauche
Collection particulière

La mise au carreau et les annotations chiffrées indiquent que Signac s'est attentivement servi de ce beau carton préparatoire pour transcrire sa composition sur la toile aujourd'hui conservée au Musée Carnavalet, *Paris, Pont des arts. Automne*, exposée ici même (cat. nº 61). Depuis plusieurs années, et jusqu'à la fin de ses jours, Signac procède à l'élaboration de ses toiles selon la méthode traditionnelle: indications prises sur le motif, études de lignes et de couleurs à l'aide de croquis au crayon ou à l'aquarelle, puis mise au point de la composition sur de grandes feuilles du format de la toile définitive. Si Signac considère ces beaux dessins peints à l'encre de Chine comme des outils indispensables à l'élaboration de ses peintures à l'huile, il y accorde cependant beaucoup de soin. Nous l'avons fait remarquer, il les expose dès 1911. Et, manifestement, Signac se livre avec plaisir au jeu des lignes et des arabesques. Il atteint même dans certains de ces cartons préparatoires à un lyrisme qui s'efface souvent dans les œuvres peintes. Ici, le beau mouvement emporté des frondaisons et des nuages anime d'un souffle romantique la claire ordonnance du pont aux arches régulières. Cet emportement subsistera dans la version définitive, mais stylisé, et curieusement cristallisé par la couleur.

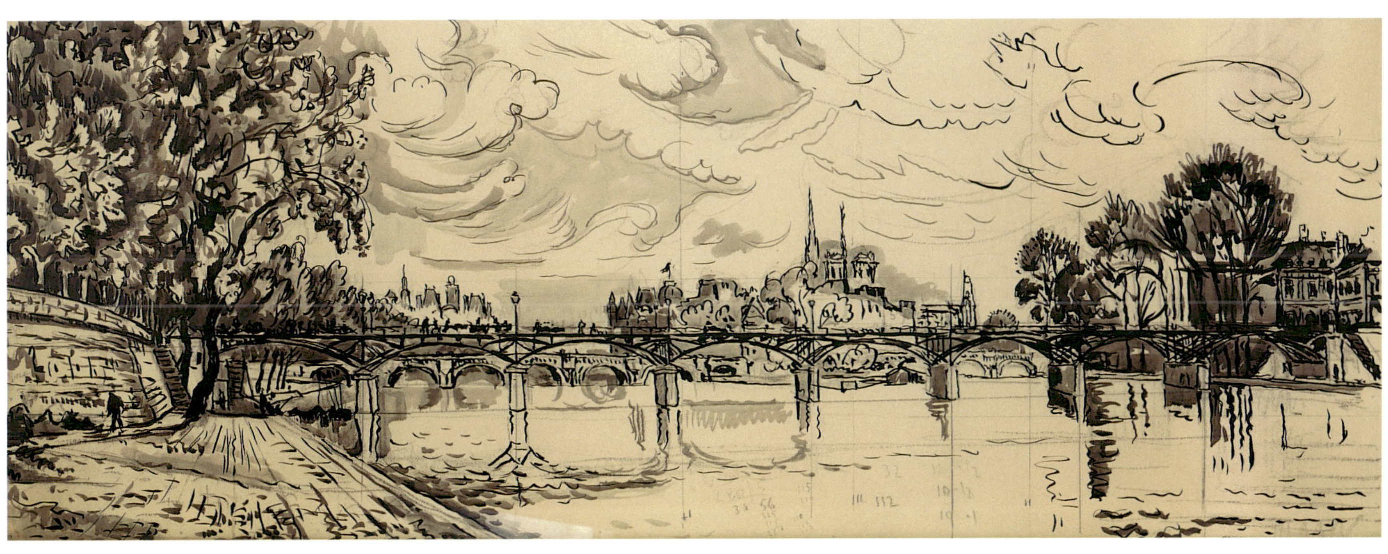

84
Paris, Pont des arts. Automne
1928
Lavis d'encre de Chine
45×116 cm
Collection particulière

Aquarelles

par Marina Ferretti-Bocquillon

«C'est sans doute parce qu'elle est constituée par des feuilles de papier et s'enferme en quelques cartons, qu'on n'a pas encore aperçu que l'œuvre de Signac aquarelliste est un monument.»

Hormis quelques études faites vers 1885 pour *Les Modistes* (1885-1886, Zurich, Fondation E. G. Bührle), Signac dessine longtemps en noir et blanc, réservant la couleur à ses peintures à l'huile. Pourtant, dans une lettre datée du 30 août 1888, Camille Pissarro l'exhorte à s'essayer à l'aquarelle: «C'est précieux, très pratique, on peut arriver, en quelques minutes, à prendre des notes impossibles autrement – la fluidité d'un ciel, certaines transparences, un tas de petits renseignements qu'un lent travail ne peut donner: c'est si fugitif, les effets.»[1] Mais Signac ignore momentanément ce conseil. Ce n'est qu'après la mort de Seurat que Signac, en route pour Saint-Tropez à bord d'*Olympia*, fait ses premières tentatives. A Toulon, le 3 mai 1892, il avoue ses difficultés dans une lettre à Pissarro: «J'essaye de l'aquarelle. Cela ne va pas, mais là pas du tout. Je vois en effet que c'est un mode de renseignement très précieux mais il me faudra encore longtemps pour savoir m'en servir.»[2] Quelques jours plus tard, il atteint Saint-Tropez et, définitivement séduit, décide d'y passer désormais une partie de l'année. En attendant l'arrivée de son attirail de peintre, il continue à s'exercer et réalise quelques dessins aquarellés pour son grand tableau *Femmes au puits* (1892, Paris, Musée d'Orsay). C'est à partir de cette période qu'il renonce progressivement à l'usage du crayon Conté, privilégiant l'aquarelle pour traduire les couleurs du paysage méditerranéen. Ses premières réussites témoignent de ses aptitudes pour une technique dont il a su d'emblée exploiter les possibilités. De rares traits de crayon et quelques touches de couleur lui suffisent pour traduire la lumière d'un crépuscule ou l'éclat d'un paysage. Le contraste des tons s'impose et le dessin est quasi absent de ces notations prises d'une main assurée. Satisfait de ses essais, Signac expose à la fin de l'année trois «annotations à l'aquarelle» à la première exposition impressionniste qui a lieu à l'Hôtel Brébant à Paris. Il a trouvé un nouveau moyen d'expression qu'il va porter à un haut degré de perfection et qui prendra progressivement une place majeure dans son œuvre. Dès lors, il expose systématiquement ses aquarelles auprès de ses dessins et de ses peintures à l'huile. Signac, en proie aux critiques et aux défections dans sa défense du néo-impressionnisme, trouve d'emblée un accueil favorable à ses aquarelles. Ces notes spontanées et sans prétention plaisent aux critiques comme aux collectionneurs qui seront aussi nombreux que prestigieux.

L'artiste, dont tout l'œuvre manifeste le souci d'équilibrer expressions linéaire et chromatique, éprouve bientôt le besoin de structurer ces notes. En 1894 apparaissent les belles aquarelles «rehaussées à la plume», comme l'indique l'artiste dans ses carnets. Ici, couleur et graphisme rivalisent d'autorité, et l'exposition montre un important ensemble de ces feuilles où la transparence des couleurs est soulignée par les traits d'encre noire. C'est aussi à cette époque que Signac renonce ouvertement à l'idée de peindre sur le motif. L'aquarelle joue ainsi un rôle de médiateur entre la nature et l'œuvre achevée. Elle lui permet de concilier son amour du plein air avec un penchant très net pour la spéculation intellectuelle qui le pousse à peindre en atelier des œuvres composées et mesurées. Cette nature duelle n'a échappé ni à ses amis ni à ses critiques. En 1894, Pissarro lui écrit: «Je suis loin de trouver que vous êtes dans la voie qui convient à votre tempérament essentiellement peintre et si jusqu'à présent je ne vous ai rien dit à ce sujet, c'est parce que je sentais que cela vous serait désagréable. Réfléchissez mûrement et voyez si le moment n'est pas venu de faire votre évolution vers un art plus de sensation, plus libre et qui serait plus conforme à votre nature.»[3] Plus tard, l'historien d'art André Chastel notera lui aussi qu'il faut reconnaître à Signac «la carrure et le style du marin, et lui restituer une sorte de truculence naturelle qui cède curieuse-

[1] Lettre de Camille Pissarro à Paul Signac, 30 août 1888, Archives Signac.

[2] Lettre à Camille Pissarro, vente Archives Pissarro, 21 novembre 1875, cat. nº 2, nº 85.

[3] Lettre de Camille Pissarro à Paul Signac, 23 janvier 1894, Archives Signac.

ment devant les exigences du métier».[4] Mais le tempérament de Signac ne cède pas devant les contraintes du néo-impressionnisme. On ne trouve dans sa peinture ni la lumière délicate, ni la poésie distante, ni la hauteur aristocratique de Seurat, mais une vivacité de tons, une franchise et une autorité qui relèvent d'une tout autre nature. Ses œuvres peintes expriment une énergie disciplinée, canalisée plutôt qu'étouffée par l'exigeant procédé. L'artiste trouve dans l'aquarelle – qui n'autorise ni l'erreur, ni la reprise – un terrain d'expression qui correspond à son tempérament, rapide et efficace. Une aquarelle est réussie ou ratée, on la garde ou on la jette, il n'y a pas de repentir possible. L'aquarelliste «enregistre les éléments de beauté, les images de la vie qui défilent devant lui» avant de faire ses choix à l'atelier.[5] Ce qui lui plaît, c'est la liberté d'une technique où la main n'est qu'un «organe soumis au cerveau et à l'œil».[6] Signac a choisi de traduire un univers changeant, celui de l'eau, de la lumière, des reflets et du vent. Il a trouvé dans l'aquarelle l'outil idéal. Signac le marin jouit de l'ivresse du grand air et du contact avec la nature, avant de retrouver le calme de l'atelier et de se livrer à un travail médité. En 1899 et 1900, il aspire à trouver un dessin néo-impressionniste étroitement lié à la couleur. Il utilise alors une technique tachiste où il juxtapose les touches d'aquarelle pour créer sur la surface du papier une vibration comparable à celle de ses toiles peintes à l'huile. Mais Signac ne pointille jamais à l'aquarelle comme l'a fait Camille Pissarro ou comme le fera Hippolyte Petitjean. A la touche pointillée qui, à cette période, s'est élargie sur ses toiles, il préfère le jeu de la division et du contraste. Il évolue ainsi vers une liberté toujours plus grande, qu'il affirme dans un art de plus en plus coloré et fluide. La nouveauté de ces aquarelles n'a certainement pas échappé aux futurs «fauves» qui fréquentent alors son atelier.

[4] André Chastel, *Le Monde*, 13 décembre 1963, p. 12.

[5] Paul Signac, préface au catalogue de l'exposition *Henri Person*, Paris, Galerie Bernheim-Jeune, 10-22 février 1913, s.p.

[6] Paul Signac, *Jongkind*, Paris, Crès et Cie, 1927, p. 71.

Libre de voyager muni du matériel léger de l'aquarelliste, Signac se déplace de plus en plus, en France, mais aussi à Venise, en Hollande ou à Constantinople. A l'exemple de Turner, il nous laisse ainsi une sorte de journal visuel, les mémoires d'un infatiguable touriste. Dès 1894, époque où la lecture du journal de Delacroix l'a incité à entreprendre son propre journal, il notait: «[...] Essayé de faire une aquarelle. Décidément je n'ai plus aucun goût à me mettre devant un coin quelconque pour le rendre. Il me semble idiot de peindre tout ce que l'on [a] devant soi! Comment parce qu'on aura mis un tas de bois à tel endroit, parce qu'on aura peint une maison d'un sale ton, il faudrait que je copie cela! Il me semble beaucoup plus logique de ne prendre dans la nature, de n'emmagasiner – par un simple croquis, une simple note – que ce qui vous semble parfait de lignes et de couleurs... et de s'en servir pour un "tableau" et non une étude... Avec cette méthode, un mois à Venise, d'impressions cérébrales, de souvenirs, de notes, de croquis vous permettra de travailler deux ans... tandis qu'autrement vous n'en rapporterez qu'une ou deux études, peut-être exactes, mais inutiles.»[7] En 1904, son premier long séjour à Venise marque en effet une accélération de sa production d'aquarelles. Il en peint plus de deux cents, qu'il numérote soigneusement.

Immobilisé à Antibes par la guerre, Signac médite la leçon des aquarelles de Cézanne qu'il a eu l'occasion d'admirer au début de l'année 1914 (cat. nº 105). A l'issue du conflit, il peint une admirable série de natures mortes. Nous en présentons ici un choix qui permet de le voir évoluer, de feuille en feuille, d'une approche très cézannienne à l'expression de son propre tempérament de coloriste (cat. nºs 107 à 110). Ce thème inhabituel, il l'abordera à nouveau en 1926, à l'issue d'une nouvelle exposition d'aquarelles de Cézanne à la Galerie Bernheim-Jeune.

A cette époque, Signac prépare une monographie consacrée à Jongkind. Depuis longtemps, il admire

[7] Journal inédit, 20 juin 1894, Archives Signac.

l'œuvre du peintre hollandais dont il collectionne les aquarelles; il se sent proche de cet artiste, comme lui «ami des bateaux et du vent».[8] En mai 1899, il a consacré plusieurs pages de son journal à rendre compte de la visite de l'exposition Jongkind. «Il y a là une cinquantaine d'aquarelles qui sont du plus précieux renseignement», et il conclut sur cette pensée, prémonitoire quant à son propre destin: «Vraiment, le sort de Jongkind peignant joyeusement et superbement jusqu'à sa dernière heure [...] ça vous redonne du courage. Et c'est tout joyeux de cette leçon d'art et de vie que je vais quitter Paris.»[9] En 1927, Signac publie cet ouvrage où il s'intéresse surtout aux dessins et aux aquarelles du peintre hollandais. Ils sont, selon Signac, «la partie la plus caractéristique de son œuvre. Celle qui apprend à la mieux connaître, à le mieux aimer. C'était aussi celle qu'il préférait [...]. Elle fut la joie de sa vie.»[10] Françoise Cachin a fait très justement remarquer que les propos de Signac sur Jongkind peuvent souvent s'appliquer à l'auteur lui-même et que, sous couvert d'analyser l'art de Jongkind, c'est aussi un traité de l'aquarelle qu'il propose.[11] Signac y exprime son admiration pour l'«idéaliste Turner», le «réaliste Jongkind» et l'«analyste Cézanne», tout en recommandant leurs méthodes, qui sont aussi les siennes. Il y va à l'encontre des conseils habituellement prodigués aux aquarellistes, stigmatisant notamment l'usage du «pustuleux papier torchon» auquel il préfère une feuille de papier lisse, qui laisse la pointe du pinceau courir librement et l'eau du lavis «stagner quelques secondes en de petites mares où les jeux du séchage répartiront la couleur en dosages infiniment variés». Il accepte l'«usage intelligent de la gouache» grâce auquel on peut obtenir une plus grande variété de couleurs.[12] Il préconise surtout de laisser apparent le blanc du papier, par transparence, mais aussi en réserve pour permettre aux couleurs ainsi isolées les unes des autres de garder toute leur intensité.[13] Il refuse l'emploi des touches superposées, qui font perdre à la couleur sa pureté, et donnent à la feuille une tonalité générale «tas de légumes pourris». Il soutient que «toute teinte recouverte est plus ou moins flétrie [...] Les valeurs, de la plus claire à la plus foncée, seront établies du premier coup et passeront directement de la palette sur le papier. Tout l'échantillonnage sera parsemé de touches juxtaposées et non superposées. Une jonchée de fleurs.»[14] Cette technique éprouvée s'est précisée au fil de plus de trente ans de pratique, et Signac souhaite laisser un important témoignage de son art d'aquarelliste. En janvier 1911, sa première exposition d'aquarelles était consacrée aux ponts de Paris qu'il peint inlassablement depuis lors. Quand il peint à l'eau comme quand il peint à l'huile, Signac rêve de réaliser d'ambitieuses séries. Il songe ainsi à illustrer son livre de chevet, *Mémoires d'un touriste* de Stendhal. C'est grâce au collectionneur et mécène Gaston Lévy qu'il aura bientôt l'occasion de consacrer ses pinceaux d'aquarelliste à un projet considérable: deux cents aquarelles peintes d'après cent ports de France. Le bel ensemble réuni ici permet de juger de leur éclat et de leur variété (cat. n°s 123-133). Ce sera sa dernière grande entreprise artistique. Quand, harassé par la dernière mission qu'il s'est donnée, Signac achève la série des ports de France, il est bientôt septuagénaire et il ne lui reste plus beaucoup de temps à vivre. Mais il continue d'observer le monde avec ardeur et d'enregistrer tout ce qui retient sa curiosité dans ses carnets aujourd'hui conservés aux Archives Signac.[15] L'artiste peint le port de Barfleur où il s'est fixé à l'issue de son périple. Il peint aussi Paris et ses banlieues industrielles (cat. nº 134). Il retourne à Arles où il se souvient de son ami Vincent Van Gogh et se rend pour la première fois en Corse en 1935. Avec

8 Paul Signac, *op. cit.*, 1927, p. 129.
9 Paul Signac, «Journal», publié par John Rewald *in*: *La Gazette des Beaux-Arts*, juillet-août 1953, p. 57.
10 Paul Signac, *op. cit.*, 1927, p. 41.
11 Françoise Cachin, «Paul Signac. La vie et l'œuvre» *in*: *Signac. Catalogue raisonné de l'œuvre peint*, Paris, Gallimard, 2001, p. 80.
12 Paul Signac, *op. cit.*, 1927, pp. 102-103.
13 Paul Signac, *op. cit.*, 1927, pp. 106-107.
14 Paul Signac, *op. cit.*, 1927, pp. 109-110.
15 Sauf le dernier, le carnet «Corse II 1935», offert par Françoise Cachin au Cabinet des arts graphiques du Musée du Louvre.

une énergie et une joie inépuisables, l'artiste consigne ses derniers éblouissements. Aucun signe précurseur d'une disparition toute proche n'apparaît dans les dernières feuilles qu'il nous a laissées. Pages de carnets ou aquarelles abouties, elles expriment un bonheur toujours renouvelé à la vue du spectacle de la nature, de ses paysages lumineux et des œuvres des hommes.

M. F.-B.

Ce texte reprend partiellement et adapte l'introduction au catalogue de la collection James T. Dyke, *Paul Signac, dessins et aquarelles, une collection inédite* (Paris, Editions de la Martinière, 2000, et New York, Abrams, 2000), ensuite développée par l'auteur dans une monographie, *Signac aquarelliste* (Paris, Adam Biro, 2001, traduite aux Editions Vilo sous le titre *Signac Watercolors*).

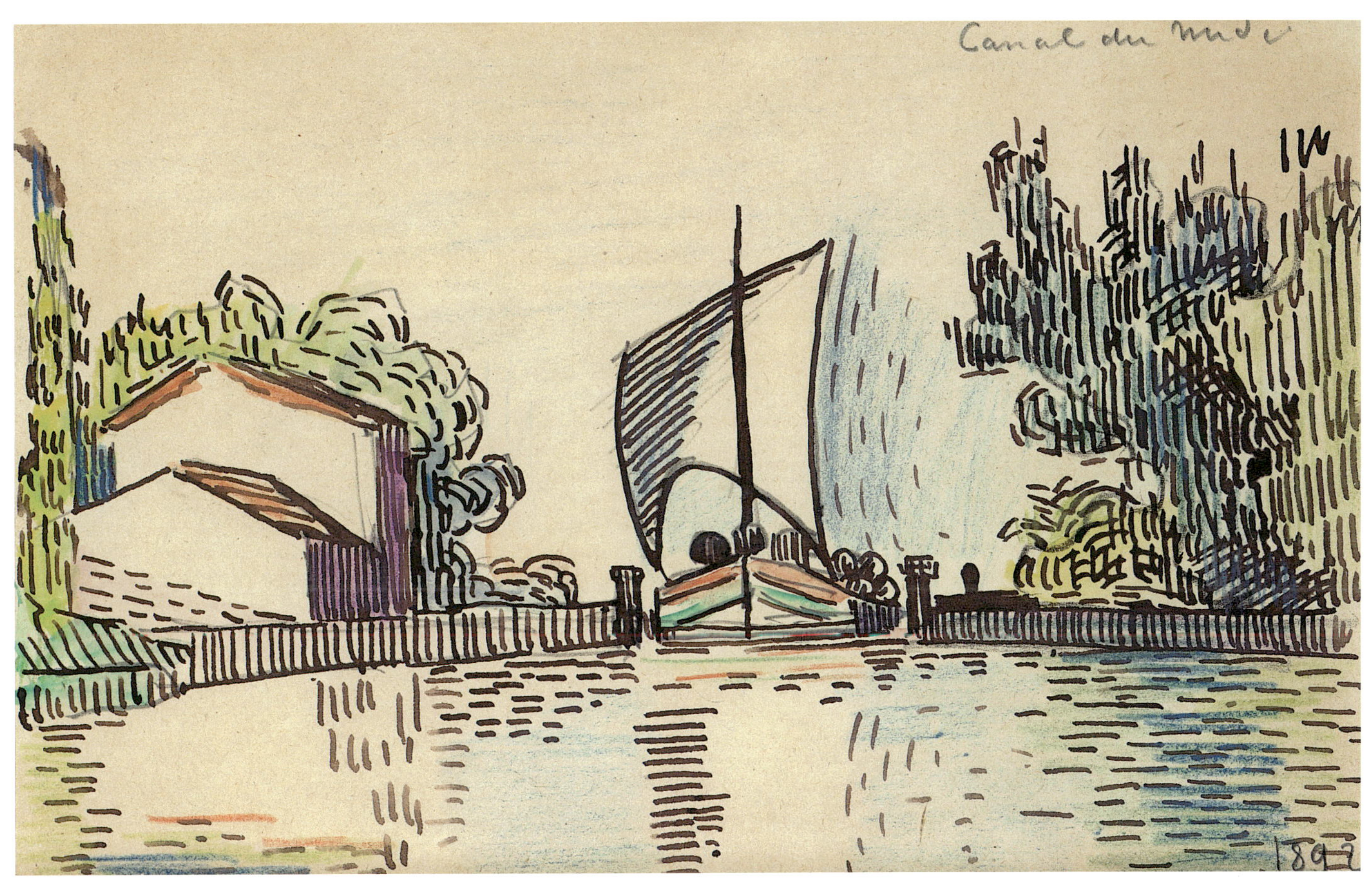

85
Le Canal du Midi
1892
Plume et encre de Chine, rehaussé au crayon de couleur
12,5×20 cm
Annoté *Canal du Midi* en haut à droite,
daté en bas à droite
Collection particulière

Cette feuille de petites dimensions, récemment redécouverte, n'a jamais été exposée. Elle annonce très directement les toutes premières tentatives de peinture à l'aquarelle de l'artiste qui adopte ce procédé au cours des semaines suivantes, lors de son arrivée à Saint-Tropez. En avril 1892, Signac entreprend à bord de son voilier *Olympia* la descente du canal du Midi, qui le mènera à Sète (alors «Cette») et ensuite à Saint-Tropez. Il est accompagné de Berthe et de son ami, le peintre belge Théo Van Rysselberghe. Après avoir fait escale à Castelnaudary le 8 avril, à Carcassonne le 9 et à Béziers le 12, *Olympia* est aux Onglous, à l'issue du canal sur l'étang de Thau, le 13 avril. C'est au cours de ces quelques journées de navigation paisible, rythmée par le passage des écluses, que Signac a réalisé ce dessin. Ce n'est pas *Olympia*, son yacht de plaisance, que l'artiste a choisi de représenter au passage d'une écluse, mais un voilier traditionnel, à la coque large et à fond plat, avec une voile latine. Il s'agit vraisemblablement d'une tartane qui remonte vers le Nord les tonneaux de vin du Midi dont elle est chargée. Elle traverse les portes d'une écluse, et nous voyons à gauche de la composition la maison de l'éclusier. Signac a dans un premier temps dessiné la scène à la plume, à traits brefs, avant d'y ajouter de la couleur. Et c'est le procédé inverse qu'il adoptera par la suite, travaillant à l'aquarelle à la mise en place de ses œuvres qu'il structure ensuite à la plume et à l'encre de Chine.

Site désormais célèbre, la Ponche n'est en 1894 qu'une modeste plage de pêcheurs située à la pointe de la presqu'île, ce qui lui a donné son nom (la *pouncho* signifiant la pointe en provençal). Le lieu n'a pas changé et nous y retrouvons les petites maisons de pêcheurs enchevêtrées autour de la plage. Les barques ont, quant à elles, disparu; elles étaient, comme le montre notre aquarelle, nombreuses à l'époque de Signac. Le peintre a été séduit par le contraste de l'ombre et de la lumière sur ce motif aux allures naturellement géométriques, où il a opposé avec vigueur les jaunes et les bleus. Il a choisi de le peindre un jour de plein soleil, sous un ciel immobile. Cette belle feuille témoigne de la maîtrise acquise en deux ans par l'artiste dans une technique qu'il n'avait, avant 1892, abordée que très sporadiquement. Signac a mis au point une méthode personnelle, peignant à l'aquarelle sur une rapide mise en place au crayon, avant de structurer l'ensemble par des traits de plume à l'encre noire.

Nous savons que Signac accroche dès 1893 des «notations à l'aquarelle» au Salon des Artistes indépendants ainsi qu'à la «boutique néo-impressionniste» de la rue Laffitte. Cette belle feuille, monogrammée et datée, a pu être exposée de son vivant. A moins que l'artiste ne l'ait signée lorsqu'il l'a donnée à la mère de son ami défunt, Georges Seurat, à laquelle il rend régulièrement visite jusqu'à la mort de celle-ci en 1899.

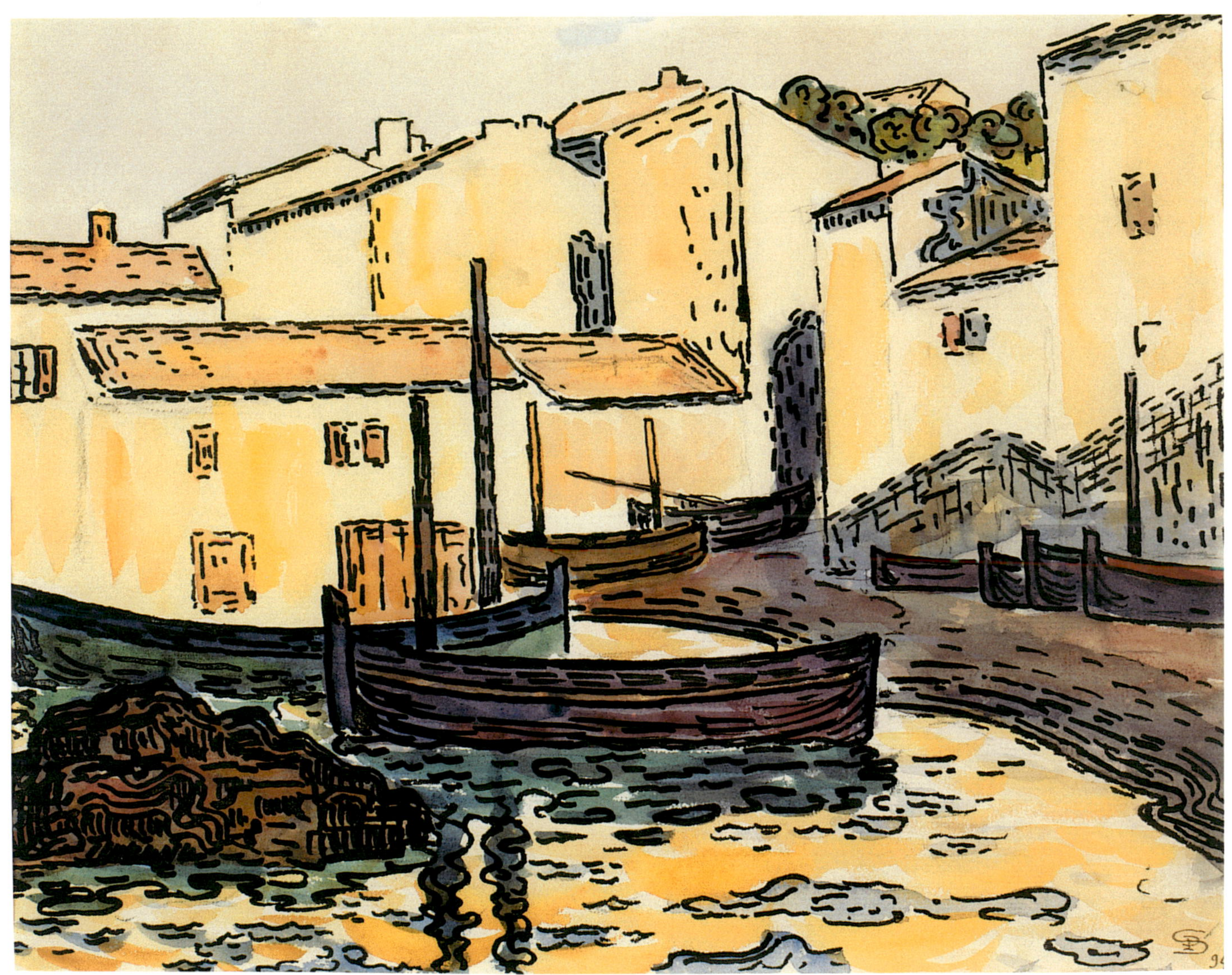

86
Saint-Tropez, la Ponche
1894
Aquarelle rehaussée à la plume
21 × 27 cm
Monogrammé et daté en bas à droite
Collection particulière

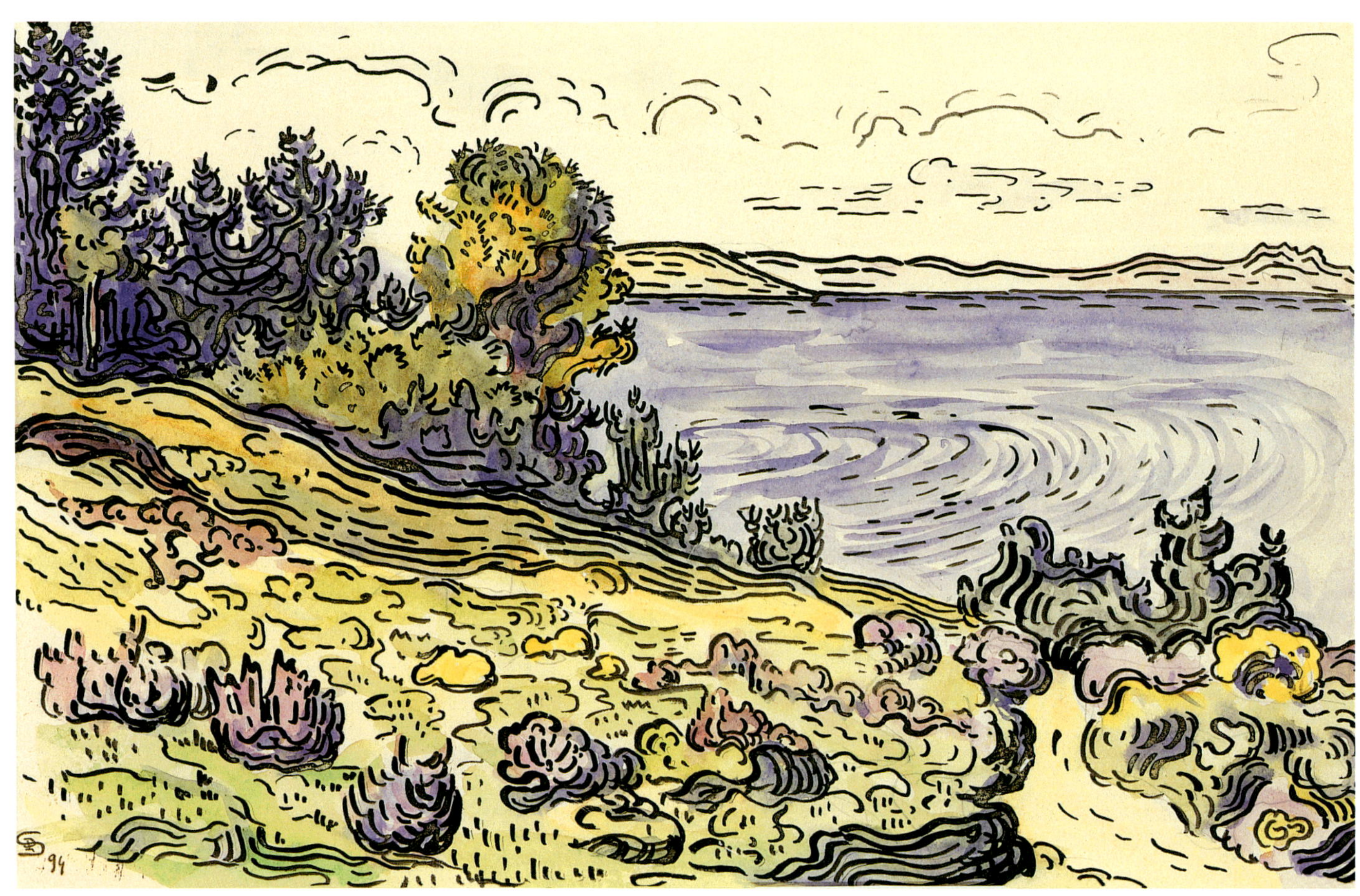

87
Saint-Tropez, le sentier côtier
1894
Aquarelle rehaussée à la plume
19,2×29,7 cm
Monogrammé et daté en bas à gauche
Collection particulière

Contemporaine de la précédente, cette aquarelle est également monogrammée et datée. Elle a donc probablement figuré à une exposition du vivant de l'artiste. Signac nous montre un aspect tout différent de Saint-Tropez. Nous y reconnaissons le sentier côtier, avec la silhouette des collines des Maures à l'horizon. La végétation méditerranéenne, bruyères et genêts, tapisse le terrain au premier plan et imprime un mouvement ondulant à l'ensemble de la composition. L'artiste s'est plu à exprimer le caractère agité du paysage un jour de grand vent. Les courbes des nuages et les ondes qui se dessinent à la surface de la mer, la végétation décrite en traits cursifs confèrent à l'ensemble un dynamisme qui nous rappelle les dessins réalisés par Van Gogh à Arles en 1888. L'harmonie froide, à dominante bleue et verte, confirme que cette feuille aux allures japonisantes a été peinte un jour de temps gris.

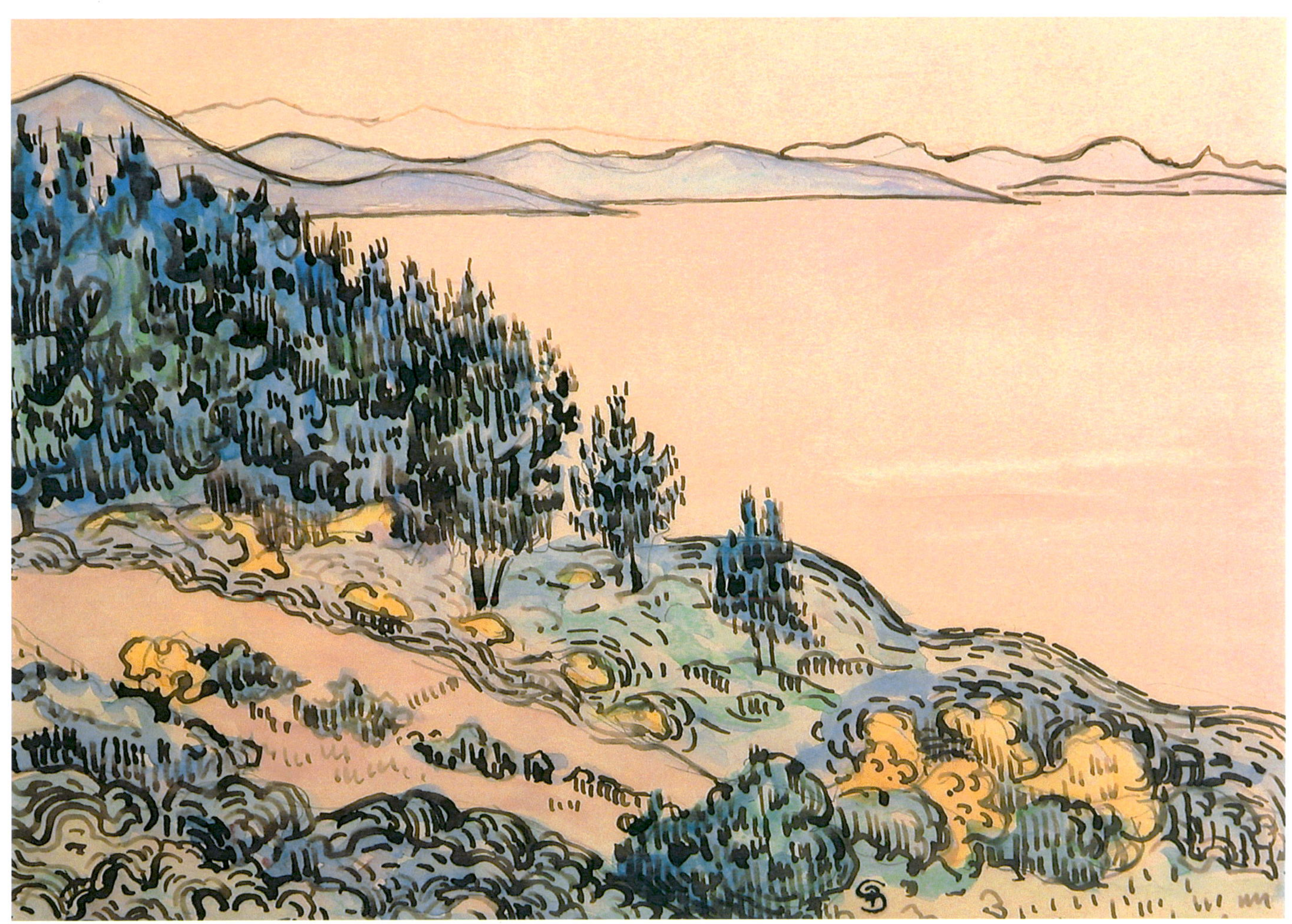

88
Saint-Tropez, le sentier côtier
vers 1894
Aquarelle rehaussée à la plume
19,7×27,5 cm
Monogrammé en bas à droite
Collection particulière, Suisse

Par bien des aspects, *Saint-Tropez, le sentier côtier* ressemble à la précédente aquarelle dont elle pourrait être la version sereine et ensoleillée. De dimensions comparables, elle représente elle aussi le sentier douanier. Nous reconnaissons, en effet, le site avec sa végétation si particulière et les collines des Maures à l'horizon. Cette fois, le peintre s'est rapproché des pins et nous présente un effet atmosphérique tout différent. Le ciel est lisse tout comme la surface de la mer, et la dominante rose indique que nous sommes au coucher du soleil. C'est à dessein que Signac a laissé l'angle supérieur droit vierge de tout trait de plume, pour accentuer le calme de la mer et du ciel. Le peintre a signé cette feuille qu'il considérait comme achevée.

Signac a rarement représenté la chapelle Sainte-Anne, aujourd'hui un des sites les plus séduisants et les plus tranquilles de Saint-Tropez. Nous ne connaissons en effet qu'une seule toile inspirée du large point de vue qu'offre la colline de la chapelle sur le port et le golfe (cat. n° 45). Ici, le peintre s'est placé sous le porche de l'église et s'est servi de sa puissante architecture pour obtenir une composition particulièrement originale. Les arches romanes dessinent deux fenêtres ouvertes sur le paysage. A gauche, elle ouvre sur les cyprès et, à droite, sur le golfe et la ville. De la même manière, l'ombre du premier plan met en évidence la luminosité du fond. Susan Stein a très justement fait remarquer que ce beau dessin évoque ceux inspirés à Van Gogh par les cloîtres des hôpitaux d'Arles et de Saint-Rémy, *La Cour de l'hôpital d'Arles* (F1467) et *La Fontaine du jardin de l'hôpital Saint-Paul* (F1531). Ces œuvres avaient figuré à l'exposition posthume de Van Gogh, présentée au Salon des XX de Bruxelles en 1891 et à l'organisation de laquelle Signac avait participé.
C'est *Saint-Tropez, la chapelle Sainte-Anne* qui fut, en 1984, la première œuvre de Signac acquise par James T. Dyke, donnant ainsi le coup d'envoi à une remarquable collection de plus de 130 dessins et aquarelles de l'artiste, offerte en 2000 à l'Arkansas Arts Center Foundation de Little Rock.

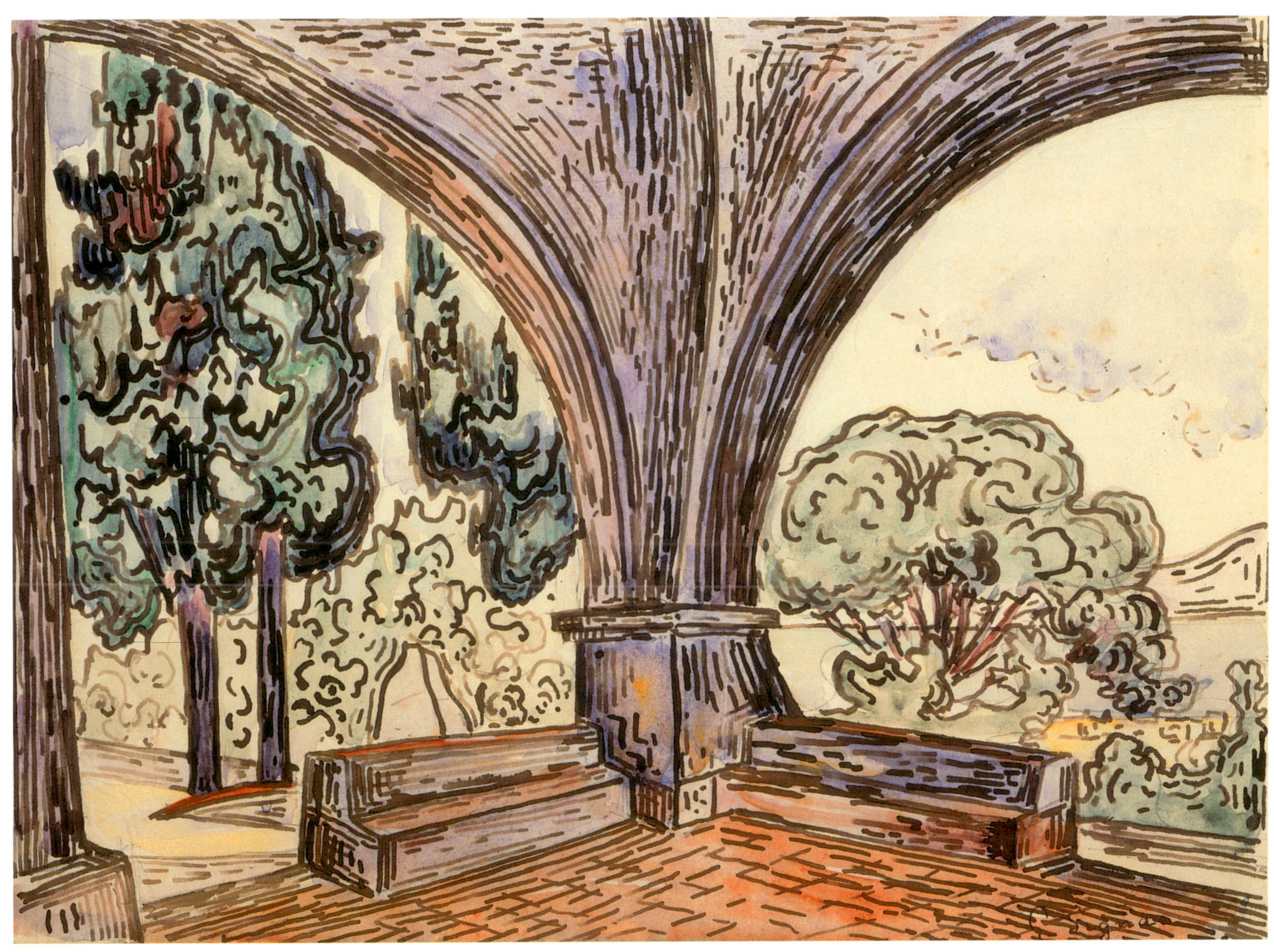

89
Saint-Tropez, la chapelle Sainte-Anne
vers 1895
Aquarelle rehaussée à la plume
21×28,5 cm
Cachet de l'atelier en bas à droite
Arkansas Arts Center Foundation Collection, Little Rock: donation James T. Dyke

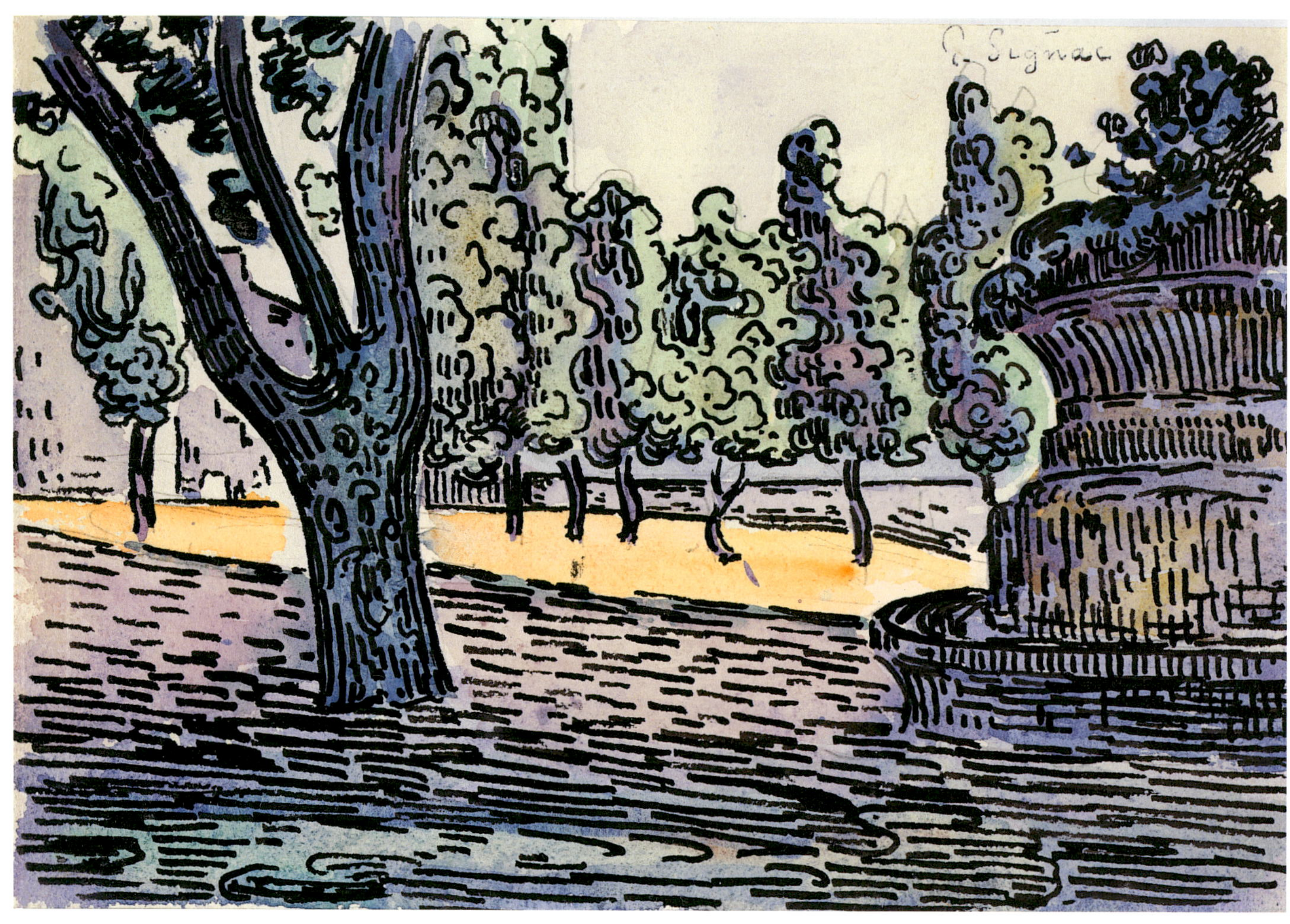

90
Saint-Tropez, la fontaine des Lices
1895
Aquarelle rehaussée à la plume et encre de Chine
17,5 × 25 cm
Cachet de l'atelier en haut à droite
Collection particulière

Ce dessin est une étude pour *Saint-Tropez. Fontaine des Lices* (cat. nº 29). Toutes les caractéristiques de la toile finale sont déjà en place dans ce dessin très achevé, du moins dans leurs grandes lignes. Il n'y manque que les silhouettes des quatre femmes qui animent le tableau définitif. Le triangle jaune séparant les zones à dominante indigo et verte s'impose déjà comme la note de couleur la plus vive et met en évidence l'heureux contraste de l'ombre au premier plan et de la pleine lumière au centre de la feuille. La stylisation formelle du platane est, elle aussi, déjà présente, mais Signac changera les proportions de la fontaine dans la toile définitive. L'organisation des couleurs, les plans fortement structurés témoignent d'une conception très précise de ce que sera l'œuvre achevée. Le travail si particulier de l'encre de Chine qui souligne les formes à coups de traits décidés sur la matière fluide et transparente de l'aquarelle apparaît ici comme l'équivalent dessiné des petites touches de couleur qui unifieront la toile.

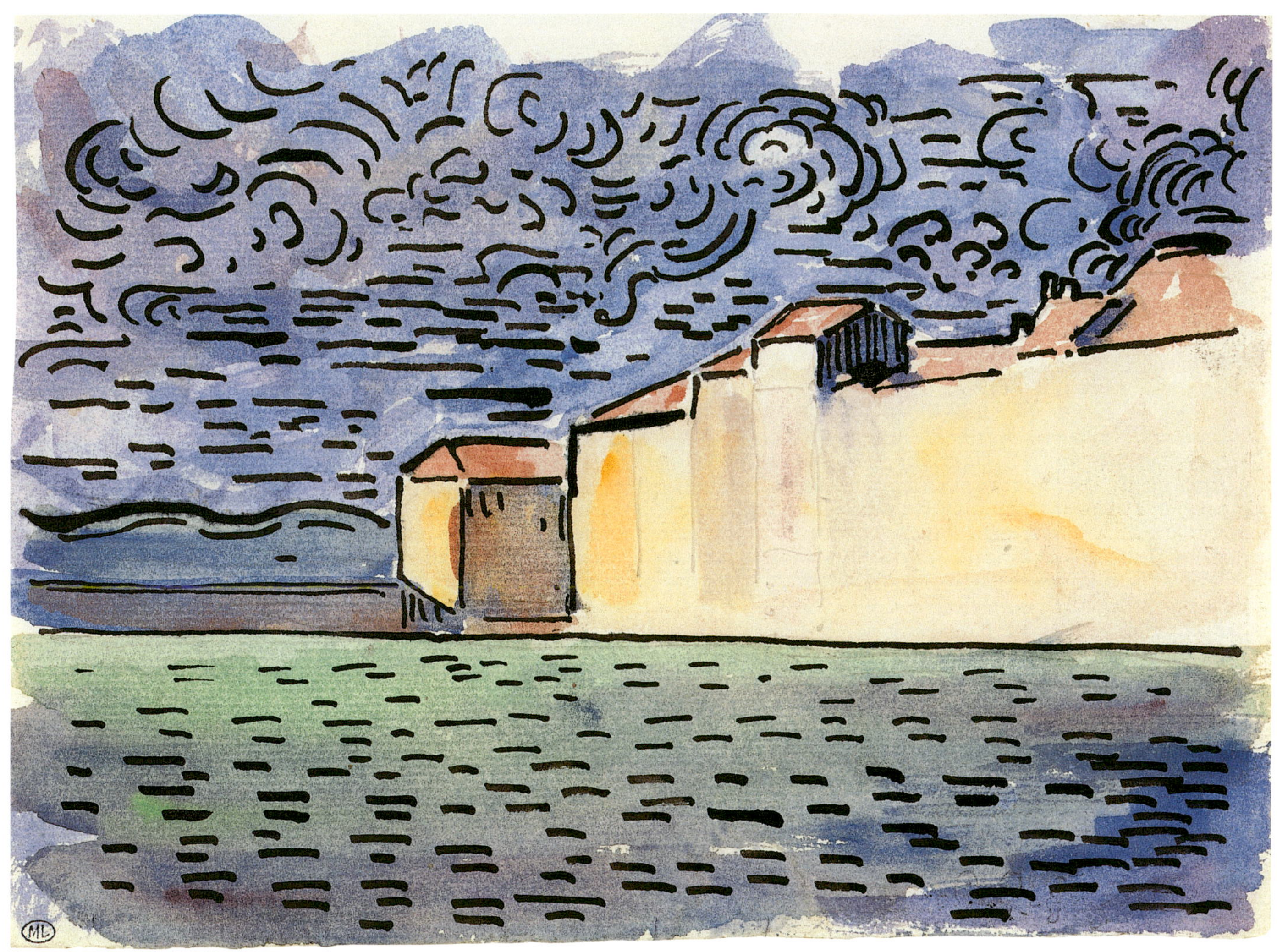

91
Saint-Tropez, l'Orage
1895
Aquarelle rehaussée à la plume
16×21,6 cm
Musée du Louvre, Paris
Département des Arts graphiques, fonds du Musée d'Orsay, don Ginette Signac

En 1895, Signac consacre une série de tableaux au port de Saint-Tropez et *Saint-Tropez, l'Orage* est une étude pour la mise en place de l'œuvre éponyme (1895, Saint-Tropez, Musée de l'Annonciade, FC nº 286). La conception générale de la toile est définie, comme le montre l'autorité d'une mise en page dont Signac a éliminé tout détail, ce qui lui confère une modernité radicale. Les façades du quai Jean-Jaurès apparaissent comme un bloc de pierre jaune aux toits roses, encadré des tonalités froides de la mer et du ciel. L'artiste a fermement tracé, à la surface de l'eau, les traits d'encre qui témoignent d'un clapotis régulier. Dans la partie supérieure, les lignes sinueuses des nuages et les tons bleu ardoise indiquent que l'orage menace. Nous connaissons une autre étude à l'aquarelle, très proche de celle-ci (1895, collection particulière). De mêmes dimensions et d'une mise en page identique, elle diffère de celle du Louvre par la couleur, car une tonalité verte s'impose à l'ensemble de la feuille. L'artiste a hésité, lors de la mise en place de l'harmonie dominante de la toile, entre le bleu et le vert. Il a en définitive choisi les tons bleu ardoise que nous voyons ici.

Cette aquarelle offre d'évidentes similitudes avec le numéro précédent, *L'Orage*, peint la même année. Elle représente les façades du quai Jean-Jaurès, vues sous le même angle, mais d'un point de vue un peu plus éloigné et par beau temps. Elle en diffère cependant par ses dimensions, plus importantes, ainsi que par sa composition plus aboutie. Elle ne prépare aucune toile connue; elle est aussi signée et datée. Il ne s'agit donc pas d'une étude préparatoire, mais d'une feuille achevée, destinée à être exposée comme œuvre à part entière. Signac y décrit un des sites qui lui sont le plus familiers depuis son arrivée à Saint-Tropez, en 1892, à la barre d'*Olympia*. Il lui a déjà inspiré nombre de dessins, d'aquarelles, d'études et de toiles peintes. Il ne se lasse pas de ce motif dont il étudie encore les effets à plusieurs reprises en 1895 et peint deux toiles qui le mettent en scène: *La Bouée rouge* (Paris, Musée d'Orsay, FC n° 284) et *L'Orage* (Saint-Tropez, Musée de l'Annonciade, FC n° 286). Le paysage s'organise en trois zones superposées: le quai, la mer et le fond où le ciel, les collines, la jetée et les façades du quai s'alignent sur le même plan. Les traits de plume soulignent avec force les lignes directrices de la composition. Au sein de cette organisation rigoureuse, l'artiste s'est plu à décrire d'un trait cursif le jeu des reflets du soleil à la surface de l'eau. Les couleurs, une délicate harmonie en bleu, jaune et rose, s'organisent avec autant de maîtrise, et l'artiste use avec bonheur des effets de transparence de l'aquarelle.

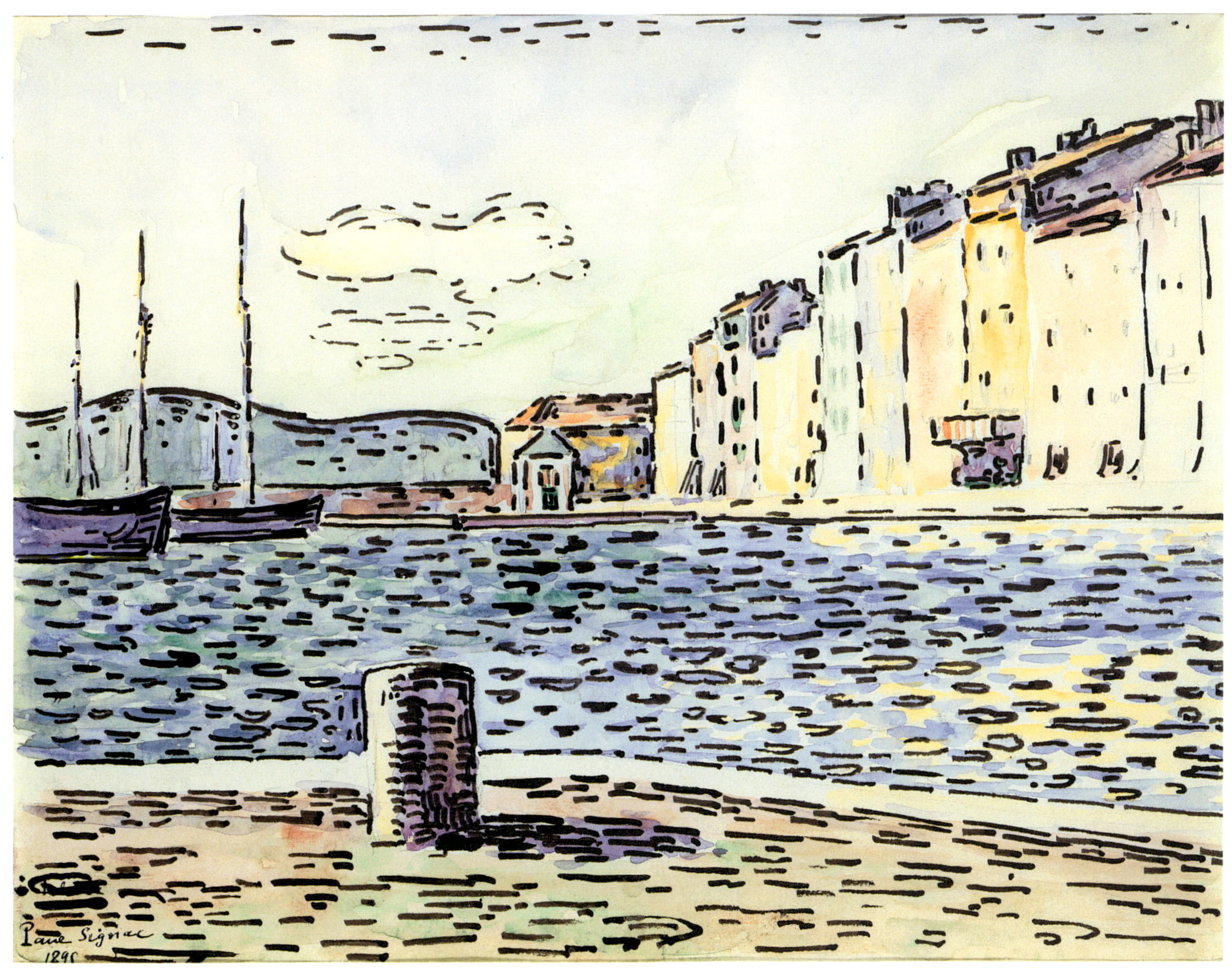

92
Saint-Tropez, le port
1895
Aquarelle rehaussée à la plume
21×27 cm
Signé et daté en bas à gauche
Collection particulière

Rappelons que Signac a peint ce motif à trois reprises au cours de sa période tropézienne: lors de son arrivée en 1892 (Miyazaki [Japon], Musée préfectoral des Beaux-Arts, FC nº 225), puis en 1896 (Saint-Tropez, Musée de l'Annonciade, FC nº 299) et enfin en 1902 (collection particulière, FC nº 383). Nous connaissons aussi une étude peinte (Etats-Unis, collection particulière, FC nº 226) et un beau dessin au crayon Conté de 1892 (collection particulière) qui s'en inspirent. Comme l'étude peinte du Musée de Grenoble (cat. nº 32), notre aquarelle doit être mise en relation avec la version de 1896, *Saint-Tropez. Coucher de soleil au bois de pins.* Nous ne connaissons aucune aquarelle de cette ampleur peinte en 1892, et c'est autour de 1895 que Signac utilise cette technique de l'aquarelle rehaussée à la plume. En 1902, il lui arrive encore de la pratiquer épisodiquement, mais il use alors d'un trait de plume plus emporté. En outre, le point de vue adopté ici, avec la borne à droite de la composition, est précisément celui du tableau de 1896 alors que les deux autres versions présentent de légères variantes. Les dimensions modestes de cette aquarelle, l'absence de date et de signature indiquent qu'elle était bien considérée par l'artiste comme un document, une préparation au travail réalisé en atelier sur la toile définitive.

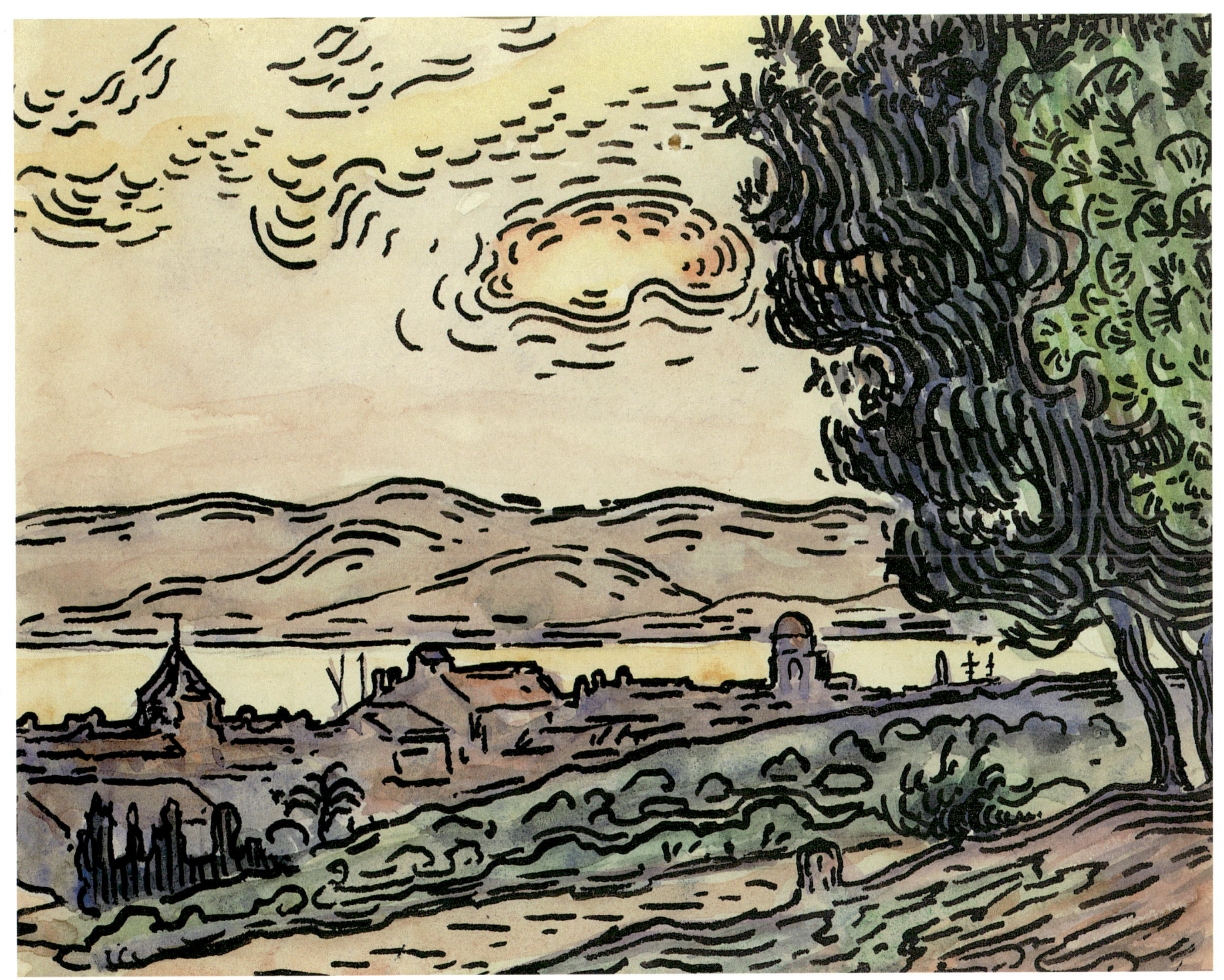

93
Saint-Tropez, soleil couchant sur la ville
1896
Aquarelle rehaussée à la plume
15,3×19 cm
Collection particulière

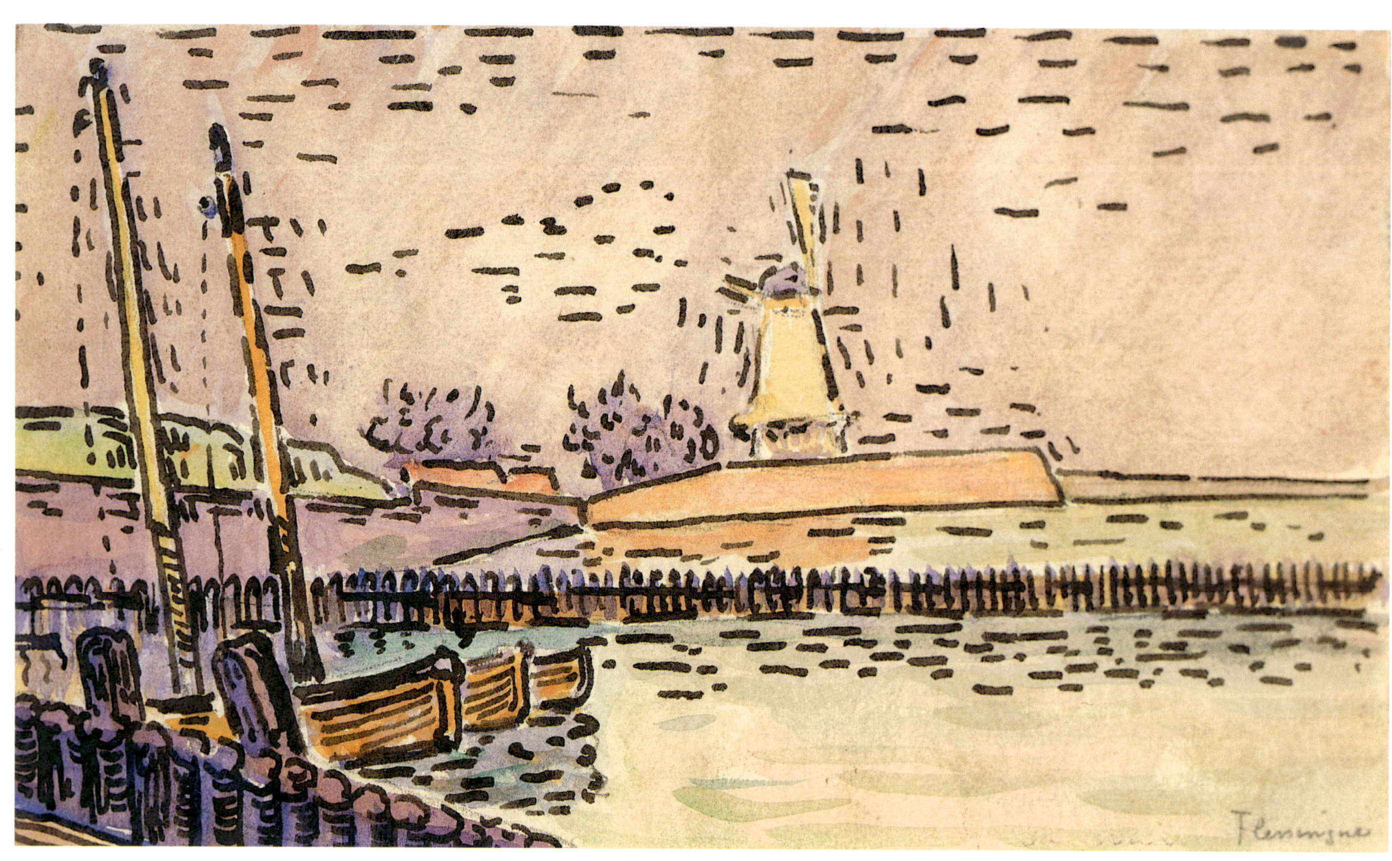

94
Flessingue
1898
Aquarelle rehaussée à la plume
12,2×20,5 cm
Annoté *Flessingue* en bas à droite
Galerie de la Présidence, Paris

A l'occasion de son séjour en Hollande, Signac peint plusieurs aquarelles rehaussées d'encre à la plume. Cette œuvre de petites dimensions est caractéristique de la recherche décorative qui l'occupe alors. Nous retrouvons ici le motif des alignements de pilotis déjà apparu dans une peinture à l'huile et dans un dessin au crayon Conté (cat. n°s 30 et 80). Ils encadrent les silhouettes de trois barques de pêche qui, groupées à gauche de la composition, ménagent une zone vide au premier plan. La composition prend ainsi une allure japonisante. Au second plan, un moulin dont les ailes sont à peine esquissées. Mais, par quelques traits de plume, l'artiste suggère leur mouvement, comme il le fait aussi pour les drisses dont le dessin en pointillé laisse penser qu'elles bougent dans le vent. Nous retrouvons enfin la gamme chromatique privilégiée par Signac pour ses œuvres hollandaises, où dominent les violets, les roses et les tons bleu-vert.

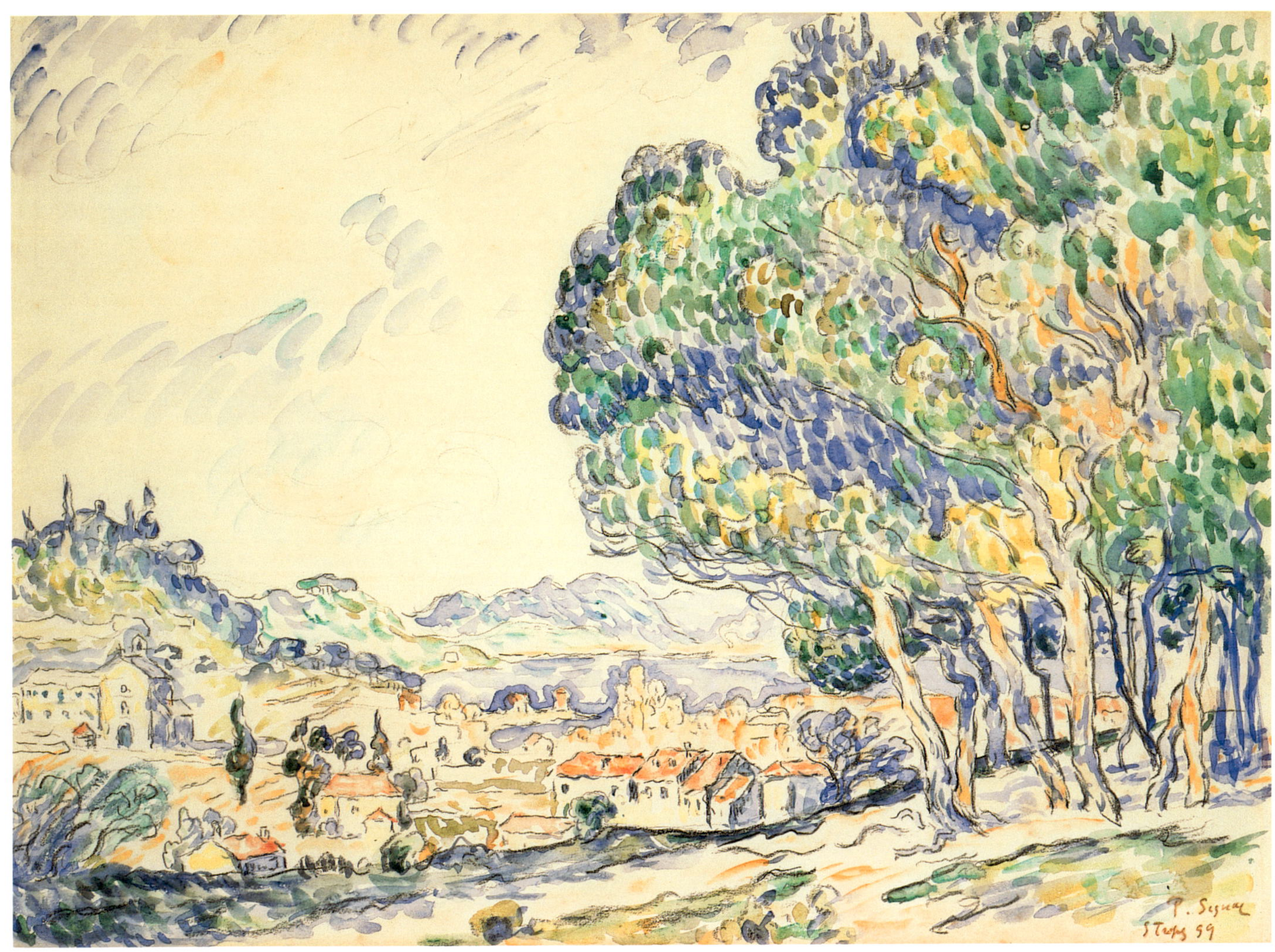

95
Saint-Tropez, vu de la colline de la Citadelle
1899
Aquarelle
28,6×38,2 cm
Signé, daté et annoté *S Tropez* en bas à droite
Arkansas Arts Center Foundation Collection, Little Rock: donation James T. Dyke

Signac s'est placé sur la colline de la Citadelle, à quelques pas au-dessus du chemin qui mène à la ville. Il regarde en direction du golfe de Sainte-Maxime et la vue embrasse ainsi la ville, le port, le golfe et les collines. Aujourd'hui, les hôtels et les villas se sont multipliés et limitent désormais le regard au premier plan.

Vers 1900, Signac peint des aquarelles très proches de ses toiles divisionnistes. Les couleurs sont posées sur la feuille d'un pinceau bref, en petites touches de couleur pure qui donnent à ses feuilles un aspect tapissant comparable à celui obtenu à la surface de ses toiles peintes à l'huile. Séparées entre elles par le blanc du papier, les couleurs gardent toute leur intensité. La transparence des tons plus ou moins dilués lui permet de jouer de tous les effets de la gamme des quelques couleurs en présence. Il ne structure plus ses dessins à la plume, ce qui accentue la sensation de fraîcheur et de spontanéité.

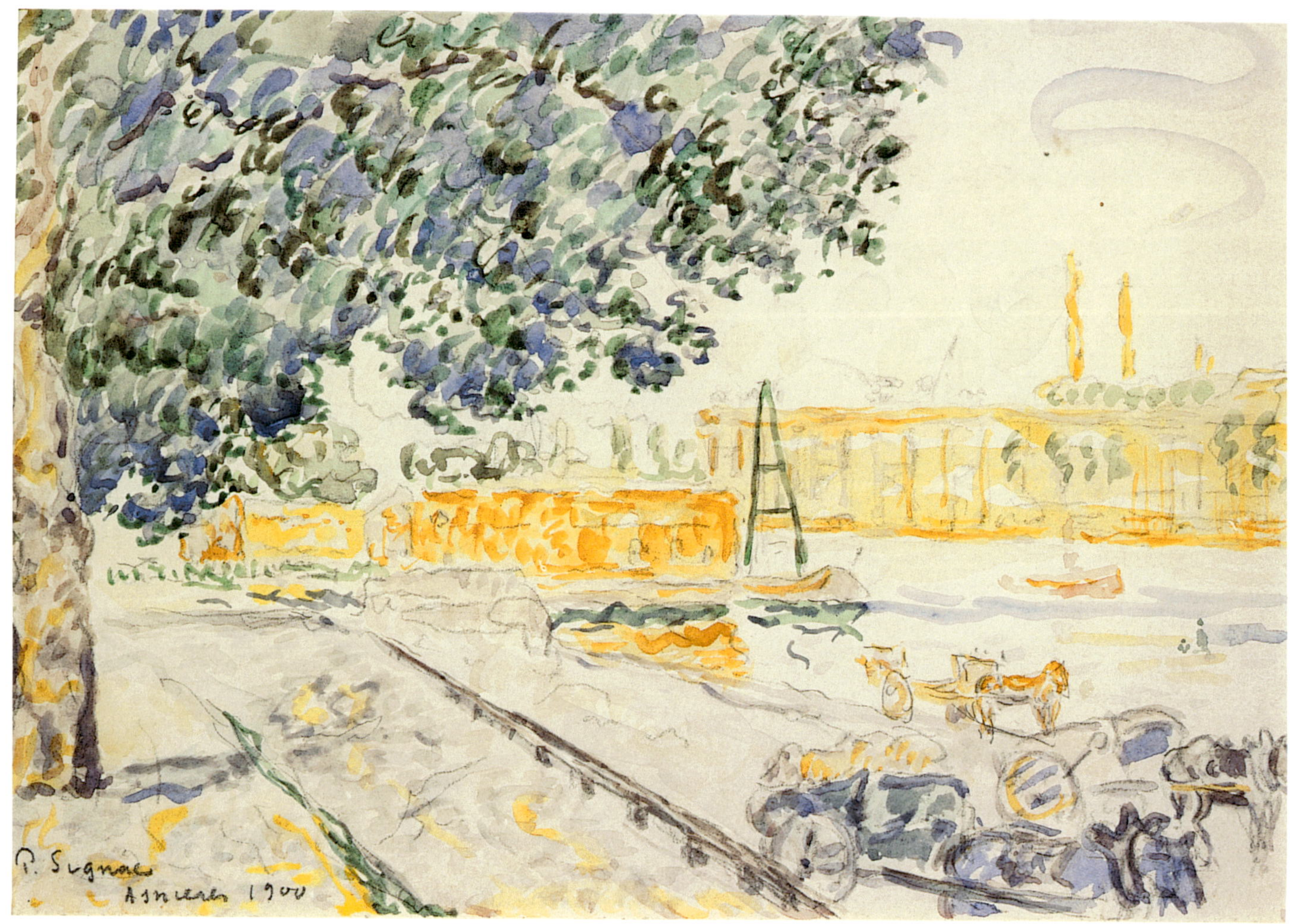

96
La Seine à Asnières
1900
Aquarelle
17,3×24,7 cm
Signé, daté et annoté *Asnières* en bas à gauche
Collection particulière, Suisse

Signac qui, de 1882 à 1888, avait régulièrement peint Asnières décide de participer au concours ouvert en 1900 par la Municipalité pour la décoration de la salle des fêtes (cat. nº 37). Il retrouve alors ce site familier où il réfléchit à la mise en œuvre de ses esquisses et peint quelques aquarelles qui lui serviront pour le travail en atelier. Ici, l'artiste reprend un des motifs de prédilection de ses années de jeunesse, la vue qu'offre le quai en aval des ponts, avec l'établissement du ponton des bains et, en face, les grues de l'usine à gaz sur la rive droite.

Nous retrouverons sur l'esquisse pour le panneau à la voûte unique (FC nº 358) une scène inspirée de la partie gauche de cette aquarelle, avec les arbres au bord de la Seine et l'établissement des bains. La partie droite avec les grues de l'usine à gaz réapparaîtra, quant à elle, sur l'esquisse des cinq fenêtres (FC nº 355).

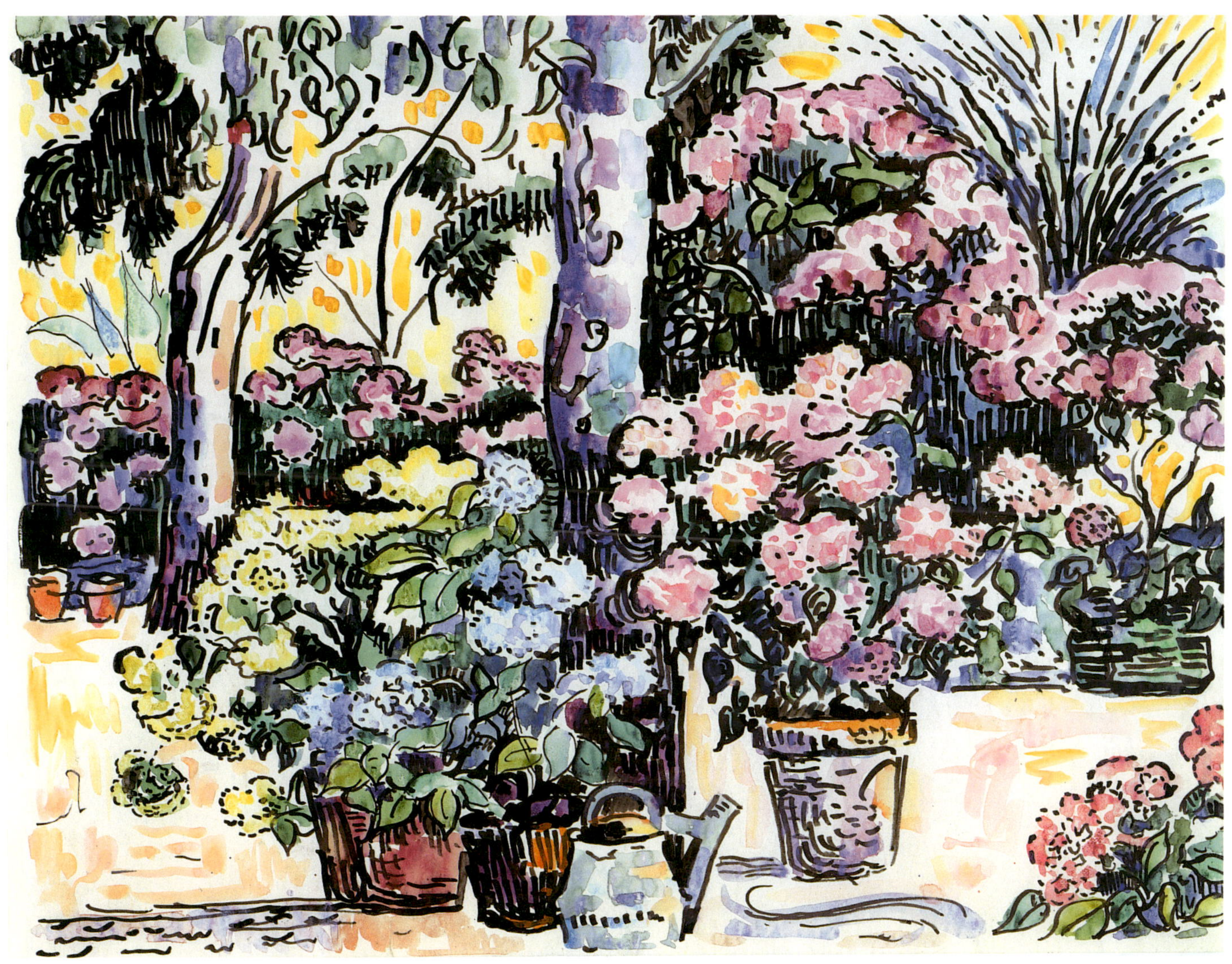

97
Saint-Tropez, le jardin de La Hune
vers 1900
Aquarelle rehaussée à la plume
32,4×43 cm
Collection particulière

Le 27 décembre 1897, l'artiste signe l'acte d'acquisition de la Villa La Hune, située au-dessus de la plage des Graniers, sur l'actuelle avenue Paul-Signac. L'été suivant, il y entreprend l'aménagement d'une terrasse qui domine les vignes et la ville (*Saint-Tropez. La Terrasse*, 1898, Dublin, The National Gallery of Ireland, FC nº 320), ainsi que d'un atelier qu'il occupe dès août 1898. En mars 1901, La Hune est l'objet de travaux beaucoup plus importants, et c'est alors que Signac construit le vaste atelier que nous connaissons aujourd'hui. Il transforme véritablement la maison par des agrandissements de part et d'autre de la bâtisse initiale. Théo Van Rysselberghe dessine les cheminées des nouvelles pièces, ornées comme les façades de faïences vertes. Le jardin est lui aussi réaménagé à cette époque, des allées mènent de la villa à la terrasse et de celle-ci au portail. Signac représente à plusieurs reprises le jardin de La Hune, vu à peu près sous le même angle. Ici, au pied d'un eucalyptus, des pots de terre sont groupés, débordant d'hortensias blancs, bleus et roses. A l'arrière-plan, nous identifions un aloès et le feuillage délicat d'un mimosa. Cette vue rapprochée ne nous permet pas de connaître avec précision la disposition des plantations au temps de Signac. Elle communique cependant une impression de profusion végétale qui caractérise, aujourd'hui encore, ce jardin où les essences méditerranéennes se confondent dans un séduisant désordre.

Au printemps 1904, Signac séjourne un mois à Venise et annonce à Henri Edmond Cross qu'il en rapportera «200 informes croquetons à l'aquarelle», mais pas de tableaux. Toujours précis, l'artiste a chiffré ses aquarelles, ce qui nous permet de reconstituer en partie ses parcours vénitiens. Nous savons donc que *Venise. La Salute vue du canal de la Giudecca* est la cent vingt-deuxième qu'il a peinte au cours de ce séjour. Cette aquarelle n'est ni signée, ni datée, et il s'agit bien d'un de ces «documents» sur lesquels Signac s'est appuyé pour peindre à l'atelier de Saint-Tropez la série des toiles de Venise. L'aquarelle a été peinte le soir, comme l'indiquent les tons rougeoyants qui enflamment la façade de l'église de la Salute. A l'inverse, ce sont des tons froids, verts et bleus qui dominent la partie gauche de la composition, déjà dans l'ombre. Un important navire à l'allure martiale y est entouré d'une multitude de gondoles dont Signac se plaît à dessiner les fines silhouettes qui se reflètent sur l'eau. Notre aquarelle ne peut être considérée comme une étude précise pour aucune des toiles peintes en 1904 et 1905. Mais Signac a pu s'appuyer sur ce charmant «document» pour peindre *Mouillage de la Giudecca (Venise)* (1904, Munich, Bayerische Staatsgemäldesammlungen, FC nº 411) ou *Canal de la Giudecca. Matin (Venise)* (1905, Zurich, Fondation E. G. Bührle, FC nº 420).

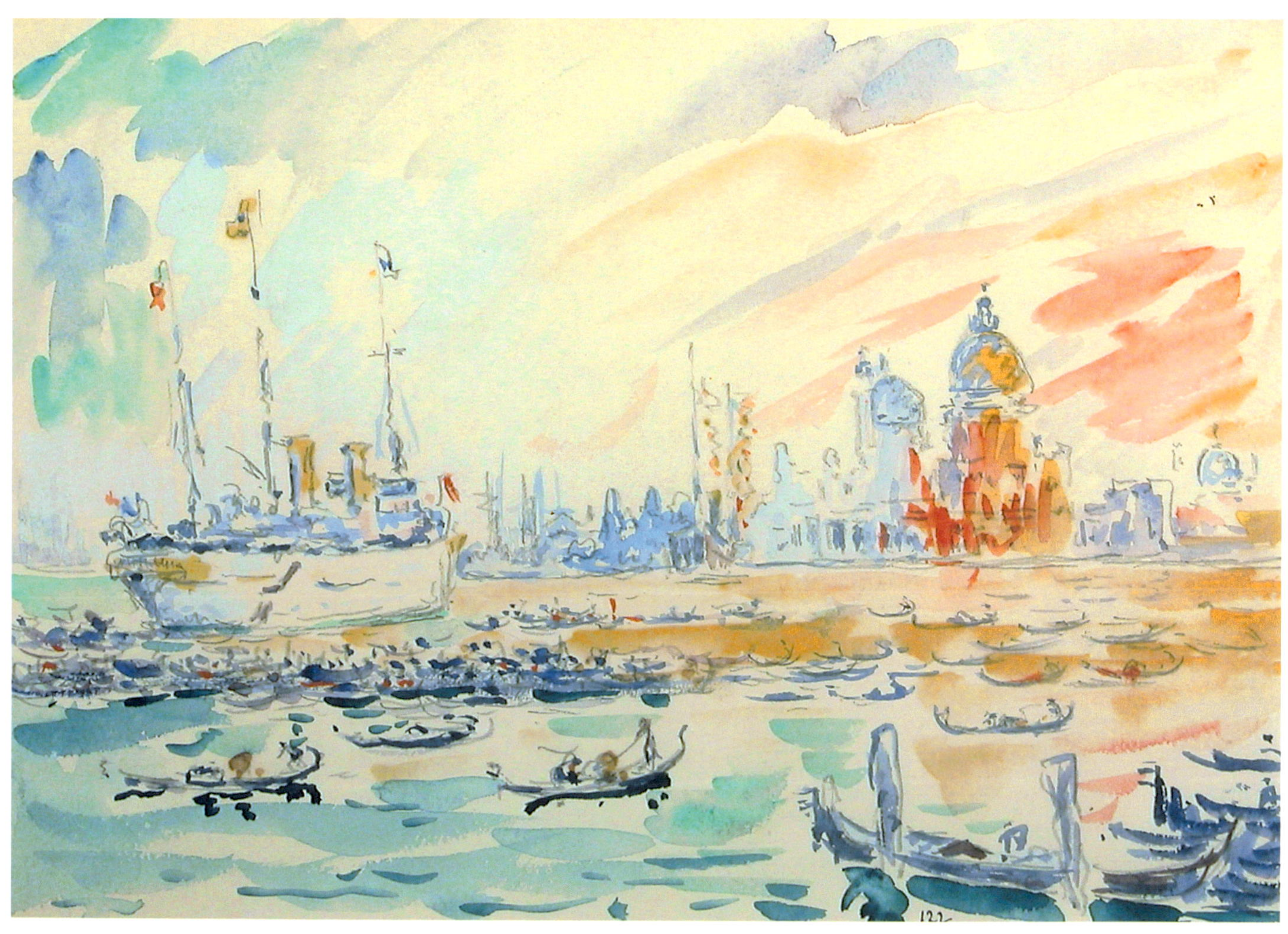

98
Venise. La Salute vue du canal de la Giudecca
1904
Aquarelle
23×32 cm
Annoté *122* en bas à droite
Collection particulière, Suisse

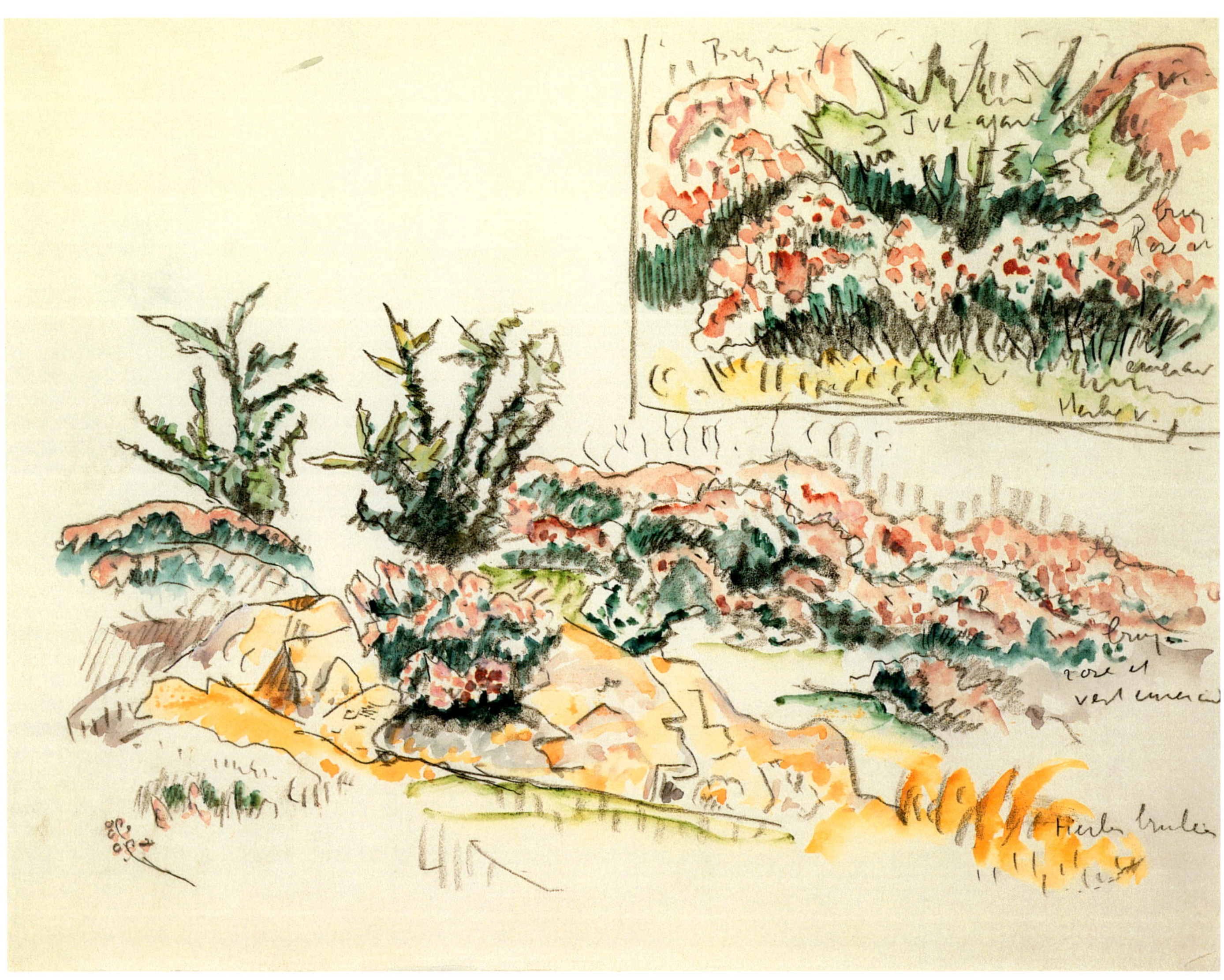

99
Etude de végétation
vers 1905
Aquarelle
22×28 cm
Arkansas Arts Center Foundation Collection, Little Rock: donation James T. Dyke

Cette page, extraite d'un carnet de croquis, est un séduisant témoignage des notes que l'artiste accumule au cours de ses déplacements. Lors d'une promenade, Signac a remarqué le beau contraste rose et vert de la végétation méditerranéenne, vraisemblablement des bruyères et des chardons poussés parmi les roches. L'artiste a sorti son crayon ainsi que la boîte d'aquarelles qui l'accompagne souvent, et il s'est mis au travail. Il dessine d'abord une vue d'ensemble du tapis végétal, soigneusement annotée. Au premier plan, la mention «herbes brûlées» nous apprend que nous sommes en été, et les traits de crayon qui suggèrent un rayonnement de chaleur le confirment. Dans un deuxième temps, le peintre reprend son analyse des tons en isolant un détail en haut à droite de la feuille. Une belle idée de composition est déjà en place, l'effet rose et vert, avec au premier plan quelques touches de jaune, est soigneusement organisé.

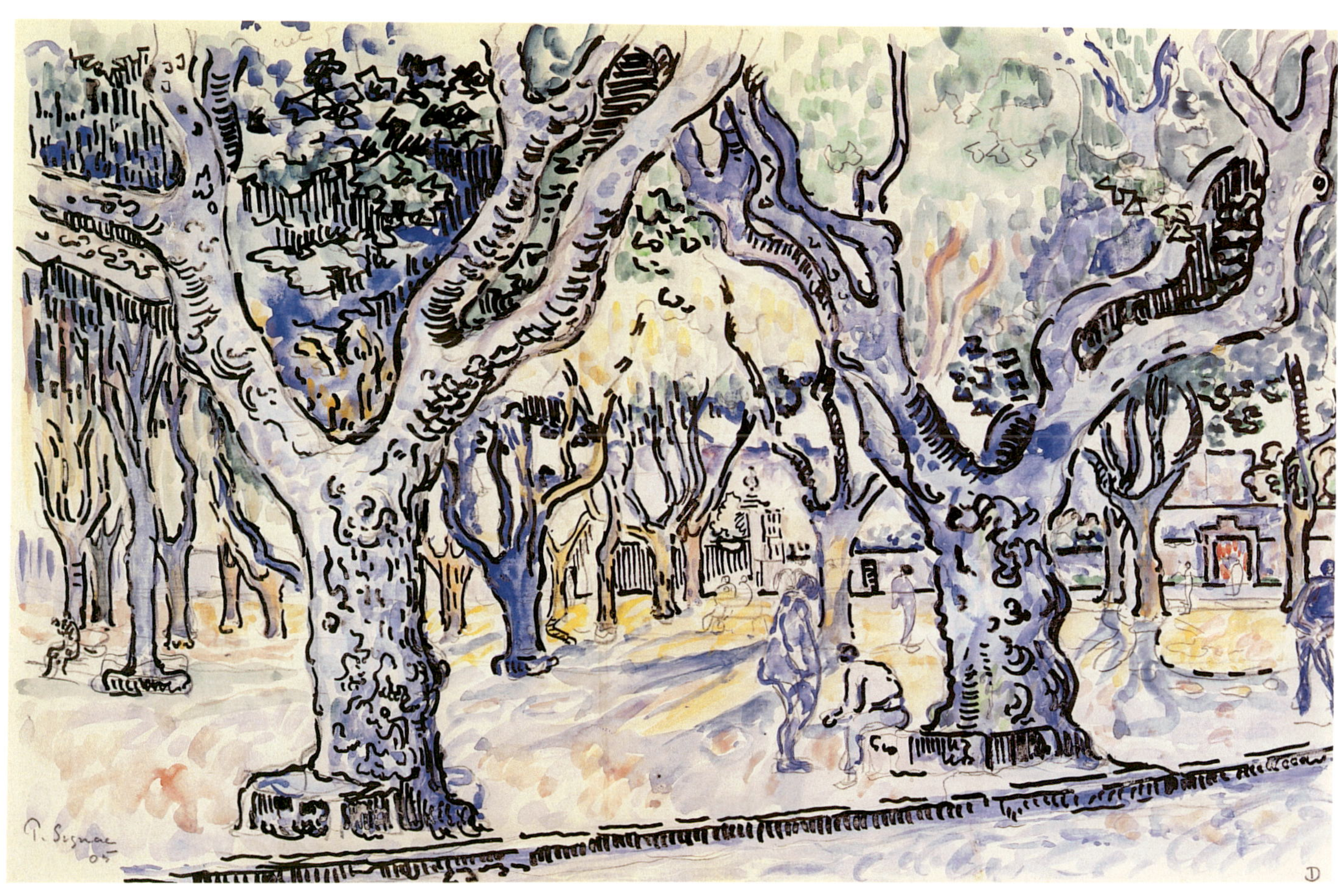

100
La Place des Lices à Saint-Tropez
1905
Aquarelle rehaussée à la plume
26×40,6 cm
Signé et daté en bas à gauche
Annoté *D* en bas à droite
Collection particulière, Suisse

Signac reprend le motif de la place des Lices qui avait retenu son attention dès les premières années tropéziennes (cat. nº 90). Ici encore, c'est l'ampleur décorative des platanes qui est mise en évidence. Le graphisme si particulier de leurs silhouettes rythme la composition, et les branches aux formes tortueuses créent un réseau de lignes dense. L'harmonie bleu-jaune et les ombres allongées signalent que nous sommes à la fin du jour, ce que confirme la présence des joueurs de boules. Plusieurs détails ont été indiqués à l'aquarelle sans être repris ensuite à la plume, et nous pouvons considérer que ce *non finito* est délibéré puisque la feuille est signée. L'artiste a préservé ainsi un bel équilibre entre la notation de couleur spontanée faite sur le motif et le travail graphique qui, dans un deuxième temps, structure et précise les formes.

Cette flamboyante étude de couleurs faite sur le motif est restée inachevée. Elle nous permet ainsi d'observer la méthode de travail de l'artiste. Nous connaissons une autre aquarelle inspirée du même motif (collection particulière), qui ressemble beaucoup à celle-ci, mais qui est dessinée à partir d'un angle de vue légèrement plus distant. Les couleurs y sont aussi moins nombreuses et elle n'est pas annotée. Ces deux aquarelles sont des études pour *Saint-Tropez. La Calanque* (1906, Bruxelles, Musées royaux des Beaux-Arts de Belgique, FC n° 443). La calanque a été peinte depuis la plage des Graniers, non loin de la maison de Signac.

L'artiste utilise ici la technique qu'il a mise au point peu après son arrivée à Saint-Tropez et à laquelle il ne recourt plus que sporadiquement. Sur une mise en place au crayon, il peint à l'aquarelle avant de souligner les lignes principales de la composition à l'encre de Chine. Ici, de nombreuses annotations au crayon sur la couleur d'un reflet ou la nature du terrain («sable», «roc») s'ajoutent aux notes dessinées ou peintes. Car Signac multiplie avec un plaisir palpable les touches de couleur pure et juxtapose avec une rare liberté les tons rouge, bleu, jaune, vert ou violet. Il met ainsi en place un paysage mouvementé aux allures franchement fauves. Le dynamisme des traits d'encre de Chine souligne et accentue cet effet.

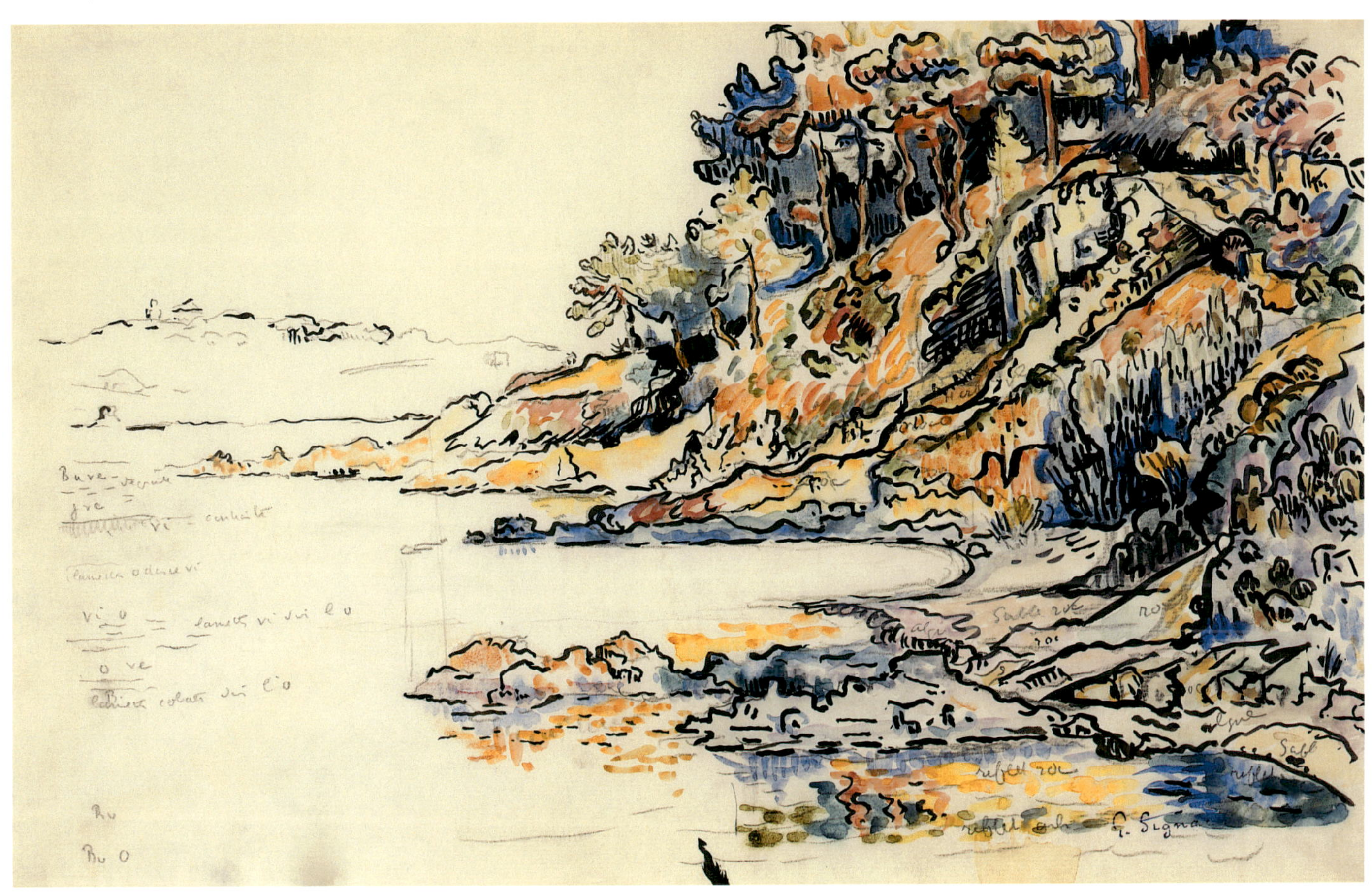

101
Saint-Tropez, la Calanque
1906
Aquarelle rehaussée à l'encre de Chine
27,8×43,8 cm
Cachet de l'atelier en bas à droite,
nombreuses annotations au crayon
Collection particulière

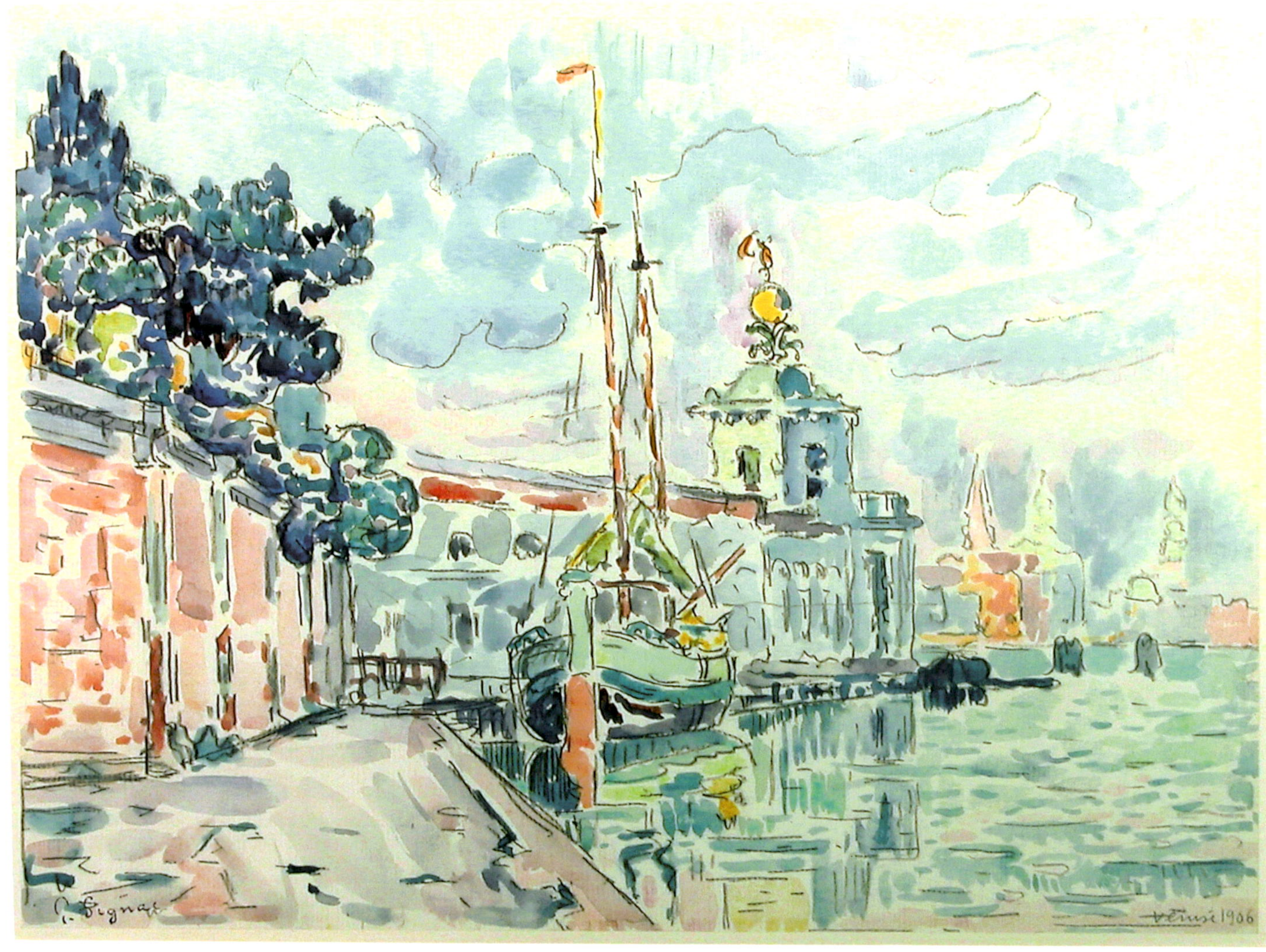

102
Venise. La Dogana
1906
Aquarelle
26,7×36,5 cm
Cachet de l'atelier en bas à gauche, annoté et daté en bas à droite
Collection particulière, Suisse

La datation de cette aquarelle nous pose un problème. Elle est datée 1906 de la main de l'artiste et, à notre connaissance, Signac ne s'est pas rendu à Venise cette année-là. En 1906, il voyage en Hollande et, s'il navigue en Méditerranée, nous doutons cependant qu'il ait fait le tour de la péninsule et remonté les côtes de l'Adriatique jusqu'à Venise. Nous ne connaissons d'autre part aucune autre aquarelle de Venise datée 1906. Il est possible que cette feuille, sortie de l'atelier après le décès de l'artiste puisqu'elle n'est pas signée mais porte le cachet de la signature, ait été datée tardivement et par erreur 1906. Elle n'est pas numérotée comme le sont les aquarelles peintes en 1904 et, d'un point de vue stylistique, elle s'apparente à celles peintes en 1908. C'est pourtant d'une toile de 1904, *La Dogana (Venise)* (Londres, collection particulière, FC nº 412), qu'elle se rapproche le plus. En 1923, Signac reprendra le schéma général de cette composition dans un tableau aux accents turnériens, *La Dogana (Venise)* (Monaco, collection David Nahmad, FC nº 558). Ici, l'artiste s'est placé sur la pointe de la douane de mer, du côté du canal de la Giudecca. A gauche, le mur ocre-rose du séminaire réveille une gamme tout en transparences bleues et vertes.

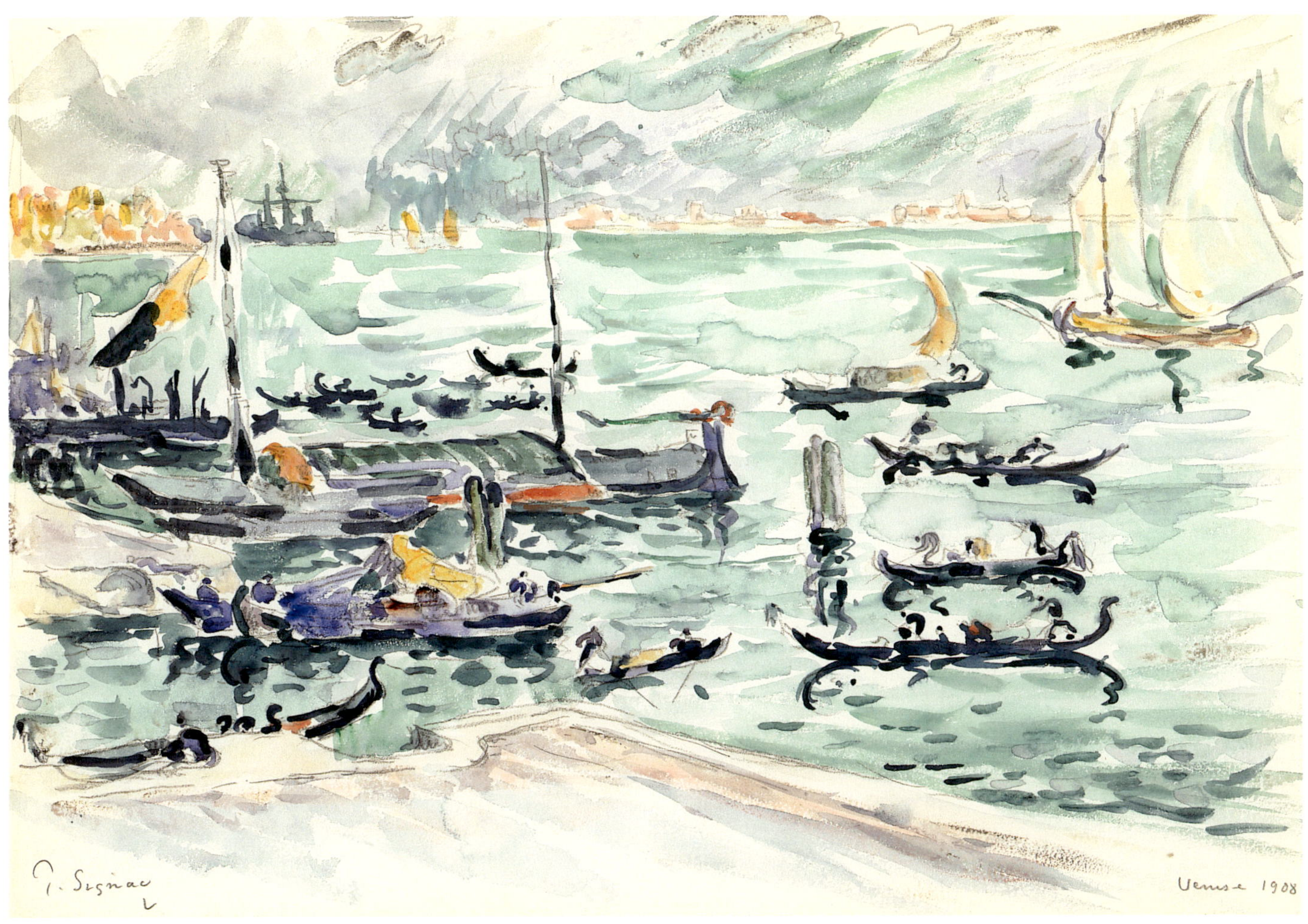

103
Venise. Quai des esclavons
1908
Aquarelle
29,5×42,9 cm
Signé en bas à gauche, annoté et daté en bas à droite
Galerie de la Présidence, Paris

Au printemps 1908, Signac passe un second séjour de plusieurs semaines à Venise. Il loge Casa Fontana, riva dei Schiavoni, c'est-à-dire à l'endroit précis qu'il a représenté ici. *Venise. Quai des esclavons* n'est pas une étude pour une des onze toiles peintes en 1908 à l'issue de ce voyage. De plus grandes dimensions que les habituelles notations à l'aquarelle, elle est signée et datée. Elle a figuré à la célèbre exposition de l'Armory Show à New York, en 1913, une manifestation d'art européen qui allait bouleverser la scène artistique new-yorkaise. C'est à cette occasion que le collectionneur américain John Quinn a acquis cette feuille au traitement très libre. En janvier 1923, il achètera à Signac la dernière toile de Seurat, *Cirque* (1891, Paris, Musée d'Orsay). Signac n'accepta de s'en séparer qu'à la condition que le tableau soit ensuite légué au Louvre, ce qui fut fait en 1924.

En automne 1913, Signac s'installe à Antibes où sa fille Ginette naît le 2 octobre. L'artiste laisse la villa de Saint-Tropez à Berthe, sa première femme, et vit dès lors avec le peintre Jeanne Selmersheim-Desgrange. C'est à Antibes qu'il passera les années de guerre.
En 1909, Signac peint pour la première fois une vue d'Antibes dont le château et les tours apparaissent au loin, avec un premier plan boisé (*Cap d'Antibes*, localisation actuelle inconnue, FC nº 487). Ce motif sera souvent repris par l'artiste sous des angles divers au cours de la période 1914-1919, où Antibes devient, par la force des choses, son principal motif d'inspiration (cat. nºs 54 à 59). Nous retrouvons ici un dispositif cher à Signac: un rideau d'arbres au premier plan ouvre sur le paysage. C'est le motif des pins qui a retenu l'attention de l'artiste. Traités largement, dans une belle palette fauve, ils monopolisent aussi notre intérêt. A l'arrière-plan, le château et les tours d'Antibes sont rapidement esquissés. Signac reprendra cette disposition pour peindre *Antibes (la pinède)* en décembre 1917 (New York, collection Rockefeller, FC nº 514).

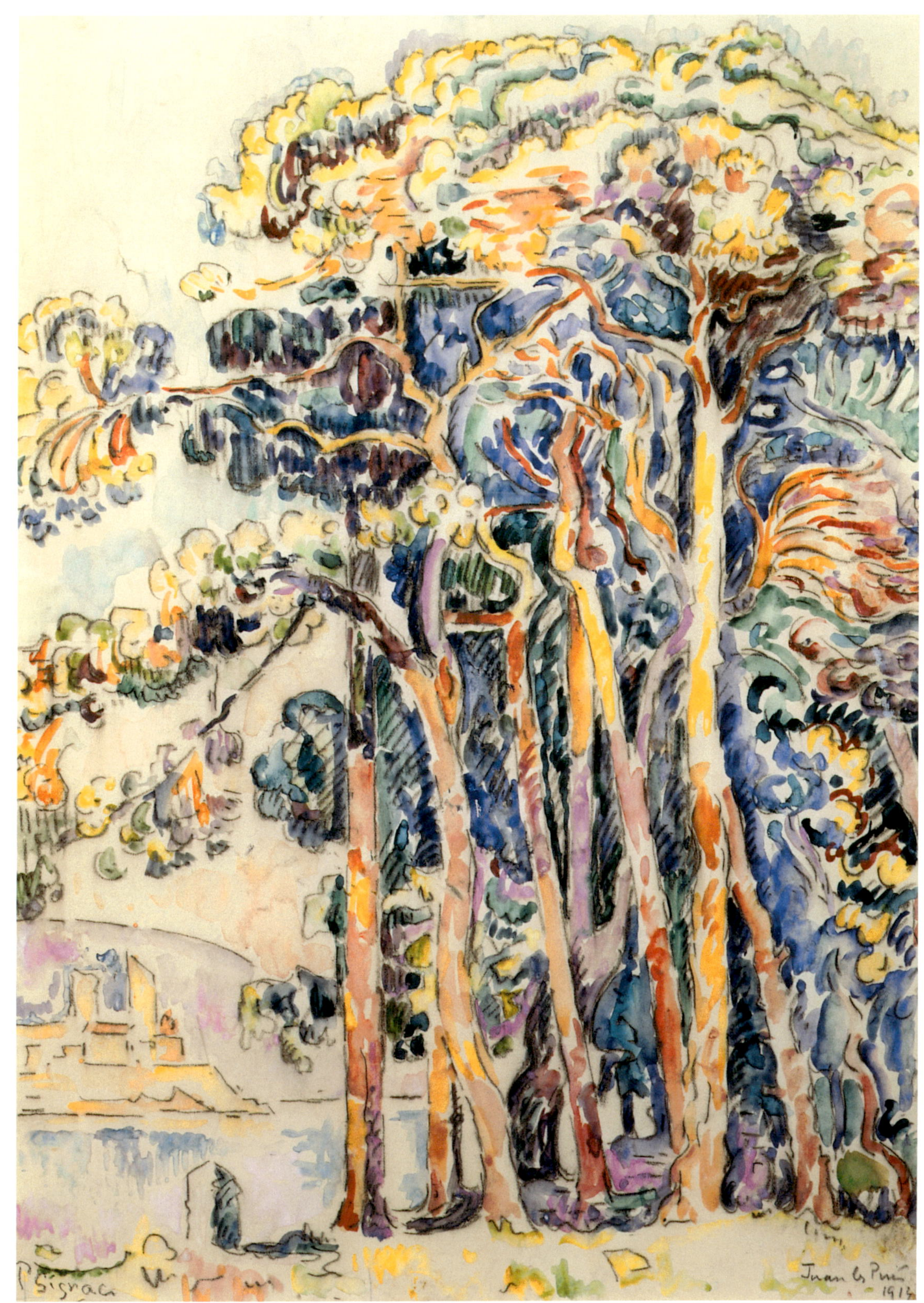

104
Juan-les-Pins, vue sur le fort d'Antibes
1914
Aquarelle
41,5×29,7 cm
Signé en bas à gauche, daté et annoté en bas à droite
Arkansas Arts Center Foundation Collection, Little Rock: donation James T. Dyke

Le 31 juillet 1914, l'Allemagne lance un ultimatum à la France. Le lendemain, le Gouvernement français donne l'ordre de mobilisation générale. C'est la guerre, un désastre pour le pacifiste Signac. Il travaille néanmoins, et date ostensiblement cette aquarelle «1er Août 1914». Les événements l'ont surpris à Saint-Julien-en-Beauchêne dans les Hautes-Alpes, où il loge à l'Hôtel des Alpins en compagnie de Jeanne Selmersheim-Desgrange et de leur petite fille Ginette, qui n'a pas un an. Signac peindra peu au cours de la guerre. Il est interdit de dessiner ou de peindre dans les ports sous peine d'être accusé d'espionnage, et, très atteint par l'écroulement de ses idéaux, il est gravement déprimé. Cette belle feuille aux traits heurtés et à la palette assourdie traduit l'inquiétude de l'artiste en ces heures décisives, mais elle dénote surtout l'influence des aquarelles de Cézanne. Signac les découvre à l'occasion d'une exposition de dessins à la Galerie Druet et note dans son journal le 21 janvier 1909: «De glorieuses aquarelles de Cézanne, si pures, si fortes, où le papier joue son rôle dans la polychromie ordinaire du vieux grand peintre. C'est une sensation nouvelle pour moi, car je ne connaissais pas les aquarelles de Cézanne.» Mais Signac peint un univers fluide et mouvant; celui du maître d'Aix est immobile et minéral. Dans un premier temps, les aquarelles de Cézanne n'ont pas d'influence sur l'art de Signac. Une seconde exposition d'aquarelles du maître d'Aix se tient à la Galerie Bernheim-Jeune en 1914 et, dès lors, l'influence de l'«analyste Cézanne», comme Signac le désigne en 1927 dans sa monographie consacrée à Jongkind, se fait sentir dans ses aquarelles. Elle est perceptible au cours du séjour à Saint-Julien-en-Beauchêne et, en particulier, dans cette œuvre où nous le voyons adopter la palette cézannienne, une harmonie bleu-vert et des tons chamois qui lui sont inhabituels. Signac procède aussi à coups de pinceau plus larges et la touche tend à être plus carrée, ce qui convient à l'expression du paysage statique qu'il a choisi de décrire.

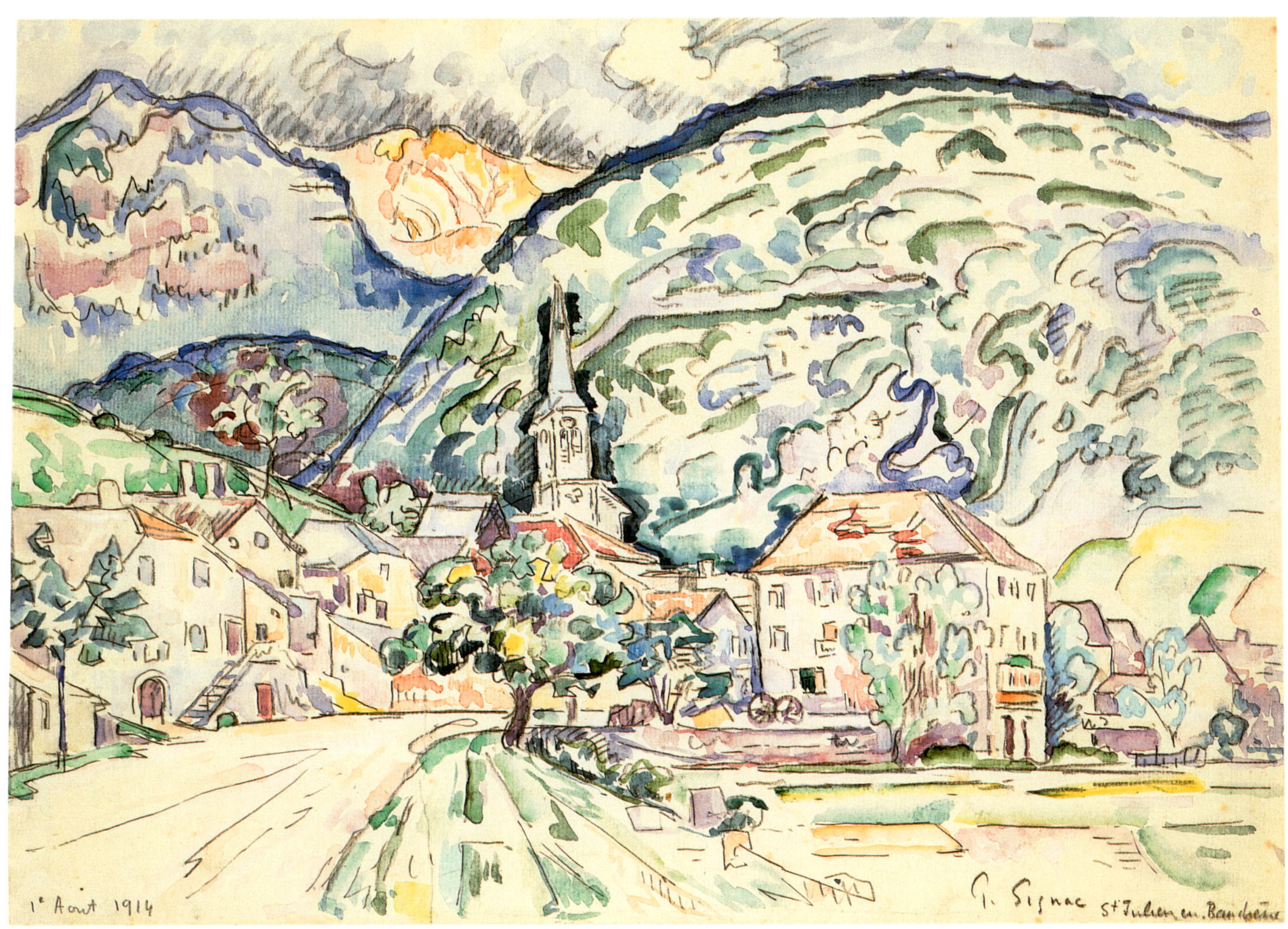

105
Saint-Julien-en-Beauchêne
1er août 1914
Aquarelle
30,6×42,5 cm
Daté en bas à gauche, signé et annoté en bas à droite
Arkansas Arts Center Foundation Collection, Little Rock: donation James T. Dyke

Une voile latine est une voile triangulaire enverguée sur une antenne, ce qui signifie qu'elle n'est pas attachée à un mât fixe, mais à un axe incliné et mobile. Passionné par la diversité des gréements traditionnels, Signac a souvent représenté les tartanes, dotées de ces voiles latines. Ici, les voiliers sont au port, les barriques de vin ont été déchargées. Les marins ont profité du vent léger pour laisser les voiles «au sec» et en chasser ainsi l'humidité. Signac a peint ce motif en 1905 (*Voiles latines. Saint-Tropez*, localisation actuelle inconnue, FC n° 423), repris en 1916 dans une version beaucoup plus stylisée et directement reliée à ce dessin, *Les Voiles au sec. Saint-Tropez* (Japon, collection particulière, FC n° 512). Signac, nous l'avons dit, est très déprimé par les événements et peint peu au cours de la guerre. L'interdiction faite aux artistes de travailler dans les ports l'oblige à rester à l'atelier. Il a donc vraisemblablement utilisé un dessin plus ancien pour peindre son tableau de 1916, et il nous est difficile de dater cette feuille avec précision.

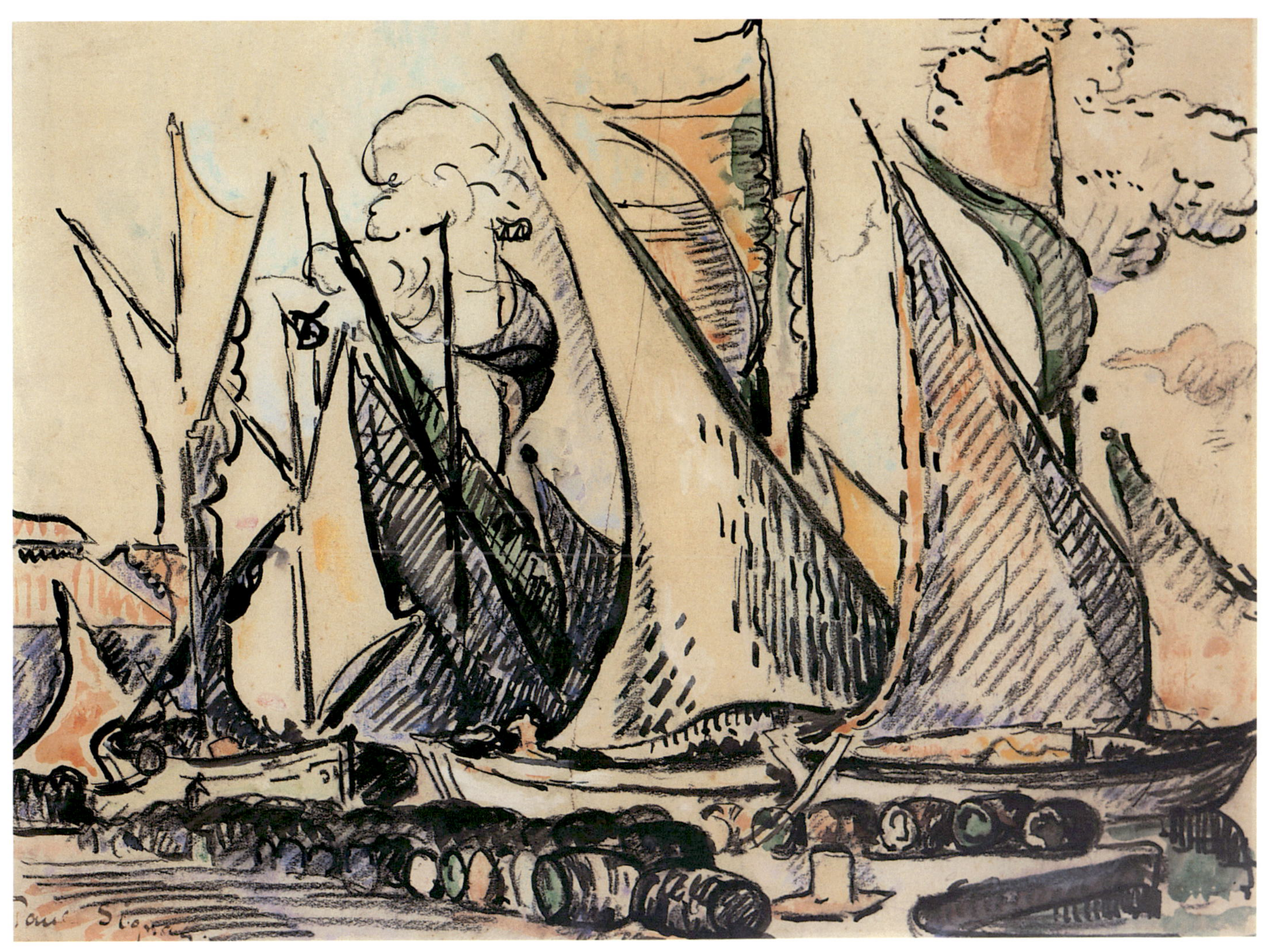

106
Les Voiles latines. Saint-Tropez
vers 1910-1916
Aquarelle
23,5×31,5 cm
Signé en bas à gauche
Collection particulière, France, par l'intermédiaire de la Galerie de la Présidence, Paris

107-110
Natures mortes

C'est dans les années d'après-guerre que Signac peint la série de natures mortes dont nous présentons ici quatre belles feuilles. Le 1er septembre 1918, il écrit à Félix Fénéon d'Antibes: «Je viens de faire des natures mortes, fruits, fleurs et légumes.» Le 20 septembre, il lui parle encore de cette série dont il semble assez satisfait et lui demande de lui envoyer «une bonne photographie d'une aquarelle de Cézanne, pour coller à mon mur, et d'une peinture à l'huile, fruits gras, du même». Il le remercie ensuite «des belles images de Cézanne. Je les regarde souvent, longtemps. Comme tout ce qui vient de cet homme, c'est d'un bel enseignement, et d'un bon entraînement. J'ai surtout étudié les natures mortes aquarelles.» Nous connaissons aussi deux petites natures mortes peintes à l'huile, *Nature morte. Poivron. Aubergine* (1918, collection particulière, FC nº 517) et *Nature morte. Coing et oranges* (vers 1918, France, collection particulière, FC nº 518). Au printemps suivant, il évoque à nouveau dans la correspondance qu'il adresse à son ami et marchand la série de natures mortes «nouveauté que je vous réservais». Et c'est à Nice qu'il peint les dernières en décembre 1920: «On fait des aquarelles dehors et des *bodegones* [terme espagnol qui désigne les natures mortes réunissant des aliments] à l'intérieur les jours de pluie.» Outre les quatre aquarelles présentées ici, nous en connaissons encore quatre autres: une est conservée à l'Arkansas Arts Center, un bel exemple daté 1919 se trouve au Metropolitan Museum, dans la collection Lehman, et deux autres dans des collections particulières, l'une française, l'autre américaine. Notre choix témoigne de l'évolution de cette remarquable série, qui commence par une méditation sur l'art de Cézanne et qui se poursuit par une appropriation toute personnelle du thème. *Nature morte. Citrons, pêche, raisins et jarre* est datée 1918 et nous paraît en effet une des premières de la série: la touche carrée, très cézannienne, les tons à dominante bleu-vert évoquent l'art du maître d'Aix. Une leçon qui est remarquablement assimilée dans *Nature morte. Poivron, piment, aubergines, carafe*, où Signac décrit sans difficulté les transparences de la carafe d'eau et le volume des fruits. Comme dans les aquarelles de Cézanne, quelques touches suffisent ici à évoquer l'espace. La couleur plus vibrante des fruits prélude à une évolution qui se manifeste très nettement dans les deux aquarelles suivantes. Quand il peint *Nature morte. Oranges, pommes, poivrons* et *Nature morte. Pot de cornichons, citron, poivrons*, Signac fait preuve d'un emportement dans le traitement de la couleur, d'une jubilation qui va crescendo et qui n'a plus grand-chose de l'approche méditée et volumétrique de l'«analyste Cézanne». La vigueur colorée de ces dernières feuilles où les tons chauds, rouges, jaunes et orangés rivalisent d'intensité exprime le tempérament de coloriste qu'a toujours manifesté Signac. L'expression de la sensibilité de l'artiste culmine dans la dernière feuille où il adopte un point de vue rapproché qui abolit le volume des fruits, traités comme un vivant assemblage de formes aux tons vifs.

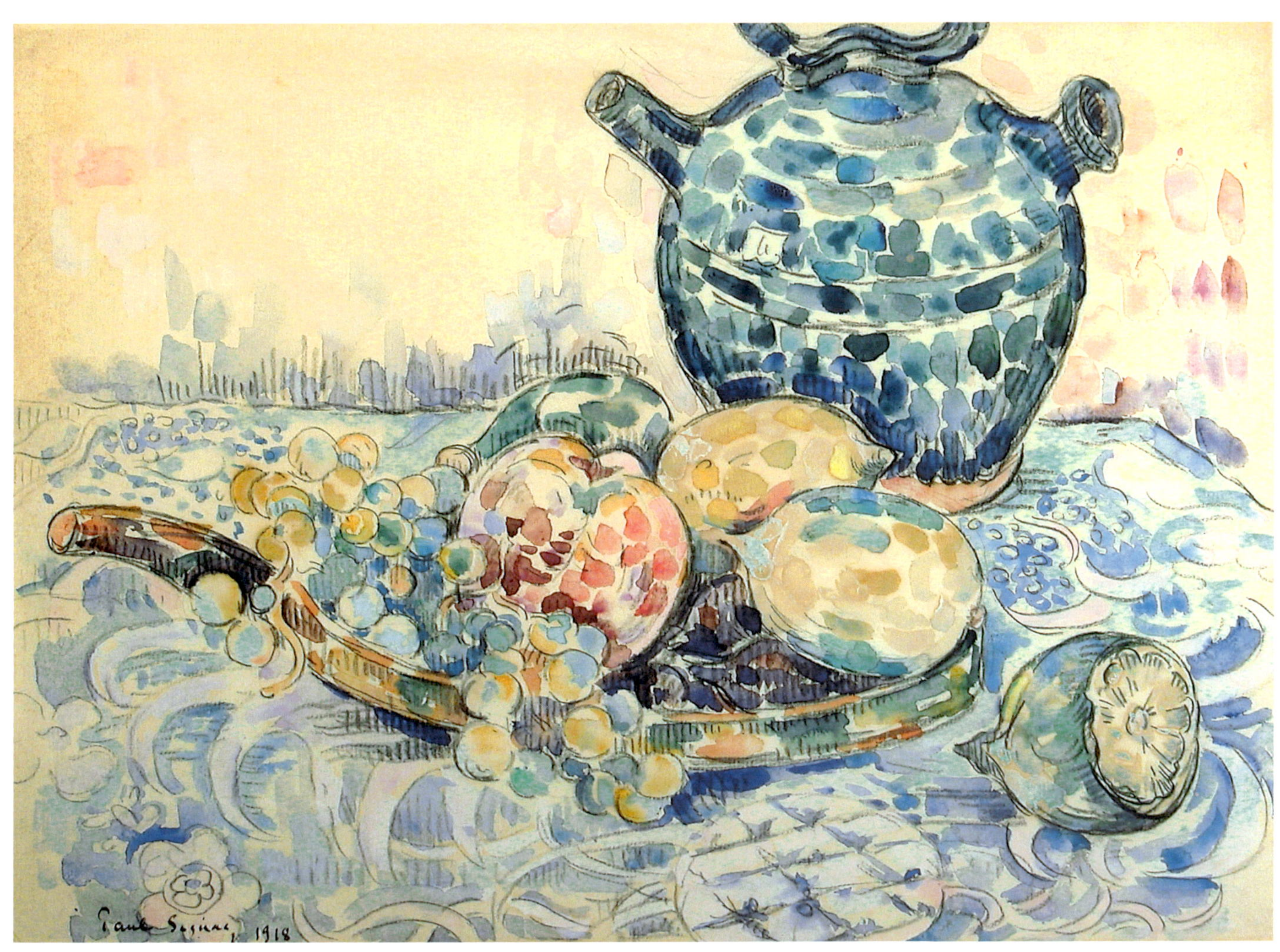

107
Nature morte. Citrons, pêche, raisins et jarre
1918
Aquarelle
31,5×43,5 cm
Signé et daté en bas à gauche
Collection particulière, Suisse

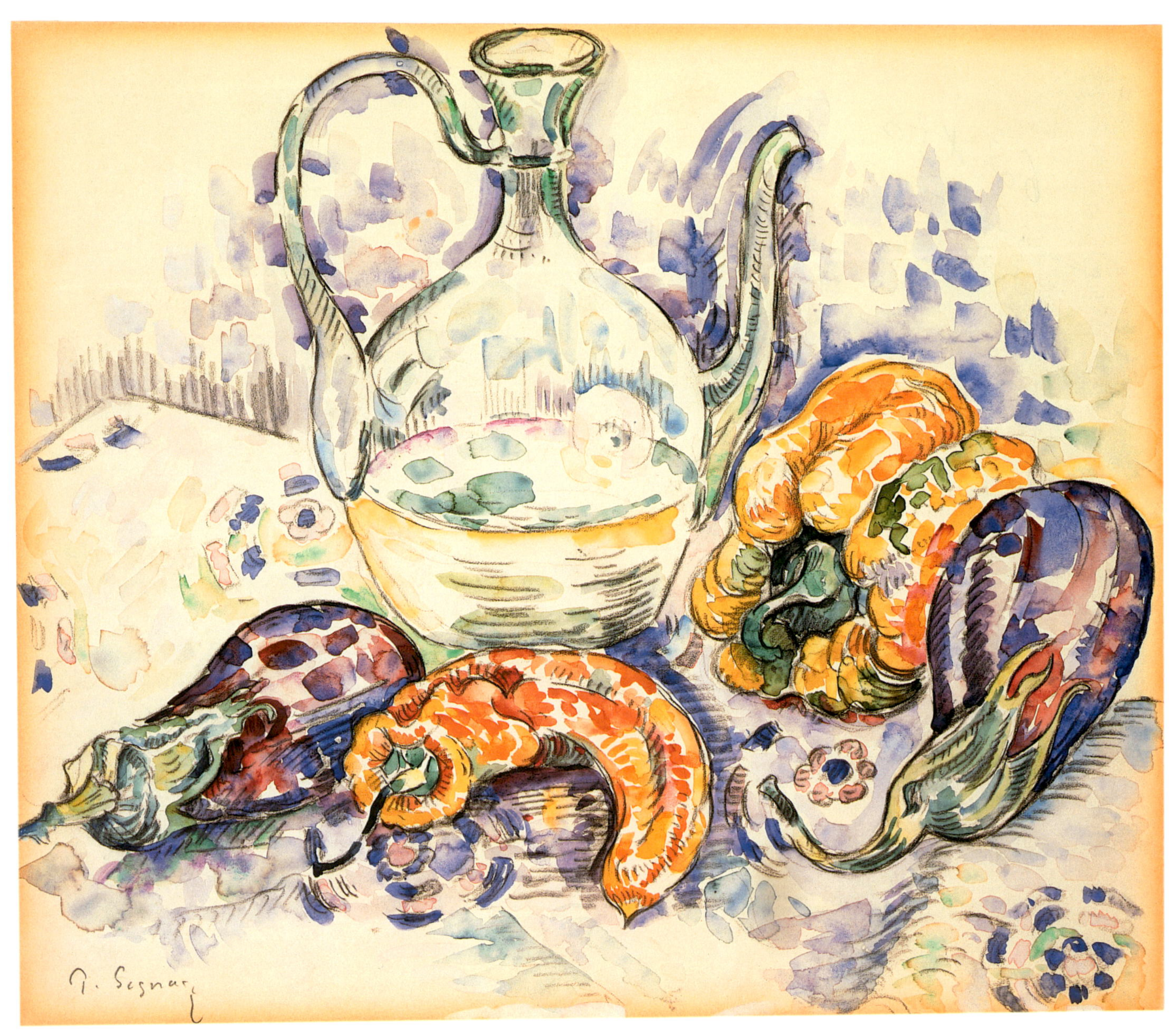

108
Nature morte. Poivron, piment, aubergines, carafe
1918-1920
Aquarelle
34,6×39,8 cm
Signé en bas à gauche
Arkansas Arts Center Foundation Collection, Little Rock:
donation James T. Dyke

109
Nature morte. Pot de cornichons, citron, poivrons
1918-1920
Aquarelle
32,2×49,7 cm
Signé en bas à gauche
Arkansas Arts Center Foundation Collection, Little Rock: donation James T. Dyke

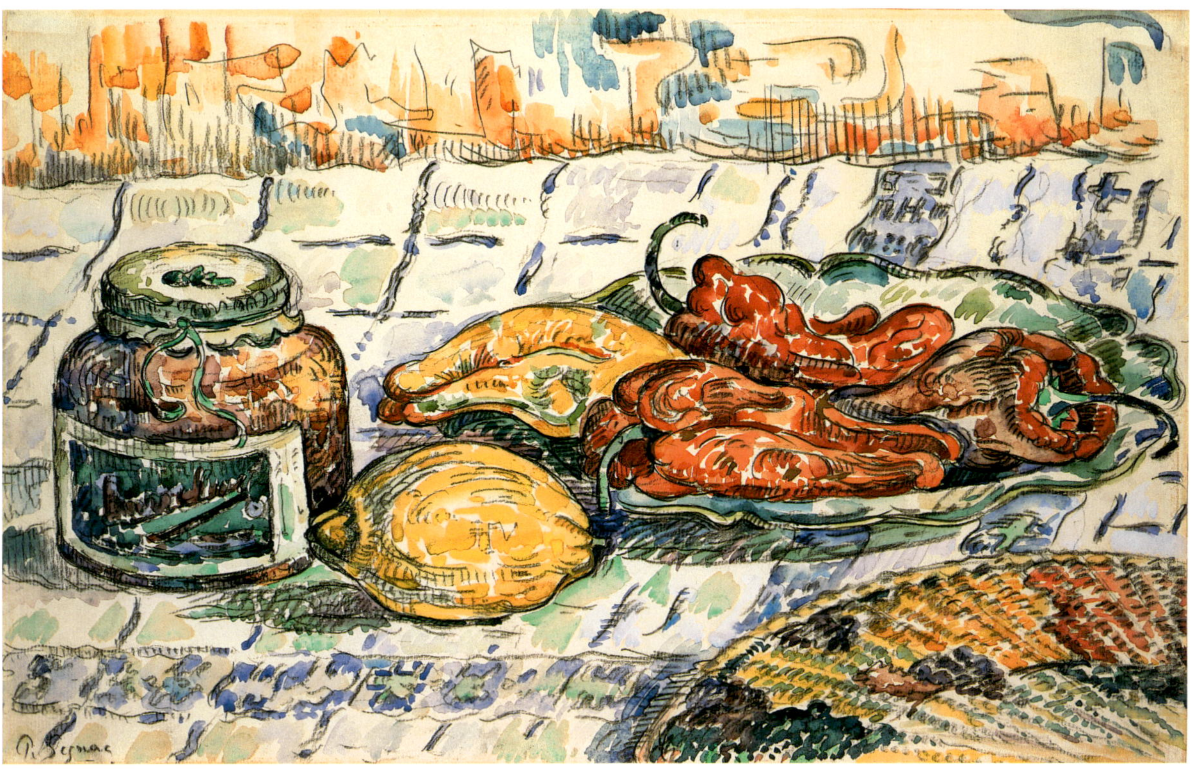

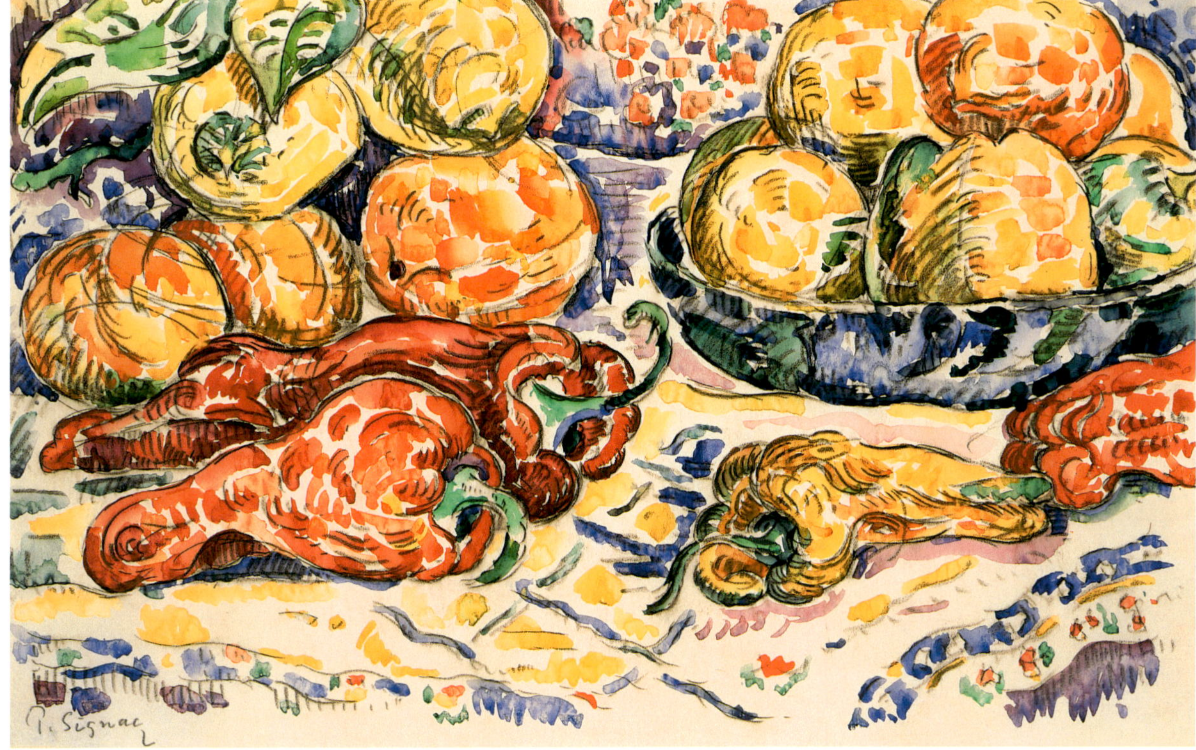

110
Nature morte. Oranges, pommes, poivrons
1918-1920
Aquarelle
20×40,7 cm
Signé en bas à gauche
Arkansas Arts Center Foundation Collection, Little Rock: donation James T. Dyke

Signac passe l'été 1919 en Savoie. C'est le second long séjour en montagne de notre marin. Il lui faudra quelque temps pour s'acclimater aux vallées, comme en témoigne une correspondance suivie avec Félix Fénéon. Le 6 juillet, il est à Annecy et mentionne simplement: «C'est plus joli que beau.» Il est plus explicite dans une deuxième lettre inédite non datée, envoyée de Thonon-les-Bains: «C'est très reposant mais guère émouvant et je crois que nous allons chercher ailleurs un endroit plus excitant pour la peinture. [...] d'Annecy nous fîmes Thônes, La Clusaz, Les Aravis, Flamel, Megève, Sallanches – en autocar. J'avais bien trouvé de belles raisons de peindre (la lutte des cîmes avec les nuages, les jeux de la lumière et de la couleur sur les sommets... en ne regardant qu'en haut et en faisant abstraction du tout petit – arbres, chalets etc. – qui croupit en bas [...] noter cela à l'aquarelle eût été passionnant. Malheureusement, tout est pris d'assaut, chalets et hôtels, impossible de trouver à se loger. Et nous voici redescendus sur le lac. Décidément les lacs c'est la mort. Nous allons voir si Meillerie – de Jean Jacques [il s'agit bien sûr de J.-J. Rousseau] rochers et tempêtes! – ou St-Gingolph font mieux notre affaire. [...] Si encore on pouvait aller en Suisse; je voudrais au moins aller visiter votre succursale de Lausanne. Mais je n'ai pas de passeport. Je voudrais bien voir aussi Romain Rolland» (Archives Signac). Manifestement, la patience du bouillant Signac, empêché de peindre les cîmes, est mise à rude épreuve, et ce n'est que le 6 août, enfin à Sallanches, qu'il retrouve son enthousiasme: «Après la prison de Thonon, nous sommes ici avec les trois jeunes Selmersheim [il s'agit des premiers enfants de Jeanne Selmersheim-Desgrange] devant le Mont Blanc et les aiguilles de Warens. La boîte à aquarelles est en permanence sur la table. Je m'efforce de noter ce qui se passe sur les cîmes et il se passe beaucoup de choses! Je ne sais si ces notations seront à montrer ni si je pourrais ensuite en tirer quelques toiles, mais en tout cas, je m'amuse beaucoup à ce jeu!» Il écrit encore triomphalement le 13 septembre, toujours de Sallanches: «Je viens d'apprendre que ma chambre d'auberge, d'où je tire sur le Mont Blanc, fut celle de Sir John Ruskin, qui à chacun de ses voyages à Chamonix s'arrêtait ici pour y travailler. J'aime à supposer que son ami Turner – qui a aussi dessiné à Sallanches et à Chamonix – a logé dans cette humble chambre, dont les fenêtres sont magnifiques» (Archives Signac).

Nous connaissons plusieurs aquarelles du mont Blanc et de l'aiguille de Warens (cat. n° 112) vus de Sallanches. Le Cabinet des dessins du Musée du Louvre possède une aquarelle annotée «Mont Blanc vu de Sallanches», et Lucie Cousturier en reproduit une autre version dans sa monographie consacrée à Signac. Comme la plupart des vues du mont Blanc peintes par Signac, elles évoquent le surgissement lumineux de la montagne enneigée vue au-delà d'un avant-plan sombre dont les détails ont été délibérément négligés par l'artiste. Signac connaît les dessins du mont Blanc faits par Turner depuis Sallanches et Chamonix et, parmi ceux-ci, ce sont en effet ceux où le peintre romantique anglais prend le parti de laisser l'avant-plan indéterminé qui sont les plus évocateurs. Pour peindre l'aquarelle du musée de Chamonix, Signac a choisi ce parti et redouble de surcroît l'image des sommets. Le lac, immobile au premier plan, reflète fidèlement les lignes et les tons rosés du mont. L'année suivante, Signac peindra à l'huile *Le Mont Blanc (orangé rose)* (Copenhague, Ny Carlsberg Glyptotek, FC n° 544) et *Le Mont Blanc. Rose* (localisation actuelle inconnue, FC n° 545), tous deux exposés aux Indépendants de 1921.

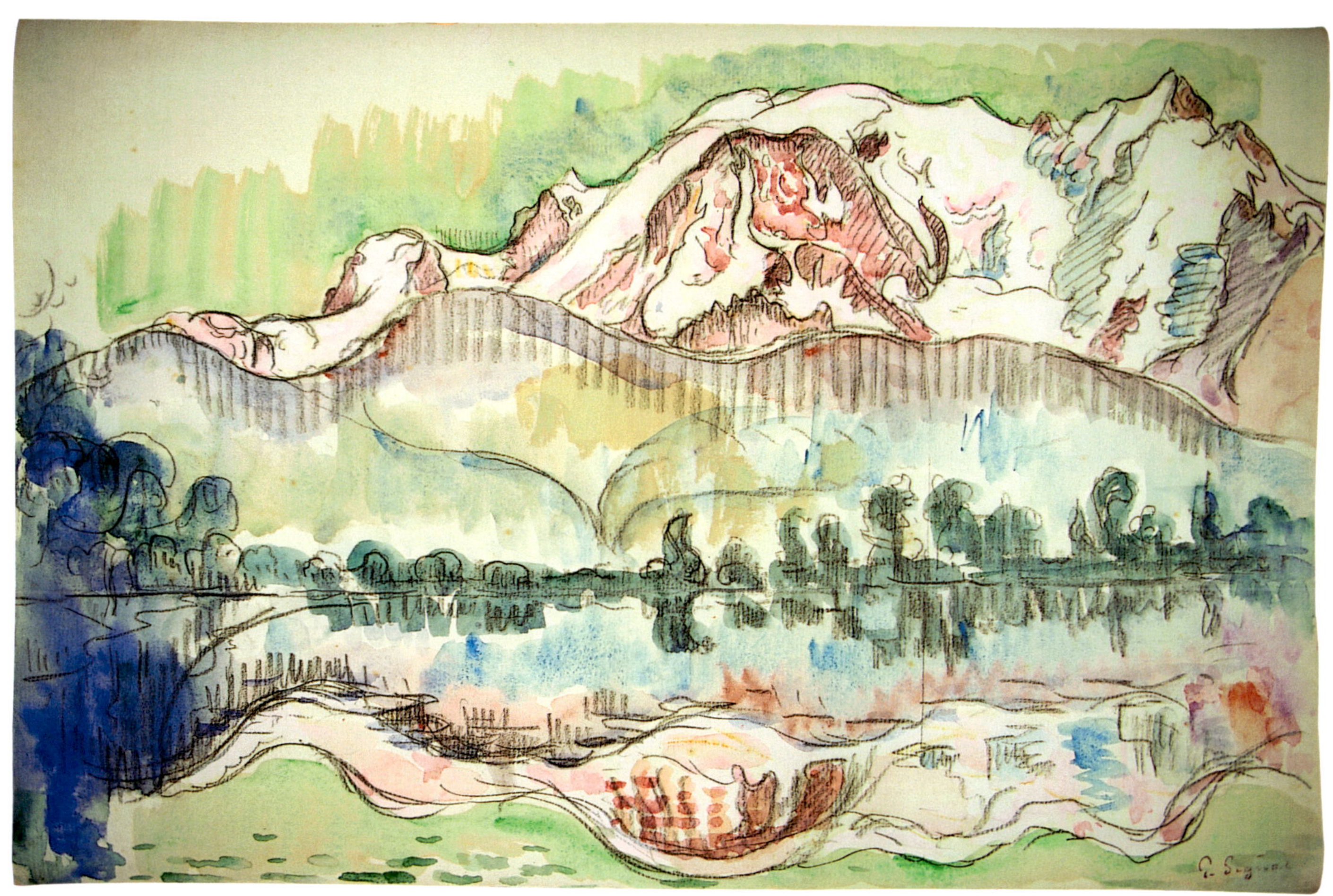

111
Le Mont Blanc vu depuis le lac de Chedde
1919
Aquarelle
29,7×44,8 cm
Cachet de l'atelier en bas à droite
Musée Alpin de Chamonix

Au cours de son séjour en Savoie, Signac a peint à plusieurs reprises l'aiguille de Warens qu'il voyait depuis Sallanches (cat. nº 111). Léon Deshairs, qui consacre un article aux aquarelles de Signac en janvier 1921, en reproduit une version, et une autre encore illustre la monographie que Lucie Cousturier dédie à l'artiste en 1922. Elle y cite aussi l'intéressant passage d'une lettre où Signac exprime ses projets: «De Sallanches et de Combloux, le mont Blanc est formidable, réellement. Je vais noter tout ce qui s'y passe: le jeu des nuances sur les cîmes, la lutte des nuées avec les pics et l'étonnante aiguille de Warens très turnérienne. Je suis très excité et je vois déjà une "série" assez nouvelle: rien que des cîmes, en négligeant les premiers plans qui, sous prétexte de donner l'échelle, rapetissent tout et s'opposent à l'arabesque.» Ici aussi, nous retrouvons un premier plan bleu-vert indéterminé qui met en évidence l'aiguille rougeoyante dans le couchant et le nuage dont la silhouette contournée apparaît comme une émanation des formes tourmentées de l'aiguille. Nous l'avons vu, Signac pense souvent à Turner au cours de son séjour alpin et la très romantique «lutte des nuées et des pics» qui se livre dans les différentes vues de la dent de Warens n'est certainement pas étrangère à son souvenir. Il pense aussi à Jean-Jacques Rousseau dont *Les Confessions* évoquent les souvenirs de jeunesse dans la région. Et, quand il peint les courbes suggestives de l'aiguille de Warens, Signac n'ignore certainement pas le beau passage où l'auteur se souvient de sa rencontre, à l'âge de 16 ans, avec Louise Eléonore de Warens, le grand amour de sa vie: «Prête à entrer dans cette porte, Mme de Warens se retourne à ma voix. Que devins-je à cette vue! Je m'étais figuré une vieille dévote bien rechignée: la bonne dame de M. de Pontverre ne pouvait être autre chose à mon avis. Je vois un visage pétri de grâces, de beaux yeux bleus pleins de douceur, un teint éblouissant, le contour d'une gorge enchanteresse. Rien n'échappa au rapide coup d'œil du jeune prosélyte; car je devins à l'instant le sien, sûr qu'une religion prêchée par de tels missionnaires ne pouvait manquer de mener en paradis.»

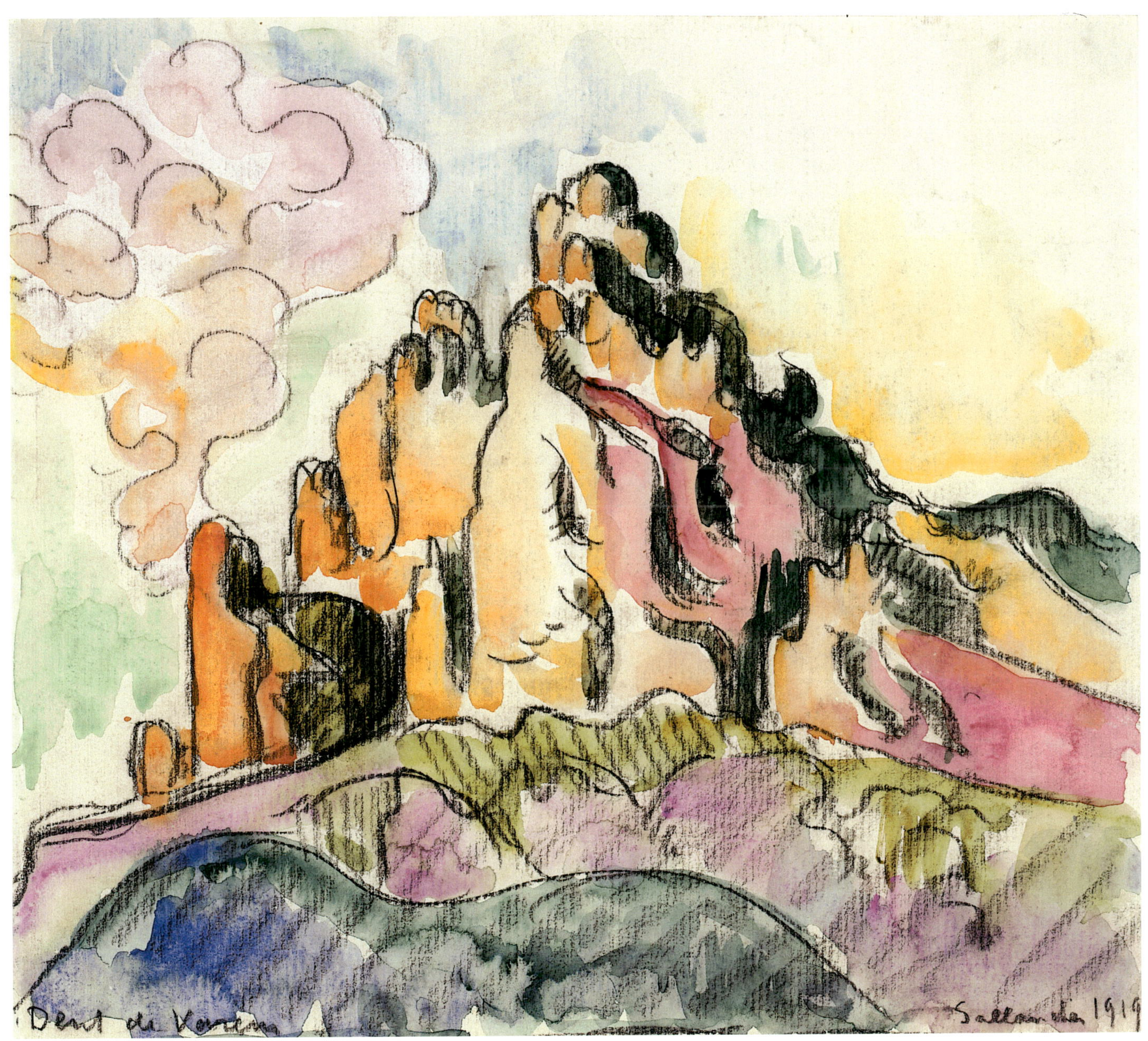

112
La Dent de Warens vue de Sallanches
1919
Aquarelle
22,5×25,5 cm
Annoté *Dent de Varens* en bas à gauche,
annoté *Sallanches* et daté en bas à droite
Collection particulière

L'été 1919, Signac séjourne longuement en Savoie et il se rend à cette occasion à Genève (cat. n°s 111 et 112). En avril, la conférence de Paris a décidé de la création de la Société des Nations dont la première réunion se tiendra à Genève le 15 novembre 1920. Le climat est à la réconciliation et Signac écrira qu'il s'est rendu alors à un congrès de la pensée internationale chez Romain Rolland (1866-1944). *Au-dessus de la mêlée*, brochure publiée en 1915 par l'écrivain pacifiste, avait soulevé de violentes protestations tant en France qu'en Allemagne, mais avait certainement rasséréné Signac. Surpris par la guerre en Suisse, Romain Rolland s'était vu attribuer le Prix Nobel de littérature en 1916. Comme le note son amie et biographe Lucie Cousturier, Signac «s'est rallié à l'action de Romain Rolland parce qu'il aime passionnément la vie comme l'aimait Stendhal, de la même manière à la fois subtile et sensible, en artiste délicat, en amateur instruit et raffiné». L'aquarelle *Genève* traduit le climat optimiste qui succède à cette guerre que l'on espérait la dernière. Les drapeaux des nations réunies claquent au vent. Nous y reconnaissons les couleurs de la Suisse et de la France. Signac s'est placé sur le quai du Mont-Blanc et regarde en direction de la passerelle et du lac Léman. Comme l'indique la dédicace «Pour Fer / amicalement en souvenir d'un bon séjour à Genève», Signac y a aussi rencontré le peintre niçois Edouard de Fer (1887-1959), qui organise des expositions de peinture française où figurent des œuvres de Signac, Luce, Valtat, Fer lui-même et Jeanne Selmersheim-Desgrange. Un premier «Salon français» Exposition néo-impressionniste se tient du 26 juin au 15 juillet 1918 au Palace Minerva à La Chaux-de-Fonds. Puis les mêmes artistes participent à une exposition de la Galerie du Rhône, 48, rue du Rhône, à Genève, du 16 décembre 1918 au 12 janvier 1919. Une troisième exposition réunira ces peintres ainsi que Lucie Cousturier, Henri Ottmann, Charles Camoin, Roger Grillon, Félix Roussel, Picart le Doux, Louis Le Bail et B. Mahn du 15 novembre au 9 décembre 1919. Signac y expose des aquarelles inspirées essentiellement de motifs parisiens.

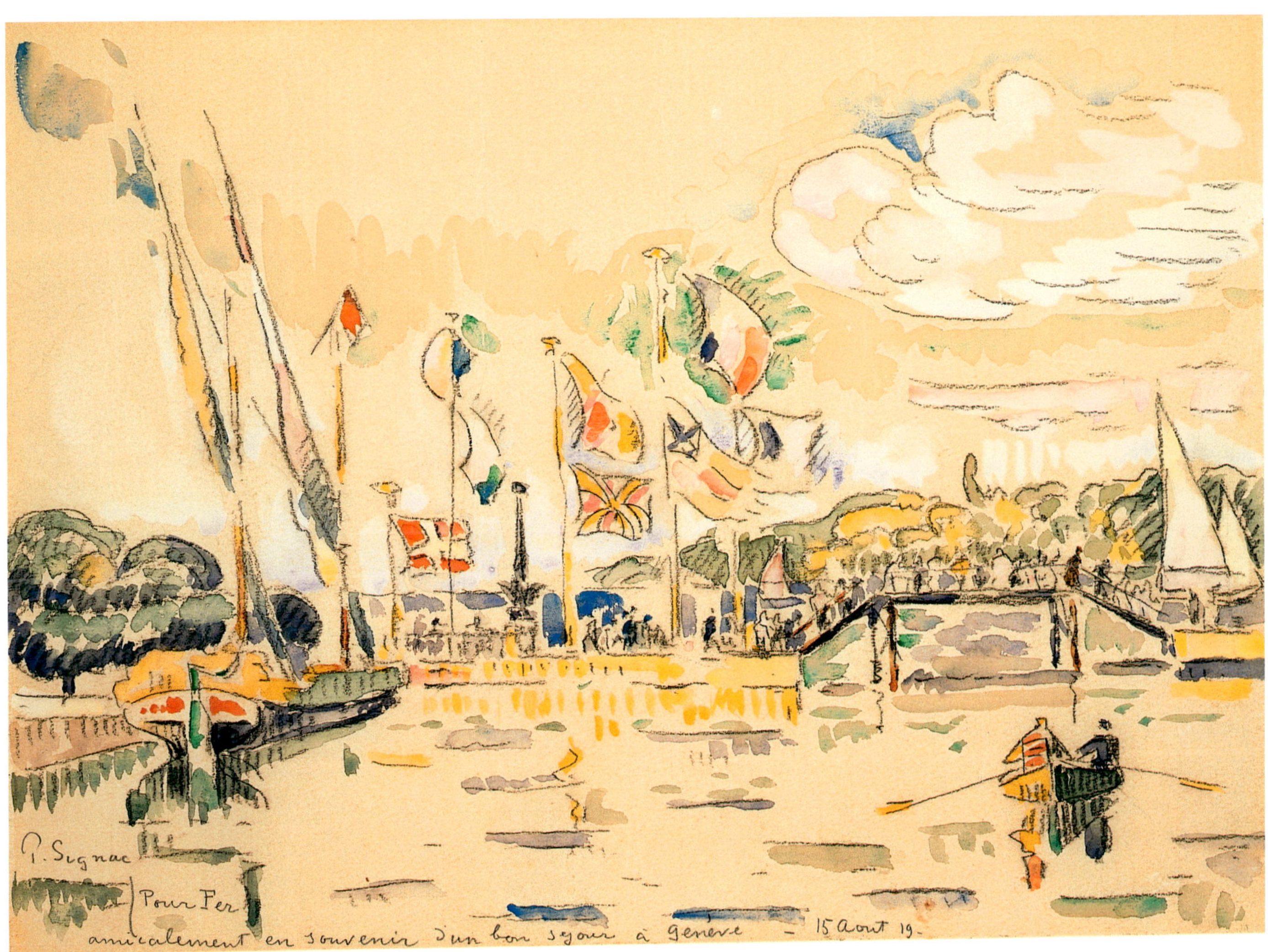

113
Genève
15 août 1919
Aquarelle
25,2×33,8 cm
Signé en bas à gauche,
dédicacé et daté en bas à gauche et au centre
Arkansas Arts Center Foundation Collection, Little Rock:
donation James T. Dyke

C'est aux Andelys que Signac avait peint sa première série de toiles «néo» (cat. nos 6 et 7). Il revient sur ce site célèbre en 1921, où il passe l'été, du 15 juillet au 15 octobre, à la Maison Caplain. Il n'est pas loin de Giverny et voit Monet qui lui achète des aquarelles. En 1923, Signac passe à nouveau plusieurs mois aux Andelys, de juillet jusqu'au 12 octobre. Comme la fois précédente, il réside chez les Caplain et écrit à Fénéon qu'il peint le matin à l'aquarelle sur les bords de la Seine et travaille à l'huile l'après-midi, dans le préau de l'école maternelle. Il rapportera deux toiles inspirées des Andelys, *Les Andelys. Le Tilleul* (Grande-Bretagne, collection particulière, FC no 559) et *Les Andelys. Matin. Eté* (collection particulière, FC no 557). Très proche de ce dernier tableau, *Le Petit Andely* en est peut-être la première pensée. Signac s'est placé en aval du village, de manière à voir les maisons, l'église et la colline couronnée par les ruines du Château-Gaillard, site qui lui est cher. Nous avons déjà vu apparaître le Château-Gaillard en 1886 et en 1899, en hommage à Turner (cat. no 81). Après la guerre, Signac a repris ses pérégrinations et sillonne la France, le pinceau d'aquarelliste à la main. Il peint de moins en moins à l'huile. C'est alors qu'il met au point une technique qu'il théorisera dans sa monographie *Jongkind*, publiée en 1927, où il introduit un véritable traité de l'aquarelle. Elle est déjà tout entière dans cette feuille éclatante de fraîcheur, dans laquelle Signac maîtrise à merveille le jeu des transparences et de la juxtaposition des couleurs. A cette époque, Lucie Cousturier note dans sa biographie: «C'est sans doute parce qu'elle est constituée par des feuilles de papier et s'enferme en quelques cartons, qu'on n'a pas encore aperçu que l'œuvre de Signac aquarelliste est un monument. [...] Dans aucune de ses aquarelles, Signac ne lave ni n'essuie, pas plus qu'il ne modèle: il écrit. Il écrit légèrement, délicatement, par les arêtes des contrastes et les courbes des analogies; il écrit, avec les lueurs de la nacre et le beau blanc du papier, des poèmes sur la splendeur de l'eau. L'art de Signac est né de l'eau et s'identifie à son génie.»

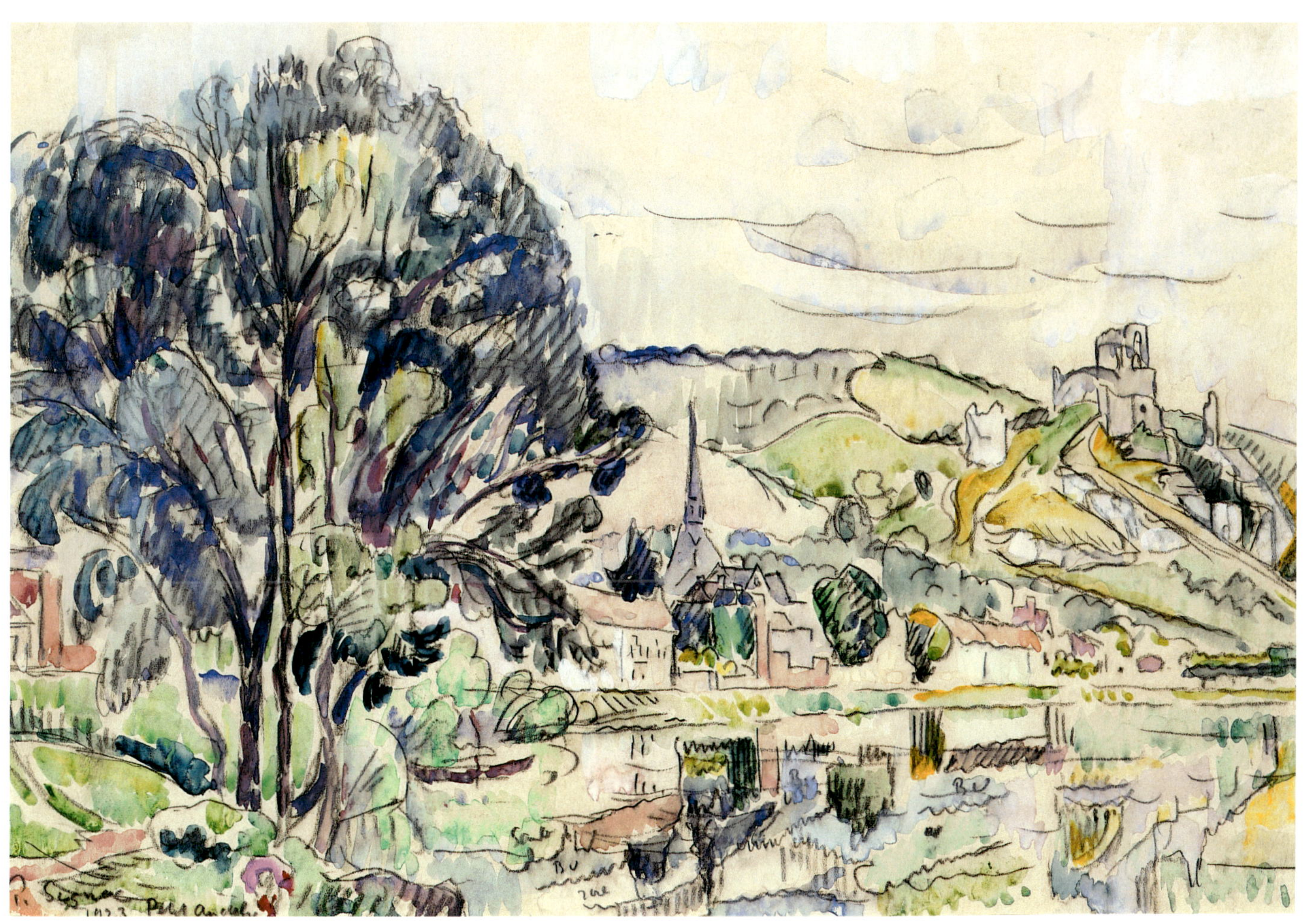

114
Les Andelys
1923
Aquarelle
26×35 cm
Signé, daté et annoté en bas à gauche
Collection Fondation Pierre Gianadda, Martigny

En 1924, Signac passe son premier été à Lézardrieux, situé en Bretagne Nord sur la rivière du Trieux, qui devient sa villégiature privilégiée jusqu'en 1930. Il y occupe une maison, le «Grand-Cardinal», où il passe les étés en famille et peint une impressionnante quantité d'aquarelles. Ravi de retrouver l'élément liquide après ses séjours «terriens» à Saint-Paul-de-Vence, ébloui par la lumière limpide, Signac décrit inlassablement Lézardrieux et ses environs, Paimpol, Tréguier ou Loguivy-de-la-Mer, à l'embouchure du Trieux. Ici, l'artiste regarde en direction de la mer et de l'île à Bois. Son talent d'aquarelliste s'impose avec éclat dans cette feuille où le goût de Signac pour les effets s'exprime dans la traduction d'un ciel mouvant et d'une eau à la surface de laquelle le courant et le vent impriment de légers mouvements. Les rives rocailleuses à la végétation âpre sont la version bretonne des calanques qu'il a si souvent peintes à Saint-Tropez.

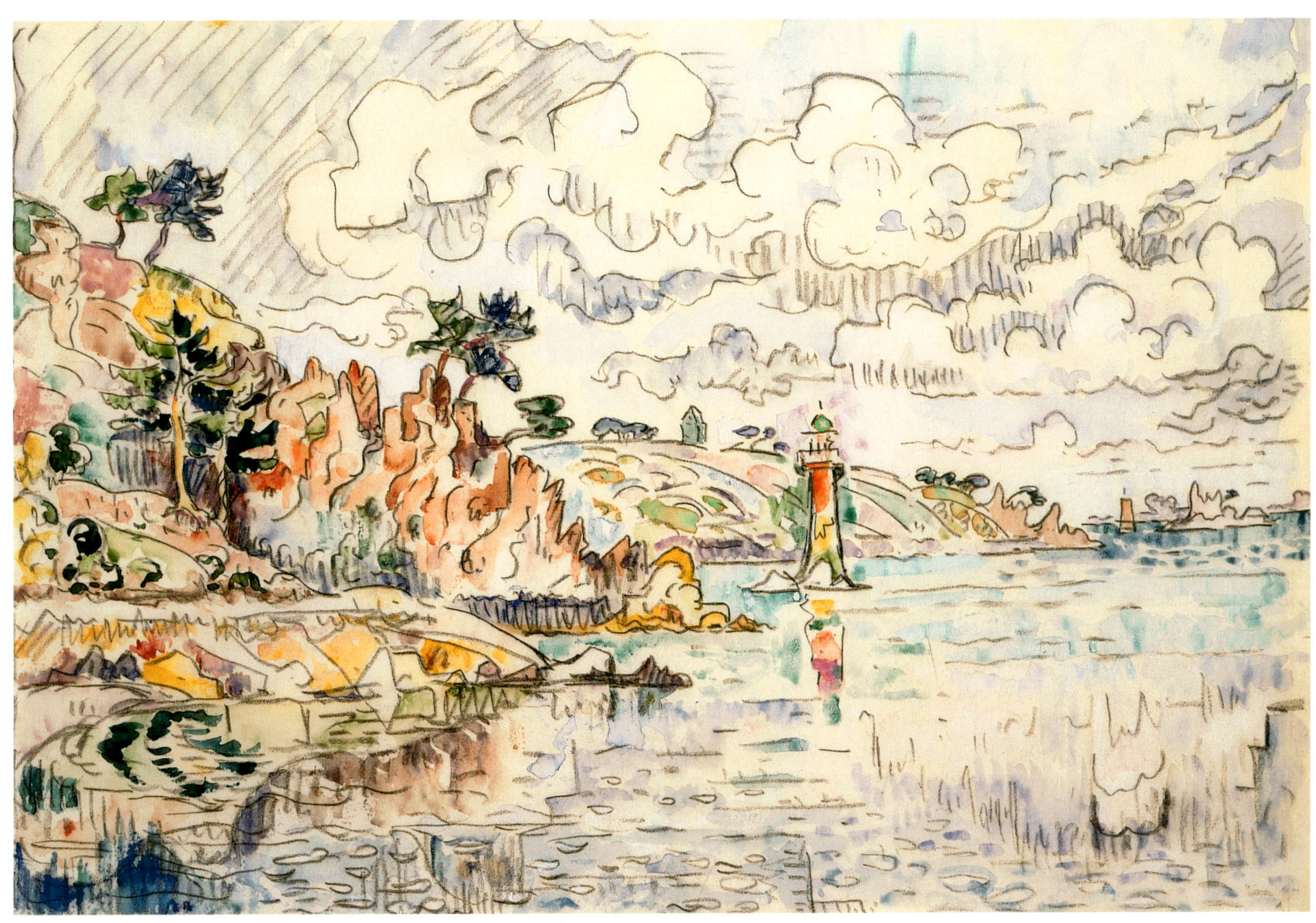

115
Lézardrieux. Le Trieux
vers 1924
Aquarelle
27×40,2 cm
Arkansas Arts Center Foundation Collection, Little Rock:
donation James T. Dyke

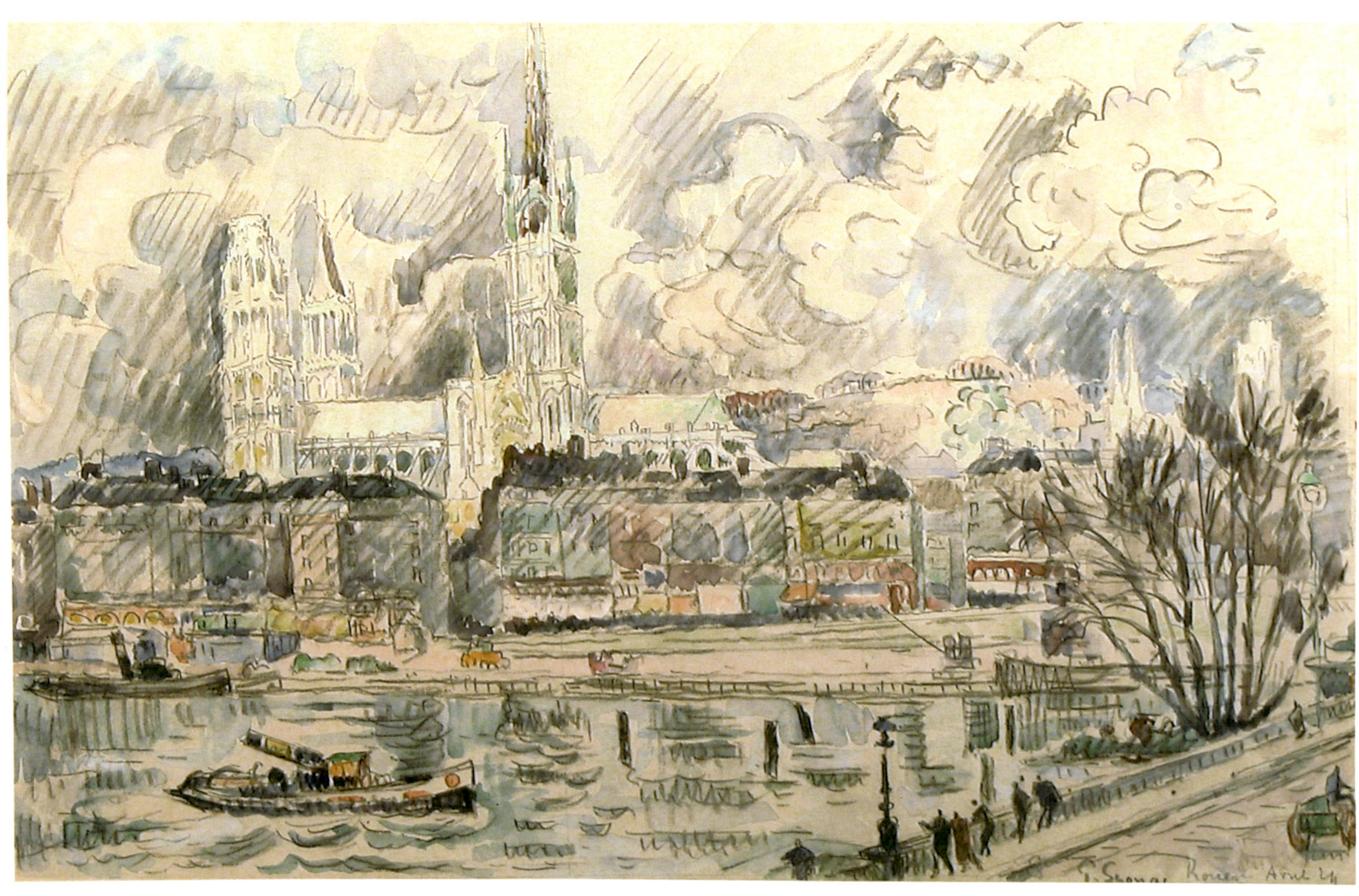

116
La Cathédrale de Rouen
avril 1924
Aquarelle
25,5×40,3 cm
Signé, daté et annoté en bas à droite
Collection particulière, Suisse

Si Signac se trouve à Rouen en avril 1924, c'est probablement parce qu'il est venu régler avec Angrand l'achat d'un pastel de ce dernier, *Le Port*, dont il a été question dans la correspondance des deux peintres en février.
Ces deux aquarelles ont été peintes à quelques minutes d'intervalle: la première nous montre la cathédrale, vue depuis le pont Corneille. Il pleut à verse, ce qui n'empêche pas les passants de s'intéresser à la manœuvre d'un remorqueur qui a incliné sa cheminée pour pouvoir passer sous le pont. Un second remorqueur est à quai. La cathédrale apparaît derrière

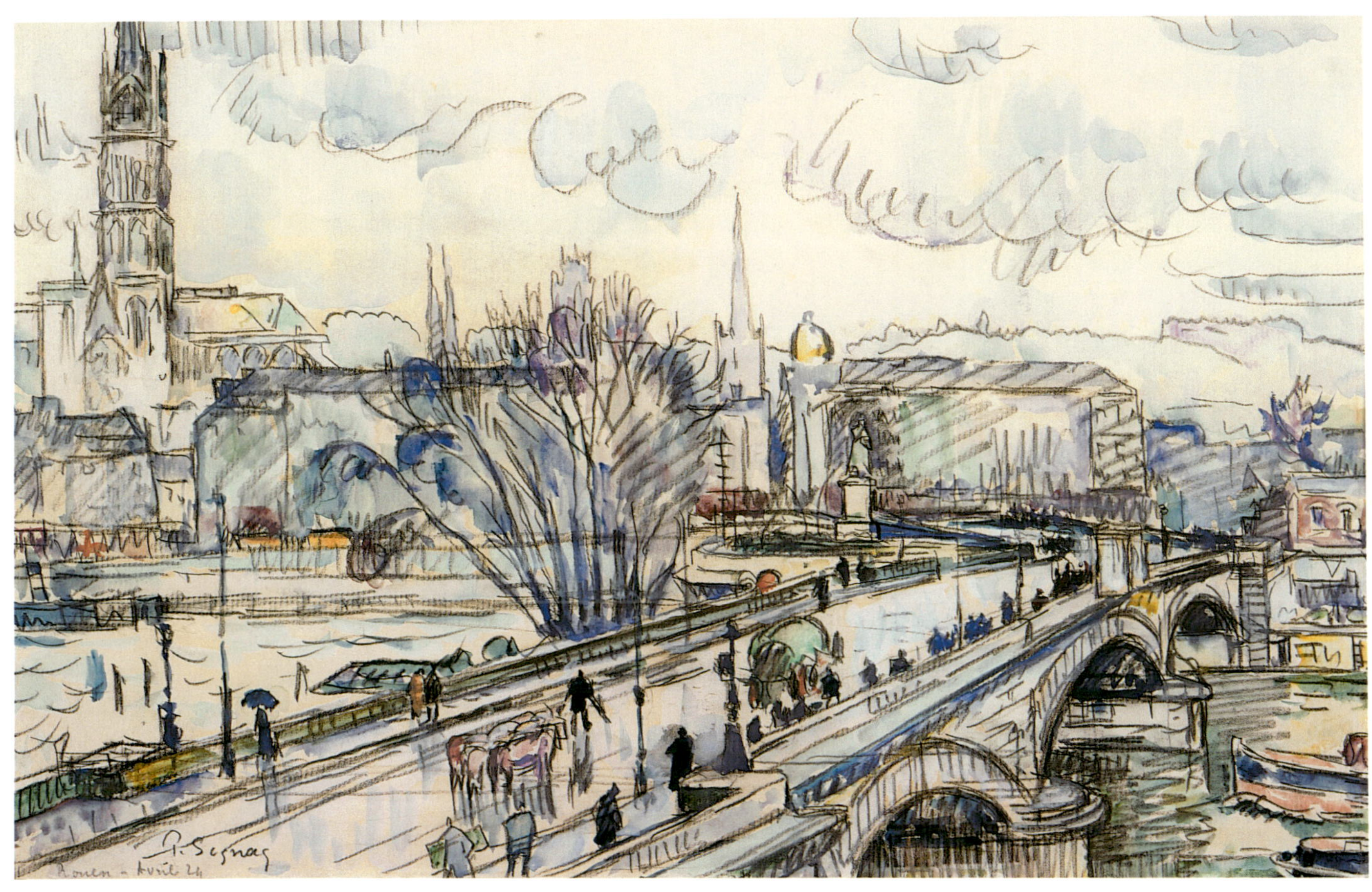

117
Rouen. Le pont Corneille
avril 1924
Aquarelle
27×42 cm
Signé, daté et annoté en bas à gauche
Collection particulière, Suisse

un rideau de pluie, mais l'artiste note les détails d'architecture d'une des plus belles églises de France. Signac a certainement pensé à Monet, qui s'était inspiré de ce motif en 1893 pour peindre une de ses plus étonnantes séries. Mais le point de vue qu'il adopte ici n'a rien à voir avec les vues rapprochées qu'en avait laissées le père de l'impressionnisme. En revanche, Signac est plus proche de Camille Pissarro qui, en 1896 et 1898, avait peint de puissants tableaux qui traduisaient toute l'animation du port fluvial de Rouen, avec ses bateaux à vapeur et ses équipements industriels.

Quelques instants plus tard, le ciel s'est dégagé et Signac peint une seconde aquarelle. Il a pris du recul, de manière à pouvoir observer le pont Corneille qui devient le motif principal, la cathédrale étant reléguée au second plan. Le premier remorqueur est passé sous le pont, le second est toujours à quai. Il pleut encore un peu et une passante a gardé son parapluie ouvert. Sur le pont, le trafic est plus intense, des ânes et une charrette se dirigent vers la ville.

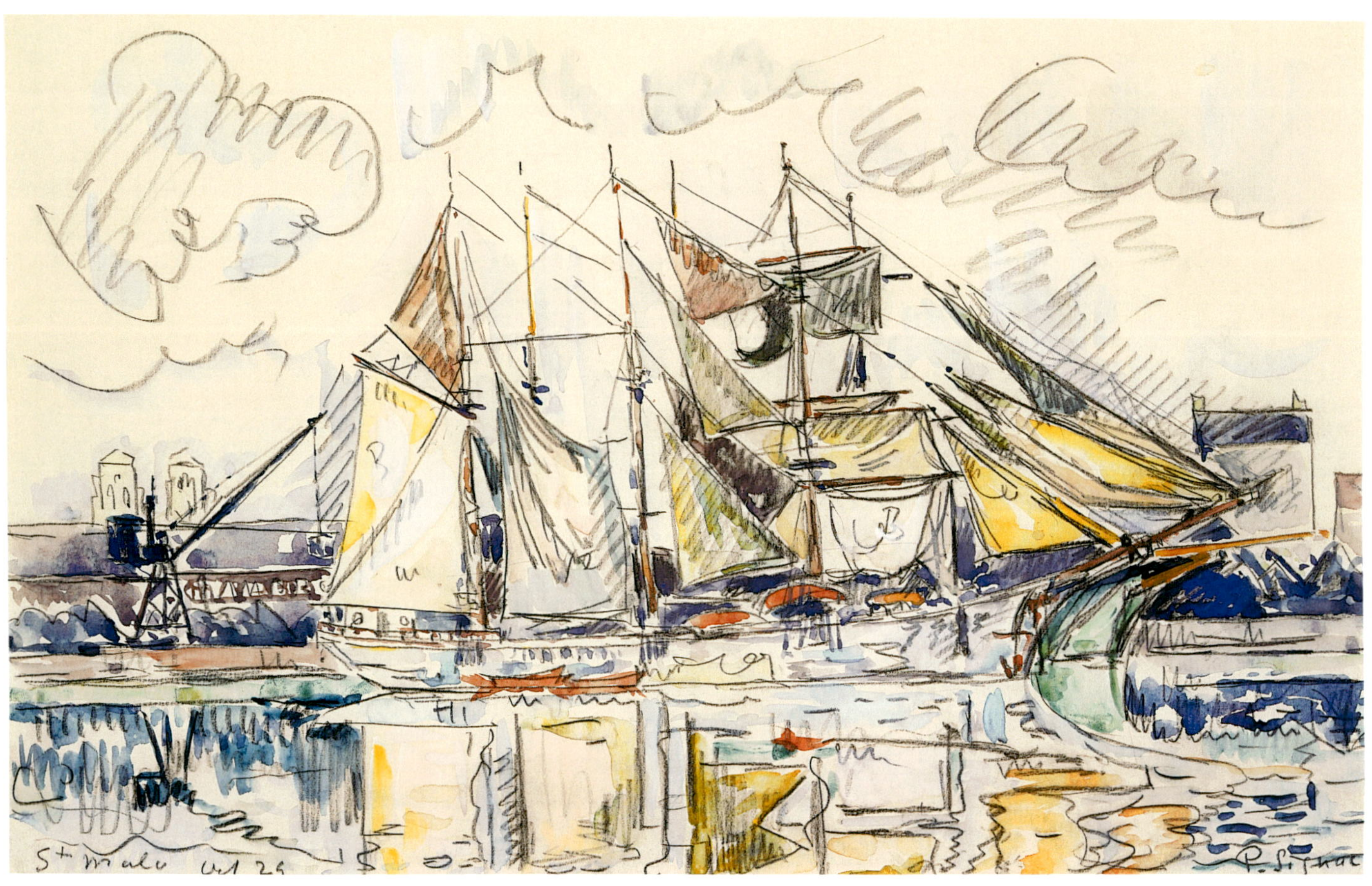

118
Goélettes à Saint-Malo
octobre 1926
Aquarelle
30,5×45,5 cm
Annoté et daté en bas à gauche, signé en bas à droite
Collection particulière, Suisse

A partir de 1925, Signac se rend régulièrement à Saint-Malo, sur la Manche. La vieille cité corsaire est célèbre pour sa tradition de résistance et d'aventures. Elle a prouvé sa ténacité face aux Anglais et participé à la guerre de l'Indépendance américaine. Mais c'est la flotte des terre-neuvas qui y attire régulièrement Signac. L'artiste est fasciné par ces beaux trois-mâts qui quittent les côtes bretonnes au printemps pour aller pêcher la morue sur les bancs de Terre-Neuve et ne reviennent qu'à l'automne de leur dangereux périple (cat. nº 62). Ici, deux bateaux de pêche sont de retour; à quai et voiles au sec, ils attendent les réparations nécessaires. Signac ne se lasse pas d'observer et de peindre ces voiliers aujourd'hui légendaires (cat. nº 122), et n'omet aucun détail de la vie portuaire, ni la présence d'un canot à côté du grand navire blanc, ni celle d'une grue de déchargement.

Tréguier se trouve à quelques kilomètres de Lézardrieux. Signac y a souvent peint à l'aquarelle. Ici, il observe la place du Martray avec son marché animé. Au pied de la grise cathédrale Saint-Tugdual, les tentes bigarrées des étals et la foule se pressent. Le ciel est menaçant, un grain s'annonce. En bas de la feuille, une Bretonne aux vêtements sombres et portant une coiffe tient un parapluie. Cette aquarelle est très proche d'une autre feuille, datée du 3 août 1927 et conservée, elle aussi, à l'Arkansas Arts Center. Elle a sans doute été peinte le même jour.

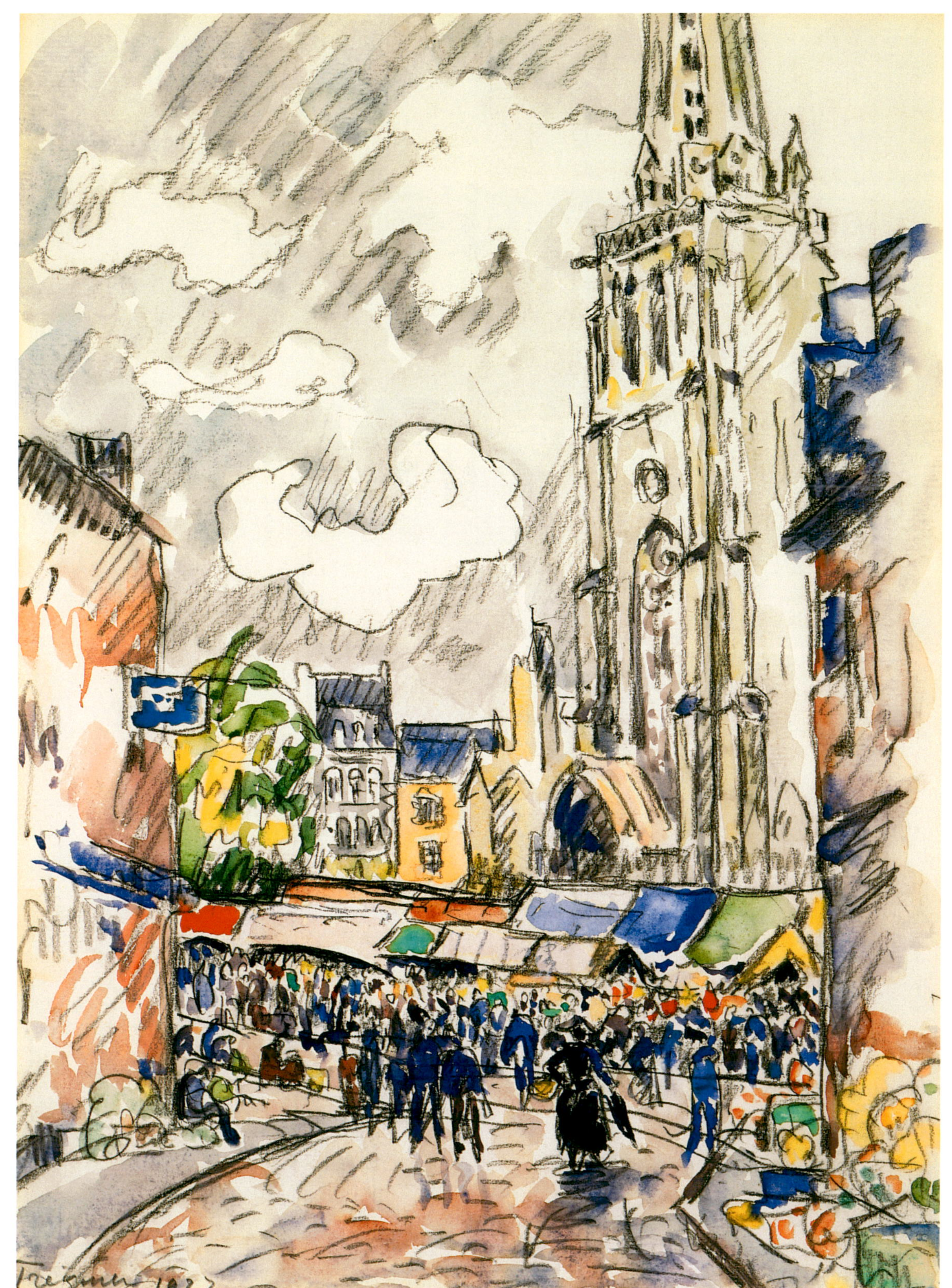

119
Tréguier. Le marché
[3 août] 1927
Aquarelle
40×29,4 cm
Annoté et daté
en bas à gauche
Arkansas Arts Center
Foundation Collection,
Little Rock:
donation
James T. Dyke

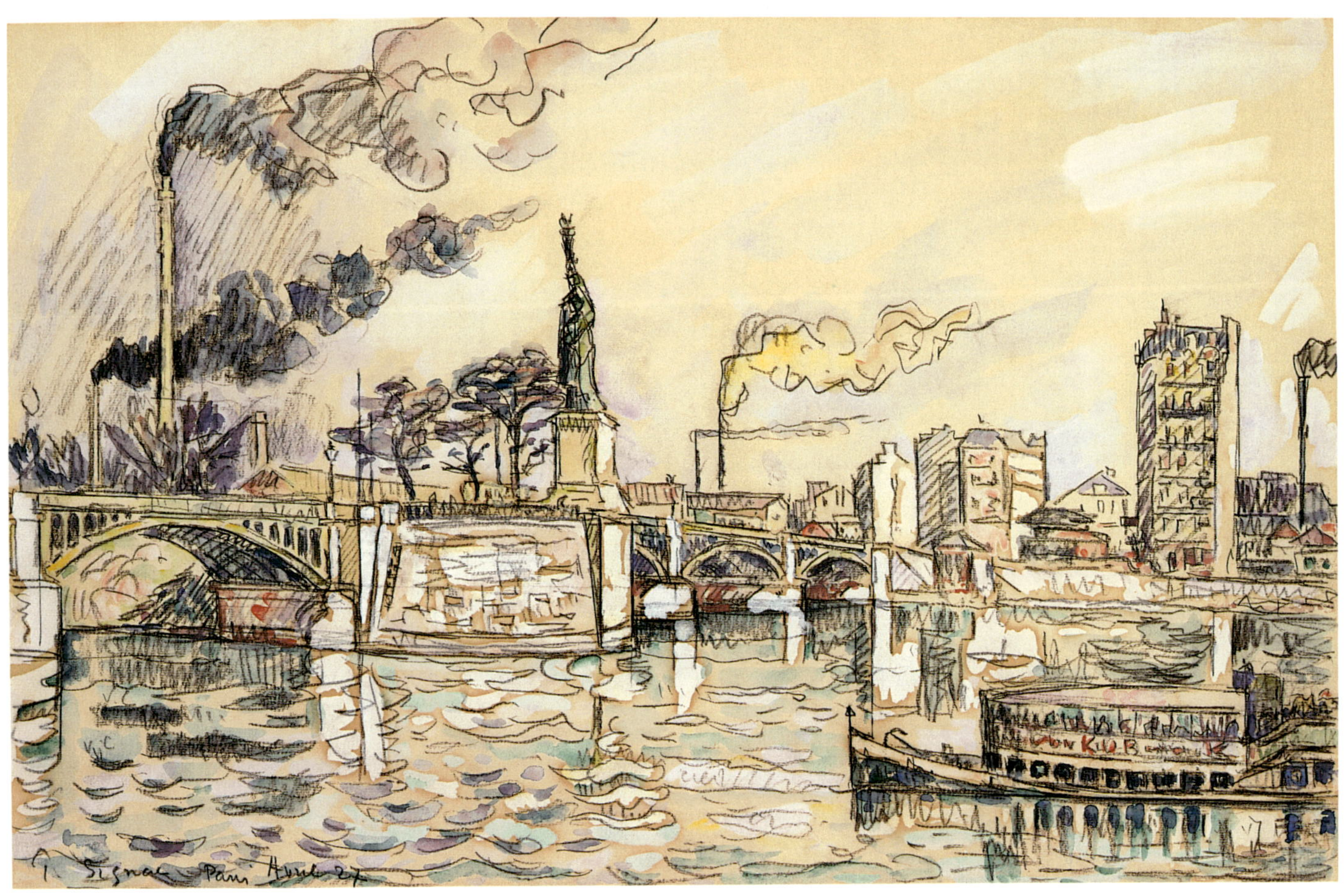

120
Le Pont de Grenelle à Paris
avril 1927
Aquarelle
29×45 cm
Signé, daté et annoté en bas à gauche
Collection particulière, Suisse

Quand Signac est à Paris, il peint surtout la Seine et ses ponts, au même titre que les ports lorsqu'il voyage. L'artiste a toujours éprouvé une prédilection pour les thèmes qui lui permettent d'associer l'étude des reflets à la surface de l'eau avec les ouvrages d'architecture civile et navale. En janvier 1911, la première exposition d'aquarelles de Signac s'était tenue à la Galerie Bernheim-Jeune sous le titre *Les Ponts de Paris*, et ceux-ci avaient déjà sa préférence dans les toiles de jeunesse. Là aussi, l'artiste accorde autant d'attention aux ponts anciens qu'aux ponts métalliques modernes. Une toile de 1899, *Pont de Grenelle* (Helsinki, Amos Andersonin Taideomuseo, FC n° 328), célébrait la beauté de cette zone industrielle. On y distinguait déjà *La Liberté éclairant le monde* qui, comme ici, regardait en direction de Paris. Ce n'est qu'en 1937 que le vœu du sculpteur sera enfin exaucé et qu'on la fera pivoter en direction de l'Amérique. Nous sommes en avril 1927 et le quartier du pont de Grenelle s'urbanise. Il présente alors un visage mi-urbain, mi-industriel. Les cheminées d'usines se dressent dans le ciel avec la même fierté que la réduction de la statue de Frédéric Auguste Bartholdi ou le nouvel immeuble d'habitation dont les six étages annoncent le développement de cette zone appelée à devenir résidentielle. Aujourd'hui, la verticalité du lieu s'est encore largement affirmée depuis la construction des tours de Beaugrenelle. Au premier plan, un bateau-mouche, à travers les baies vitrées duquel les passagers regardent la ville défiler. Signac a noté jusqu'à l'inscription publicitaire du bouillon KUB. Une aquarelle très proche de celle-ci, peinte vraisemblablement le même jour, du même endroit, est conservée au Musée Carnavalet.

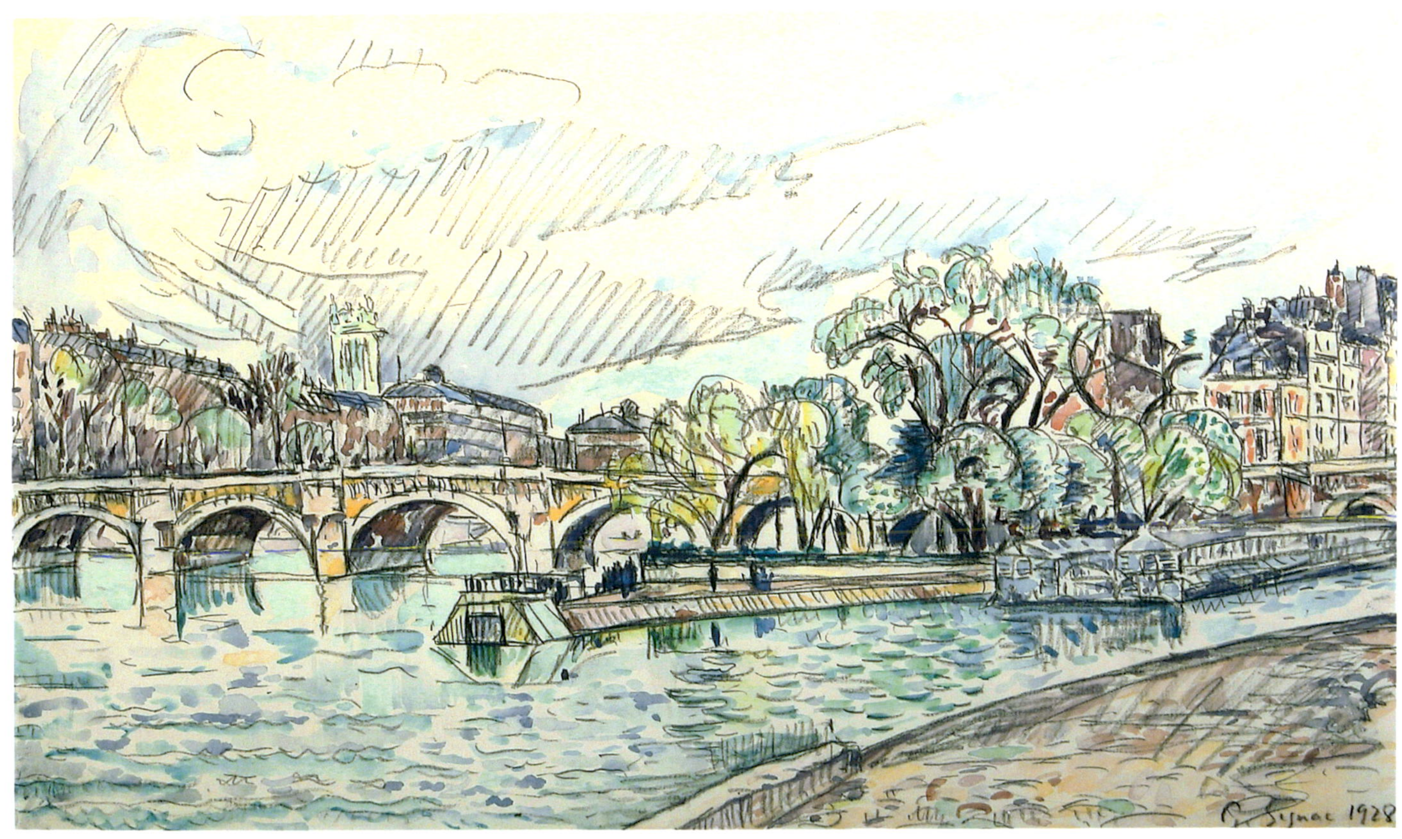

121
Paris. Le Pont-Neuf et le Vert-Galant
1928
Aquarelle
26,5×45 cm
Signé et daté en bas à droite
Collection particulière, Suisse

Parmi les ponts de Paris, le pont des Arts et le Pont-Neuf se partagent la préférence de Signac qui ne se lasse pas de les peindre en toute saison et à toute heure. Ici, l'artiste s'est placé au pied du pont des Arts, sur la berge, en dessous du quai de Conti, et regarde en direction de la pointe de l'île de la Cité et du jardin du Vert-Galant. Quelques silhouettes sont groupées près de l'embarcadère des bateaux-mouches. Les frondaisons peu fournies des marronniers laissent supposer que nous sommes au printemps, peut-être en avril. Le ciel est clair, mais les nuages indiquent qu'une ondée approche, ou qu'elle s'éloigne. A droite, un établissement flottant, probablement des bains. Les arches puissantes du plus ancien pont de Paris rythment la composition. Au-delà se dressent les théâtres de la place du Châtelet et la tour Saint-Jacques.

Nous savons que Signac se trouve à Saint-Malo en février 1928 et qu'il y reste jusqu'au 13 mars pour assister à la partance des bateaux. Le 18 février, il écrit de Saint-Malo à Gaston Lévy: «Les bateaux sont beaux, quand ils auront leurs voiles et leurs grands pavois ce sera magnifique.» Car c'est à cette époque qu'ont lieu les fêtes du «Pardon des terre-neuvas», qui ont déjà inspiré à Signac une toile, *Le Pardon des terre-neuvas (Saint-Malo)* (1928, Saint-Malo, Musée d'histoire, FC nº 587). Notre aquarelle a donc été peinte dans la période qui précède le 6 mars, premier jour de la partance. Toute la flotte est réunie dans le bassin Vauban. Les coques des navires de pêche sont immaculées, prêtes à affronter les intempéries. Le ciel est gris; la mer opaque est verte. Les trois-mâts à quai créent avec leurs vergues un réseau de lignes où les couleurs des pavois éclatent joyeusement.

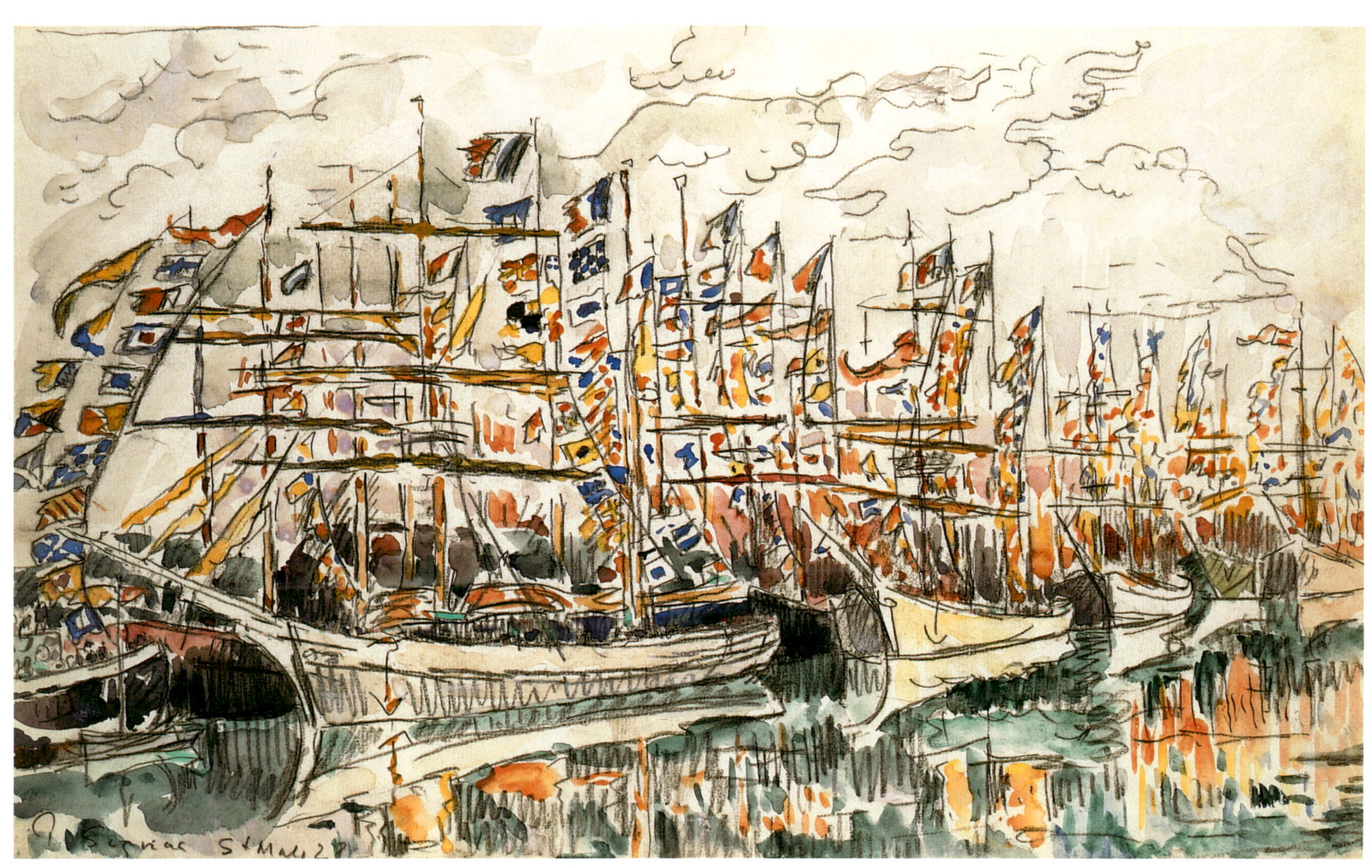

122
Saint-Malo. Les pavois
1928
Aquarelle
28,3×43,7 cm
Signé, annoté et daté en bas à gauche
Arkansas Arts Center Foundation Collection, Little Rock:
donation James T. Dyke

123-133
Les Ports de France

C'est avec plaisir que nous évoquons dans ce catalogue le dernier projet d'envergure réalisé par Signac. Les onze aquarelles sélectionnées ici appartiennent à l'importante série des 100 ports de France, peinte par l'artiste entre le 25 mars 1929, où il entreprend son périple à Sète, et le printemps 1931. Cet ensemble exceptionnel témoigne de la vitalité du peintre, alors largement sexagénaire, qui, au fil des feuilles, fait preuve d'un bonheur toujours renouvelé à observer la diversité des ciels, des gréements, des bâtiments navals et des architectures portuaires. Il peint avec la passion et l'énergie d'un jeune homme, sans aucune nostalgie. Un pont métallique, une grue ou un bateau à pétrole ont autant d'intérêt à ses yeux que le gréement traditionnel d'un terre-neuva ou d'une tartane. Quand il commence ce passionnant reportage sur les ports de France, qui n'allaient pas tarder à subir des destructions et des modernisations radicales, Signac réalise un projet auquel il pense depuis longtemps. C'est Gaston Lévy, collectionneur et mécène, qui lui donne les moyens de se lancer dans cette belle aventure.

Gaston Lévy (Tours, 1893 - San Remo, 1977) est homme d'affaires, créateur de la chaîne des magasins Monoprix, et ardent collectionneur de peinture française, de l'impressionnisme au fauvisme et au cubisme. En 1928, il achète ses premiers Signac, peintures et aquarelles. Les deux hommes se rencontrent et sympathisent rapidement, comme en témoignent aujourd'hui une amicale correspondance et d'amusantes photographies, souvenirs de séjours passés par Signac chez Gaston et sa femme Liliane à la Villa Orphée, sur la plage de La Baule. En décembre 1928, Signac lui fait part de son projet dans une longue lettre, qui prouve que l'idée a été mûrement réfléchie: «Mon cher ami, voici l'idée que j'ai; je vous la communique telle qu'elle m'est venue. Voyez si elle peut vous intéresser. Et dans ce cas, nous en parlerions à votre retour. Depuis longtemps, je rêve de faire une suite importante d'aquarelles sur "Les Ports de France". J'ai relevé 40 ports de la Manche, 40 ports de l'Océan, 20 ports de la Méditerranée. En tout une centaine. Les peintres de marines Claude [*sic*, il s'agit de Joseph] Vernet [1714-1789], Ozanne ensuite, puis Garneray ont publié sur le même sujet des séries de gravures, très recherchées aujourd'hui. Je serais heureux de laisser une œuvre de ce genre. [...] Si ce projet avait votre agrément, je commanderais une conduite intérieure C4 Citroën, je prendrais un chauffeur et je partirais en février pour les ports de la Méditerranée. En avril, je remonterais vers l'Océan pour terminer en été les ports du Nord. Je pense qu'il faudrait 5 ou 6 mois de travail, un peu fou! Je ferais deux aquarelles dans chaque port, l'une pour vous, l'autre pour moi, différentes d'ailleurs et vous choisiriez celle des deux qui aurait votre préférence. [...] Cette combinaison aurait pour moi divers avantages. Le principal serait la bonne excitation d'art que créerait un but précis, une combinaison amusante et une création importante. En outre la joie de réaliser un projet à quoi je pense depuis longtemps, et qu'il est temps de mettre à exécution, car bientôt l'âge m'en empêchera» (collection particulière). Gaston Lévy n'a apparemment pas hésité à subventionner l'expédition, car elle prend forme dès le printemps. Le 14 mars 1929, Signac lui écrit: «J'ai acheté 300 feuilles de beau Hollande pour nos ports et suis allé à la bibliothèque du Ministère de la Marine, pour voir comment étaient présentés les recueils de Ports, dédiés à nos rois!» Le format des ports de France sera de 28,5 × 44 cm environ. Dix jours plus tard, le 25 mars, Signac est à Sète où il peint la première aquarelle de la série. Mais l'entreprise sera plus longue que prévu, comme il en fait part à Gaston Lévy dès le 12 juin depuis Audierne: «La tâche est plus rude que je ne le supposais. Il faut lutter contre le temps et les circonstances. Il pleut, il vente, il n'y a pas d'effets, ou l'effet est "contraire", comme par exemple ces jours-ci aux Pennmarch, dépourvus de tout l'effet tragique qui les caractérise, par un temps et une mer niçois. En outre des déceptions d'art, il y a la rudesse de la vie de docker que je mène, par tous les temps sur les quais, les cales, les jetées, du charbon dans les yeux, les pieds dans la boue et même dans l'excrément, les mains pleines de coaltar, de noir de crayon et vert Véronèse...» (collection particulière). Et, en effet, il lui faudra sept campagnes échelonnées sur trois ans pour arriver à bout des ports de France. Au cours de ces expéditions, nous pouvons le suivre de jour en jour, au fil des aquarelles. L'été 1929 est consacré aux côtes bretonnes, comme l'attestent ici *Lorient* (cat. nº 123), *Saint-Nazaire* (cat. nº 124) et *Lézardrieux* (cat. nº 125). L'été suivant, il sillonne les rives de la Manche, et nous le voyons au *Tréport* (cat. nº 126) et à *Barfleur* (cat. nº 127), avec une incursion à *Nantes* (cat. nº 128). En 1931, il explore les côtes de la Méditerranée, *Toulon* (cat. nº 131) et très vraisemblablement *Saint-Tropez* (cat. nº 130). Ce n'est qu'en avril 1931 que Signac achèvera la série à *Menton* (cat. nº 132), comme il l'indique, épuisé, à Félix Fénéon: «J'ai travaillé comme un fou: quais de Marseille et de Toulon [...] depuis quinze jours, surmenage et grippe [...] heureusement j'avais fini à Menton mon dernier port de France avant de prendre "le mal"» (Archives Signac). Le 8 mai 1931, il signe à *Toulon* (cat. nº 133) la dernière feuille de la suite. Exténué mais heureux d'avoir accompli son projet, Signac achève ses aquarelles à Lézardrieux, comme il en informe Gaston Lévy dans une lettre du 10 juillet 1930: «Songez que certains effets n'ont duré que deux minutes, que j'ai eu juste le temps d'en noter "la clef" et qu'il faut maintenant reconstituer le petit drame de souvenir, en évitant d'y introduire des éléments contradictoires, petit jeu passionnant croyez-le bien» (collection particulière). Les aquarelles des ports de France seront, comme les autres de sa collection, réunies par Gaston Lévy dans des albums reliés en cuir. Mais, atteint par la crise en 1932, notre mécène devra se séparer d'une partie d'entre elles, qui seront rachetées par son cousin et associé André Lévy. Ce n'est qu'en 1995 que ces albums seront mis sur le marché et démembrés. L'Arkansas Arts Center possède un bel ensemble de ces ports de France, réuni par le collectionneur américain James T. Dyke. Un autre collectionneur, suisse, en a lui aussi reconstitué un étonnant ensemble, qui compte aujourd'hui vingt-sept ports de France.

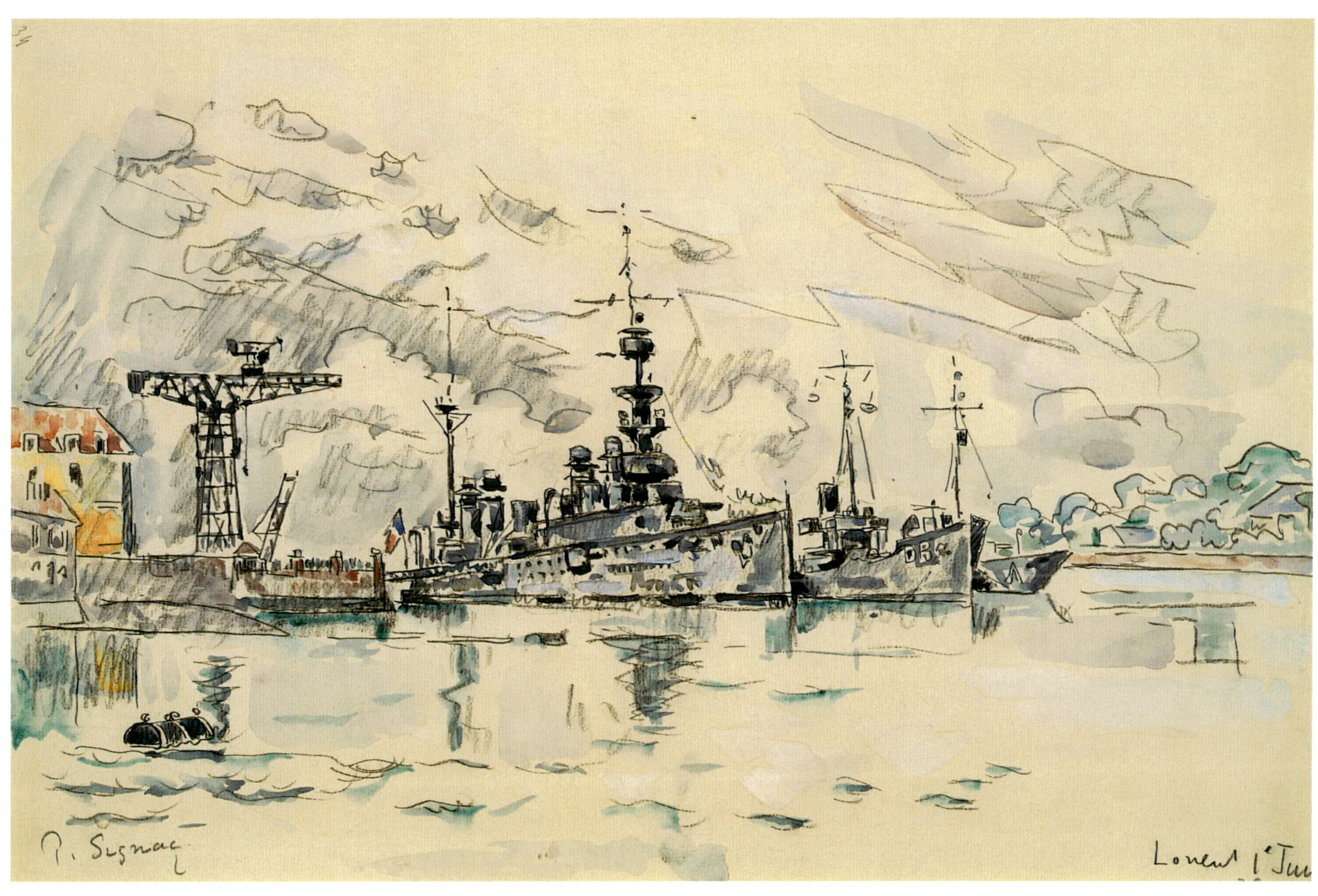

123
Lorient
1er juin 1929
Aquarelle
29,4×44,4 cm
Signé en bas à gauche, daté et annoté en bas à droite
Collection particulière, Suisse

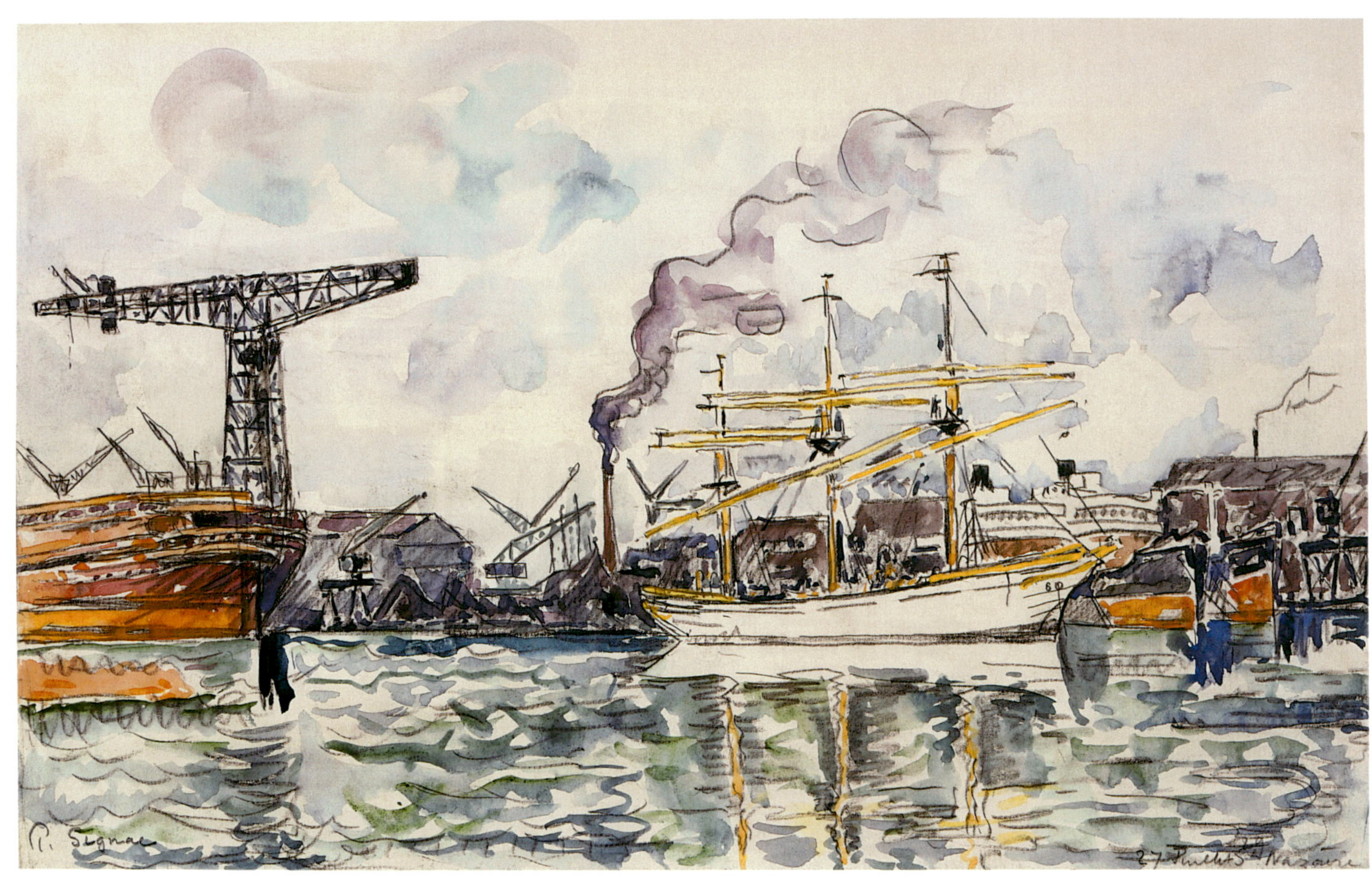

124
Saint-Nazaire
27 juillet 1929
Aquarelle
27×43 cm
Signé en bas à gauche, daté et annoté en bas à droite
Collection particulière, Suisse

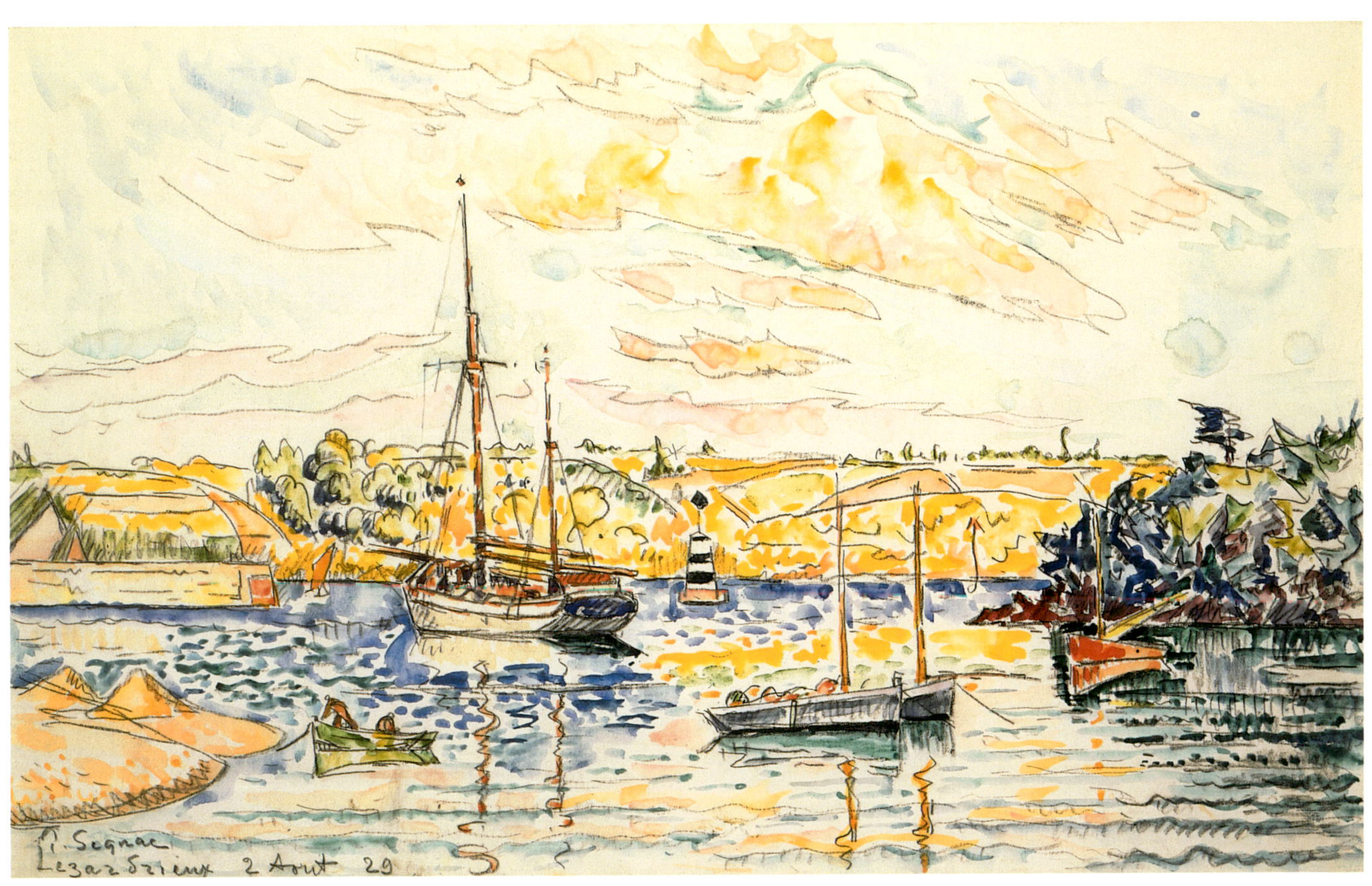

125
Lézardrieux
2 août 1929
Aquarelle
28,2×43,6 cm
Signé, daté et annoté en bas à gauche
Arkansas Arts Center Foundation Collection, Little Rock:
donation James T. Dyke

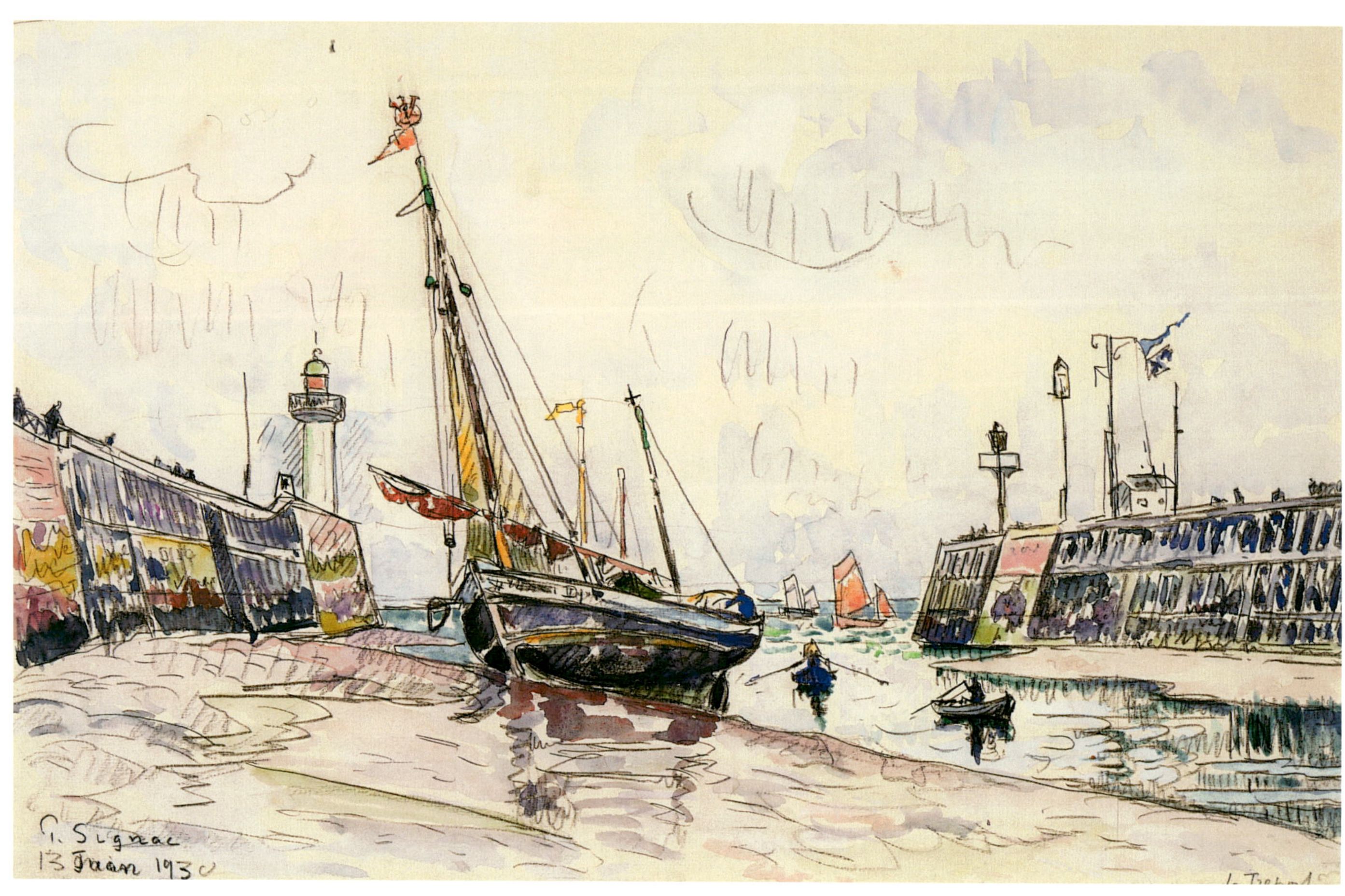

126
Le Tréport
13 juin 1930
Aquarelle
29×44,5 cm
Signé et daté en bas à gauche, annoté en bas à droite
Collection particulière, Suisse

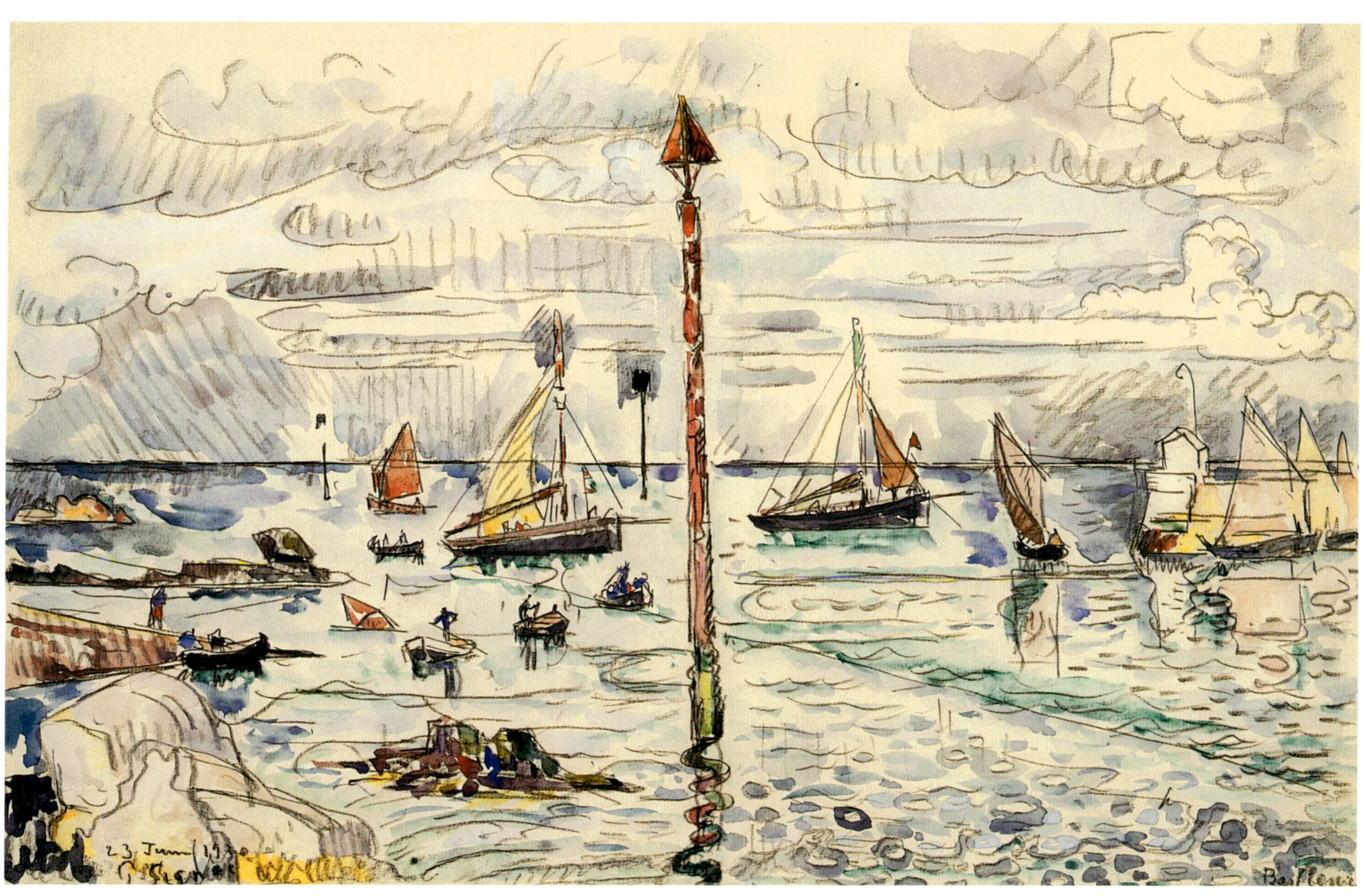

127
Barfleur
23 juin 1930
Aquarelle
28×44 cm
Signé et daté en bas à gauche, annoté en bas à droite
Collection particulière, Suisse

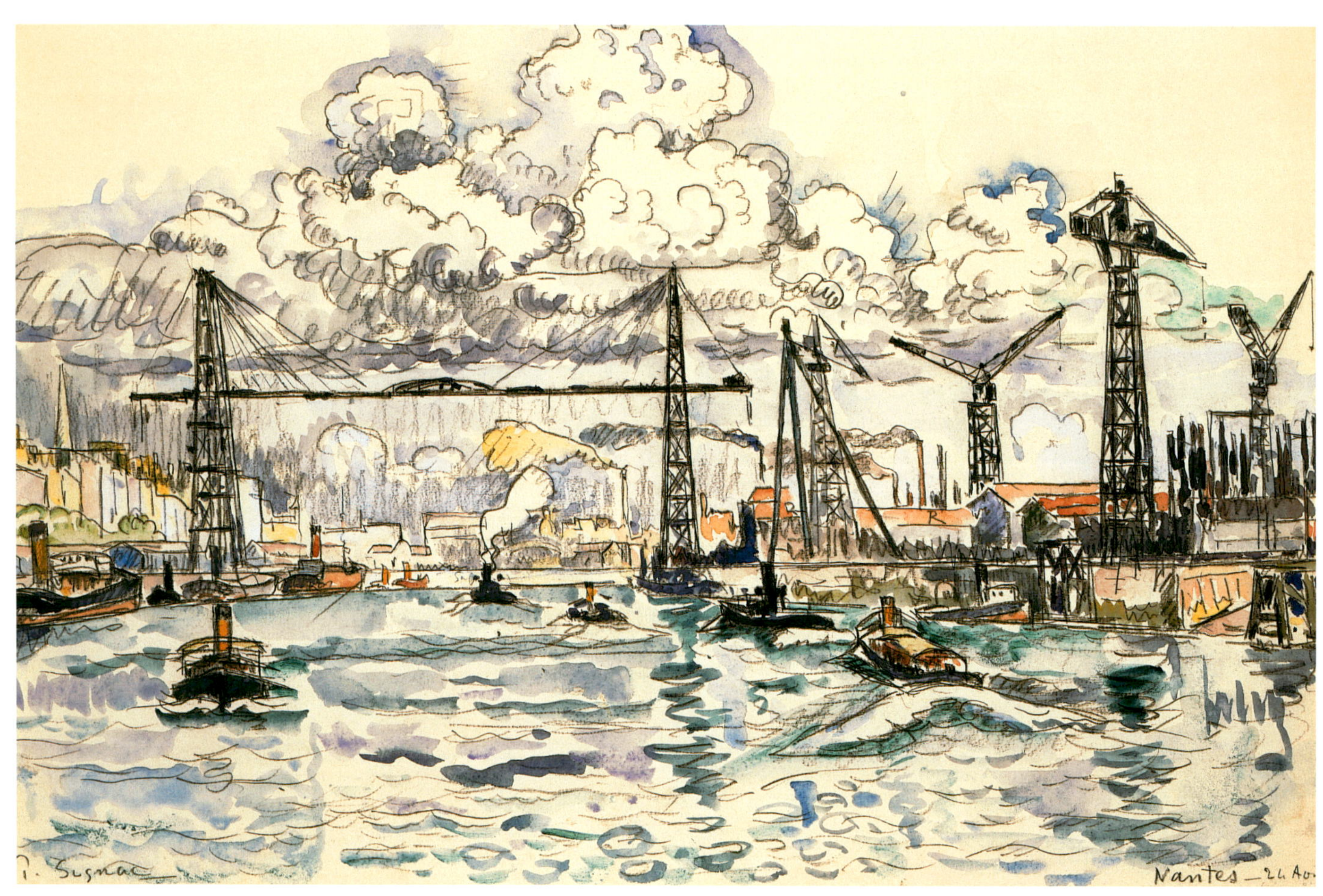

128
Nantes
24 août [1930]
Aquarelle
29×43,7 cm
Signé en bas à gauche,
annoté et daté *24 août* en bas à droite
Arkansas Arts Center Foundation Collection, Little Rock:
donation James T. Dyke

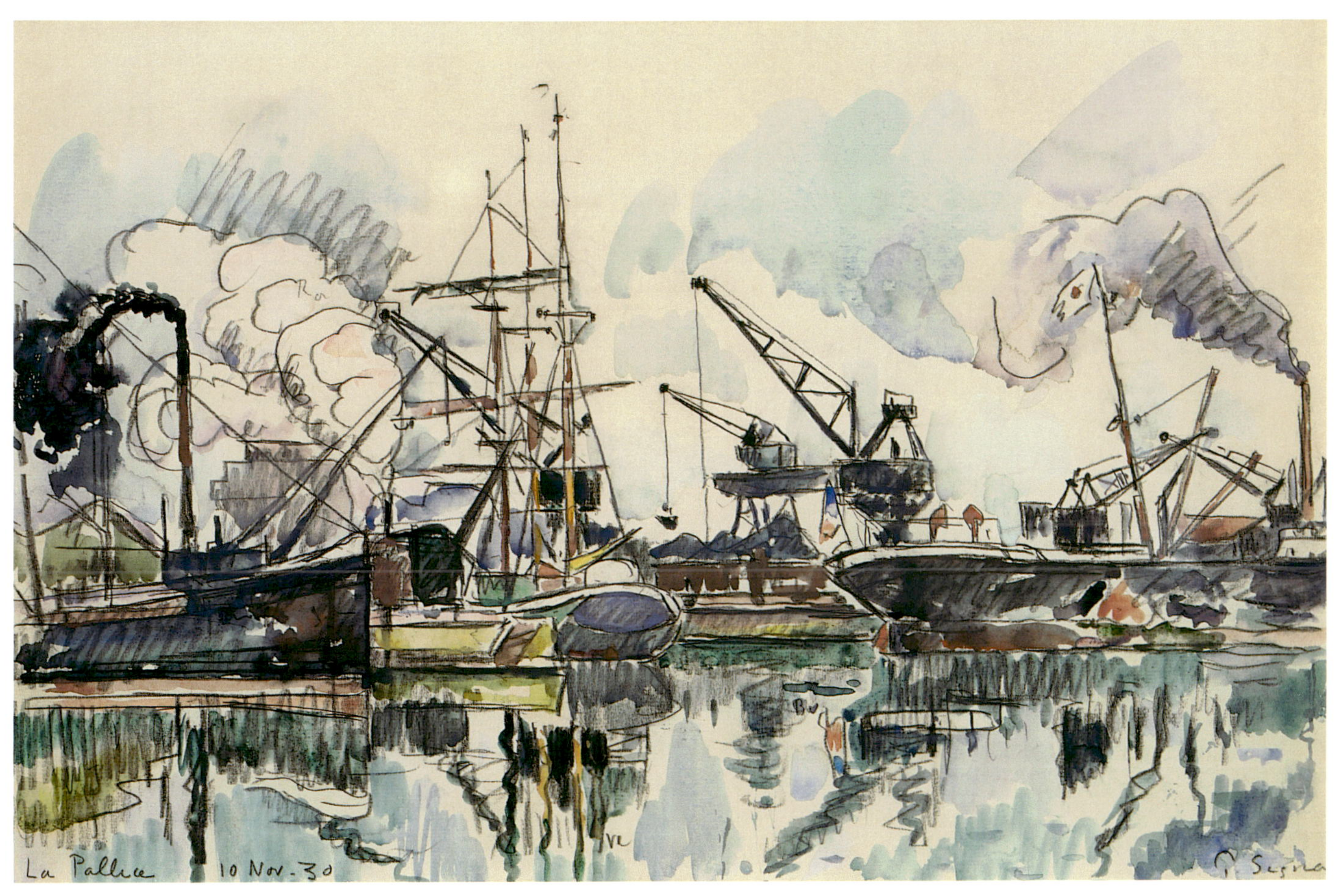

129
La Pallice
10 novembre 1930
Aquarelle
28,5×43,7 cm
Daté et annoté en bas à gauche, signé en bas à droite
Collection particulière, Suisse

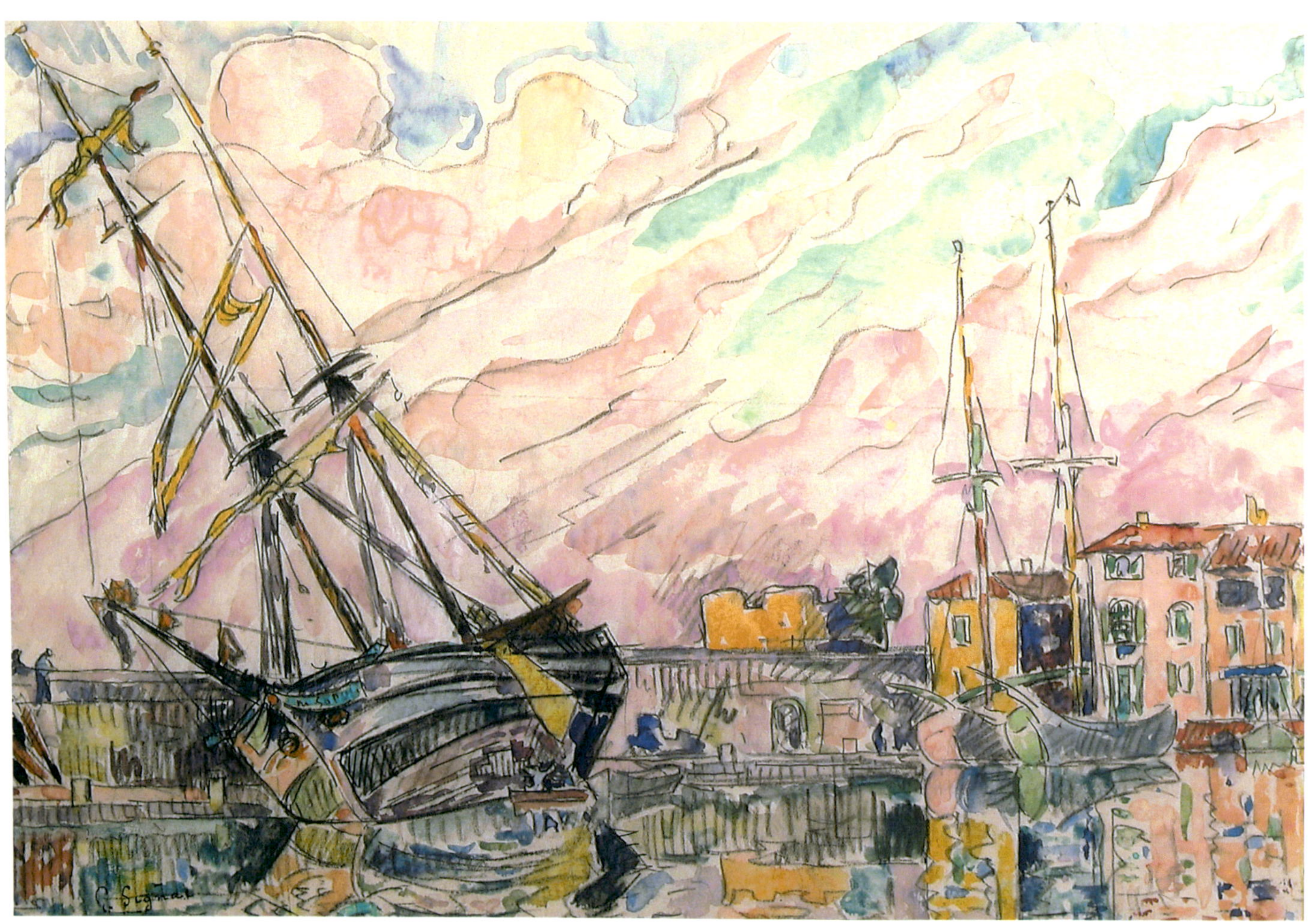

130
Saint-Tropez
probablement avril 1931
Aquarelle
29×42 cm
Cachet de l'atelier en bas à gauche
Collection particulière, Suisse

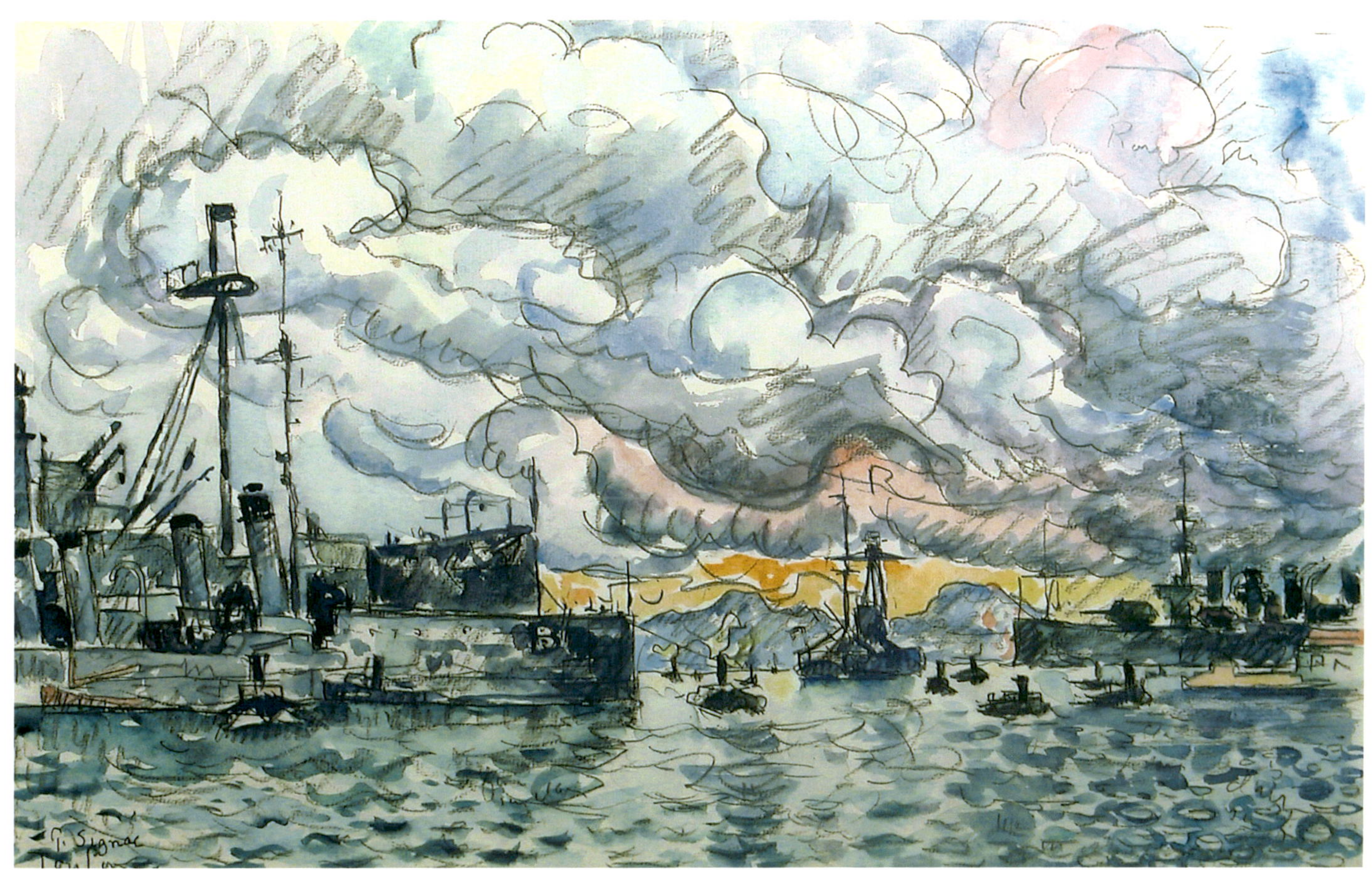

131
Toulon
probablement avril 1931
Aquarelle
25,7×41 cm
Signé et annoté en bas à gauche
Collection particulière, Suisse

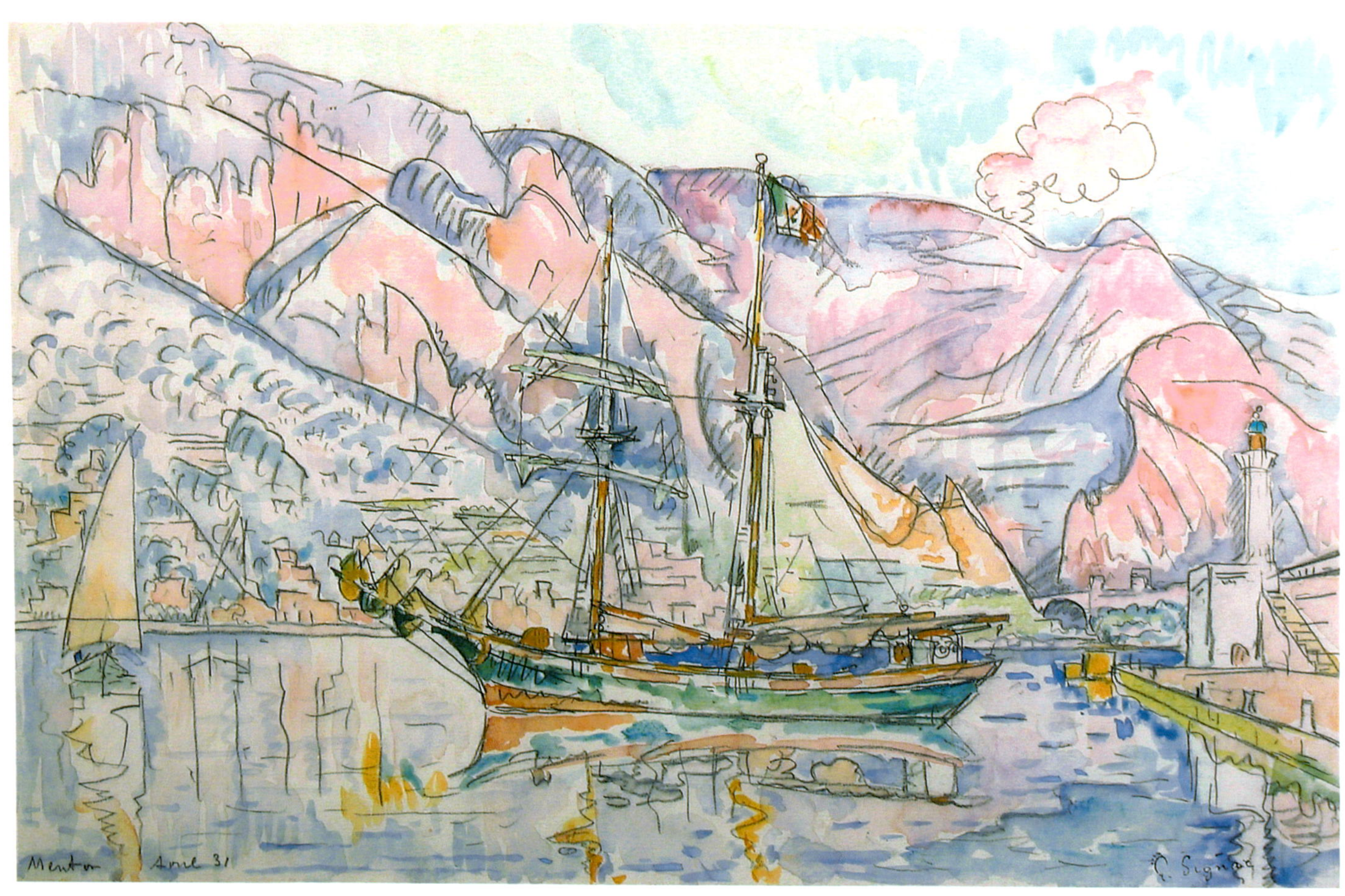

132
Menton
avril 1931
Aquarelle
28×43,5 cm
Daté et annoté en bas à gauche, signé en bas à droite
Collection particulière, Suisse

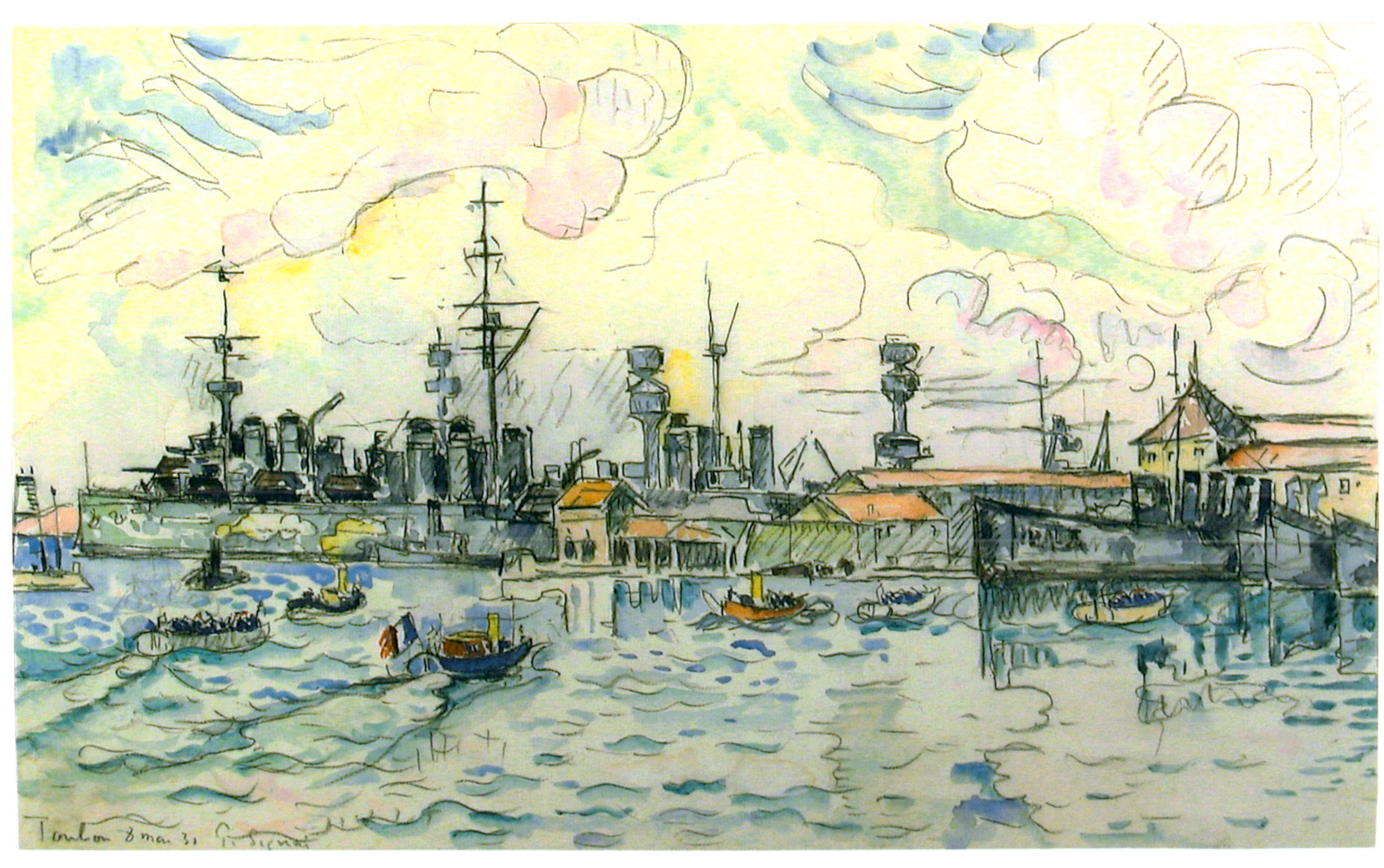

133
Toulon
8 mai 1931
Aquarelle
27,5×45 cm
Signé, daté et annoté en bas à gauche
Collection particulière, Suisse

L'hiver 1930, Signac se repose à Paris de ses intenses campagnes d'aquarelles pour la série des ports de France. Mais il ne renonce pas complètement à ses explorations et, le 22 janvier, il se trouve en banlieue parisienne où il peint *Pantin. Les moulins*. A cette époque, le bassin de Pantin est le port le plus important du canal de l'Ourcq, avec un trafic de 95 800 tonnes. Les moulins ont été entièrement reconstruits en 1912 par la maison Seek Frères, la carcasse est en béton armé, avec un remplissage en briques. Les Grands Moulins de Pantin deviennent vite une des usines de pointe de la région parisienne, et l'architecte alsacien Eugène Haug y ajoute un nouveau moulin en 1922-1923. C'est celui qui apparaît au premier plan sur notre aquarelle, surmonté d'un surprenant clocher de type traditionnel. En 1925, L. Vaillat décrit dans *Seine chef-lieu Paris* ce paysage très particulier: «Comme Pantin vit de son canal et non de son chemin de fer, les industries se pressent. Les bâtiments créent avec l'eau couleur de jade des paysages urbains qui ne sont pas sans beauté. Le plus saisissant est [...] la puissante citadelle des moulins de Pantin [...], cependant qu'au premier plan glissent, bord à bord, les péniches auxquelles le profil du canal impose une forme particulièrement étroite, et qu'on appelle, pour cette raison, les flûtes de l'Ourcq.» Signac se montre lui aussi sensible à la beauté de ce site industriel qu'il peint encore le 1er mai 1932 (Little Rock, Arkansas Arts Center Foundation Collection: donation James T. Dyke). A son habitude, ce sont les bâtiments et non les hommes qui retiennent son attention quand il décrit l'univers du travail. Sous un ciel d'hiver, les hautes silhouettes des moulins, des silos et des entrepôts se dressent au bord du canal. Signac a regardé avec ardeur ce paysage inhabituel. Il a noté le jeu des reflets à la surface lisse de l'eau et n'a omis aucun détail: l'architecture sobre aux belles proportions de ces moulins industriels, les rares passants qui longent la rive, une péniche, les grues, la fumée noire des cheminées qui se mêle aux nuages. Les volumes s'articulent fermement au centre de la feuille dont l'ensemble est rehaussé de couleurs pures par l'artiste. Avec une splendide assurance, il orchestre les tons et joue des divers degrés de transparence de l'aquarelle. Signac a 67 ans et sa curiosité est intacte. Il ne se lasse pas d'observer les beautés des œuvres humaines.

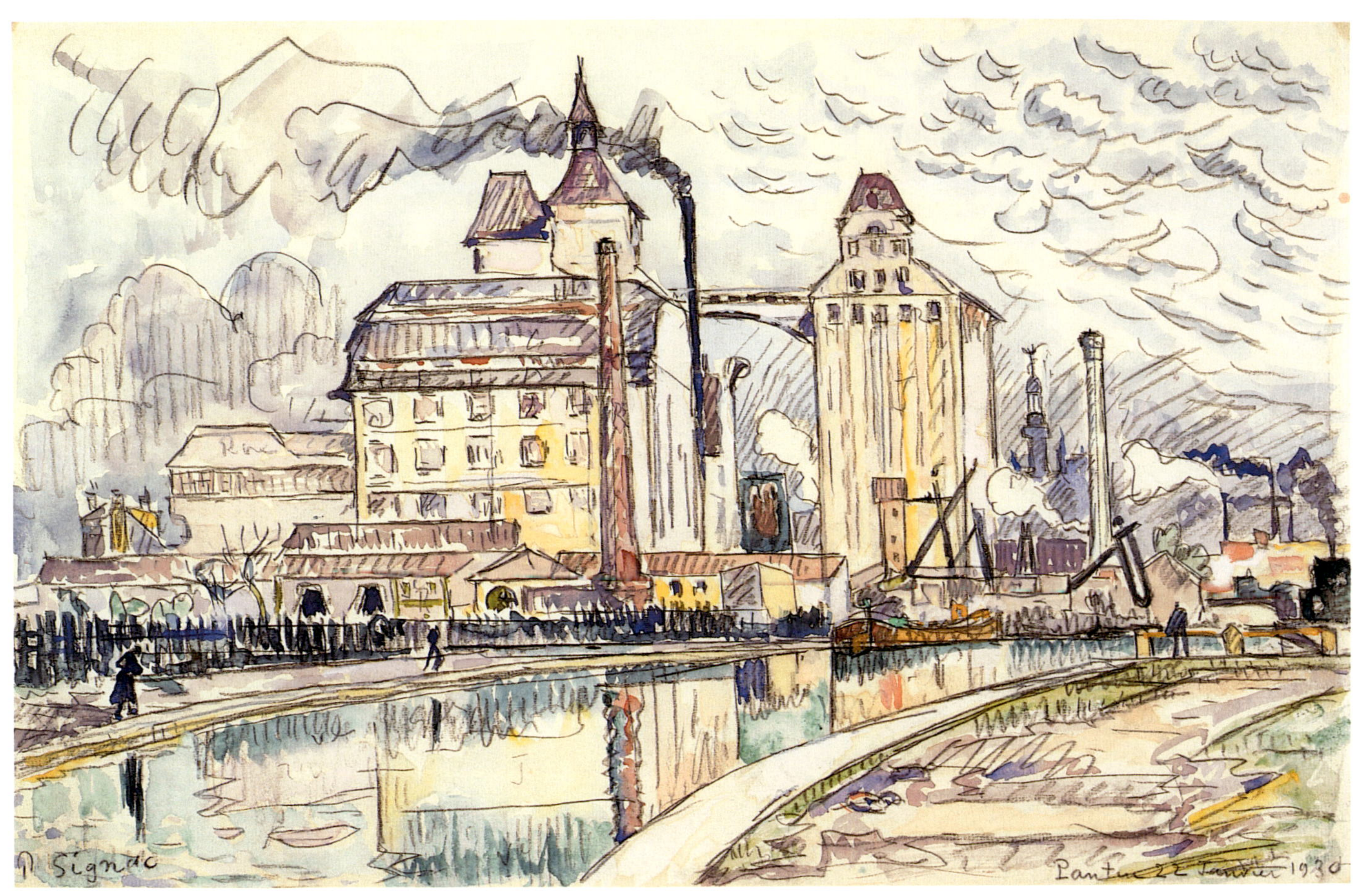

134
Pantin. Les moulins
22 janvier 1930
Aquarelle
29×45 cm
Signature (apocryphe?) en bas à gauche,
annoté et daté en bas à droite
Musée d'Art et d'Histoire, Saint-Denis

Chronologie

par Marina Ferretti-Bocquillon

1863

11 novembre
Naissance, au 33, rue Vivienne à Paris, de Paul Victor Jules Signac, fils de Jules Jean-Baptiste Signac (1839-1880), sellier-harnacheur, et d'Héloïse Anaïs Eugénie Deudon (1842-1911).

1870-1871

Guerre franco-prussienne et siège de Paris. Le jeune Signac est envoyé à Guise chez ses grands-parents maternels jusqu'en juin 1871, date du retour à Paris.

1875

Toute la famille s'installe au 12, avenue Frochot, voie privée située à l'angle du boulevard de Clichy et de la place Pigalle, dans un quartier où se trouvent de nombreux ateliers d'artistes.

1877-1880

Signac est inscrit au nouveau Collège Rollin, actuel Lycée Jacques-Decour.
10 avril - 11 mai 1879
Quatrième exposition impressionniste. Signac réalise un croquis d'après Degas, et se fait mettre à la porte de l'exposition par Gauguin, qui lui déclare: «On ne copie pas ici, Monsieur…»

1880

17 mars
Décès à Menton de Jules Signac, père de l'artiste, mort de tuberculose.
1er avril
Ouverture de la cinquième exposition impressionniste. Dans la vitrine d'un marchand de couleurs, Signac remarque «une admirable vue du Bas Meudon» par Sisley: «J'avais 16 ans à l'époque, et peu d'argent – que j'employais à offrir des bocks aux demoiselles de la Brasserie Fontaine. Certaines posaient chez Manet et chez Degas.» Il conseille en vain à sa famille d'acheter des toiles impressionnistes «au nom de la gloire et de l'or».
8-30 avril
Exposition des nouvelles œuvres d'Edouard Manet, dans les locaux de *La Vie moderne.*
Juin
Exposition Claude Monet dans les locaux de *La Vie moderne*, 7, boulevard des Italiens. Signac l'évoquera à plusieurs reprises – de même que les reproductions de tableaux publiées dans *La Vie moderne* –, pour expliquer l'influence de Monet sur sa vocation de peintre.
Automne
Signac interrompt ses études en classe de mathématiques élémentaires: «Ma famille voulait faire de moi un architecte, mais je préférais dessiner sur les bords de la Seine que dans un atelier de l'Ecole des beaux-arts.» A l'âge de 15 ans, il a acquis, en effet, un bateau qu'il a baptisé *Manet-Zola-Wagner.*

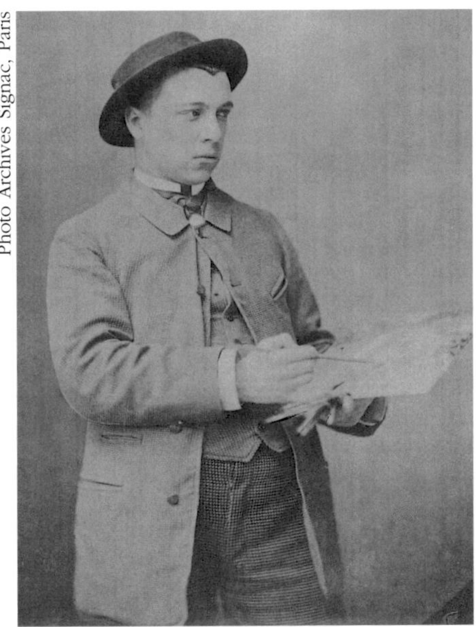

Photo Archives Signac, Paris

Paul Signac vers 1881.

1881

2 avril
Ouverture de la sixième exposition impressionniste.
Signac et ses amis, Charles et Eugène Torquet, Georges Poirel, Maurice Sallinger et les frères Bonnet, fondent une association: les harengs saurs épileptiques baudelairiens et antiphilistins.
Novembre
Ouverture du cabaret du *Chat noir*, 84, boulevard Rochechouart, par Rodolphe Salis et Emile Goudeau; ce dernier était lié à Signac.
Décembre
Première œuvre conservée: *Paysage à la barque* (FC n° 1).

1882

Signac fait la connaissance de Berthe Roblès (1862-1942), cousine éloignée de Pissarro, modiste jusqu'en 1889. Signac loue un atelier rue de Steinkerque (18e arrondissement) qu'il partage avec Henri Rivière.
11 février
Dans la nouvelle revue *Le Chat noir*, Signac publie un pastiche de Zola intitulé «Une trouvaille» et, le 25 mars, «Une crevaison», qui parodie les nouvelles naturalistes.
1er-31 mars
Septième exposition impressionniste, sous le titre *Septième Exposition des artistes indépendants.*
Mai
Séjour de Signac à Guise, chez sa grand-mère maternelle, où il retourne probablement au cours de l'été. Il y peint *La Meule*, qu'il inscrit dans son catalogue comme son premier tableau.
Avril-août
Signac peint des études à Guise, à Asnières (avril-mai) et à Port-en-Bessin (juillet-août).

Photo Archives Signac, Paris

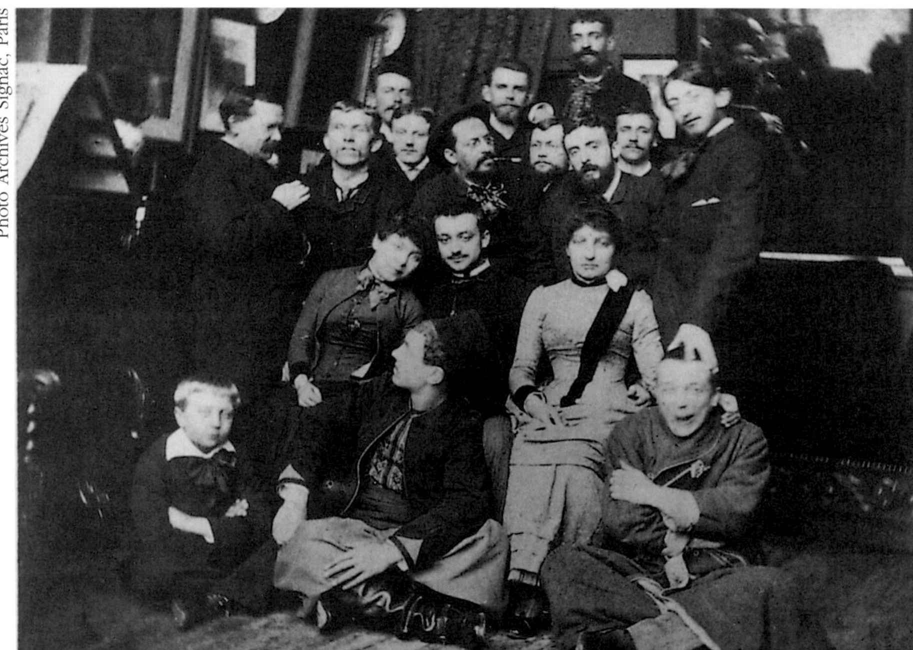

Paul Signac et ses amis au cabaret du *Chat noir*, vers 1882. Photographie Melandri, Paris.

1883

Signac fréquente à Montmartre l'atelier libre d'Emile Bin (1825-1897), où il retrouve Henri Rivière et où il rencontre le père Julien Tanguy, venu vendre des couleurs aux élèves.

Janvier-mars
Nouvel atelier rue Berthe, puis 10, rue d'Orchampt.

1er-25 mars
Exposition Monet chez Durand-Ruel, boulevard de la Madeleine. Plus de cinquante œuvres, surtout le travail réalisé à Varengeville et à Pourville, qui influence les œuvres peintes par Signac au cours de l'été suivant.

Eté à Port-en-Bessin.

Automne et hiver à Paris. Toiles peintes à Paris, à Asnières et à Courbevoie.

1884

A partir de 1884, Signac se lie au milieu littéraire symboliste. Il participe aux soirées de la Brasserie Gambrinus, 5, avenue de Médicis, à l'Odéon. Il rencontre ainsi ceux qui deviendront ses premiers critiques et, pour certains, ses amis les plus fidèles: Félix Fénéon, Gustave Kahn, Paul Adam et Jean Ajalbert.

6-28 janvier
Rétrospective Manet à l'Ecole des beaux-arts, suivie, les 2 et 3 février, de la vente posthume de ses œuvres à l'Hôtel Drouot.

14 mai
Monet répond à Signac, qui lui a écrit pour solliciter ses conseils et obtenir une entrevue. Un rendez-vous est fixé à l'*Hôtel de Londres et de New York* (place du Havre, en face de la gare Saint-Lazare). «C'est de ce jour-là que date notre amitié. Elle a duré jusqu'à sa mort.»

15 mai - 15 juillet
Dans un baraquement provisoire édifié sur l'emplacement du palais des Tuileries, près du pavillon de Flore, se tient une exposition libre de plus de quatre cents artistes, organisée par le Groupe des artistes indépendants. Signac rencontre Georges Seurat (1859-1891), Charles Angrand (1854-1926), Henri Edmond Cross (1856-1910) et Albert Dubois-Pillet (1846-1890). Ensemble, ils participent à l'élaboration de la Société des artistes indépendants, fondée officiellement le 11 juin 1884. Signac devient l'un des rares amis de Seurat, qui entreprend *Un dimanche à la Grande Jatte*.

Signac rencontre Guillaumin: «Le peintre que j'admirais le plus quand j'avais 20 ans, c'était Guillaumin [...]. Un jour, je peignais sur les quais de l'île Saint-Louis. Un homme qui regardait ma toile par-dessus mon épaule me dit tout à coup: "Ce n'est pas mal! [...] moi aussi je fais de la peinture [...] je m'appelle Guillaumin."»

Eté à Port-en-Bessin.

10 décembre - 17 janvier
Premier Salon des Indépendants, organisé par la Société des artistes indépendants, au pavillon de la Ville de Paris. Signac, membre fondateur, consacrera dès lors beaucoup de temps et d'énergie à l'organisation des expositions de la Société.

Accompagné par Angrand, Signac rend visite au savant presque centenaire et théoricien des couleurs, Chevreul, ce dont il se souviendra comme de «notre initiation à la science de la couleur».

1885

Mars-avril
Exposition Delacroix à l'Ecole des beaux-arts. Signac rencontre Camille Pissarro dans l'atelier de leur ami commun Guillaumin.

Eté à Saint-Briac.

Août
Charles Henry, ami et mentor scientifique des néo-impressionnistes, publie «Introduction à une esthétique scientifique» dans *La Revue contemporaine*.

1886

Nouvel atelier au 130, boulevard de Clichy; en juin, Georges Seurat prend un atelier voisin au 128*bis*, boulevard de Clichy.

Janvier-février
Pissarro adopte la touche divisée de Seurat.

Paul Adam publie un roman, *Soi*. Signac lui a inspiré un personnage secondaire, Vibrac, peintre moderne.

8-10 février
Correspondance entre Signac et Emile Zola à propos de *L'Œuvre*, publiée en feuilleton, où Signac rectifie les propos d'un personnage, Gagnière, peintre qui s'inspire des théories de Chevreul. Zola le remercie et lui dit qu'il tiendra compte de ses remarques.

Mars-avril
Signac peint ses premières toiles divisées, *L'Embranchement. Bois-Colombes*, *Les Gazomètres. Clichy* et *Passage du Puits-Bertin*.

Séjour à Eragny chez les Pissarro.

10 avril
Ouverture de l'exposition organisée par Durand-Ruel à l'American Art Gallery de

New York. Signac envoie plusieurs tableaux, mais pas de toiles divisées. Aucune de ses œuvres ne sera vendue, et la collaboration de Signac avec la Galerie Durand-Ruel ne reprendra qu'en 1899.

15 mai - 15 juin
La huitième et dernière exposition impressionniste (intitulée *VIIIe Exposition de peinture*), qui se tient au 1, rue Laffitte, consacre une salle entière aux artistes néo-impressionnistes.

Signac expose *Les Modistes*, *L'Embranchement de Bois-Colombes*, des paysages de Clichy, d'Asnières et de Saint-Briac, ainsi que des dessins. Seurat expose notamment *Un dimanche à la Grande Jatte*, qui fait sensation.

Début juin
Signac s'installe pour l'été aux Andelys, où Lucien Pissarro vient le rejoindre. Il a prêté son atelier parisien à Camille Pissarro et à Gauguin, «qui en sera responsable».

18 juin
Au Café *La Nouvelle-Athènes*, Seurat, qui n'est pas au courant de cet arrangement, apprend de Pissarro que Gauguin s'est fait ouvrir l'atelier de Signac. Il provoque un incident qui séparera définitivement Seurat et Signac de Gauguin.

21 août - 21 septembre
Deuxième Salon des Indépendants dans le baraquement des Tuileries: Signac, qui a fait partie de la commission de placement, expose notamment *Les Modistes*, *Les Gazomètres*, *Passage du Puits-Bertin*, *L'Embranchement de Bois-Colombes* et des paysages des Andelys.

19 septembre
Apparition du terme «néo-impressionniste» dans un exposé de Félix Fénéon.

Octobre
Séjour à Fécamp. A son retour, Signac verra Charles Henry, «qui doit nous expliquer vendredi prochain la Théorie du Contraste, du Rythme et de la Mesure».

10 octobre
Ouverture d'une exposition à Nantes, où Signac et les autres néo-impressionnistes sont présents.

La Galerie Martinet expose des œuvres de Camille Pissarro, de Signac et de Seurat jusqu'en janvier 1887.

1887

Janvier
Signac est à Paris; il voit souvent Pissarro qui le retrouve à Asnières.

2 février
Signac est à Bruxelles. Il accompagne Seurat, invité à exposer *Un dimanche à la Grande Jatte* au Salon des XX, et fait la connaissance de Théo Van Rysselberghe et d'Emile Verhaeren.

Février
Seurat se fâche au retour de Bruxelles. «Il [Seurat] ne veut plus me voir», écrit Signac à Pissarro. La susceptibilité de Seurat à propos de l'antériorité de ses œuvres étonne ses amis.

Mars
Une petite exposition montre à Asnières les recherches pointillistes d'Emile Bernard; Signac s'y rend et se présente à l'artiste. Emile Bernard visite l'atelier de Signac, et racontera plus tard que, peu séduit par ses toiles, il décide de renoncer à la division.

26 mars - 3 mai
Troisième Salon des Indépendants au pavillon de la Ville de Paris; Signac, Seurat et Pissarro sont nommés membres de la commission de placement.

Avril-mai
Signac rencontre Vincent Van Gogh dans la boutique du père Tanguy et, dès cette époque, travaille avec lui à Asnières et aux environs.

30 juin
Signac, qui a abandonné son intention de passer les mois d'été en Belgique, est en Auvergne, à Comblat-le-Château. A Paris, Emile Verhaeren occupe l'atelier de Signac et admire ses œuvres. Signac lui offre *Le Ponton de la Félicité* (FC n° 129), de 1886.

Juillet-octobre
Signac est à Collioure.

Septembre
Van Gogh conseille à Emile Bernard d'être plus tolérant avec les néos et avec Signac. En novembre, Van Gogh organise au *Grand Bouillon* – le restaurant du Chalet, 43, avenue de Clichy – une exposition des œuvres des peintres du «petit boulevard», à laquelle Bernard refuse de participer si Signac expose. Y seront présentées des œuvres de Van Gogh, de Bernard, d'Anquetin, de Toulouse-Lautrec.

Fin novembre - début janvier
Signac participe avec Seurat et Van Gogh à l'exposition organisée dans la salle de répétition du Théâtre-Libre d'André Antoine, 96, rue Blanche.

1888

Guy de Maupassant publie *Sur l'eau*, un récit de voyage où il évoque les charmes de la Côte d'Azur – ainsi baptisée en 1887 par Stephen Liégeard – et en particulier de Saint-Tropez et des Maures.

Janvier
Exposition dans les locaux de *La Revue indépendante*, au 11, rue de la Chaussée-d'Antin. On peut y voir, notamment, des œuvres de Manet, de Pissarro et de Seurat; Signac expose *Les Gazomètres. Clichy*.

30 janvier
Départ de Signac pour Bruxelles, où il expose pour la première fois au Salon des XX. Après le vernissage (5 février), il part pour Anvers, où il reste environ un mois. Signac initie Willy Finch à la technique néo.

9 février
Signac publie, dans *Le Cri du peuple*, un compte rendu du Salon des XX signé «Néo», favorable à Dubois-Pillet et à lui-même, où il rend hommage à Pissarro mais ne parle pas de Seurat, qui n'expose pas.

22 mars - 3 mai
Quatrième Salon des Indépendants au pavillon de la Ville de Paris.

7 juillet
Signac est à Portrieux avec Berthe et Jean Ajalbert.

13 août
Arsène Alexandre publie un article dans la revue *Paris* (p. 1), où il est question de la paternité de Seurat, contestée par «des critiques peu avertis ou des camarades peu scrupuleux», concernant la technique divisionniste.

1889

Janvier
Signac loue un appartement avec atelier au 20, avenue de Clichy.

23-24 mars
En route pour Cassis, Signac rend visite à Vincent Van Gogh, interné à Arles. Le 24 mars, Vincent écrit à Théo: «Je lui ai donné en souvenir une nature morte qui [...] représentait deux harengs fumés.» D'autre part, il écrit à Signac pour le remercier de sa «si amicale et bienveillante visite qui a considérablement contribué à [lui] remonter le moral». Signac écrit à Théo Van Gogh qu'ils sont allés voir les tableaux de Vincent, «dont plusieurs sont fort bien et tous très curieux». Il écrira à Vincent, de Cassis, pour l'inviter à le rejoindre mais, faute de moyens, le Hollandais ne pourra pas venir.

Avril-juin
Signac poursuit sa route vers Cassis, où il peint une remarquable série de marines.
Août-septembre
Signac peint à Herblay, où il passe plusieurs semaines avec Maximilien Luce.
3 septembre - 4 octobre
Cinquième Salon des Indépendants, salle de la Société d'horticulture, 84, rue de Grenelle. Malgré le succès de l'exposition, Camille Pissarro se détache des théories néo-impressionnistes. Il écrit à son fils Lucien que «les néos [lui] paraissent maigriots, chétifs, blancs, surtout Seurat et Signac».

1890

Charles Henry publie *Application de nouveaux instruments de précision (cercle chromatique, rapporteur et triple-décimètre esthétique) à l'archéologie* et *Education du sens des formes.* Signac y a collaboré pendant plus d'un an en établissant planches et graphiques.
17 janvier
Signac est à Bruxelles pour l'ouverture du Salon des XX. Avec Toulouse-Lautrec, il s'oppose au peintre Henry De Groux, qui a tenu des propos déplaisants sur Van Gogh; ils ont failli se battre en duel et De Groux a dû démissionner, exclu par les autres membres des XX.
1er février
Sous la signature «S. P.», Signac publie une critique de l'exposition des XX.
20 mars - 27 avril
Sixième Salon des Indépendants au pavillon de la Ville de Paris. Signac expose *Un dimanche*, les séries de *Cassis* et de *Portrieux.*
Mars-avril
Signac voyage en Italie avec sa mère.
25 avril - 22 mai
Grande exposition de la gravure japonaise, à Paris, à l'Ecole des beaux-arts. Signac la visite avec Arsène Alexandre. 29 avril. Saint-Briac, où il se trouve encore le 21 juillet; le 15 mai, il est à Saint-Cast, chez son ami Eugène Torquet.
Mai-juin
Félix Fénéon publie le n° 373 de la revue *Les Hommes d'aujourd'hui*, consacrée à Signac, avec le portrait dessiné par Seurat en couverture.
29 juillet
Suicide de Vincent Van Gogh.
17 août
Mort d'Albert Dubois-Pillet au Puy-en-Velay.

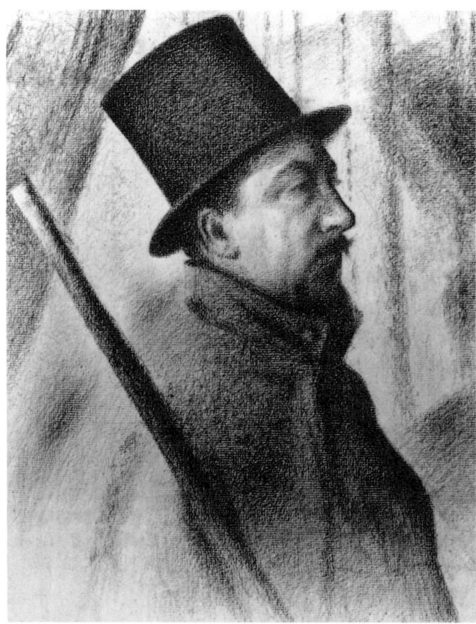
Georges Seurat, *Portrait de Paul Signac*, 1890, crayon Conté, 36,5×31,6 cm, collection particulière.

1891

2 février
Signac assiste au banquet donné en l'honneur du poète Jean Moréas par les symbolistes à l'occasion de la parution de son livre, *Le Pèlerin passionné*, et y prend la parole.
7 février
Bruxelles, ouverture du Salon des XX. Signac expose, en tant que membre du Cercle des XX; retour à Paris au début de mars.
20 mars - 27 avril
Septième Salon des Indépendants au pavillon de la Ville de Paris.
29 mars
Mort de Georges Seurat. Le 31, Signac assiste, au cimetière du Père-Lachaise, à l'enterrement de son ami. Camille Pissarro écrit le lendemain à son fils Lucien: «J'ai vu un Signac qui est bien affecté de ce grand malheur. Je crois que tu as raison, c'est fini le pointillé.»
Avril
Signac s'installe au 15, rue Hégésippe-Moreau, à la Villa des Arts.
Mai
L'inventaire des œuvres laissées par Seurat sera paraphé par Fénéon, Luce et Signac.
13 juin
Signac publie anonymement un article, «Impressionnistes et révolutionnaires», dans le supplément littéraire de *La Révolte* (pp. 3-4).
Août
Signac est en Bretagne où Fénéon l'a rejoint et participe avec succès à plusieurs régates. Le 11 septembre, il est toujours à Concarneau avec Georges Lecomte et Berthe.
Décembre-février
Exposition des peintres impressionnistes et symbolistes à la Galerie Le Barc de Boutteville, au 47, rue Le Peletier.

1892

Février
A Bruxelles, les XX présentent une exposition en hommage à Georges Seurat, organisée par Signac et Théo Van Rysselberghe.
19 mars - 27 avril
Huitième Salon des Indépendants au pavillon de la Ville de Paris, avec une exposition posthume des œuvres de Seurat.
24 mars
A bord de son bateau *Olympia*, Signac part de Bénodet en Bretagne, descend à Bordeaux et, par le canal du Midi, gagne la Méditerranée.
Entre le 6 et le 10 mai
Arrivée à Saint-Tropez. «J'ai là de quoi travailler pendant toute mon existence, c'est le bonheur que je viens de découvrir.»
29 mai
Ouverture du premier Salon de l'Association pour l'Art à Anvers; Signac expose.
Mai-août
Deuxième exposition des peintres impressionnistes et symbolistes à la Galerie Le Barc de Boutteville.
7 novembre
Paul Signac épouse Berthe Roblès à la mairie du 18e arrondissement: les témoins des époux sont Alexandre Lemonier, Maximilien Luce, Camille Pissarro et Georges Lecomte.
2 décembre - 8 janvier
Première exposition de peintres néo-impressionnistes, salons de l'Hôtel Brébant, 32, boulevard Poissonnière, organisée par Signac.

1893

Février
Dixième Salon des XX à Bruxelles.
Mars
Neuvième Salon des Indépendants à Paris.
Avril-mai
Quatrième exposition des peintres impressionnistes et symbolistes à la Galerie Le Barc de Boutteville.

Mai
Deuxième exposition de l'Association pour l'Art à Anvers.
Juin
Exposition des portraits des écrivains et journalistes du siècle, à la Galerie Georges Petit, où Signac expose le portrait de Félix Fénéon.
Fin décembre
Ouverture, au 20, rue Laffitte, de la «boutique néo-impressionniste», financée par Antoine de La Rochefoucauld. Le carton d'invitation à la première exposition note que les «œuvres exposées seront renouvelées chaque mois. A ces expositions succéderont des expositions particulières de chacun des peintres de cette association.» L'exposition est un échec financier.

1894

Visites assidues aux galeries et aux musées.
23 janvier
Article féroce d'Octave Mirbeau dans *L'Echo de Paris*, qui stigmatise les toiles de Signac, «adepte trop complaisant et trop littéral» du néo-impressionnisme, dont la «continuelle sécheresse» le choque. Signac demande à Camille Pissarro d'intervenir auprès de Mirbeau, mais sans succès.
17 février - 15 mars
Signac participe au premier Salon de la Libre Esthétique, à Bruxelles.
14 juin
A Saint-Tropez, Signac, qui lit le *Journal* de Delacroix publié l'année précédente, commence son propre journal.
24 juin
Assassinat du président de la République Sadi Carnot par un jeune anarchiste italien, Santo Caserio. Cet attentat est suivi d'une vague d'interpellations dans les milieux anarchistes; Fénéon et Luce sont arrêtés, puis mis hors de cause.
Décembre
Exposition d'œuvres de Luce (vingt toiles) et de Signac (quarante aquarelles) à la «boutique néo-impressionniste» au 20, rue Laffitte. C'est, en dépit de critiques favorables, la dernière manifestation néo de l'éphémère galerie qui doit fermer ses portes à la fin de l'année.

1895

16 janvier
Signac assiste au banquet donné en l'honneur des 70 ans de Puvis de Chavannes.
23 février - 1er avril
Salon de la Libre Esthétique à Bruxelles: Signac expose des aquarelles.
9 avril - 26 mai
Onzième Salon des Indépendants. Palais des Arts libéraux, au Champ-de-Mars. Après avoir occupé La Ramade, petite maison située au-dessus de la plage des Graniers, à Saint-Tropez, Signac loue puis achète non loin une plus grande villa qu'il baptise La Hune.
26 décembre
Ouverture, au 22, rue de Provence, de la Galerie de l'Art nouveau par Siegfried Bing. Pour la première exposition de la galerie, ce dernier accroche aux murs d'un «cabinet d'amateur» conçu par Henry Van de Velde des œuvres de Cross, de Van Rysselberghe et de Signac. Celui-ci participe à la mise en place de l'exposition et s'occupe en particulier d'harmoniser les cadres aux couleurs de l'intérieur imaginé par Van de Velde.
Charles Henry publie *Quelques Aperçus sur l'esthétique des formes. Dessins et calculs de Paul Signac* (Editions de la Revue blanche, Paris, 1895).

1896

18 février
Départ pour Bruxelles avec Van Rysselberghe; inauguration du Salon de la Libre Esthétique et banquet Verhaeren.

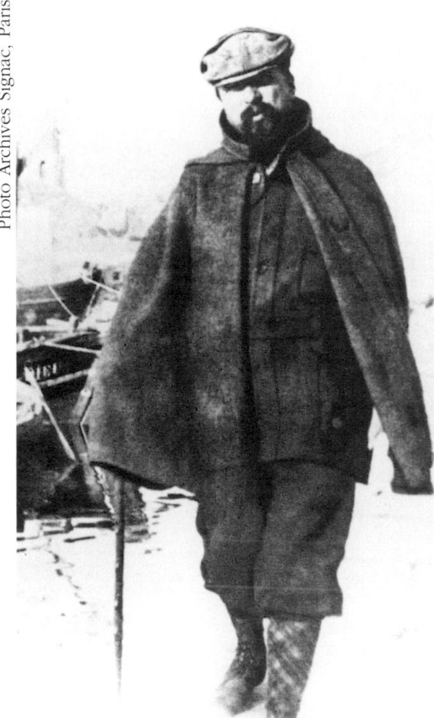
Photo Archives Signac, Paris

Paul Signac sur les quais à Saint-Tropez, vers 1895.

Puis, voyage en Hollande avec Van Rysselberghe: Anvers, Flessingue, Veere, Doordrecht, Rotterdam, La Haye, Amsterdam et Volendam.

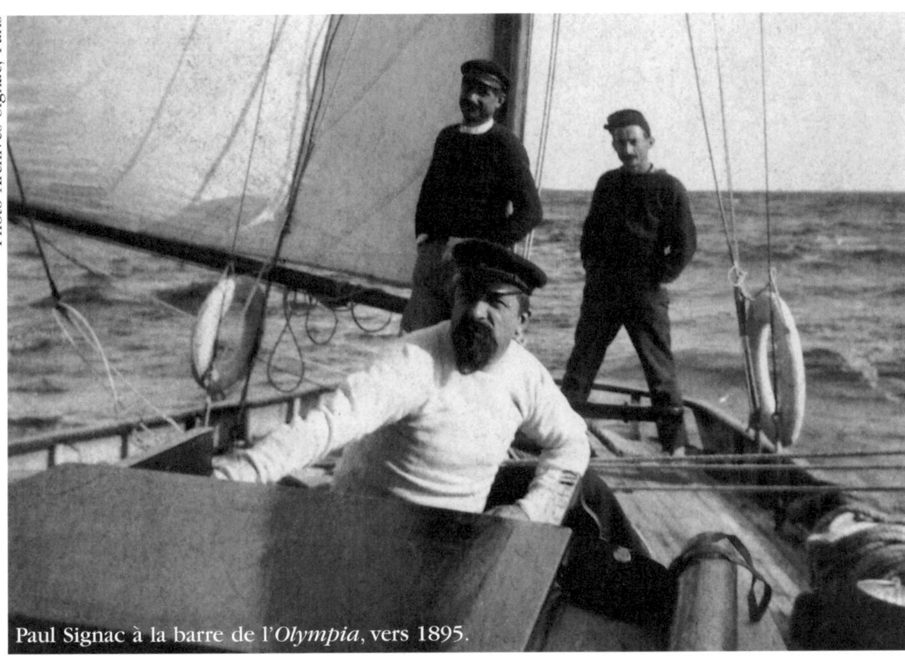
Photo Archives Signac, Paris

Paul Signac à la barre de l'*Olympia*, vers 1895.

1er avril - 31 mai
Douzième Salon des Indépendants.
Avril
Signac commence à rédiger *D'Eugène Delacroix au néo-impressionnisme.*
Eté à Saint-Tropez; séjour d'environ deux mois de la famille Van Rysselberghe.
Novembre
Voyage sur la Riviera italienne.
2 décembre
Signac rend compte à Angrand de sa visite de l'exposition Manet chez Durand-Ruel.
Automne
Le journal anarchiste *Les Temps nouveaux* vend une lithographie de Signac, *Le Démolisseur.*

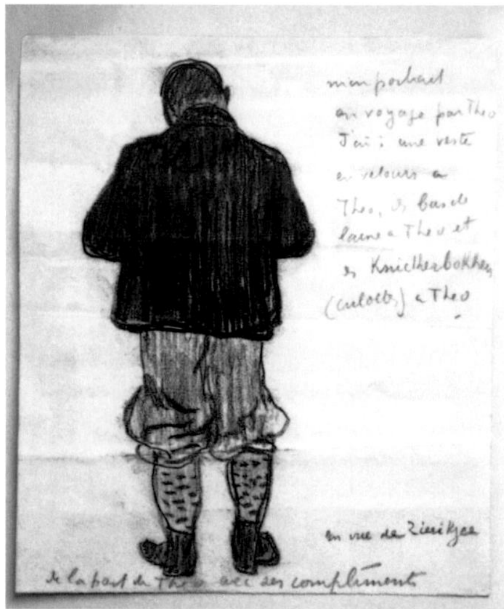

Théo Van Rysselberghe, *Portrait-charge de Paul Signac «en vue de Zierikzee»*, 1896, crayons de couleur, 15,2×13 cm, collection particulière.

1897

1er-2 février
Vente de la collection Vever. Signac a fait les croquis d'une sélection de tableaux pour illustrer un article de Thadée Natanson.
11 février
Départ pour Le Mont-Saint-Michel.
22 avril
Visite du Salon des Champs-Elysées avec Cross. «Il y a près de dix ans que je n'avais vu un Salon et je suis stupéfait de la platitude et de l'imbécillité de ces peintres.»
12 mai
Départ pour Mâcon, puis Lyon et Marseille; le 20 mai, il est à Saint-Tropez.
24 mai
Il peint, à Saint-Tropez, la série des *Mont-Saint-Michel,* et il travaille à *D'Eugène Delacroix au néo-impressionnisme.*
Début novembre
Paris. Signac s'installe dans un appartement du Castel Béranger, au sixième étage de l'immeuble construit par l'architecte Hector Guimard.
15 novembre - 17 décembre
Séjour chez les Van Rysselberghe à Bruxelles, pour s'entretenir avec Emile Vandervelde, le député socialiste belge, du projet de décoration de la Maison du Peuple. Van Rysselberghe lui offre le portrait entrepris à Saint-Tropez l'année précédente, *Paul Signac à la barre de son bateau.*
27 décembre
Acquisition de La Hune, l'acte est signé quelques jours plus tard.
28 décembre
Les Poseuses de Seurat sont en vente chez Vollard. Signac regrette de ne pouvoir acheter la toile, trop grande.
29 décembre
Visite du célèbre mécène allemand, le comte Harry Kessler, à l'atelier de Signac. Il achète des œuvres de Signac, qui lui conseille d'acquérir *Les Poseuses* de Seurat, ce qu'il fait.

1898

Emile Verhaeren publie *Les Aubes,* dédiées à Paul Signac.
15 janvier
Signac signe un témoignage collectif de soutien à Emile Zola pour le féliciter de sa «noble attitude militante [...] dans cette ténébreuse affaire Dreyfus qui dissimule, sinon une iniquité, tout au moins des illégalités».
27 mars - 18 avril
Séjour à Londres. «C'est toujours du Turner cette ville enfumée.»
19 avril
Signac visite l'exposition symboliste chez Vollard.
19 avril - 12 juin
Quatorzième Salon des Indépendants au Palais des Glaces.
25 avril
Visite de l'hôtel particulier de Denys Cochin pour voir la décoration peinte par Maurice Denis; participation à la souscription pour l'achat du *Balzac* de Rodin, refusé par la Société des gens de lettres.
26 mai
Départ pour Saint-Tropez.
Juillet
Début du désaccord avec Théo Van Rysselberghe, qui s'écarte du néo-impressionnisme et ressent la nécessité de revenir à un art plus proche de la nature.
Août
Signac a entrepris des travaux dans sa nouvelle maison de Saint-Tropez et fait construire un vaste atelier qu'il inaugure le 16 août.
12 septembre
Mort de Stéphane Mallarmé. «J'aimais beaucoup cet homme et ce poète [...] C'était le "Vater", le père poète, patriarcal et tendre.»
Début octobre
Voyage à Marseille avec H. E. Cross; le 16 octobre, il est de retour à Saint-Tropez.
22 octobre - 20 décembre
Exposition du groupe néo organisée à la Galerie Keller und Reiner à Berlin, la première manifestation du groupe en Allemagne. On y distribue gratuitement un tiré à part de la version réduite et traduite en allemand de *D'Eugène Delacroix au néo-impressionnisme,* publiée par la revue *Pan,* avant sa parution en français.
28 octobre
Mort de Puvis de Chavannes. «Voilà le grand Puvis parti. Qui donc maintenant va décorer nos murailles?»
4 décembre
Départ pour Paris.
16 décembre
Signac visite, avec Théo Van Rysselberghe et Vuillard, les décors réalisés par ce dernier pour des maisons privées, notamment chez les Natanson.
23 décembre
Vollard échange une petite tête de femme de Renoir, deux aquarelles de Jongkind et un Seurat du début de la technique de la division, appartenant à Signac, contre une petite nature morte de Cézanne.

1899

Janvier-juin
Paris. Signac visite plusieurs expositions: Eugène Boudin (Ecole des beaux-arts), le Salon du Champ-de-Mars («un funèbre retour vers le noir et le jus») et, chez Durand-Ruel, une présentation de toiles impressionnistes («l'apothéose de l'impressionnisme») et une importante

exposition *Johan Barthold Jongkind* («une leçon d'art et de vie»).

10-31 mars
A la Galerie Durand-Ruel se tient une exposition qui confronte les nouvelles tendances en peinture: outre les jeunes néos, on peut y voir des toiles de Bonnard, Denis, Vuillard, Redon, etc. Signac expose onze toiles. Cette exposition est une consécration pour les néo-impressionnistes.

Avril
Séjour en Normandie: Isigny, Port-en-Bessin, Honfleur.

Mai
Il va au Louvre voir *L'Odalisque* d'Ingres et les *Femmes d'Alger* de Delacroix.

Juin
Parution en volume de *D'Eugène Delacroix au néo-impressionnisme* (Paris, Editions de la Revue blanche). De mai à juillet 1898, plusieurs chapitres ont été publiés dans *La Revue blanche* et, en octobre, un chapitre paraît dans la *Revue populaire des arts.*

Décembre
Signac est resté à Saint-Tropez. La correspondance avec Angrand témoigne de sa préoccupation de trouver un dessin étroitement lié à la couleur.

1900

2 janvier
Signac est toujours à Saint-Tropez, où il se trouve encore le 8 mars.

25 janvier
Signac, qui vient d'obtenir son permis de conduire, écrit à Angrand: «J'ai en effet acquis à bon compte une petite voiturette automobile Bollée [...]. Nous avons inauguré mon diplôme, en faisant avec Cross du 30 à l'heure sur les routes de notre département.»

1er-31 mars
Septième exposition de la Libre Esthétique à Bruxelles.

19 mars - 25 avril
Exposition Georges Seurat dans les locaux de *La Revue blanche*, organisée par Félix Fénéon. Signac, qui était dans le Midi, rentre à temps pour voir l'exposition, et achète *Cirque* pour cinq cents francs.

Octobre
Signac est à Samois.

5-25 décembre
Seizième Salon des Indépendants, à l'Hôtel de Poilly, 5, rue du Colisée. Signac expose une toile.

15 décembre
Signac, qui participe au concours pour la décoration de la mairie d'Asnières, expose ses esquisses à l'hôtel de ville avant de partir pour Saint-Tropez, où il entreprend des travaux d'agrandissement de La Hune.

1901

Deuxième exposition néo-impressionniste organisée par la Galerie Keller und Reiner, à Berlin; ensuite, les toiles partent pour Dresde, chez le marchand Gutbier, où elles n'ont pas beaucoup de succès.

20 avril - 21 mai
Dix-septième Salon des Indépendants, dans les grandes serres de l'Exposition universelle.

Mai-juin
Signac participe à l'Exposition internationale à La Haye.

Décembre
Le peintre passe trois semaines chez Théo Van Rysselberghe. Il voit la décoration de l'église du Vésinet peinte par Maurice Denis, avec lequel il échange deux petits panneaux.

1902

29 mars - 5 mai
Dix-huitième Salon des Indépendants, dans les grandes serres de l'Exposition universelle.

15 mai
Signac signe l'article «Exposition des peintres provençaux à Marseille», qui paraît dans *La Revue blanche.*

2 juin
Ouverture de l'exposition *Paul Signac* à la Galerie Bing, rue de Provence. Cette première exposition monographique de l'artiste, âgé de 39 ans, comporte neuf toiles, douze notations à l'huile, deux pastels et cent aquarelles.

1903

Publication à Krefeld de *D'Eugène Delacroix au néo-impressionnisme*, traduit en allemand par Mme Curt Herrmann et revu par le baron de Bodenhausen.

3 janvier
Hambourg. Ouverture de l'exposition néo-impressionniste, dans une dépendance de la Galerie Cassirer; en mars, les œuvres seront exposées à la Galerie Cassirer à Berlin.

Février
Les Editions de la France étrangère publient une collection de cartes postales contre la guerre, d'après des dessins d'artistes, notamment de Signac.

20 mars - 25 avril
Dix-neuvième Salon des Indépendants, dans les grandes serres de la Ville de Paris. Signac expose.

Eté
Exposition à Weimar d'œuvres de Signac, de Van Rysselberghe, de Redon, de Denis et d'autres.

Août
Signac est à la montagne aux Diablerets, en Suisse.

13 novembre
Mort de Camille Pissarro. Jean Grave demande à Signac de rédiger un article pour *Les Temps nouveaux*: «Mon bon Grave, je suis vraiment trop affecté par la mort du pauvre "Père Pissarro" pour pouvoir, la semaine de son enterrement, écrire de sang-froid sur ce brave homme et ce grand peintre.»

Novembre
Ouverture de la Galerie Druet, faubourg Saint-Honoré, «un magasin somptueux» où les néos sont exposés ainsi que les nabis, des céramistes, des sculptures, des photographies.

Exposition *Der Französische Impressionismus*, organisée par le comte Harry Kessler à Weimar; elle se poursuit en février 1904 à Krefeld. Signac expose quatorze œuvres: deux toiles, six aquarelles, quatre esquisses à l'huile et deux lithographies.

1904

21 février - 24 mars
Vingtième Salon des Indépendants, dans les grandes serres de la Ville de Paris.

25 février - 29 mars
Exposition des peintres impressionnistes, à la Libre Esthétique de Bruxelles.

Mars
Les journaux annoncent par erreur la mort de Signac, confondu avec un peintre homonyme obscur, Paul Seignac.

Avril-mai
Séjour à Venise. Le 27 avril, Signac est à Venise après être passé par Porto Maurizio, Gênes, Milan, Vérone; il rapportera «plus de 200 informes croquetons à l'aquarelle», mais pas de tableaux. Il admire le Tintoret et Véronèse.

12 juillet - 15 octobre
Séjour de Matisse à Saint-Tropez; il passe l'été auprès de Signac et peint l'esquisse de *Luxe, calme et volupté*, toile qui sera achevée au cours de l'hiver 1904-1905.

4 octobre
Manguin arrive à Saint-Tropez et voit Signac.
13-31 décembre
L'exposition de Signac à la Galerie Druet est bien accueillie: vingt peintures, dix notations à l'huile et vingt notations à l'aquarelle (paysages de Venise). Raoul Dufy visite l'exposition en compagnie de Matisse, qui est frappé par la luminosité des tableaux.

1905

24 mars - 30 avril
Vingt et unième Salon des Indépendants, dans les grandes serres de la Ville de Paris; rétrospectives *Vincent Van Gogh* et *Georges Seurat* (Signac a prêté seize œuvres de ce dernier). Matisse expose *Luxe, calme et volupté* que Signac acquiert.
Printemps
Après l'ouverture des Indépendants, Signac s'installe à Saint-Tropez. Les jeunes peintres qui se regrouperont bientôt sous l'enseigne de Matisse s'y trouvent aussi: Manguin, Camoin, Marquet. Signac termine des travaux d'aménagement à La Hune et accroche les tableaux de ses amis dans la salle à manger: la grande toile de Louis Valtat, *Femmes au bord de la mer*, complétée par *L'Air du soir* de Cross et *Luxe, calme et volupté* de Matisse.

1906

Début de l'année
Maurice Denis se rend à Saint-Tropez, en compagnie de K. X. Roussel.
Février
Séjour en Biscaye, chez le collectionneur Christian Cherfils, avec une courte escapade en Espagne en compagnie de Darío de Regoyos.
20 mars - 30 avril
Vingt-deuxième Salon des Indépendants, dans les grandes serres de la Ville de Paris.
Mi-avril - début mai
Signac voyage en Hollande (Rotterdam, Maasluis, Overschie, Amsterdam).
Eté
Elfte Ausstellung der Berliner Sezession, à Berlin: une salle entière est réservée aux néo-impressionnistes; Signac expose une toile, quatre études, deux aquarelles.
Début juillet
Signac est à Marseille avec Camoin.
28 septembre
Le Courrier européen publie un dessin antimilitariste de Signac fait pour *Les Temps nouveaux*.
23 octobre
Mort de Paul Cézanne.
Début novembre
Fénéon est engagé par la Galerie Bernheim-Jeune, où il est chargé de la section d'art contemporain.

1907

21 janvier - 7 février
Exposition *Paul Signac* à la Galerie Bernheim-Jeune, la première qu'organise Fénéon. Il expose trente-quatre tableaux, six notations à l'huile et quarante aquarelles. Derain écrit à Matisse: «Signac triomphe chez Bernheim.»
20 mars - 30 avril
Vingt-troisième Salon des Indépendants, dans les serres de l'Alma.
28 mars - 15 mai
Séjour à Constantinople avec son ami, le peintre Henri Person.

1908

Février-avril
Voyage en Italie (Portofino, Florence, Sienne, Rome, Pérouse, Vérone) et séjour à Venise. Il admire les fresques du Pérugin et du Pinturicchio.
20 mars - 2 mai
Vingt-quatrième Salon des Indépendants, Paris, serres du cours La Reine; Signac, qui est nommé président de la Société, expose *La Corne d'or. Matin* et treize aquarelles.
16 mai
Vente Kessler à l'Hôtel Drouot où figurent cinq toiles et cinq aquarelles de Signac; il assiste à la vente et rachète une aquarelle, *Marseille*.
Eté
Séjour d'André Dunoyer de Segonzac à Saint-Tropez.
Début novembre
Signac est à bord de l'*Henriette-II*, le bateau de son ami, Henri Person, pour une croisière (Villefranche, Antibes, Nice), et ils peignent des aquarelles.

1909

Au début de l'année, Picabia fait un séjour à Saint-Tropez et peint quelques œuvres néo-impressionnistes.
6 février
Signac, qui note dans son journal qu'il passe chaque soir à l'exposition Bonnard chez Bernheim-Jeune, achète une petite toile, *La Verdure au basset*. En mars, il achète un Pissarro, *Paysannes*, de 1881 et un Roussel.
25 mars - 2 mai
Vingt-cinquième Salon des Indépendants, jardin des Tuileries, serres de l'Orangerie.
4-9 avril
Bref voyage à Londres, avec Fénéon. Il visite la National Gallery – où il dessine aux crayons de couleur et à l'aquarelle devant les aquarelles de Turner –, le British Museum (sculptures grecques, assyriennes et dessins de Claude Lorrain); il voit Lucien Pissarro et Walter Sickert.
A la fin de l'année, ouverture de l'Exposition internationale, dite aussi premier Salon d'Odessa, qui ira ensuite à Kiev, à Saint-Pétersbourg et à Riga. Signac expose trois œuvres (*Fanal de Traghetto*, un paysage des Diablerets et un *Port de Saint-Tropez pavoisé*).
Il consacre de plus en plus de temps à l'aquarelle. C'est probablement aussi en 1909-1910 qu'il faut situer le début de sa liaison avec Jeanne Selmersheim-Desgrange, peintre néo-impressionniste, épouse de l'architecte Tony Selmersheim dont elle a trois enfants.

1910

Signac cesse de tenir le cahier manuscrit sur lequel il consignait ses œuvres. Sa production ralentit tout aussi brutalement: on ne compte qu'un seul tableau pour l'année 1910, *La Passe de Marseille*, daté 1910-1911.
12 mars - 17 avril
Exposition *L'Evolution du paysage*, à la Libre Esthétique à Bruxelles.
18 mars - 1er mai
Vingt-sixième Salon des Indépendants.
18-30 avril
Exposition *D'après les maîtres*, Galerie Bernheim-Jeune; Signac expose douze dessins, dont un ensemble d'aquarelles d'après les œuvres de Turner vues l'année précédente à Londres.
14 mai - 15 novembre
Exposition universelle et internationale à Bruxelles. Signac organise la section française.
16 mai
Mort d'Henri Edmond Cross à Saint-Clair. Jean Grave demande à Signac de rédiger un article en hommage à Cross pour *Les Temps nouveaux*, mais Signac lui répond: «J'ai en vain tenté de faire un papier sur notre pauvre ami. Vraiment je n'y ai ni la tête ni le cœur…»

10 juillet - 31 août
Exhibition of the Work of Modern French Artists, à Brighton, Public Art Galleries.
6 août
La revue *Les Temps nouveaux* annonce la publication d'un dessin antimilitariste par Signac, *Pour les vautours*, dans un numéro spécial, *Biribi* (cat. nº 82), du nom des compagnies disciplinaires de l'armée d'Afrique.
Octobre-novembre
Exposition *Manet and the Post-Impressionists*, à Londres, Grafton Galleries, organisée par Roger Fry qui utilise pour la première fois le terme *post-impressionists*.

1911

Signac ne peint qu'un tableau.
Réédition de *D'Eugène Delacroix au néo-impressionnisme*, Librairie Floury, couverture dessinée par Théo Van Rysselberghe.
23 janvier - 1er février
Exposition *Les Ponts de Paris* à la Galerie Bernheim-Jeune avec soixante-six aquarelles de Signac, huit cartons et cinq peintures sur ce thème, et des tapisseries de Maillol.
21 avril - 13 juin
Vingt-septième Salon des Indépendants, quai d'Orsay. Signac avait souhaité consacrer une rétrospective à son ami Cross, mais ne peut exposer que six toiles, les autres figurant à une exposition de la Libre Esthétique à Bruxelles.
7 juin
Vente Henry Bernstein à l'Hôtel Drouot, six aquarelles de Signac – des paysages d'Antibes – y figurent.
19 juin - 3 juillet
Exposition *Henri Edmond Cross et Paul Signac* à la Galerie Druet.
26 juin - 18 juillet
Exposition *L'Eau* à la Galerie Bernheim-Jeune. Signac y participe et achète à cette occasion un tableau de Bonnard, *Bateaux au port.*
25 octobre
Signac est nommé chevalier de la Légion d'honneur. L'insigne lui est remis par Renoir.
16 novembre
Décès, à Saint-Tropez, de la mère de l'artiste, Héloïse Signac, à l'âge de 69 ans.

1912

20 mars - 16 mai
Vingt-huitième Salon des Indépendants, quai d'Orsay; l'Etat acquiert pour le Musée du Luxembourg *Avignon. Soir* et *Entrée du port de Marseille* (Marseille, Musée des Beaux-Arts), exposé l'année précédente.
25 mai - 30 septembre
Internationale Kunstausstellung des Sonderbundes à Cologne. Cette exposition, ambitieux panorama de la modernité, rend hommage à Van Gogh, Munch, Gauguin, Cézanne, Signac, Cross et Picasso. Le néo-impressionnisme fait désormais figure de mouvement fondateur.
Mai-juillet
Signac sillonne le Sud-Ouest (Limoges, Cahors, Montauban, Albi, Gordes, Lyon, Aurillac, Lioran, Puy, Bordeaux, Les Sables-d'Olonne et Caen), et se plaint de son asthme.

1913

9 mars - 13 avril
Exposition *Interprétations du Midi*, à la Libre Esthétique à Bruxelles.
19 mars - 18 mai
Vingt-neuvième Salon des Indépendants, quai d'Orsay. En avril, Signac acquiert un dessin d'Angrand exposé aux Indépendants.
Mi-mai
Exposition internationale à Gand.
Fin mai
Deuxième Salon de Mai à Marseille.
Création de Cercle et Carré, un cercle de gauche, intellectuel et libéral, fondé pour réagir aux atteintes à la liberté individuelle; on y trouve Signac, ainsi que, notamment, Anatole France, Paul Clemenceau et Emile Verhaeren.
23 septembre
Le Petit Niçois annonce que Signac vient de louer une villa au cap d'Antibes pour y passer l'hiver. Le peintre s'y installe avec sa compagne Jeanne Selmersheim-Desgrange, qui est enceinte. Il laisse La Hune et l'appartement parisien, avec tout ce qu'ils contiennent, à sa femme Berthe. Il vit dès lors avec Jeanne, mais continue à voir Berthe très régulièrement, l'aide financièrement et l'assure de son affection. Il ne divorcera pas.
2 octobre
Naissance à Antibes de Ginette Laure Anaïs, fille de Signac et de Jeanne Selmersheim-Desgrange.
24 novembre - 6 décembre
Exposition *Paul Signac*, Galerie Bernheim-Jeune, Paris. La même exposition s'est tenue auparavant à Düsseldorf, à la Galerie Alfred Flechtheim.
Décembre 1913 - janvier 1914
Signac publie un «aide-mémoire Stendhal-Beyle» qui réunit, sur quatre pages, tout ce que l'on sait sur l'écrivain. L'aide-mémoire prélude à un travail plus important qui occupera Signac pendant les années de guerre, *Beyle par Stendhal* ou *Stendhal par lui-même*, qui ne sera pas publié.

1914

Les Editions Bernheim-Jeune publient un ouvrage en hommage à Cézanne, illustré par des lithographies faites d'après des tableaux ou des aquarelles du maître d'Aix. Signac y participe en reproduisant un tableau de sa propre collection, *Baigneur.*
18 janvier
Signac est à Saint-Tropez où il voit Bonnard.
Printemps
Les expositions se succèdent. 1er mars - 30 avril: trentième Salon des Indépendants; 15 mai - 30 juin: *Exposition d'art français du XIXe siècle*, Musée royal à Copenhague; mai-juin: exposition du

Antibes. Paul Signac et Jeanne Selmersheim-Desgrange, 1913.

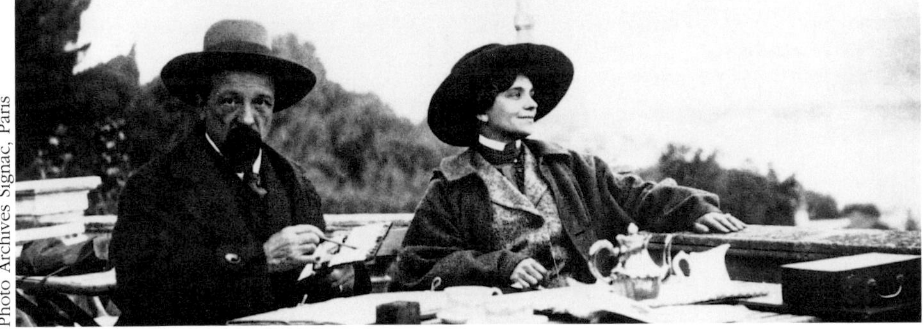

Photo Archives Signac, Paris

groupe Mánes à Prague; 8-16 juin: exposition *Le Paysage du Midi* à la Galerie Bernheim-Jeune.

Juin

Signac travaille en Haute-Savoie où il rencontre Ozenfant qu'il invite à Antibes.

17 juillet

Signac est à Saint-Julien-en-Beauchêne, dans les Hautes-Alpes, où la guerre le surprend. Dans une lettre adressée à Berthe, il dit son désarroi: «Ce n'est pas les Allemands qu'il faut maudire, c'est la guerre [...] jamais je ne pourrai me remettre, je le crois bien, de l'épouvantable détresse où, malgré mes efforts, je sombre.» Le 1er octobre, la famille quitte Saint-Julien.

3 octobre

Arrivée à Antibes. Signac va et vient d'Antibes à Saint-Tropez.

Signac écrit aux jeunes peintres mobilisés, prend des nouvelles et tente de les réconforter.

1915

Signac, très déprimé par les événements, peint peu.

17 avril

Signac est nommé, par décret, peintre du Département de la marine, ce qui lui permettra d'obtenir des missions pour travailler dans les ports sans être accusé d'espionnage.

1916

27 novembre

Mort d'Emile Verhaeren, écrasé par un train en gare de Rouen. Le 3 décembre, Signac, très attristé, écrit à Angrand: «De tous les littérateurs, il était presque le seul à avoir un grand caractère d'homme. Sa gloire universelle ne l'avait pas gâté et je me souviens avec émotion des bonnes heures passées avec lui dans son petit appartement de St Cloud.»

1917

Signac, qui séjourne toujours à Antibes, est allé il y a un mois chez Renoir à Cagnes.

Février-novembre

Signac partage son temps entre Saint-Tropez et Antibes.

Mai

«J'ai envoyé 7 toiles à Bernheim. Le travail de 3 ans!»

18 novembre

Antibes. Il lui serait très pénible d'aller à Paris tant que «nous subissons ces horreurs». Il s'oppose à l'idée de reprendre les Salons des Indépendants alors que les jeunes artistes sont au front.

1918

25 janvier

Antibes. Signac a vu à Nice George Besson et Henri Matisse; le marchand Léon Marseille a vendu un paysage des Andelys de 1886 et un de Fécamp; Signac renégocie son contrat avec Bernheim.

2 avril

Antibes. Signac a vu Matisse et Marquet.

22 avril

Saint-Tropez.

20 septembre

Signac a fait une série d'aquarelles, natures mortes de fleurs et de fruits. Le 30 septembre, il demande à F. Fénéon une photographie d'une aquarelle de Cézanne et d'une peinture à l'huile du même, «fruits gras».

15 novembre

Arrivée des Bonnard à Antibes; Signac démande à F. Fénéon de pousser ses toiles dans les ventes.

1919

15 janvier

Antibes.

7 mars

Saint-Tropez. Signac vend son bateau le *Sindbad*, et décide de racheter certaines de ses toiles. Il veut constituer une collection pour assurer l'avenir de sa fille Ginette qui, en tant qu'enfant illégitime, n'a légalement aucun droit à la succession de son père.

Juillet

Séjour en Savoie (à Sallanches).

15 août

Genève. Signac rencontre Edouard Fer, peintre néo-impressionniste qui a organisé une exposition de peinture française à la Galerie du Rhône.

22 septembre

Retour à Saint-Tropez: il a passé une bonne journée à Grenoble «avec Stendhal et Jongkind».

1er décembre

Signac s'installe à Paris, au 14, rue de l'Abbaye. Il y reçoit le dimanche. «Ces dimanches de l'amitié furent au cours d'une douzaine d'années des dimanches de foi, des dimanches de colère et de joie, avec, à l'ordre du jour, la peinture, la politique, la littérature [...]. C'était bien un peu en Stendhal-Club qu'était transformé l'atelier de Signac.»

6 décembre

Contrat entre MM. Bernheim-Jeune, Léon Marseille, Charles Vildrac et Paul Signac. Signac met à la disposition des trois marchands la totalité de sa production.

18 décembre - 20 janvier

Exposition *Indépendants*, à la Galerie des Editions G. Crès et Cie.

1920

Janvier

Signac signe la préface du catalogue de l'exposition *Georges Seurat* à la Galerie Bernheim-Jeune; il réorganise le Salon des Indépendants. Le 15 janvier, il refuse deux œuvres de Francis Picabia car elles «[n'entrent] pas dans les catégories des œuvres admises».

28 janvier - 28 février

Trente et unième Salon des Indépendants, au Grand Palais.

15 avril - 31 octobre

Biennale de Venise. Signac est commissaire du pavillon de la France. Il présente une exposition monographique de Cézanne et expose, en plus de ses œuvres, celles d'Angrand, Bonnard, Cross, Guérin, Luce, Marquet, Matisse, Redon, Roussel, Seurat et Valtat.

25 mai

«Je suis invité à déjeuner chez Monet.»

Eté - début de l'automne

Côte atlantique: La Rochelle, Croix-de-Vie.

Fin décembre

Nice. Il travaille un peu, voit parfois Matisse.

1921

Troisième édition de *D'Eugène Delacroix au néo-impressionnisme*, Paris, Editions Floury.

6 janvier

Saint-Tropez. Retenu là pour quinze jours par sa mauvaise santé, il est privé du plaisir de s'occuper du Salon des Indépendants.

2 février

De Nice, il écrit à F. Fénéon qu'il vient de découvrir Saint-Paul-de-Vence: «On y rencontre Dufy, Marchand, Thorndyke, Friesz»; il a loué l'ancien archevêché pour l'année suivante.

15 juillet - 15 octobre

Séjour aux Andelys. Le 16 septembre, il écrit à F. Fénéon qu'il a eu la visite encourageante de Monet, qui a souhaité posséder quelques aquarelles. Celles-ci sont aujourd'hui conservées au Musée Marmottan, legs Michel Monet.

Décembre
Séjour en Bretagne. Aquarelles à Concarneau, à Groix, à Lorient.

1922

Publication de la première monographie consacrée à l'artiste, *Paul Signac*, par Lucie Cousturier, aux Editions des Cahiers d'aujourd'hui publiées par George Besson chez Crès.
15 janvier
Lors de l'organisation du Salon annuel des Indépendants (28 janvier - 28 février), Signac refuse à nouveau les œuvres de Francis Picabia et lui retourne une copie de la lettre de 1920, lui signifiant que ses œuvres n'entrent pas dans le cadre des catégories admises. Par mesure de représailles, Picabia publie, au verso de celle-ci, un tract vengeur.
Printemps
Séjour à Saint-Paul-de-Vence.
Mars-août-septembre
Signac souffre de crises d'asthme ainsi que d'une sciatique.
24 mars
Lettre à Fénéon. A Saint-Paul-de-Vence, il a vu Dufy, Marchand, Thorndyke, Elie Faure et Derain. Il a refusé de vendre à l'Etat son *La Rochelle* des Indépendants: par l'entremise de Sembat, on lui offrait dix mille francs et le Musée du Luxembourg. «Ils y ont si bien placé mon *Marseille*.»
17 juin
Port-Louis, 30, rue de la Citadelle. Signac écrit à F. Fénéon qu'il est ravi des cinq ou six ports ou mouillages qu'il a à portée de crayon, sans compter Lorient que le Ministère de la marine a mis à sa disposition.
7 octobre
La Peugeot, malgré la sciatique, les a menés de Port-Louis aux Andelys, en passant par Paimpol et Granville.
14 octobre
Signac est à Paris.
Noël
Arrivée à Saint-Paul-de-Vence. Signac peint quelques aquarelles à Cahors, Albi, Montauban, Marseille où il rencontre Marquet; il visite le Musée d'Albi et le Musée Ingres à Montauban.

1923

31 janvier
Paris. Signac vend *Cirque* de Seurat à John Quinn, à condition qu'il soit légué au Louvre, ce qui se produit l'année suivante.
10 février - 11 mars
Trente-quatrième Salon des Indépendants.
Mars-avril
Séjour à Saint-Paul-de-Vence, puis retour à Paris via Rodez.
6-31 mai
Paris, Galerie Bernheim-Jeune. Exposition *Paul Signac, peintures, cartons de tableaux, dessins, aquarelles.*
Juillet-septembre
Séjour au Petit-Andely.
Octobre
Exposition *Cousturier et Signac*, Galerie Giroux, Bruxelles.

1924

Parution du *Georges Seurat* par Gustave Coquiot, dédié «Aux peintres Charles Angrand, Aman-Jean et Paul Signac, qui furent les amis fidèles de Georges Seurat».
4 janvier
Paris. Signac demande à F. Fénéon de remercier Mme Cross pour les papiers laissés par son mari sur John Ruskin. Au début du siècle, Signac et Cross avaient entrepris une traduction de l'ouvrage de Ruskin, *Elements of Drawing*, qui fut interrompue par la maladie et la mort de Cross en 1910. Signac reprend ce projet, mais n'a pas publié cette traduction.
9 février - 12 mars
L'organisation du trente-cinquième Salon des Indépendants suscite, cette fois encore, des remous. Une faction de jeunes artistes conteste systématiquement les choix du comité. Accusé de nationalisme, Signac, toujours président, donne sa démission, ainsi que son vice-président, Luce, et deux membres du bureau. L'assemblée générale, réunie à la suite de ces démissions, donne raison à Signac, qui réintègre ses fonctions.
Eté
Séjour à Lézardrieux où il louera une maison, le «Grand-Cardinal», tous les étés jusqu'en 1930.

1925

26 février
Paris, lettre à un ami: «Je viens de faire peindre ma salle à manger en jaune de chrome n° 2 et d'y accrocher 5 Cross flamboyants!»
7 mars
Signac écrit à Fénéon qu'il a accepté d'être le représentant à Paris de la Sécession berlinoise.
21 mars
Le groupe d'artistes tchèques Mánes vient de le nommer «membre correspondant» en France.
9 mai
«Chaque jour, je dois refuser mon concours, faute d'œuvres, à des entrepreneurs d'expositions, j'ai en main 11 demandes!»
25 mai
«J'ai acquis à l'hôtel [Drouot] un joli Cross, son neveu sur les marches de [1901] et un vigoureux Valtat, j'ai aussi un bel Angrand, une toile d'une Géorgienne et une toile d'un Japonais, *Le Marin*.»
Mai-septembre
Bretagne, où il aquarelle. Le 16 août, de Lézardrieux, il se plaint à F. Fénéon: «Je suis à tout jamais rayé de toutes les promotions de la Légion d'honneur pour avoir signé la protestation contre la guerre au Maroc. Je savais bien le tort que je me faisais en signant.»
A partir de l'été 1925, les Signac et la famille de Marcel Cachin (1869-1958) – l'un des fondateurs du Parti communiste français et directeur du journal *L'Humanité* – se voient beaucoup et deviennent amis.

1926

13 janvier
Signac est promu officier de la Légion d'honneur.
20 février - 21 mars
L'exposition *Trente ans d'art indépendant* organisée par Signac est une éloquente démonstration du rôle tenu par la Société des artistes indépendants dans le développement de l'art contemporain. Tous les exposants ont été conviés et chacun présente une brève «rétrospective» de son art.
2 mars
Paris. «Acheté hier des belles fleurs de Valtat [1905].»
Mars-mai
Séjour en Ardèche dans la vallée du Rhône (Bourg-Saint-Andéol).
1er avril
Mort de Charles Angrand.
Eté à Viviers (sur le Rhône).
20 octobre
Signac écrit à F. Fénéon qu'il n'a plus d'enthousiasme pour les expositions et qu'il n'aime plus beaucoup les galeries.

5 décembre
Mort de Claude Monet. Signac déplore la «perte du maître et de l'ami, dont toute la vie et tout l'œuvre me furent d'encourageants exemples».

1927

Signac publie *Jongkind* aux Editions Crès. C'est à l'aquarelle qu'il consacre les pages les plus nombreuses et l'analyse la plus attentive.
Il collabore, avec trois lithographies, à l'illustration du second volume de *Mémoires d'un touriste* de Stendhal, publié aux Editions Crès.
Février-mars
Exposition *Paul Signac* à la Galerie Goldschmidt, à Berlin, puis à Francfort de mars à mai.
13 mars
Signac a quitté Paris pour Audierne (Finistère): «Je travaille comme un jeune homme [...] aquarelles, je me débats avec le vent, la marée, le courant et les voiles, le peintre à l'huile est privé de ces joutes.»
6 avril
Jugement de la Chambre du conseil du Tribunal civil de première instance de la Seine qui conclut à l'adoption officielle de Ginette par Signac (mentionné sur l'acte de naissance de Ginette Signac, mairie d'Antibes).
Eté à Lézardrieux, où il reçoit la visite de Matisse.

1928

26 février - 13 mars
Saint-Malo.
1er avril
Un nouveau contrat est établi avec les marchands Bernheim-Jeune, Léon Marseille et Charles Vildrac: Signac met les trois quarts de sa production de peintures à la disposition des trois marchands et se réserve désormais un quart de ses œuvres.
Eté à Viviers.
L'homme d'affaires Gaston Lévy (1893-1977) commence à acheter de nombreuses œuvres de Signac et entreprend le précatalogue de l'œuvre peint. Il commande à Signac, qui en a eu l'idée, une série d'aquarelles représentant les ports de France.

1929

Fin mars
Signac entreprend la série des ports de France; il commence par Sète, puis il

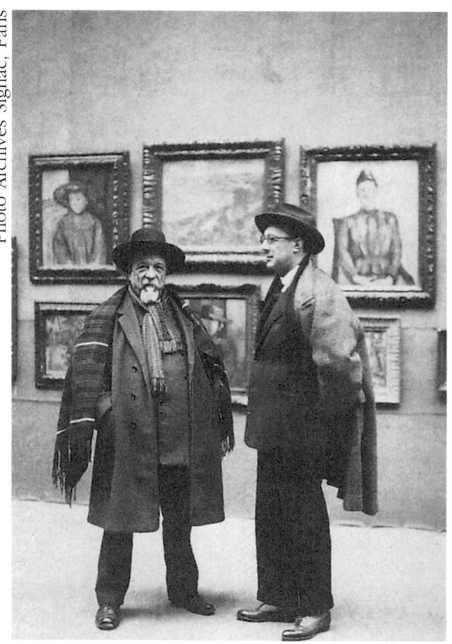
Photo Archives Signac, Paris

Paul Signac et André Léveillé devant les toiles de la rétrospective Cézanne au Salon des Artistes indépendants de 1926.

continue sur la côte atlantique, de Saint-Jean-de-Luz aux Sables-d'Olonne.
Mai-juin
Campagne d'aquarelles dans le nord de la Bretagne.
Juillet-octobre
Aquarelles en Bretagne.

1930

Janvier-février
Signac signe un article sur Charles Henry, dans le numéro spécial consacré à ce dernier par *Les Cahiers de l'Etoile.*
14 janvier
Paris. Signac adresse six mille francs à Durand-Ruel pour solde d'une aquarelle de Jongkind, *Honfleur.*
Février
Signac reprend ses aquarelles des ports de France sur les côtes de la Manche, de Honfleur à Saint-Valéry.
19-30 mai
Exposition *Paul Signac* à la Galerie Bernheim-Jeune.
Juin
Signac continue de peindre ses aquarelles le long des côtes de la Manche, de Dunkerque à Granville.
Eté
Bretagne.
Novembre
La Rochelle et les environs, Bordeaux.

1931

Avril
Signac termine la série des ports de France sur les côtes de la Méditerranée.
Juin-octobre
Barfleur, où il acquiert une maison sur la pointe, face à l'église. Ses fenêtres ouvrent sur le port à l'est et sur le phare de Gatteville à l'ouest.
Décembre
Il rencontre à Paris le Mahatma Gandhi, au cours de la tournée européenne qui succède à l'échec de la conférence de la Table ronde sur l'Inde à Londres.

1932

Signac est préoccupé par le climat politique et redoute une nouvelle guerre. Touché par la crise, il a de plus en plus de mal à subvenir aux besoins de ses deux ménages, mais refuse de brader les tableaux de sa collection; il accepte de recevoir du marchand Léon Marseille, ruiné et qui lui doit de l'argent, un tableau de Monet, *Pommiers en fleur au bord de l'eau.*
25 février - 17 mars
Exposition *Le Néo-impressionnisme*, Galerie d'art Braun et Cie, Paris.
Eté à Barfleur.
24 décembre
Signac, pacifiste passionné, figure en première page de *L'Humanité*, le quotidien communiste, aux côtés de Marcel Cachin pour soutenir la deuxième session du bureau du Comité mondial contre la guerre. Il soutiendra toujours les manifestations contre la guerre et participera, avec Paul Nizan, Paul Vaillant-Couturier, Eugène Dabit et André Gide, aux réunions du Comité de vigilance des intellectuels antifascistes, créé en mars 1934.

1933

Don d'une aquarelle, *Le Pont des Arts. Inondation*, au Musée du Luxembourg.
Janvier
Procès d'Henri Guilbeaux, critique d'art germanisant accusé de haute trahison et condamné à mort par contumace, revenu d'Union soviétique de son plein gré. Signac témoigne en sa faveur.
24 février
Lors du réaménagement du Louvre et de l'ancien Musée du Luxembourg,

Photo Archives Signac, Paris

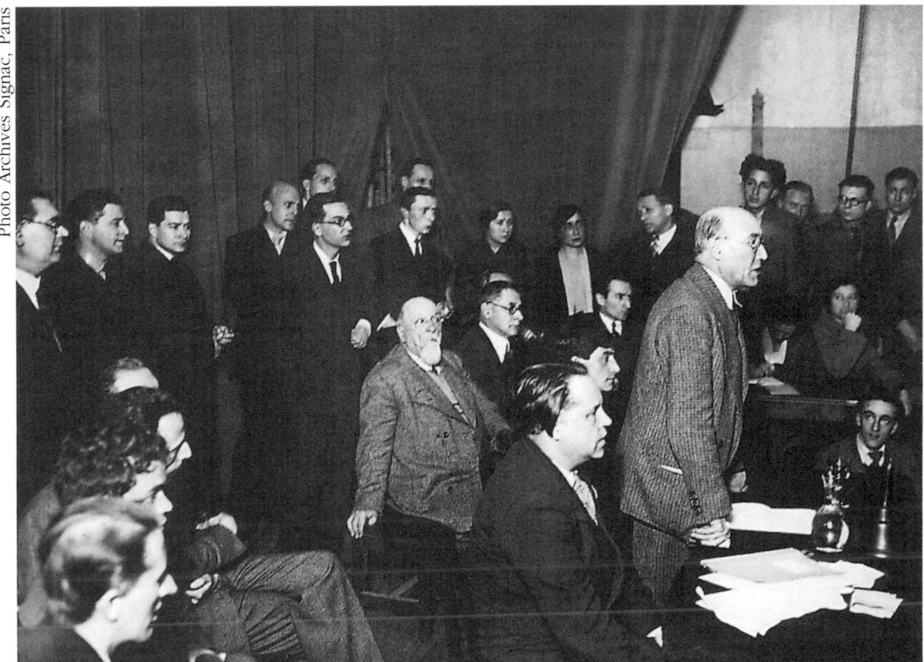

Le Comité de vigilance des intellectuels antifascistes, 1934. Paul Signac est assis au centre; devant lui, au premier plan, Paul Vaillant-Couturier; debout, André Gide; debout, derrière Signac, avec une cigarette, Paul Nizan; assis à gauche, au deuxième rang, René Crevel.

Signac écrit à Henri Verne, directeur des Musées nationaux; il s'inquiète du sort de *Cirque* de Seurat légué au Louvre par John Quinn et précise: «C'est sur mon intervention que ce généreux donateur spécifia que ce tableau devait revenir en France et le destina au Louvre.»

Avril-mai
Il signe la préface du catalogue de l'exposition *Vingt-trois artistes soviétiques*, Galerie Billiet, Paris.

Juin
Exposition *Bonnard* à la Galerie Bernheim-Jeune. Le 28, Signac part pour Barfleur où il passe l'été. Il note dans son journal qu'il est parti de Paris «avec au cœur la joie de l'exposition Bonnard, ça donne envie de peindre».

Décembre-janvier 1934
Exposition *Seurat et ses amis*, Paris, Galerie des Beaux-Arts. Signac participe activement à l'organisation de cet événement et publie «Le néo-impressionnisme, documents» dans la préface du catalogue. C'est à cette occasion qu'il vend l'esquisse du *Chahut* de Seurat à la Galerie Wildenstein.

30 décembre
Signac est promu commandeur de la Légion d'honneur.

1934

2 février - 11 mars
Exposition du cinquantenaire de la Société des artistes indépendants au Grand Palais; Signac signe la préface du catalogue et participe activement à la préparation de l'exposition.

Février-mars
Exposition *Paul Signac*, Petit Palais, Paris.

Printemps
Ginette Signac, âgée de 20 ans, épouse Charles Cachin, 26 ans, médecin, fils de Marcel Cachin.

Eté à Barfleur.

Novembre
Signac démissionne le 7 de la présidence de la Société des artistes indépendants. Le 15, Maximilien Luce en est élu président; Signac l'a convaincu d'accepter.

1935

George Besson publie une monographie, *Paul Signac*.
Signac rédige «Le sujet en peinture» pour l'*Encyclopédie française* (sous la direction d'A. de Monzie, vol. XVI, 1935, ch. II, 3: «Les besoins individuels et la peinture», réf. 16.84, pp. 7-10).

Mars
Il reçoit une invitation à se rendre en Union soviétique; il écrit à Berthe: «Malheureusement, je ne me sens pas la force d'entreprendre un tel voyage et de supporter les grandes émotions que j'y éprouverais.»

14 mars
Signac participe à un meeting antifasciste à la Mutualité et appelle au «boycottage» de l'Allemagne afin que Hitler ne puisse tenir ses promesses aux travailleurs allemands. Marcel Cachin s'oppose à cette tactique.

Avril-juin
Dernier voyage en Corse où il peint de nombreuses aquarelles.

Mai
Signac est nommé président d'honneur de la Société des artistes indépendants.

Vers le 10 juillet
Signac s'alite, atteint d'urémie, bientôt compliquée d'une congestion pulmonaire.

15 août
Décès de Signac à Paris, à l'âge de 72 ans. Il est mort en quelques jours d'une infection généralisée.

18 août
Incinération de Signac au columbarium du cimetière du Père-Lachaise. En tête du cortège, la fille de l'artiste, Ginette; derrière elle, Berthe Signac et Jeanne Selmersheim-Desgrange. Bien que Signac – l'indépendant aux sympathies anarchistes, antimilitaristes, et farouchement opposé au fascisme – n'ait jamais adhéré au Parti communiste, ses obsèques rassemblent, à l'appel de Paul Vaillant-Couturier, un grand nombre de militants et de sympathisants communistes. Elles sont un bel exemple d'appropriation politique d'un artiste par le Parti.

23 août
Fénéon, qui a préféré garder ses distances, écrit: «Les peintres [...] sont nombreux, mais pas assez pour avoir pu constituer le gros du cortège. En foule étaient là les militants de la révolution [...]. Ce deuil me fut singulièrement cruel: tant de souvenirs, quelques-uns fort lointains, m'attachaient au disparu.» Gustave Kahn consacre un bel article à son ami de jeunesse et conclut: «Il y a plus de poésie qu'il ne pensait en mettre dans son art de peintre, de grand peintre, de grand paysagiste, illuminé de franche lumière pourpre, rose et dorée.»

Principales expositions monographiques

Exposition d'œuvres de Paul Signac, Paris, Galerie de l'Art nouveau (Bing), 2 juin 1902

Exposition Paul Signac, Paris, Galerie Druet, 13-31 décembre 1904

Paul Signac, Paris, Galerie Bernheim-Jeune, 21 janvier - 2 février 1907

Exposition Paul Signac, Düsseldorf, Galerie Alfred Flechtheim, s.d., et Paris, Galerie Bernheim-Jeune, 24 novembre - 6 décembre 1913

Paul Signac. Peintures – cartons de tableaux – dessins – aquarelles, Paris, Galerie Bernheim-Jeune, 16-31 mai 1923

Paul Signac, Paris, Galerie Bernheim-Jeune, 19-30 mai 1930

Paul Signac, Paris, Petit Palais, février-mars 1934

Tentoonstelling van schilderijen en aquarellen door Paul Signac, Amsterdam, kunsthandel Huinck & Scherjon, novembre 1935

46e Exposition de la Société des artistes indépendants. Exposition posthume de Paul Signac, Paris, Grand Palais, 7 février - 8 mars 1936

P. Signac, Paris, Musée national d'Art moderne, 25 octobre - 2 décembre 1951

Paul Signac 1863-1935. Retrospective exhibition, Marlborough Fine Art Ltd., 11 mars - 15 avril 1954

La Création de l'œuvre chez Paul Signac, Marlborough Fine Art Ltd., avril-mai 1957

Signac, Paris, Musée du Louvre, décembre 1963 - février 1964

Paul Signac. Paintings, Watercolors, Drawings and Prints, New York, The Metropolitan Museum of Art, Drawing Galleries, Lehman Collection, 1977

Signac et Saint-Tropez 1892-1913, Saint-Tropez, Musée de l'Annonciade, 20 juin - 6 octobre 1992, et Reims, Musée des Beaux-Arts, 6 novembre - 13 décembre 1992

Paul Signac: a Collection of Watercolors and Drawings, Little Rock, Arkansas Arts Center, 13 février - 9 avril 2000, et Paris, Musée Marmottan, 2001

Signac, Paris, Galeries nationales du Grand Palais, 27 février - 28 mai 2001, Amsterdam, Van Gogh Museum, 15 juin - 9 septembre 2001, New York, The Metropolitan Museum of Art, 9 octobre - 30 décembre 2001

Bibliographie essentielle

Les numéros FC indiqués pour les peintures se reportent au catalogue raisonné publié par Françoise Cachin, en collaboration avec Marina Ferretti-Bocquillon. Les lecteurs y trouveront la bibliographie qui se reporte à chacune des œuvres, ainsi qu'une bibliographie générale très détaillée. Nous ne citerons donc ici que les ouvrages et les catalogues d'exposition essentiels.

Bailly-Herzberg (Jeanine), *Correspondance de Camille Pissarro 1865-1885*, t. I, Paris, PUF, 1980

Bailly-Herzberg (Jeanine), *Correspondance de Camille Pissarro*, t. II à IV, Paris, Editions du Valhermeil, 1986, 1988 et 1989

Besson (George), *Paul Signac*, Paris, Rombaldi, 1935

Cachin (Charles), *Paul Signac. Dernier carnet de voyage*, Saint-Baldolph, Editions M.-J. Jacomet, 1990

Cachin (Françoise), *Félix Fénéon. Au-delà de l'impressionnisme*, Paris, Hermann, 1966

Cachin (Françoise), en collaboration avec Marina Ferretti-Bocquillon, *Paul Signac. Catalogue raisonné*, Paris, Gallimard, 2000

Cousturier (Lucie), *Paul Signac*, Paris, Editions Crès & Cie, 1922

Distel (Anne), *Signac au temps d'harmonie*, Découvertes Gallimard, RMN, 2001

Fénéon (Félix), «Signac» *in*: *Les Hommes d'aujourd'hui*, nº 373, s.d. [mai 1890]

Ferretti-Bocquillon (Marina) et Cachin (Charles), *Paul Signac, dessins et aquarelles, une collection inédite*, Paris, Editions de la Martinière, 2000

Ferretti-Bocquillon (Marina), *Paul Signac aquarelliste*, Paris, Adam Biro, 2001

Franz (Erich), *Signac et la libération de la couleur*, Westfälisches Landesmuseum für Kunst und Kulturgeschichte, Münster, 1er décembre 1996 - 16 février 1997, Musée de Grenoble, 9 mars - 25 mai 1997, et Kunstsammlungen zu Weimar, 15 juin - 31 août 1997

Halperin (Joan U.), *Félix Fénéon. Œuvres plus que complètes*, édition française, Paris, Gallimard, 1991

Herbert (Robert L.), *Neo-impressionism*, New York, The Solomon R. Guggenheim Museum, 7 février - 8 avril 1968

Kornfeld (E. W.) et Wick (P. A.), *Catalogue raisonné de l'Œuvre gravé et lithographié de Paul Signac*, Berne, Editions Kornfeld et Klipstein, 1974

Lespinasse (François), *Charles Angrand. Correspondances 1883-1926*, 1988

Rewald (John), *Camille Pissarro. Lettres à son fils Lucien*, Paris, Albin Michel, 1950

Signac (Paul), *D'Eugène Delacroix au néo-impressionnisme*, Paris, Editions de la Revue blanche, 1899. Nouvelle édition avec une introduction de Françoise Cachin, Paris, Hermann, 1964, rééd. 1978 et 1987

Signac (Paul), *Jongkind*, Paris, Editions Crès & Cie, 1927

Signac (Paul), «Journal», conservé aux Archives Signac, extraits publiés *in*: *Fragments de journal, Arts de France*, nos 17-18, 1947; John Rewald, «Extraits du journal inédit de Paul Signac 1894-1895» *in*: *La Gazette des Beaux-Arts*, juillet-septembre 1949; John Rewald, «Extraits du journal inédit de Paul Signac 1897-1898» *in*: *La Gazette des Beaux-Arts*, avril 1952; John Rewald, «Extraits du journal inédit de Paul Signac 1898-1899» *in*: *La Gazette des Beaux-Arts*, juillet-août 1953

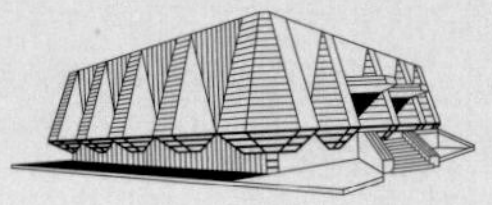

Nous tenons à témoigner notre gratitude aux Amis de la Fondation et aux généreux donateurs qui, par leur contribution, nous permettent la mise sur pied de notre programme de concerts et d'expositions.

Nous remercions tout particulièrement:

La Commune de Martigny
L'Etat du Valais

Banque Cantonale du Valais
Banque Edouard Constant
Banque Julius Bär & Cie SA
Caves Orsat-Rouvinez Vins
Champagne Moët & Chandon
Les Chemins de fer fédéraux suisses
Christie's Suisse, J.-L. R.
Conseil de la culture, Etat du Valais
Genevoise Assurances, Genève
Groupe Mutuel, Martigny
Hôtel La Porte d'Octodure, Martigny-Croix
Imprimeries Réunies Lausanne s.a.
Loterie Romande
Les Fils de Charles Favre SA, Sion
Le Gourmet, Hôtel du Forum, Martigny
La Mobilière, assurances et prévoyance
M. John Magnier
M. Dan Mayer, Zoug
Mme H. M.-B., Berne
M. J. J. et Mme A. La B., Belgique
Journal Le Temps
Mme Brigitte Mavromichalis, Martigny
Nestlé SA, Vevey
UBS SA
Le Nouvelliste et Feuille d'Avis du Valais
Rentenanstalt Swiss Life
Société de développement de Martigny
Swiss Air Lines
Office du Tourisme de Martigny
Touring Club Suisse Valais
Le Tunnel du Grand-Saint-Bernard

ainsi que:

Credit Suisse Private Banking

Temple de platine à Fr. 5000.–

Alpina Versicherung, Beat W. Meier, Zurich
Alpwater, eau minérale naturelle, Saxon
Assunta Sommella Peluso,
Ada Peluso and Romano I. Peluso
in memory of Ignazio Peluso
AXA Art Assurances SA, Zurich
Bugnon Gérald, Verbier
Burrus Charles et Bernadette, Boncourt
Caves Orsat SA, Martigny
Distillerie Louis Morand et Cie, Martigny
Expositions Natural Le Coultre SA, Genève
Henniez SA, eaux minérales, Henniez
Hôtel des Bains de Saillon
Hôtel du Parc SA, Martigny
Hôtel La Porte d'Octodure, Martigny-Croix
Imprimeries Réunies Lausanne s.a., Renens
Kuhn & Bülow, Versicherungsmakler, Zurich
La Mobilière, Assurances & prévoyance, Martigny
Magnier John, Verbier
Mayer Dan, Zoug
Nardin Pierre-Antoine, Le Locle
Office du Tourisme, Martigny
Paul Marti Matériaux SA, Martigny
Pictet & Cie, Genève
Pour-cent culturel MIGROS
Rouvinez Vins SA
SGA, Bernard Develey, Sion
Société de Développement, Martigny
Thea Pharma, Schaffhouse
Touring Club Suisse Valais, Sion
Veuthey & Cie SA, Martigny

Chapiteau d'or à Fr. 1000.–

Allianz Assurances, Martigny
Anonyme, Paris
Ascenseurs Schindler SA, Lausanne, succursale de Sion
Association culturelle, Les Amis de Daisy Bacca, Les Fontaines/Ollon
Association des Résidents de la Vallée de Chamonix
AXO - P.S.I., espaces publicitaires, Jean-François Simond, Meythet/Annecy, France
Barbier Marie-Christine, Villars
Basler Versicherungs-Gesellschaft, Abt. Transportversicherung, Bâle
Bauknecht SA, appareils ménagers, Crissier
Baumgartner Papiers SA, Lausanne/Crissier
Berrut G. et J., Hôtel Bedford, Paris
Betondrance SA, Martigny
Bétrisey Edouard, gypserie-peinture-vitrerie, Martigny
Bloemsma Marco P., Lausanne
Bonhôte Anne, journaliste, Anières
BSI SA, Lausanne, Genève
Café «Les Platanes», Etienne Subilia, Martigny
Cappi-Marcoz SA, agence en douane, Martigny
Centre Rhodanien d'Impression SA, Martigny
Charles Lucienne, Epalinges
Classe Matu 1954-1955, Saint-Maurice
Conforti Monique, Erval SA, Martigny
Conforti Roger SA, Martigny
Constantin Martial, Vernayaz
Coop Valais, Châteauneuf-Conthey
Corboud Gérard, Blonay
Couchepin Jean-Jules, Martigny
Couchepin Pascal, Conseiller fédéral, Président de la Confédération
De Kalbermatten Bruno, Jouxtens-Mézery
D'Ormesson André, Paris
Dumas-Hermes Thierry et Odile, Genève
Favre SA, transports internationaux, Martigny
Fidag SA, fiduciaire, Martigny
Fondation du Grand-Théâtre de Genève, Guy Demole, Genève
Fournier Daniel, agencements d'intérieurs, Martigny
Gagnebin Yvonne et Georges, Echandens
Galerie Latour, Martigny
Gandur Jean-Claude, Tannay
Generali Assurances, inauguration des bureaux, Joseph Bron, Martigny
Gianadda François et Sakkas Yannis, avocats et notaires, Martigny
Gianadda Mariella, Martigny
Givel Jean-Claude, Lonay
Givel Roger, Lonay
Glassey SA, matériel industriel électrotechnique, Martigny
Goulandris Constance, Lausanne
Grande Dixence SA, Sion
Grieu Maryvonne, Bussigny
Gross Christophe, Allianz Assurances, Martigny
Hôtel-restaurant Transalpin, Martigny
Huber Jean-Claude, Martigny
Imprimerie Montfort, Jean-Jacques Pahud, Monthey
Kohler Max, Zurich
La Plâtrière SA, Granges
La Poste Suisse, Car postal Valais Romand - Haut-Léman, Anne-Marie de Andrea, Sion
Lagonico Carmela, Cully
Lagonico Pierre, Cully
Lambrecht Barbara, Clarens
Le Gourmet, Hôtel du Forum, Martigny
Le Gourmet, Hôtel du Forum, Martigny
Les Fils de Charles Favre SA, Sion
Les Fils de Charles Favre SA, Sion
Levy James et Mireille, Lausanne
Leyvraz Jacques, Agence Michaud & Burkhard, Lausanne
Lonfat Raymond et Amely, Crans-sur-Sierre
Losinger Holding SA, Jacky Gillmann, Berne
Luxit Isolations SA - Vaparoid SA, Châtel-Saint-Denis
Luyet Michel, électricité, Martigny
Lyceum Club International, Neuchâtel
M. K. G., Suisse
Mannheimer Versicherung AG, Zurich
Manor AG, Bâle
Marmoran SA, Bernard Berra, Martigny
Massimi-Darbellay Jacques et Lilette, Martigny
Matériaux Buser & Cie SA, Martigny
Mayer Sara, Genève
Morand Mireille, Martigny
Morand Mireille, Martigny
Moret Serge & Fils, primeurs, Martigny
Municipalité de Salvan
Murisier Enseignes, Martigny
Nehama Albert, Saint-Prex
Noetzli Rodolphe, Neuchâtel
Nordmann Monique, Vandœuvres
Nouvelles Imprimeries Pillet - Saint-Augustin SA, M. Schwéry, Martigny
Oberson Marguerite, Verbier
Odier Patrick, Lombard Odier & Cie, Genève
Odier Patrick, Lombard Odier & Cie, Genève
Optigal SA, Martigny, Courtepin
Orgamol SA, fabrication de produits chimiques, Evionnaz
PAM SA, Martigny, Sion, Eyholz
Pharmacies de la Gare, Centrale, de la Poste, Lauber, Vouilloz et Zurcher, Martigny
Pot Philippe et Janine, Mollie-Margot
Publicitas Valais
Reinshagen Maria, Zurich
Reliures Schumacher, Raoul Philipona, Schmitten
Restaurant «Les Touristes», Maria et Fred Faibella, Martigny

Resto-bar «Le Loup Blanc», Maria et Fred Faibella, Martigny
Reynard Jacques et Consorts, stores, Savièse
Rochat Papiers, Nyon
Rossa Jean-Michel, chauffage et sanitaire, Martigny
Rykiel Sonia, Paris
Sanval SA, Jean-Pierre Bringhen, Martigny
Saudan Les Boutiques, Martigny
Sauval Alain près l'Ambassade de France, Berne
Schaller Roland, Lutry
Téléverbier SA, Verbier
Tetra Laval International SA, Pully
Torrione Jean-Pierre, Rizerie du Simplon, Martigny
Tunnel du Grand-Saint-Bernard
UBS SA, François Gay, Sion
Varnoux Gisèle, La Tour-de-Peilz
Vocat Olivier, avocat-notaire, Martigny
VS Etanchéité 2000 SA, étanchéité-asphaltage, Sion
Winterthur Assurances, Vincent Mussler, Lausanne
Winterthur Assurances, Philippe Vouilloz, Martigny
Yerlès Fernande, Martigny
Zschokke Construction SA, Martigny
Zurcher Jean-Marc, dentiste, Martigny
Zurcher Jean-Marie et Danièle, médecin dentiste, Martigny
Zurich Compagnie d'Assurances, Pierre Voutaz, Martigny

Stèle d'argent à Fr. 500.–

AGF / PHENIX, Jean-Bernard Pitteloud, Sion
Air-Confort, Olivier Buchard, Martigny
Alvarez de Miranda Hélène, Chêne-Bougeries
Ambassade de la Principauté de Monaco, Berne
Amon Albert, Lausanne
Arcusi Jacques, Vacqueyras, France
Arsidi Victor, Ruvigliana
Artedition R. + E. Reiter, Hinwil
Association du Personnel Enseignant Primaire et Enfantine de Martigny (APEM)
Auberge du Vieux-Stand, Helmut Schneider, Martigny
Auzan Elizabeth, Fribourg
B. A., Riehen
Bachmann Roger, Cheseaux-Noréaz
Bâloise Assurances, Jean-Michel Boulnoix, Agence de Martigny
Barras Nicolas, Sion
Bender Emmanuel SA, paysagistes et Garden-Center, Martigny
Berger Peter, Pully
Bernard Sottas SA, constructions métalliques, Bulle
Bernheim Catherine, Genève
Bernheim Claude et André, Paris
Bestazzoni Umberto, Martigny
Bobst SA, Lausanne
Boreux Gaston, Genève
Bossy Jacqueline, Sion
Boucherie de la Place, José Riesco, Martigny-Bourg
Boucherie Peter Nessier, Münster
Boucherie Valésia, Michel Pysarevitch, Martigny
Bourcart J.-P., IDEAC SA, Ecublens
Bourgeoisie de Martigny
Boutique «Les Mariés de Cédrine», Martigny
Bruchez SA, électricité, Martigny
Buhler-Zurcher Dominique et Jean-Pierre, médecins dentistes, Martigny
Burgener Emmanuel, médecin dentiste, Martigny
Cabinet des Courtiers en Assurances, Stéphane Vannay, Martigny
Café Moccador SA, Louis Chabbey, Martigny
Campeanu Maria, Vétroz
Castion Silvia et Marco, Turin, Italie
Cellier du Manoir, vinothèque, Martigny
Chambovey André, menuiserie, Martigny
Chaudet Marianne, Chexbres
Chavaz Denis, architecte, Sion
Chevron Jean-Jacques, Bogis-Bossey
Cipag SA, Puidoux-Gare
Claivaz Willy, Haute-Nendaz
Classe 1935, Martigny
Clément Joëlle et Pierre, Galerie Clément, Brent
Cohen Luciano Pietro, Genève
Couchepin Bernard, avocat et notaire, Martigny
Crans-Montana Tourisme, Crans-Montana
D. A. (Mme), Martigny
D. G., Neuilly-sur-Seine, France
D'Ambrosio Vincenzo, Rome
De Haller Yves E., Pully
De Saint Blanquat Evelyne, Villars
De Traz Cécile, Martigny
Debiopharm SA, Rolland-Yves Mauvernay, Lausanne
Del Don Gemma, Gorduno
Delaloye Gaby & Fils SA, Jean-Pierre Delaloye, Ardon
Derveloy Gérald, Martigny
Ducrey Guy, Martigny
Dufour Marcel, Lausanne
Edipresse SA, direction générale, Lausanne
Egger Heinz, Zurich
En souvenir d'Edouard et de Berthe Anderhub-Zimmermann, Krienz/Lucerne
Entreprise Dénériaz SA, génie civil, béton armé, charpentes, Sion
Etrasa, entreprise de travaux SA, Martigny
Fardel, spécialités alimentaires, Martigny
Feldschlösschen AG, Kilian Furrer, Sion
Ferreira Antonio José, Lausanne
Fischer Edouard-Henri, Rolle
François Madelyne, Lyon, France
Friedli Anne, Fully
Fumeaux Gabriel, Martigny
Garrone Yannick, Monthey
Gastaldo Yvan, boulangerie, Martigny
Georg Waechter Memorial Foundation, Genève
Gerber Pierre et Bernadette, La Claie-aux-Moines
Gétaz Romang SA, Vevey
Gisling Pierre, Chamby
Givel Edouard et Jacqueline, Anières
Goldschmidt Léo et Anne-Marie, Val-d'Illiez
Grand Gabriel et Chantal, Vernayaz
Grandchamp Claude, Martigny
Grandguillaume Pierre et Cécile, Grandson
Guex-Crosier Jean, Martigny
Hagelberg-Rouxel Reinhild, Meyrin
Hahnloser Bernhard et Mania, Berne
Hauri Arthur-Edouard, Neuchâtel
Héritier & Cie, bâtiments et travaux publics, Sion
Hoffmann Ida, Freudenberg Stiftung, Weinheim, Allemagne
Hopkins Waring, Paris
Hôtel-Club Sunways, Marie-Christine et Marc Laurant, Champex
Huber Suzanne, Genève
Hug Hans-Jürg, Küsnacht
IDIAP, Institut de recherche, Martigny
IMD, Richard Tille, Saint-Prex
Imfeld Gérald, Martigny
Inoxa Perolo et Cie, Centre Magro, Uvrier
Jacquérioz Alexis, vins du Valais, Martigny
Jacquillet Thierry et Marie Annick, Picadilly, Londres
Jaques Paul-André et Madeleine, Haute-Nendaz
Jotterand François, Saxon
Jung-Power Agnès et Bill, Genève
Kaufman Karen, Annecy, France

Kearney-Stevens Kevin et Shirley, Charmey
Kwong Ming, restaurants chinois, Martigny et Lausanne
Lacchini Luigi, Lafin Spa, Crémone, Italie
Lacrouts Roger et Monica, Genève
Lafarge-Cretton Patricia et Roland, Saint-Maurice
Lambercy Jean-Luc, appareils ménagers, Martigny
Le Gourmet, Hôtel du Forum, Martigny
Lemonnier Pierre, Lens
Les Fils de Charles Favre SA, Sion
Levet Jacqueline, Paris
Levy Evelyn, Jouxtens-Mézery
Lion's Club Sion, Valais romand
Lüscher Monique, Clarens
Luy Hannelore, médecin, Martigny
Lyceum Club International, Neuchâtel
Magnin Gabriel et Maryvonne, Sion
Maillard Alain, Lausanne
Manz Privacy Hotels, Ljuba Manz-Lurje, Zoug
Marcie-Rivière Jean-Pierre, Paris
Masson Louis et Nicolette, Pully
Maus Bertrand, Genève
Metzler Georges, Rolle
Michellod Gilbert et Fils, Monthey
Möbel-Transport AG, Zurich
Monnet Bernard, Martigny
Morard Jacques-Antoine, Genève
Moreillon Marie-Rose, Genève
Neuwerth & Cie SA, ascenseurs, monte-charge, Ardon
Noir Dominique, Monthey
Nordmann Serge et Annick, Vésenaz
Nydegger Simone-Hélène, Lausanne
Odier Patrick, Lombard Odier & Cie, Genève
Pache Jean-Michel, Vernayaz
Pain Josiane, Londres
Peppler Wilhelm, Montagnola
Perolo Raymond, Restorex, Uvrier-Sion
Perrig Antoine, Sion
Perrin Simone, Martigny
Pfister Paul, Bülach
Piota SA, combustibles, Martigny
Pivarski Georges et Liouba, Paris
Pradervand & Cie, Martigny
Pradervand Mooser Michèle, Chesières
Primatrust SA, Philippe Reiser, Genève
Puech-Hermès Nicolas Philippe, Orsières
Putallaz Mizette, Martigny
Ramoni Raymond, Cossonay
Restaurant «Le Pont de Brent», Gérard Rabaey, Brent
Restaurant «Sur-le-Scex», Werner Ammann, Martigny-Croix
Rethoret Michel, Genève
Rhône-Color SA, Sion
Ribet André, professeur en médecine, Verbier
Ribordy Guido, Martigny
Righini Charles et Robert, serrurerie, Martigny
Rocco Giorgio, Crans-sur-Sierre
Roggli Helga et Georges, Brent
Romerio Arnaldo, Verbier
Rosat Anne, Les Moulins
Rossenwasser Andrei, Avry-sur-Matran/Fribourg
Rügländer Elsbeth et Pierre, Lucerne
Schenk Francis, Genève
Schroder & Co. Banque SA, Luc Denis, Genève
Sellerie Grandchamp, Claude Grandchamp, Martigny
Société des Vieux-Stelliens Vaudois, Lausanne
SOS Surveillance, Glassey SA, Martigny
Tarica, Paris
Taverne de la Tour, Martigny
TCM Accessoires, Tullio Cavada, Martigny
Tériade Alice, Paris
Tissières Bernard, Martigny
Trèves François, Paris
Tripet-Ruchti Jacqueline, Hauterive
Troillet SA, transports, Martigny
Van Meel Peter, Champoussin
Varrin SA, plâtrerie-peinture, Prilly
Vasserot Lucienne, architecte, Pully
Vêtement Monsieur, Martigny
Visentini Nato et Angelo, Martigny
Vocat Colette, Martigny
Von Ro - Echafaudages, Charrat
von Tscharner Catharina, Gryon
Vouilloz Liliane et Raymond, Fully
Vouilloz Raymond et Liliane, Fully
Vuilloud Pierre-Maurice, médecin dentiste, Monthey
Wartmann Karl, Thônex
Wenger Fredy, Ecublens
Zuchuat & Raymond SNC, carrelages, Martigny
Zwahlen & Mayr SA, charpente métallique, Aigle

Colonne de bronze à Fr. 250.–

A. Varone SA, vitrerie, Martigny
Abriel Aline, Martigny
Adoc Nettoyage Entretien S.à r.l., C.-G. Jaquemet, Neuchâtel
Aebischer Jean-Pierre, Bienne
Aepli André & Fils, tableaux électriques, Dorénaz
Agid Michelle, Chamonix, France
Air-Glaciers SA, transports aériens, Sion
Alcor SA, Jacques Dubouchet, Vernier
Alesia SA, atelier de précision pour l'industrie automobile, Martigny
Alksnis Karlis, Genève
Allary Jacques et Marie-Claude, Saint-Priest, France
Allemann-Krieger A., Saint-Légier
Allisson Jean-Jacques, Yverdon-les-Bains
Alpatec SA, ingénieurs civils, Martigny
Álvarez-Rojo Gabriela, Coppet
Amherd Jean, Mase
Amrein Franz, Genève
Amy-Bossard Christiane, Zinal
Andenmatten Arthur, Genève
Andenmatten Michel, Sion
André Busuioc SA, Genève
Anonyme, Commugny
Anonyme, Lausanne
Anonyme, Le Mont-sur-Lausanne
Anonyme, Versailles, France
Antonioli Claude-A., médecin dentiste, Genève
Applitec-Omron Systèmes de caisses enregistreuses, J.-D. Schaltegger, Lausanne
Ardin-Scheibli Maria-Pia, Gingins
Argi Maurice, commerçant, Pully
Arnodin Martine et Antoine, Montrouge
Arts et Vie, résidence de loisirs, Samoens, France
Assal Patrick, médecin dentiste, Lausanne
Assar Florence, Vich
Atib SA, bureau technique, Martigny
Aubry Jean-Michel, médecin, Chêne-Bougeries
Auto-Electricité, Missiliez SA, Martigny
Avilor S.à r.l., Benoît Henriet, Schiltigheim, France
Avoyer Pierre-Alain, Martigny
Axima Romandie SA, Lausanne
B. M.-H., Sierre
Bachelard Jocelyne, Nyon
Badoux Jean-René, Martigny
Baier Nelly, Sierre
Ballenegger Marcel, Lausanne
Balmer André et Frieda, Küsnacht
Bamberger Béatrice, Neuchâtel
Banderet Georges, revêtements de sols, nettoyages, Martigny
Barbey Daniel, Genève
Barbier-Reusen André et Carla, Saint-Pierre-de-Clages

Barruel-Brussin Patrick, artiste lyrique,
Bourgoin-Jallieu, France
Bartholdi Paul et Irène, Nyon
Baruh Micheline, Cologny
Baudry Gérard, Grand-Lancy
Baumgartner Pierre et Marguerite,
Ostermundigen
Baur François et Martine, Rillieux, France
Beck Henri et Jeannine, Pully
Belet Louis-Ph., Vendlincourt
Belgrand Jacques, Belmont
Bellwald Anton-Andreas, Bâle
Benczi Françoise, Zurich
Bender Yvon, serrurerie, Martigny
Beney Jean-Michel, Venthône
Benoit Michel F., Genève
Benveniste-Schuler Edouard, Milan, Italie
Berclaz Jean-Paul, Sierre
Berclaz Simone, Orsières
Berdat Françoise, Chamoson
Berguerand Anne, Martigny
Berlie Jacques, Miex
Boucherie de Châtelaine,
Bernard et Chantal Menuz, Châtelaine
Bernasconi Giancarlo, Agno
Bernasconi Sylvie, Troinex
Berne Jacques et Annick, Le Havre, France
Berthoud Jackie, Genève
Berti Nicole, Villars-sur-Ollon
Bertrand Catherine, Genève
Bessero Marianne, Martigny
Betschard Isabelle, Thônex
Bezençon Michel, Erde
Bezinge Albert, Sion
BFF & Associés, Marcel Pilet, Lausanne
Biaggi André, directeur UBS SA, Crans
Bich Sabine, Nyon
Bideaux Alain, Foucherans, France
Billaud Sophie, Yverdon-les-Bains
Binz Urban, Saint-Sulpice
Bircher Carole, Verbier
Bischof Louis et Jeannette, Muntelier
Bischofberger Irmgard, Chêne-Bourg
Blanc Jacky, Monthey
Blank Sanford, Fishers Island, USA
Blaser André et Marie-Jeanne, Prangins
Bloch Raymond C. et Monique,
médecin dentiste, Berne
Blum Jean et Tatiana, Gstaad
Boers Ettie, Borex
Boiseaux Christian, Annecy, France
Boissier Marie-Françoise, Verbier
Boissonnas Jacques et Sonia, Thônex
Bollin Dorothée, Martigny
Bolomey Marianne, Trimbach
Bonvin Louis, Crans-sur-Sierre
Bonvin Roger, architecte, Martigny
Bonvin Rosemary, Monthey
Bonvin Venance, Lens
Bordet Gaston, Besançon, France
Bordoni Silvia, Lugano
Boucheron Alain, Prangins
Bourban Narcisse, ingénieur, Haute-Nendaz
Bourban Pierre-Olivier, Haute-Nendaz
Bourgeois Huguette, Genève
Bourges Pierre, Chamonix, France
Bourlard Hervé, Martigny
Bovier Josiane, Clarens
Bozzi Aldo, Corsier-sur-Vevey
Brabeck Carolina, L'Oréal, Carouge
Bretz Carlo et Roberta, Martigny
Bridel Frank, Blonay
Broekman - van der Linden Queenie,
Hilversum, Pays-Bas
Brossy Liliane et Claude, Echandens
Bruchez Jean-Louis, Martigny
Brun Jacques, Megève, France
Brünisholz Lynda, Vevey
Buchs Jean-Gérard, Haute-Nendaz
Bucofi SA, Saint-Maurice
Bureau d'architecture, Philippe Brochellaz,
Martigny
Bureau Technique Moret SA, Martigny
Buriat Jean-Louis, Paris
Burki Marcel, Lausanne
Burri-Dumrauf Irma et Pierre,
Croix-de-Rozon
Burrus Yvane, Crans
Buser Niklaus et Michelle, Le Bry
Butler Angela, Genève
C. J., Lyon, France
Café-restaurant de Plan-Cerisier,
Roger Terrettaz, Martigny-Croix
Caillat Claude, Lausanne
Caille Suzanne, Prangins
Calandra Micheline et Pierre-Marie, Peseux
Campanini Claude, cabinet médical FMH,
La Chaux-de-Fonds
Campion Jean-Claude, Gampel
Camporini Yolande, Bossey, France
Cand Jean-François, Yverdon-les-Bains
Canonica Margrit, Horw
Cardana Cristiano, Verbania-Pallanza, Italie
Carenini Plinio, Bellinzone
Carline Automobile Boisset SA, Martigny
Carron Anita, Coutellerie Carron, Martigny
Carron Josiane, Fully
Carruzzo Georges, Pully
Cart Madeleine, Besançon, France
Cartier Jacqueline, Genève
Castella Pascal et Eliette,
Saint-Pierre-de-Clages
Cavallero Yolande, Vandœuvres
Cavé Jacques, Martigny
Caveau des Ursulines, Gérard Dorsaz,
Martigny-Bourg
Ceffa-Payne Gilbert, Veyrier
Cerez Jean-Pierre et Gisèle, Chancy
Cert SA, Martigny
Cesaris Filippo, Milan, Italie
Chable Daniel et Laurence, Chexbres
Chalvignac Philippe, Paris
Chanton Josef-Marie et Marlis, Viège
Chapatte Francis, Grandvaux
Chapman Andrew, Bâle
Chapon Jean, médecin, Triors, France
Chappaz Claude, avocat et notaire, Martigny
Chappot SA, solutions informatiques,
Martigny
Chatillon Françoise, Laconnex
Chaussures Alpina SA, Martigny
Chevalier Jouvray Christiane,
La Mure, France
Chevalley-Vouilloz Annette, Onex
Cidel SA, Jean-Pierre Girard, Lutry
Ciocca-Ruchet Mary-Claude, Lausanne
Citroen Olga, Villars-sur-Ollon
Clerc Jean-Michel, Martigny
Clivaz Fabienne, Genève
Closuit Jean-Marie, avocat et notaire,
Martigny
Closuit Léonard, Martigny
Closuit Marie-Thérèse, Martigny
CMD Hôtels et Restaurants SA, Lausanne
Collège de Bagnes, Le Châble
Collin Robert, Les Rousses, France
Collombin Gabriel, Les Granges
Colomb Geneviève et Gérard, Bex
Comba Ina, Nyon
Commune de Bagnes, Le Châble
Commune de Martigny-Combe
Compagnies de Chemins de Fer,
Martigny-Châtelard, Martigny-Orsières
Comptoir Suisse, Lausanne
Computerlove SA, Gilbert Darbellay,
Martigny
Comte Geneviève et Hervé,
Pharmacie de la Gare, Martigny
Comte Philippe, entrepreneur, Genève
Constantin Jean-Claude, pépinière et
jardinerie, Martigny
Constantin Nadia, Montana
Coppey Charles-Albert et Christian,
bureau d'architecture, Martigny
Copt Aloys, Martigny
Copt Marius-Pascal, avocat et notaire,
Martigny
Couchepin François, Lausanne
Cousin Bernard, Fleurier
Cravino Luigi, Frassinello, Italie
Crettaz Arsène, Assurances, Martigny

Crettenand Dominique,
vitrerie-encadrements, Riddes
Crettenand Narcisse, Isérables
Crettex Bernard, droguerie-herboristerie,
Martigny
Crettex Germaine, Petit-Lancy
Crettex Reber Evelyne, Sous-Préfet
du District de Sion, Sion
Cretton Bernard, Monthey
Cross Peter et Valérie, Ollon
Crot Eric, médecin dentiste,
Yverdon-les-Bains
Cuendet J.-F., professeur honoraire FMH
ophtalmologie, Pully
Cuennet Marina, Echallens
Cuenod & Payot SA, entreprise de génie
civil et bâtiment, Lausanne
Cunningham-Reid Helene, Gstaad
Curchod Liliane, Onnens
Curinga Félix, Pully
Cusani Josy, Martigny
Dallèves Anaïs, Salins
Damoiseau Philippe, Blonay
Dapples-Chable Françoise, Boudry
Darbellay Jean-Paul, architecte, Martigny
Darbellay Michel, atelier photo, Martigny
Darbellay Paule, Martigny
Darbellay Willy, Martigny
D'Arcis Yves, Pomy
d'Auriol Olivier, Pully
de Buman Jean-Luc et Marie-Danièle,
Epalinges
de Candia Florence, Pully
De Haller Emmanuel B., Thalwil
de Kalbermatten Anne-Marie et Jean-Pierre
De Kalbermatten Isabelle, Salvan
de Montmollin Violaine, Neuchâtel
De Peyer Béatrice, Onex
de Preux Marie-Madeleine, Verbier
de Rambures Francis, Verbier
De Torrenté Bernard, Sion
Debrunner SA, Philippe Darbellay, Martigny
Décaillet Charles-Henri, Troistorrents
Defago Daniel, Veyras
Delacretaz Bernard, Lausanne
Délez Charly, Martigny
Delgado Francisco, Vandœuvres
Della Torre Carla, Arzo
Deller Maurice, Mollie-Margot
Dely Isabelle et Olivier, Martigny
Denis Paulette, Genève
Desbois Gérard, Saint-Louis, France
Devaux Julien, Bienne
Devaux Marc, Sallanches, France
Diacon Philippe, La Tour-de-Peilz
Didierjean Liliane, Genève
Diener-Carton Robert, Montreux

Diethelm Roger, Carbona SA, Sion
Dirac Georges-Albert, Martigny
Djokitch Christine et Alexandre, Genève
Dolder Denise et Pierre, Morgins
Donatella Rosa-Doudin, Lincoln, USA
Donette Levillayer Monique, Orléans,
France
Dorsaz François, bureau technique,
Martigny
Dorsaz Pierre, architecte, Verbier
Dovat Viviane, Cointrin
Doy Jacques et Nella, Anières
Drabbe-Seemann Virginia, Verbier
Dreyfus Pierre et Patricia, Bâle
Driancourt Catherine, Hermance
Droz Marthe, Sion
du Parc Locmaria Brigitte, Paris
Dubach Hermine-Hélène, Grand-Lancy
Dubath Jean-Yves, Lausanne
Duclos Anne et Michel, Chambésy
Ducrey Jacques, médecin, Martigny
Ducry Alexandre et Ott Alexandra, Martigny
Dunant Yves, Chexbres
Duperrex Elisabeth, La Tour-de-Peilz
Duplirex, L'Espace Bureautique SA,
Martigny
Dura Daniel, Bougy-Villars
Durand Benoît, Lausanne
Durand Dominique, Paris
Durandin Marie-Gabrielle, Monthey
Duriaux André, Genève
Duruaz Anne, Cologny
Dutoit Bernard, Lausanne
Duvernay Françoise, Genève
Eberhard Michael et Gunda, Chamoson
Eckert Jean-François, Les Marécottes
Ecol'Arts, Nicole Giroud, Martigny
Edholm Per, Lausanne
Egger Erwin, Allianz - Suisse, Fribourg
Ehrbar Ernest, Lausanne
Ehrsam Jean-Pierre, Aigle
Eicher Peter, Paderborn, Allemagne
Eisenhardt Christoph et Anne, Baar
Electricité d'Emosson SA, Martigny
Elettricità Cavalli SA
Emonet Joseph SA, commerce de fers,
Martigny
Emonet Philippe, médecin, Martigny
Entreprise Gay SA, Gérard Gay, Choëx
Etienne Régis, Dardilly, France
Evreinow Alexandra, Sion
Faessler Georges, Pully
Falciola Jean-Claude, Genève
Falkenburger Paul, Grimisuat
Fallou Pierre-Marie, Artenay, France
Famé Charles, Corseaux
Fanchamps Nadine, Zermatt

Farage Vincent, Fribourg
Farine Françoise, Thônex
Fauquex Arlette, Genève
Faure Isabelle, Verscio
Favre Myriam, Genève
Favre Olivier, Lavey-Village
Favre Roland R., Stallikon
Favre-Bulle Eric-J., Martigny-Croix
Favre-Crettaz Luciana, Riddes
Favre-Emonet Jean-Bernard et Michelle,
Sion
Febex SA, Paul Brunner, Bex
Feiereisen Josette, Bulle
Fellay-Pellouchoud Michèle, Martigny
Feron Patrice, Verbier
Ferrari Olivier, Jongny
Ferrari Pierre, Martigny
Ficasion, matériel incendie,
Anne-Brigitte Balet Nicolas, Riddes
Fiduciaire Duc-Sarrasin & Cie SA, Martigny
Fiduciaire Laurent Bender SA, Martigny
Fiechter Michèle, Conches
Fillet Jean, pasteur, Thônex
Filliez Bernard, Martigny
Fischer Alain, Cortaillod
Fischer Hans-Jürgen, médecin-chef, Alle
Fischer Sonia, Thônex
Fixap SA, entretien d'immeubles, Monthey
Flipo Jérôme, Tourcoing, France
Foire du Valais, Martigny
Folly Jannick, Fribourg
Fondazione Orchidea, Mauro Regazzoni,
Riazzino
Forclaz Geneviève et Roger, Berne
Forestier-Chométy Anne-Marie,
Besançon, France
Frachebourg Jean-Louis, Sion
Fraissinet Marguerite, Saint-Sulpice
Franc Robert, Martigny
Francillon Roger, Lausanne
Franzetti Fabrice, architecte, Martigny
Franzetti Joseph, architecte,
membre de la SIA, Martigny
Frass Antoine, Sion
Frehner & Fils SA, Martigny
Frey Joan, Genolier
Froidevaux Anne-Claude, Onex
Fulchiron Roland et Bernadette,
Ecully, France
Fumex Bernard, Evian, France
Furrer Jean-François, Chêne-Bougeries
Fustinoni Andrea, Ecublens
G. F. M., Genève
Gabriel Fleury SA, Granges
Gagneux Eliane, Bâle
Gaillard Herrera Pérez María et Christophe,
Martigny

Galeazzi Jacqueline et Gilbert, Martigny
Galerie du Rhône SA,
Pierre-Alain Crettenand, Sion
Galland Christiane, Romainmôtier
Galletti Charles-Henri, Monthey
Ganzoni Blandine et Philippe, Genève
Garage Auto Bob, Philippe Buthey, Martigny
Garage Check-point, Martigny
Garage de Verdan, Fully
Garage Olympic, A. Antille, Martigny
Garance Gabriel, Meyrin
Gardaz Jacques, Vevey
Gaspoz Pierre, Ostermundigen
Gaudin Georges, médecin spécialiste FMH, Sion
Gault John, Orsières
Gautier Jacques, avocat, Genève
Gay-Crosier François, Verbier
Gebhard Charles, Küsnacht
Gebruers Frédéric, Carouge
Gedon Jacques, Martigny
Geiser Clinton E., Blonay
Geissbuhler Frédéric, Auvernier
Gemünd Danièle, Castelveccana/Varese, Italie
Genoud Antoine, Sion
Genton Etienne, Monthey
Georg Jean-William, Grandson
Georges André, Chêne-Bougeries
Gianadda Géraldine, Martigny
Gianadda Gilberte, Martigny
Gianadda Laurent, No Comment, Martigny
Giclo S.à r.l., peinture, Martigny
Gilliéron Michel, Corcelles
Gilson Jacqueline, Crans
Gips-Union SA, Martigny
Girod Dominique, Genève
Girod Erika et Charles, Zurich
Giroud Léon, transports et terrassements, Martigny
Giroud Pierre, Martigny
Glinne Pascale, Belmont-sur-Lausanne
Gloor Mario, Genève
Godefroy Hubert, Albertville, France
Golay Brigitte et André, Martigny
Golaz Edmond, Genève
Gontard-Delvermoz Anne-Marie,
Saint-Didier-au-Mont-d'Or, France
Gonvers Serge, Vétroz
González Manuel, Villars-sur-Glâne
Gorgemans André, Verbier
Goyon-Segura Danièle, Evian, France
Graf-Amsler Hermina et Alfred, Clarens
Gram SA, René Beck, Villeneuve
Grandjean Claude, Le Mont-sur-Lausanne
Granges Jean-Claude,
Tea-room «Les Arcades», Fully
Grasso Carlo, peintre, Calizzano, Italie
Grimler Pierre, Fonds de prévoyance, Chêne-Bourg
Grisoni Michel, Vevey
Gudefin Philippe, Verbier
Guelat Laurent, Fully
Guex Pascal, Martigny
Guex-Crosier Jean-Pierre, Martigny
Guggenheim Josi, Zurich
Guigoz Françoise, Vex
Guillemin Pierre, Bernex
Guinchard Jean-Marc, Genève
Guinnard Fabienne, Lausanne
Günther Alfred, Filisur
Gurtner Gisèle, Chamby
Haenny Rodolphe, Lausanne
Halle Maria et Mark, Givrins
Halperin Noemi, Genève
Hart-Albertini Karen, Verbier
Hatam Valborg, Chêne-Bougeries
Hauser Aude, Versoix
Heintz Bertha, Monthey
Held Roland, La Tour-de-Peilz
Henchoz Michel, Aïre
Henneberger Christiane, Lausanne
Héritier Josiane, Savièse
Hersart de la Villemarque Jean, Auxy, France
Hervé Jacques et Evelyne, Maurecourt, France
Heyd Pascale, Chexbres
Hintermeister James, Lutry
Histoire & Voyages, Philippe André, Lausanne
Holmes Inez, Ferney-Voltaire, France
Horisberger Eliane, La Chaux-de-Fonds
Horn Benoît, Soultz, France
Hôtel Alpes & Rhône, Martigny
Hôtel de Ravoire, Ravoire
Hôtel du Rhône, Otto Kuonen, Martigny
Hôtel Eden, Patrick Barras, Crans-sur-Sierre
Hôtel Faucigny, Chamonix, France
Hôtel Mont-Rouge, Jean-Jacques Lathion, Haute-Nendaz
Hôtel-restaurant du Catogne,
Famille Favez, La Douay, Orsières
Hottelier Jacqueline, Plan-les-Ouates
Hubin Colette, Lausanne
Hübscher Manuela, Collex
Huet Marika, La Rippe
Hug Pierre, Birmensdorf
Hugenin Rose-Marie, Neuchâtel
Hugon Renée, La Tour-de-Peilz
Hummel Charles, ancien ambassadeur, Saxon
Hunziker Ruth, Veyrier
Hurni Bettina S., Genève
Imhof Anton, La Tour-de-Peilz
Imhof Charlotte, Vichères
Impresa di Pittura, Attilio Cossi, Ascona
Imprimerie Commerciale de Martigny SA
Imprimerie Schmid SA, Sion
INGESCO SA, Air Center, Vernier
Invernizzi Fausto, Quartino
Iori Ressorts SA, Charrat
Irisarri Marie-Elisabeth, Genève
Iso-Dog, J.-J. Tharin, Cossonay
Jaccard Francis, physiothérapie, Martigny
Jaccard Jacqueline, Chêne-Bougeries
Jaccard Marc, Morges
Jackson Marie-Christine, Lausanne
Jacquérioz Michel, architecte, Martigny
Jacquier-Delaloye Anne, Savièse
Jagstaidt Véronique, psychologue-psychothérapeute, Evian, France
Jallut SA, peinture et vernis, Bussigny
James Roundell Ltd, Jocelyne Keller, Genève
Jan Gloria, Lutry
Jaquet Albert, Clarens
Jawlensky Angelica, Minusio
Jeanneret Claude,
Fiduciaire de Malagnou SA, Genève
Jeannot Michel-Georges,
Clermont-Ferrand, France
Jeanrenaud Ingrid, Montana
Joehr Jean-Pierre, Ardon
JohnsonDiversey, Münchwilen
Joliat Jérôme, Genève
Joly Marie-Laure, Küsnacht
Joris Françoise, Agence du Lac, Champex
Jotterand Michèle, Vessy
Jovanovic Jovan et Vukica, Genève
Juda Henri, Dexi Banque privée SA, Lausanne
Jules Rey SA, Crans
Jung Chantal et Urs, Chapelle-sur-Glâne
Kaba Gilgen SA, Sion
Kaiser Peter et Erica, Saint-Légier
Karl Meyer SA, Le Mont-sur-Lausanne
Kaspar SA, Philippe Bender, Martigny
Kaufmann Peter G., Lausanne
Kegel Sabine, Genève
Keller Annette et Gibbs Sandra, Nyon
Kerstin Karbe, Petit-Lancy
Kessler Didier, Genève
Kilp Winfried et Angelika
Kindler Philippe et Anne-Marie,
La Conversion
King Lina, Vésenaz
Kirchhof Sylvia, Carouge
Klaus Gabrielle, Arweg SA, Epalinges
Kleiner Max, Staufen

Koeppel Catherine, Fully
Kohler Catherine et Robert,
Yverdon-les-Bains
Krafft Pierre, Lutry
Krayenbühl Thomas, Jona
Krüger Otto, Sion
Krumwieh Dorothée, Genève
Kuonen Claude,
Success Europe SA, Pully
Kurmann Jean-Paul, Monthey
La Genevoise, Guy Quinodoz,
agent général, Sion
La Griffe Ausoni SA,
Lausanne, Montreux, Villars
La Semeuse, Marc Bloch,
La Chaux-de-Fonds
Lacombe François, Chambéry
Lacroix Alain, Villars-sur-Ollon
Lacroix Rolande, Gryon
Lacroix-Losex Marie-Juliette, Versoix
Lak Willem et Caroline,
Les Granges/Salvan
Lambelet Charles-Edouard, Glion
Langenberger Christiane, Conseillère aux
Etats, Romanel-sur-Morges
Langraf Madeleine, Vevey
Lanzoni Rinaldo, Genève
Latour Claude, La Conversion
Lauber Joseph, Martigny
Laubhus AG, Rüfenach
Laumonier François, Consul général
de France, Genève
Lehner et Tonossi SA,
aciers-quincaillerie-mazout, Sierre
Lejeune Jean-François, Bellevaux, France
Lendi Beat, cabinet médical, Prilly
Léonard Gary, Ravoire
Léonard Patrick, Etagnères
Leonardon Dominique, Zurich
Lévy Guy, médecin directeur de la CRS,
Fribourg
Lewis-Einhorn Rose N., Begnins
Lieber Anne et Yves, Saint-Sulpice
Lilla Marcelle, Genève
Limacher Florence et Stern Richard, Eysins
Linsig-Marti Elsa, Val-d'Illiez
Locatelli Pompeo, Milan, Italie
Locher-Frey Anna Vera, Muri bei Bern
Locht Jean-Louis, Veyras
Lonero Pimpi, Rome
Lonfat Juliane, Martigny
Lorenz Claudine et Musso Florian, Sion
Loretan Barthélemy, L'Atelier de Saillon,
Saillon
Losmaz Jacqueline, Le Lignon
Lucchesi Fabienne, Neuchâtel
Lucchesi Serenella, Monaco
Lucchini & Fils, fabrique de peinture,
Genève
Luce Fabrice, Galmiz
Lugon Bernard, médecin dentiste, Martigny
Lugon Moulin Elisabeth, Grimisuat
Luisier Adeline, Berne
Lüscher Bernhard et Marianne, Winterthur
Lustenberger-Zumbühl Werner et Annelies,
Littau
Lux Frédéric, Genève
Lux Frédéric, Genève
M. F., Sion
Mabilon Frédérique, Genève
Machado Alvaro, Lausanne
Maetzler Anne-Marie, La Fouly
Maier Walter, Roche
Maillard Gaston-François, Lausanne
Malard Raoul et Brigitte, Martigny
Mamon Delia, Verbier
Marchand Yves-Olivier, Onex
Marin Bernard, Martigny
Marré Richard et Vanna, Rougemont
Martin Isabelle, artisane, Apples
Martin Nicole, Paris
Martin Suzanne, Bottmingen
Massard Rita, Martigny
Masson André, avocat et notaire, Martigny
Massot Dominique, Genève
Maurer Willy et Jacqueline, Riehen
Maurer Yolande, Martigny
Mauris Bernard, Plan-les-Ouates
Mechta Nasria-Myriam, Association
Les enfants de personne, Sion
Méga SA, traitement de béton et
sols sans joints, Martigny
Mendes de Leon Luis, Champéry
Menétrey-Henchoz Jacques et Christiane,
Porsel
Mercier Michèle, Vich
Méribé, service d'entretien d'ascenseurs
et monte-charge, Riddes
Merz Otto, pasteur, Uitikon
Mestdjian Marie Amahid, Genève
Métrailler Mario, Martigny
Métrailler Pierrot et Eléonore, Sion
Métral Raymond, Ravoire
Mettler Elisabeth et Alfred, Möhlin
Meunier Gérard, La Chaux-de-Fonds
Meyer Daniel, La Tour-de-Peilz
Meyer Urs, Founex
Miauton Pierre-Alex, ingénieur agronome,
Bassins
Michaël Zuber SA, Lausanne
Michaud Marcel, Paris
Michelet Freddy, Sion
Michellod Guy, chauffage et sanitaire,
Martigny
Michellod-Rossier Marie-Thérèse, Leytron
Miglioli-Chenevard Magali, Pully
Mittelheisser Marguerite, Illzach, France
Mivelaz Olivier, Ovronnaz
Moillen Marcel, médecin, Martigny
Moillen Monique, Martigny
Mollard André, Genève
Mommeja Bernard, Genève
Monard Anne, Belmont
Monnard Christian et Gabrielle,
Martigny-Croix
Monnet Gertrude, Genève
Montfort Evelyne, Hauterive
Morand Mathilde, Genève
Moret Georges, Martigny
Moser Jean-Pierre, Lutry
Motel des Sports, Jean-Marc Hebersaat,
Martigny
Mottiez Michel, Saint-Maurice
Mouthon Anne-Marie, Neuchâtel
Müller Christophe et Anne-Rose, Berne
Murith Renée, Fribourg
Muselik Dana, psychologue FSP, Lausanne
Nagovsky Tatiana, Genève
Nahaï Aimée, Chernex
Nahon Philippe, Courbevoie, France
Nanchen Josiane, Martigny
Nejad Ruth G., Chailly-Montreux
Nickel-Darbellay Liliane, Vernayaz
Nicolazzi René, Genève
Nicolet Olivier, Martigny
Nicollerat Combustibles, Martigny
Noisard Marie-Thérèse, Moutier
Noordenbos-Huber Marianne,
Eindhoven, Pays-Bas
Nosetti Orlando, Gudo
Novarina Catherine, Thonon, France
Novati Manuela, Peschiera Borromeo, Italie
Nuñes Eduardo et Isabel, Martigny
Oberson Catherine, Genève
Obrist Reto, médecin, Sierre
Oertli Barbara, Genève
Oetterli Anita, Lommiswil
OLF SA, Corminbœuf
Oliva Olivia, Lausanne
Olsburgh Nelly et John, Pully
Ott Pierre-Alain, médecin dentiste, Genève
Otten J. D., Waalre, Pays-Bas
Ouari Khemissi, Setif, Algérie
P. Y. G., anonyme, Genève
Pabsch Elisabeth, Bonn, Allemagne
Paccolat Fabienne, Martigny
Panigas Magda, Hôtel-restaurant-pizzeria
de la Douane, Martigny
Papilloud Jean-Claude, CREACTIF,
Martigny
Parchet Maria, Clarens

Pâris-Hamelin Annette, Boulogne, France
Parise Georges, Chambéry, France
Pasquier André, médecin, Saxon
Pasquier Jean et Bernadette, Martigny
Paul François, Ollon
Pauzé Mariette, Sierre
Pefferkorn Jean-Paul et Michèle, Limoges, France
Pegurri Simone, Lausanne
Pellaud Charly, Restaurant La Boveyre, Epinassey
Pellaud René, Martigny
Pellouchoud Janine, Martigny
Pépinières Bollin, arbres fruitiers et d'ornement, Martigny
Perito Patrizia, Chavannes-de-Bogis
Perraudin Georges, Martigny
Perréard Patrick, Genève
Perren André, Bluche-Randogne
Perret Alain, Vercorin
Perrier Jean-Louis, Neuchâtel
Perrin Catherine, Montreux
Perrin Charly, relieur-encadreur, Martigny
Perruchoud Lucien, Réchy
Perthuis Gwilherm, Amancy, France
Pesant Virginie, Conches
Petch Anna, Verbier
Petek Dubravka et Antonino, Préverenges
Peten Evelyne, Lauenen
Petersen Yvette, Saint-Maurice
Petite Jacques et Marie-Françoise, Martigny
Petit-Tahier Jacqueline, Beaune, France
Petroff Michel et Claire, Le Grand-Saconnex
Pfister Germaine, Weesen SG
Pfyffer Marie-Christine, Neuchâtel
Phenix Assurances, Lausanne
Philippin Bernard, Attractions du Châtelard, Le Châtelard
Phillips Monique, Lausanne
Piatti Jean-Jacques, Sion
Picard-Billi Bianca, Chevreuse, France
Pignat Daniel, Plan-Cerisier, Martigny-Croix
Pilet Jean-Marie, historien d'art, Lausanne
Pillet Françoise et Jacques, Martigny
Pillet Liline, Martigny
Pillonel André, Genève
Pillonel Bernard, Kuala Lumpur, Malaysia
Pilloud Adelaïde, Marchissy
Pitteloud Anne-Lise, Sion
Piubellini Gérard, Lausanne
Plaut Anita, Genève
Poinssot Marie-Cécile, Garches, France
Polli et Cie SA, Martigny
Pommery Philippe, Verbier
Pont René-Pierre, Granges
Portianucha Alex, photographe, Genève
Pralong Jean, bureau d'ingénieurs civils, Saint-Martin
Praz Bernadette, Sion
Preisig Heinz, Photo Studio, Sion
Préperier Michel, Le Châble
Probst Elena, Lisbonne
Progin Roland, Peseux
Pufke Siegfried, médecin, Menden
Puhl Lore, Champex
Puippe Janine, Ostermundigen
R. M. + N. M. Thurau Dafflon, Widen
Raboud Jean-Joseph, Köniz
Radvila Andreas, Mollens
Raemy Michel, Bulle
Raggenbass-Couchepin René et Florence, Martigny
Ramseyer Jean-Pierre, Grimisuat
Rausing Birgit, Tetra Pak
Rausis Maurice, Martigny
Raymond Jean, Chernex
Reber Guy et Edith, Collonge-Bellerive
Rebord Mario, Martigny
Rebord Philippe, Sullens
Rebstein Gioia et François, La Conversion
Redalié Tatiana, Genève
Régie Bersier & Cie, Philippe et Wiebke, Les Acacias
Reichenbach Myriam, secrétaire, Sion
Reicke Ingalisa, Bâle
Renck Yvette, Monthey
Renout Marie-Thérèse et Pierre, Murist
Repellin Marc et Pascale, Albertville, France
Restaurant «Le Bourg-Ville», Martigny
Reutersward Carl Frederik, Bussigny
Reverdin Claude, Genève
Reymond Anne-Catherine, Lausanne
Reymond-Rivier Berthe, Jouxtens-Mézery
Richard Hubert, Paris
Rieder Systems SA, Lutry
Rinaldi Roselyne, Vouvry
Ritou Jean et Hélène, Paris
Ritter Ernest et Albina, Lausanne
Rivier Françoise, Aïre
Rivier-Aviragnet Sylvaine
Robert André, Neuchâtel
Roberts Ian, Pully
Robinet André et Henry Daniel, Fontaine-lès-Dijon, France
Robinson-Svoboda Madeleine, Montreux
Rochat Michèle, Lausanne
Rodin Stratégies SA, Villars-sur-Ollon
Roduit et Michellod, appareils ménagers, Martigny
Roduit Georges, fournitures industrielles, Martigny
Rollason Michèle, Genthod
Romero Jean-Paul, Lutry
Rondi-Schnydrig Marie-Thérèse, Pfäffikon
Roos Susy, médecin, Gerzensee
Rossati Ernesto, Verbier
Rossetti Etienne, ingénieur EPFL, La Tour-de-Peilz
Roth Elisabeth, Genève
Rouiller Bernard, Praz-de-Fort
Rouiller Jean-Marie, Martigny
Roulin Charles, Genève
Roux Roland, Pully
Ruchat René Armand Louis, Versoix
Rudaz Roger et Hertha, Monthey
Rybicki Jean-Noël, luthier, Sion
S. I. P. Sécurité SA, Vernayaz
S. J., Genolier
Sables & Graviers Schiffenen SA, Villars-sur-Glâne
Saint-Denis Marc, Vandœuvre-lès-Nancy, France
Salamin Electricité, Martigny
Salvadori Giovanna, Bergame, Italie
Salvan Paul et Franziska, Avully
Sarrasin Monique, Bovernier
Sarrasin Olivier, Saint-Maurice
Saudan Georges, Martigny
Saudan Pierre, Martigny
Saunier Jacques, Genève
Saur Christoph, Heidenheim, Allemagne
Sauret Huguette, Tassin, France
Sauthier Edmond et Michèle, Martigny
Sauthier Marie-Claude, Riddes
Sauty Irène, Genève
Sauty Marie, Denens
Savioz Gilbert, Veyras
Schaller Julie et Dominique, Onex
Scheidegger Frédéric, Martigny
Schelker Markus, Oberwil
Schellenberg Marie-Claire, Sion
Schenker Erna, Corsier
Scheurer Gérard, Aigle
Schiller Hans, neurologue FMH, Zurich
Schlup Hansrudolf et Juliette, Môtier
Schmid Bernard, MOM Consulting SA, Martigny
Schmid Monique, Saconnex-d'Arve
Schmidt Jürgen, Wiesbaden, Allemagne
Schmutz Aloys, Conthey
Schmutz Doris, Brione
Scholer Urs, Blonay
Schulthess Maschinen SA, Lausanne et Chalais
Schwartz Jean-Pierre et Pascale, Sallanches, France
Schweiger Ian, Founex
Secretan Arnaud et Marie-Pierre, Paudex
Séris Geneviève et Jean-François, Chamonix, France

Servoz Henri, Verbier
Sibilla Christiane, Crans
Sieber Hans-Peter, Mörigen
Siegenthaler Marie-Claude, Tavannes
Simond Denis, Pully
Simonetta Anne-Lise, Ravoire
Simonin Josiane, Hauts-Geneveys
Sitbon Diana, Vessy
Sleator Donald, Lausanne
Smith Hector, Montreux
Société d'Electricité, Martigny-Bourg
Société des Cafetiers
de la Ville de Martigny
Sola Didact, Martigny
Solot Liliane, Crans-sur-Sierre
Soulier Alain, Crans-sur-Sierre
Soulier Jacqueline, Vésenaz
Sousi Gérard, président d'Art et Droit,
Lyon, France
Spira Jean, Porrentruy
Stahli Georges, Collonge-Bellerive
Stähli Regula, Nidau
Stalder Louise, Chancy
Stalder Mireille, Meyrin
Stamm Roger, Oberwil
Station Combustia, Martigny
Steeg François, Crans-sur-Sierre
Stefanini Giuliana, Bernex
Stelling Nicolas, médecin dentiste,
Estavayer-le-Lac
Stephan SA, constructions métalliques,
Givisiez
Stettler Martine, Martigny
Stricker Marie-Claude, Vevey
Strohhecker Pierre, Gland
Strub To et Irina, Filmstudio 2S, Thoune
Strübin Peter, Viège
Stucky de Quay Jacqueline, Verbier
Suchet Dominique et Emmanuel,
Toussieux, France
Sun Chemical AG, Geroldswil
Suter Ernest, Staufen
Suter Madeleine, Au Grizzly,
Grand-Saconnex
Suys Jean-François, Chardonne
Tabin Marie-Claire, Sierre
Taillandier René, Paris
Tanner Jeanne, Lavey-Village
Tartrifuge SA, A. Calderari, Ecublens
Thalmann Liliane, Muri
Theumann Jacques, Saint-Sulpice
Thiébaud Alain, Peseux
Thiebaud Fred, Verbier
Thomann Pierrette, Chernex
Thomas Aldo, Saxon
Thompson Gerry, Verbier
Tiemstra Johanna et Gabriel,
Mayens-de-Riddes
Tissières André, médecin dentiste,
Martigny
Tomme Jean-Jacques, avocat,
Thonon, France
Tonascia Pompeo, Ascona
Töndury-Diebold Claudia, Wollerau
Tonossi Michel, Sierre
Tornay Paul-René, Le Bioley-Salvan
Torosantucci Sandra, La Chaux-de-Fonds
Torrione Joseph, Sion
Touw Danny, Brent
Touzet Dominique, Verbier
Trachsel Ernst et Liselotte,
Münchenbuchsee
Trento Longaretti, Bergame, Italie
Triebold Pierre, médecin dentiste, Martigny
Troillet Jacques, institut de physiothérapie,
Martigny
Tschan Therese, médecin, Laufen
Tscholl Heinz-Peter, Gams
Türler A. W., Genève
Tyco Système SA, technique de sécurité,
Préveranges, France
Ucova, Sion
Udressy Ginette, Monthey
Unverricht Arlette, Bussigny
Vallotton Electricité, Martigny
Valorisations Foncières SA, Genève
Van Prooyen P. C., Rotterdam, Pays-Bas
Van Schelle Charles, Haute-Nendaz
Vegezzi Aleksandra, Genthod
Venetz Annie-Moria, psychologue,
Hérémence
Verhagen Johanna, Val-d'Illiez
Vernaz Nathalie, Monthey
Veyssière Marie-Charlotte,
Le Perreux, France
Viansone SA, R. + G. Dafflon et J. Noverraz,
Meyrin
Videsa SA, Sion
Vilchien Ingrid, Chêne-Bourg
Vion Josette, Thörishaus
Viotto-Sorenti M.-Cristina,
Courmayeur, Italie
Vogel Pierre et Liline, Saint-Légier
Voillat François, Eaunes, France
Voirol Denis, Val-d'Illiez
Vollenweider Ursula, Genolier
Von Allmen Elfie, Verbier
Von der Weid Hélène, Villars-sur-Glâne
von Mandach Claire, Habstetten
Von Muralt F. Peter, Zurich
Von Orelli Jacques et Barbara,
Château-d'Œx
Vouga Anne-Françoise, Morges
Vouilloz Claude, Saxon
Voyame Elisabeth, Vevey
Vuillaume R. SA, Robert Vuillaume,
Genève-Châtelaine
Vuilleumier Denise, Genève
Wachsmuth Anne-Marie, Genève
Wadsworth Clare, Condom, France
Waegeli Gilbert et Pierrette, Meinier
Waldvogel Guy, Prangins
Walewski Alexandre, Verbier
Walewski-Colonna Marguerite, Verbier
Walker Catherine, Genthod
Walz Elke et Gerhard, Epalinges
Wasem Marie-Carmen, Sion
Weisbrod Joséphine, Coinsins
Wey Heidi, Monthey
Widmer Karl, Killwangen
Wild Anne-Marie, Les Mosses
Winkelmann Ingrid, Dünsen, Allemagne
Wolfs Peter J., Haute-Nendaz
Wurfbain Elisabeth, Haute-Nendaz
Wyss Anne-Cécile et Gérald,
Chêne-Bougeries
Zanetti-Minikus Guido, Füllinsdorf
Zanzi Luigi, professeur, Varese, Italie
Zbinden Michelle, Crans
Zbinden Yves et Corinne, Collonges
Zeender Martine, Founex
Zehnder Margrit, Beat et David,
Hinterkappelen
Zeller Jean-Pierre, Verbier
Zermatten Agnès, Sion
Ziegler-Suter Marianne, Küsnacht
Zumstein Monique, Aigle
Zürcher Manfred, médecin, Hilterfingen
Zwingli Jürg, Grand-Saconnex

Crédits photographiques

© Arkansas Arts Center Foundation Collection, Little Rock, USA, Gift of James T. Dyke
© Fondation Bemberg, Toulouse
© Galerie Jan Krugier, Ditesheim & Cie, Genève
© Galerie de la Présidence, Paris
© Collection Diane S.A., Fribourg
© Collection Fondation Pierre Gianadda, Martigny
© Collection Kröller-Müller Museum, Otterlo, Pays-Bas
© Collection Musée de l'Annonciade, Saint-Tropez
© The Art Institute of Chicago
© The Metropolitan Museum of Art, Bequest of Joan Whitney Payson
© The Metropolitan Museum of Art, The Robert Lehman Collection
© The Museum of Fine Arts, Boston, Gift of William A. Coolidge
© Triton Foundation, Pays-Bas
© Musée Alpin de Chamonix
© Musée d'Art et d'Histoire, Saint-Denis
© Musée des Beaux-Arts, Marseille / dépôt du Musée d'Orsay
© Musée Carnavalet, Paris
© Musée d'Etat des Beaux-Arts Pouchkine, Moscou
© Musée de Grenoble
© Musée d'Orsay, Paris
© Musées de Pontoise
© Von der Heydt Museum, Wuppertal, Allemagne
© Wallraf-Richartz-Museum, Cologne, Fondation Corboud

Illustrations dans le catalogue:
© Andréani I.: p. 257
© Atelier 53, Paris: p. 87
© Azema P. S.: p. 91
© Hyde J., Paris: pp. 53, 94-95
© Musée d'Orsay / J.-P. Pinon: p. 193
© Musées de Pontoise / Jean-Pierre Levallois: p. 61
© Photothèque des Musées de la Ville de Paris / Patrick Pierrain: p. 137
© Photo Archives Signac, Paris: pp. 12, 259-260, 263, 267, 270-271
© Photo Musée de Grenoble: pp. 85, 115
© Photo RMN / Hervé Lewandowski: pp. 23, 35, 39, 55
© Photo RMN / Michèle Bellot: pp. 123, 157, 169, 199
© Preisig Heinz, Sion: p. 233
© Schälchli Peter, Zurich: pp. 5, 105
© Speltdoorn et Fils, Bruxelles: p. 79
© Studio Wolf AG, Olten: p. 83
© The Barnes Foundation, Merion, USA: p. 21
© Trawinski Piotr, Cachan: pp. 73, 130-133, 163, 201, 203

Table des matières

Edités et coédités par la Fondation Pierre Gianadda

Paul Klee, 1980, par André Kuenzi (épuisé)
Picasso, estampes 1904-1972, 1981, par André Kuenzi (épuisé)
Art japonais dans les collections suisses, 1982, par E. Kondo et J.-M. Gard (épuisé)
Goya dans les collections suisses, 1982, par Pierre Gassier (épuisé)
Manguin parmi les Fauves, 1983, par Pierre Gassier (épuisé)
La Fondation Pierre Gianadda, 1983, par C. de Ceballos et F. Wiblé
Ferdinand Hodler, élève de Ferdinand Sommer, 1983, par Jura Brüschweiler (épuisé)
Rodin, 1984, par Pierre Gassier
Bernard Cathelin, 1985, par Sylvio Acatos (épuisé)
Paul Klee, 1985, par André Kuenzi
Isabelle Tabin-Darbellay, 1985 (épuisé)
Gaston Chaissac, 1986 (épuisé)
Alberto Giacometti, 1986, par André Kuenzi
Alberto Giacometti, 1986, photos Marcel Imsand, texte Pierre Schneider (épuisé)
Egon Schiele, 1986, par Serge Sabarsky (épuisé)
Gustav Klimt, 1986, par Serge Sabarsky (épuisé)
Serge Poliakoff, 1987, par Dora Vallier (épuisé)
Toulouse-Lautrec, 1987, par Pierre Gassier
Paul Delvaux, 1987
Picasso linograveur, 1988, par Danièle Giraudy
Trésors du Musée de São Paulo, 1988:
  Ire partie: *de Raphaël à Corot*, par Ettore Camesasca
  IIe partie: *de Manet à Picasso*, par Ettore Camesasca
Le Musée de l'automobile de la Fondation P. Gianadda, 1988, par E. Schmid (épuisé)
Jules Bissier, 1989, par André Kuenzi
Hans Erni, Vie et mythologie, 1989
Henry Moore, 1989, par David Mitchinson
Le peintre et l'affiche, 1989, par Jean-Louis Capitaine (épuisé)
Louis Soutter, 1990, par André Kuenzi et Annette Ferrari (épuisé)
Fernando Botero, 1990
Modigliani, 1990, par Daniel Marchesseau
Camille Claudel, 1990, par Nicole Barbier
Calima, Colombie précolombienne, 1991, par Marie-Claude Morand (épuisé)
Chagall en Russie, 1991, par Christina Burrus
Sculpture suisse en plein air, 1991, par André Kuenzi, Annette Ferrari et Marcel Joray
Hodler, peintre de l'histoire suisse, 1991, par Jura Brüschweiler
Mizette Putallaz, 1991
Franco Franchi, 1991 (épuisé)
De Goya à Matisse, estampes du Fonds Jacques Doucet, 1992, par Pierre Gassier
Georges Braque, 1992, par Jean-Louis Prat

Ben Nicholson, 1992, par Jeremy Lewison
Georges Borgeaud, 1993
Jean Dubuffet, 1993, par Daniel Marchesseau
Edgar Degas, 1993, par Ronald Pickvance
Marie Laurencin, 1993, par Daniel Marchesseau
Albert Chavaz, 1994, par Marie-Claude Morand
Rodin, dessins et aquarelles, 1994, par Claudie Judrin
De Matisse à Picasso, Collection Jacques et Natasha Gelman, 1994
Egon Schiele, 1995, par Serge Sabarsky
Larionov-Gontcharova, 1995, par Jessica Boissel
Nicolas de Staël, 1995, par Jean-Louis Prat
Suzanne Valadon, 1996, par Daniel Marchesseau
Edouard Manet, 1996, par Ronald Pickvance
Michel Favre, 1996
Les Amusés de l'Automobile, 1996, par Pef
Raoul Dufy, 1997, par Didier Schulmann
Joan Miró, 1997, par Jean-Louis Prat
Icônes russes, Galerie nationale Tretiakov, Moscou, 1997, par Ekaterina L. Selezneva
Diego Rivera et Frida Kahlo, 1998, par Christina Burrus
Collection Louis et Evelyn Franck, 1998
Gauguin, 1998, par Ronald Pickvance
Hans Erni, rétrospective, 1998, par Andres Furger
Turner et les Alpes, 1999, par David Blayney Brown
Pierre Bonnard, 1999, par Jean-Louis Prat
Sam Szafran, 1999, par Jean Clair
Kandinsky et la Russie, 2000, par Lidia Romachkova
Bicentenaire du passage des Alpes par Bonaparte 1800-2000, par Frédéric Künzi
Vincent Van Gogh, 2000, par Ronald Pickvance
Icônes russes. Les saints. Galerie nationale Tretiakov, Moscou, 2000, par Lidia I. Iovleva
Picasso. Sous le soleil de Mithra, 2001, par Jean Clair
Marius Borgeaud, 2001, par Jacques Dominique Rouiller
Les coups de cœur de Léonard Gianadda, 2001 (CD Universal et Philips)
Kees van Dongen, 2002, par Daniel Marchesseau
Léonard de Vinci – L'inventeur, 2002, par Otto Letze
Berthe Morisot, 2002, par Hugues Wilhelm et Sylvie Patry
Jean Lecoultre, 2002, par Michel Thévoz
De Picasso à Barceló. Les artistes espagnols, 2003, par María Antonia de Castro
Paul Signac, 2003, par Françoise Cachin et Marina Ferretti-Bocquillon

A paraître

Albert Anker, 2004, par Thérèse Bhattacharya-Stettler
Chefs-d'œuvre de la Phillips Collection, Washington, 2004, par Jay Gates
Jean Fautrier, 2004, par Daniel Marchesseau
Chagall, le Théâtre et l'Avant-garde russes, 2005, par Ekaterina L. Selezneva

Commissaires de l'exposition

Françoise Cachin
Marina Ferretti-Bocquillon

Organisation de l'exposition

Marina Ferretti-Bocquillon
Léonard Gianadda

Secrétariat

Gaëlle Olini

Catalogue

Marina Ferretti-Bocquillon

Editeur: Fondation Pierre Gianadda, 1920 Martigny, Suisse
Tél. +41 027 722 39 78
Fax +41 027 722 31 63
http://www.gianadda.ch
e-mail: info@gianadda.ch

Maquette: Nelly Hofmann, IRL

Composition, photolitho et impression: Imprimeries Réunies Lausanne s.a., 2003
sur papier couché Satimat 150 gm^2

Couverture: *Avant du Tub (Opus 176)*, 1888, huile sur toile, collection particulière, Suisse

ISBN broché 2-88443-077-6
ISBN relié 2-88443-078-4